【国学精粹珍藏版】

李志敏⊙编著

◎尽览中国古典文化的博大精深 ◎读传世典籍，赢智慧人生——

孙子兵法

——受益终生的传世经典

卷一

民主与建设出版社
·北京·

图书在版编目（CIP）数据

孙子兵法/李志敏编著;郑琦绘图
—北京: 民主与建设出版社，2015.8（2022.8重印）
ISBN 978-7 - 5139 -0710-1

I.①孙... II.①李...②郑... III .①兵法–中国–春秋时代
IV.①E892.25

中国版本图书馆CIP数据核字(2015) 第175901号

孙子兵法
SUN ZI BING FA

编　　著	李志敏
责任编辑	王颂
装帧设计	王洪文
出版发行	民主与建设出版社有限责任公司
电　　话	（010）59417747　59419778
社　　址	北京市海淀区西三环中路 10 号望海楼 E 座 7 层
邮　　编	100142
印　　刷	永清县晔盛亚胶印有限公司
版　　次	2016年1月第1版
印　　次	2022年8月第4次印刷
开　　本	710 毫米 × 1000 毫米 1/16
印　　张	32
字　　数	460千字
书　　号	ISBN 978-7 - 5139 -0710-1
定　　价	278.00元(全四册)

注：如有印、装质量问题，请与出版社联系。

前 言

中国自古为思想精英荟萃之地，也是兵学昌盛之国，素有"兵法之国"的美称。产生于 2 500 年前的不朽名著《孙子兵法》，是我国古代兵学的杰出代表，是中国优秀传统文化的重要组成部分。它那深邃闳廓的军事哲理思想，体大思精的古典军事理论体系，辞如珠玉的文学语言，以及历代雄杰贤俊对其研究的丰硕成果，对后世产生了极其深远的影响，长期被尊为"兵学圣典"、"百世兵家之师"。其流泽余韵也早已跨越时空，超出国界，在全世界广为流传，荣膺"世界古代第一兵书"的雅誉。

《孙子兵法》的问世，标志着独立的军事理论著作从此诞生，在世界军事史上是一件具有划时代意义的大事。它比色诺芬(公元前403 年～公元前355 年)的号称古希腊第一部军事理论专著的《长征记》要早一百多年。而且，《长征记》着重于作者跟随小居鲁士出征失败后希腊军队向黑海海岸撤退经历的记述，虽然具有很高的史料价值，但非战略理论的概括，因此无法跟《孙子兵法》相提并论。至于古罗马军事理论家弗龙廷(约35 年～103 年)的《谋略例说》、韦格蒂乌斯(4 世纪末)的《军事简述》，更是远在其后。

《孙子兵法》不但成书时间早，而且在军事理论和军事学术上已十分成熟、十分完备，几乎涉及了军事科学的各个门类、各个分支学科。它以从战略理论的高度论述战争问题而著称，是一部"舍事而言理"、揭示战争发展规律的杰作，具有高屋建瓴的气势和详备富赡的内容。书中充满着对睿智聪颖的赞扬，饱含了对昏聩愚昧的鞭挞，显露出对穷兵黩武的警告，贯穿着对军事哲理的探索，充分体现了"一代兵圣"孙武子的远见卓识和创造天赋。该书中的许多名言警句揭示了战争发展的普遍规律，有着极其丰富的思想内涵。历史上许多军事家、著名统帅、政治家和思想家都曾得益于这部旷世奇书。兵学家们学习它，得以登堂入室，从而步入军事学的宝库；军事家们学习它，得以领悟制胜之术，成就一代功业；政治家们学习它，得以高瞻远瞩，点燃起智慧的圣光。直到今天，《孙子兵法》的许多合理内核依然闪耀着真理的光芒,对现代军事理论的建设和发展、对现代战略学的奠定都具有重大的借鉴意义。

《孙子兵法》作为我国古代兵书的集大成之作,是对我国古代军事智慧的高度总结,具有承前启后的重大意义。明代茅元仪在其《武备志·兵诀》中讲:"前孙子者,孙子不遗;后孙子者,不能遗孙子。"此后两千多年里,凡兵学家研究军事问题,军事家指挥军队作战,莫不以此书为鼻祖。

自《孙子兵法》诞生以后,兵学立刻成了一门"显学",与儒、道、法、墨诸家并驾齐驱。战国时期,群雄割据,战争频繁,谈兵论战的人很多,大都是从《孙子兵法》中寻找依据。《韩非子·五蠹》讲:"境内皆言兵,藏孙、吴之书者家有之。"《吕氏春秋·上德》中也说到"阖闾之教,孙、吴之兵,不能当矣"。"孙"即孙子,"吴"是吴起,二人都是杰出的军事理论家和将领,所以历来"孙吴"并提。当时齐国的著名军事家孙膑更是继承和发展《孙子兵法》的典范。孙膑是孙子的四世孙,其军事上的天赋和才能得益于家学渊源。他不但在实际指挥作战中功勋卓著、成为一代名将,而且在军事理论上也有突出的建树,著有《孙膑兵法》。《孙膑兵法》和《孙子兵法》在体系和风格上一脉相承,互相辉映,以至后人将孙武和孙膑并称为"孙子"。由此可见,《孙子兵法》成书不久就已经广为人知。值得注意的是,对《孙子兵法》的原理的运用,在当时已经超出军事范围,应用于政治、经济和医学等方面了。

中国历代军事著作中引用《孙子兵法》文句的不可胜数,如战国时期的《吴子》《尉缭子》,汉代的《淮南子》《潜夫论》,唐代的《李卫公问对》,宋代的《虎钤经》,元代的《百战奇法》,明代的《登坛必究》《纪效新书》,清代的《曾胡治兵语录》等等。

军事家直接用《孙子兵法》指导战争的,更是不胜枚举。

秦朝末年,项梁曾以《孙子兵法》教过项羽。陈余引用"十则围之,倍则战之"。

汉代名将韩信自称其兵法出于孙武,并运用"陷之死地而后生,置之亡地而后存"的理论指挥作战。黥布曾认为"诸侯战其地为散地",语出《孙子兵法》。汉武帝也曾打算以《孙子兵法》教霍去病。东汉名将冯异、班超对孙子书也很精通。

三国时期,蜀相诸葛亮认为:"战非孙武之谋,无以出其计远。"意思是说,孙子十三篇所讲的谋略都是高瞻远瞩,从战争全局出发的。

魏武帝曹操也是一位雄才大略的军事家,对历代兵书深有研究。他对《孙子兵法》备极推崇,曾经赞誉道:"吾观兵书战策多矣,孙武所著深矣。……审计重举,明画深图,不可相诬!"也就是说,他虽然读过许多军事著作,但只有《孙子兵法》最为精深。书中详审的计谋、慎战的思想、明智的策略、深远的考虑,都是不容误解的。曹操不但在实践中运用《孙子兵法》克敌制胜,而且十分重视对这部"旷世兵典"的整理研究,成为我国历史上第一个为《孙子兵法》作注释的军事家。

唐太宗深通兵法,在他跟名将李靖的军略问对中,处处提到孙子,对"凡战者,以正合,以奇胜"这一战略思想尤其欣赏,并且把孙子"不战而屈人之兵"的思想推崇为"至精至微,聪明睿智,神武不杀"的最高军事原则。

宋代仁宗、神宗年间,因抵御边患的需要,朝廷设立了"武学"(军校)以培养将才,编订了以《孙子兵法》为首的七部兵书(即《武经七书》)作为必读教材。从此,《孙子兵法》正式成为封建王朝官方军事理论的经典,沿至明清而不衰。宋代学者郑厚曾认为:"孙子十三篇,不惟武人之根本,文士亦当尽心焉。其词约而缛,易而深,畅而可用,《论语》《易》《大》(《大学》)《传》(《左传》)之流,孟、荀、扬诸书皆不及也",把《孙子兵法》推到高于儒家经典的地位。

明朝抗倭名将戚继光对《孙子兵法》中阐述的军事思想也十分钦服,曾说道:"予承乏浙东,乃知孙武之法,纲领精微,为莫加焉。……犹禅家所谓上乘之教也。"著名学者李贽对《孙子兵法》和孙武其人更是佩服得五体投地,认为"孙子所以为至圣至神,天下万世无以复加者也"。

到了近代,《孙子兵法》的声誉更盛、影响更大。孙中山曾讲,"就中国历史来考究,二千多年的兵书,有十三篇(即《孙子兵法》),那十三篇兵书,便成立了中国的军事哲学",将这部兵书看作中国军事理论的奠基之作。

在现代历史上,中国人民解放军的统帅和名将们对《孙子兵法》均有深刻的研究。

毛泽东对《孙子兵法》的推崇和精通是人所共知的。他对这部兵书作过高度评价,认为"知彼知己,百战不殆"仍是科学的真理。他不但在自己的军事著作中多次提到孙子和《孙子兵法》,而且将这部古代优秀兵典中的许多合理内核创造性地运用于指导中国革命战争的实践。完全可以说,《孙子兵法》中所包含的符合战争一般规律的许多思想,构成了毛泽东军事思想的重要来源。

刘伯承元帅对《孙子兵法》熟读得能够背诵,并且运用奇巧,出敌意外。他手译的《孙子兵法·势篇》至今还保存在历史档案中。

在国外,《孙子兵法》最早传入日本,其次传入朝鲜,而传布到西方则是十八世纪以后的事。

自公元 8 世纪《孙子兵法》传入日本，就立即引起了空谷传音的不同凡响。它不但构成了日本军事思想的主体结构，而且对日本的历史和日本人的精神产生了深远影响。日本一向推崇《孙子兵法》，极其重视对这部不朽之作的研究，探讨领域之广，流派之多，著述之精，远非其他国家所可比拟。

在日本，孙子被尊为"兵家之祖"、"兵圣"、"东方兵学的鼻祖"、"伟大的战略哲学家"等等，甚至将孙子跟孔子相提并论，认为"孔夫子者，儒圣也；孙夫子者，兵圣也。……后世儒者不能外于孔夫子而他求，兵家不得背于孙夫子而别进矣。是以文武并立，而天地之道始全焉。可谓二圣之功，极大极盛矣"！《孙子兵法》也被推崇为"兵学圣典"、"韬略之神髓，武经之冠冕"、"万古不易之名著"、"科学的战争理论书"等等，认为该书闳廓深远、诡谲奥深、穷幽极渺，"举凡国家经纶之要旨，胜败之秘机，人事之成败，尽在其中矣"，是"兵之要枢"，"居世界兵书之王位"。

《孙子兵法》在日本军事界影响的全盛期是 16 世纪（即日本历史上的战国时期）。当时日本涌现出了一批著名的军事将领，如织田信长、丰臣秀吉、德川家康和武田信玄等。他们的共同特点是精通军事经典，对《孙子兵法》的运用得心应手。武田信玄号称日本的"孙子"，他酷爱《孙子兵法》中"其疾如风，其徐如林，侵掠如火，不动如山"的警句，并把"风林火山"四字写在军旗上鼓舞士气，号令三军。

明治维新以后，日本军界依然信奉《孙子兵法》，认为古代大师的学说仍可指导现代战争。如在 20 世纪初的日俄战争中，日本联合舰队司令东乡平八郎元帅和陆军大将乃木希典都深谙《孙子兵法》。对马海战日军全歼俄国远征舰队，其阵法正出自《孙子兵法》，东乡在论及获胜原因时归结为运用了"以逸待劳，以饱待饥"的原则。1941 年 12 月 7 日，日军偷袭珍珠港更是《孙子兵法》"出其不意，攻其不备"的巧妙运用，是现代战争史上战略突袭的典型。但是，日军既不"慎战"又未"先知"，对美国的潜力估计不足，犯了根本性的错误，所以导致其在太平洋战争中的失败。

日本的情报工作在世界上首屈一指，不仅在战争中发挥了巨大的效用，而且在各行各业中也产生了很大的影响。日本人的这种特点，追根溯源，与中国的《孙子兵法》有密切的关系。著名的英国作家理查德·迪肯在其所著《日谍秘史》一书中明确指出："日本人搜集情报的灵感是受中国 2450 年前的战略家孙子的影响。"

除日本以外,《孙子兵法》在西方世界的流传也很广泛,并且极受推崇。据说,拿破仑在戎马倥偬的战阵中,仍手不释卷地披阅《孙子兵法》。德国伟大的军事学家、《战争论》的作者克劳塞维茨也受到过这部中国古代兵典的影响。德国皇帝威廉二世在第一次世界大战失败后,读到《孙子兵法·火攻篇》中关于"主不可因怒而兴师,将不可以愠而致战"的论述时,不禁叹息:"可惜二十多年前没有看到这本书。"

第二次世界大战以后,尽管导弹核武器进入军事领域,生产力和科技的发展日新月异,战争条件的变化和军事理论的更新均非孙子所处的古代所能比拟,但国际上对《孙子兵法》的研究和应用热潮丝毫未减,并且在广度和深度上都有了新的进展。

20世纪50年代中期,前苏联的一位著名军事理论家断言:"认真研究中国古代理论家孙子的著作,无疑大有益处。"20世纪60年代初,英国蒙哥马利元帅在访华时曾对毛泽东说:"世界上所有的军事学院都应把《孙子兵法》列为必修课程。"美军新版《作战纲要》开宗明义地引用孙子"攻其无备,出其不意"这句名言作为其作战的指导思想。

重视孙子的战略思想,是二战后西方政治家、军事家和战略家们研究和应用《孙子兵法》的新的特点。因为在这一时期,军事战略本身同政治、经济、外交以及社会等因素的结合日益紧密。尤其是在大规模杀伤性核武器出现后,任何国家(即便是超级大国)都不敢贸然发动大规模战争,所以必须建立全新的战略体系。而《孙子兵法》的精华正在于其所包含的丰富的战略思想,它给我们的时代提供了许多有益的启示。

英国著名战略家利德尔·哈特在其所著《战略论》中大量援引了孙子的语录。他认为,"最完美的战略,就是那种不必经过严重战斗而能达到目的的战略——所谓不战而屈人之兵,善之善者也","在导致人类自相残杀、灭绝人性的核武器研制成功以后,就更需要重新而且更加完整地翻译《孙子》这本书了"。

美国国防大学战略研究所所长约翰·柯林斯称孙子是古代第一个形成战略思想的伟大人物。他在《大战略》一书中指出:"今天没有一个人对战略的相互关系、应考虑的问题和所受的限制比他(孙子)有更深刻的认识,他的大部分观点在我们当前的环境中仍然具有和当时同样重大的意义。"

美国著名的"脑库"斯坦福研究所的战略专家福斯特和日本京都产业大学三好修教授根据《孙子兵法·谋攻篇》中的思想,提出了改善美苏均势的新战略,并称之为"孙子的核战略",对世界战略的调整产生了很大的影响。

此外，美国前总统尼克松、前国家安全助理布热津斯基等西方政治家也都在各自的著作中运用孙子的理论，阐述了对当今时代国际战略的见解。

在现代局部战争和军事行动中，《孙子兵法》同样得到了广泛的运用。如在越南战争中，美军司令威斯特摩兰曾引用孙子"夫兵久而对国有利者，未之有也"的名言，力主结束这场旷日持久、陷美军于泥潭的战争。又如在1971年第三次印巴战争中，印度军队遵循孙子"军有所不击，城有所不攻，地有所不争"的理论，绕过坚城，迂回包抄，直指达卡，迅速击溃了巴基斯坦军队，取得了这场战争的胜利。《印度军史》用《孙子兵法》的观点总结南亚次大陆的战争经验，这是绝无仅有的。

20世纪80年代以来，海外的"孙子热"日趋高涨。《孙子兵法》不但受到军界和战略家们的重视，而且也为其他各界人士所推崇。对《孙子兵法》的研究和运用，已经扩展到军事以外的其他领域，如政治、外交、经济、体育等，其中以在商战和企业管理中的应用最引人注目。

日本的企业家们率先把《孙子兵法》运用于企业之间的竞争和改进企业的经营管理，取得了很大的成效。如军人出身的兵法学者兼企业家大桥武夫将《孙子兵法》等军事著作与经营学融为一体，把濒临破产的小石川工厂一举改造成生机勃勃的东洋精密工业公司，历经三十余年而久盛不衰。他还写了一本《用兵法经营》的书，内容新颖，独树一帜，畅销一时。在此基础上，日本出现并形成了"兵法经营管理学派"，影响很大。

台湾企业家陈茂榜也首次将《孙子兵法》中的"五事"概括为企业经营的五大要素："道"是经营目标，"天"是机会，"地"是市场，"将"是人才，"法"是企业规章和组织编制。"五事"并重、统筹管理、上下同欲、灵活经营，使得企业家们财源茂盛、生意兴隆。

由此可见，《孙子兵法》在现代经济生活中同样大有用武之地。随着我们对这部不朽名著了解和运用的不断深入，它的智慧之光必将更加耀眼夺目，也必将给我们带来无穷之益。

编　者

目录

第一部分　孙子兵法原文

第二部分　孙子兵法方略

第一篇　始计篇

卷　二

第二篇　作战篇

第三篇　谋攻篇

第四篇　军形篇

第五篇　兵势篇

第六篇 虚实篇

第七篇　军争篇

第八篇 九变篇

第九篇 行军篇

第十篇　地形篇

卷　四

第十一篇　九地篇

第十二篇　火攻篇

第十三篇　用间篇

第三章　以上智为间　必成大功 ······································(471)

【事　典】

第一部分

孙子兵法原文

第一篇　始计①篇

【原文】

孙子曰：兵②者，国之大事③，死生之地，存亡之道，不可不察④也。

故经之以五事⑤，校之以计而索其情⑥：一曰道⑦，二曰天，三曰地，四曰将⑧，五曰法⑨。道者，令民与上同意也⑩，故可以与之死，可以与之生，而不畏危⑪。天者，阴阳⑫、寒暑⑬、时制⑭也。地者，高下、远近、险易⑮、广狭⑯、死生⑰也。将者，智、信、仁、勇、严⑱也。法者，曲制⑲、官道⑳、主用㉑也。凡此五者，将莫不闻㉒，知之者胜，不知者不胜㉓。故校之以计而索其情，曰：主孰有道㉔？将孰有能㉕？天地孰得㉖？法令孰行？兵众孰强㉗？士卒孰练㉘？赏罚孰明？吾以此知胜负矣㉙。

将听吾计㉚，用之必胜㉛，留之；将不听吾计，用之必败，去㉜之。

计利以听㉝，乃为之势㉞，以佐其外㉟。势者，因利而制权㊱也。

兵㊲者，诡道也㊳。故能而示之不能，用而示之不用㊵，近而示之远，远而示之近㊶。利而诱之㊷，乱而取之㊸，实而备之㊹，强而避之㊺，怒而挠之㊻，卑而骄之㊼，佚而劳之㊽，亲而离之㊾。攻其无备，出其不意。此兵家之胜㊿，不可先传也[51]。

夫未战而庙算[52]胜者，得算多也[53]；未战而庙算不胜者，得算少也。多算胜，少算不胜，而况于无算乎[54]？吾以此观之，胜负见矣[55]。

【注释】

①计：预计、计算的意思。这里指战前通过对敌我双方客观条件的分析，对战争的胜负作出预测、谋划。

②兵：本义为兵械。《说文》："兵，械也。"后逐渐引申为兵士、军队、战争等。这里作战争解。

③国之大事：意为国家的重大事务。

④不可不察：察，考察、研究。不可不察，意指不可不仔细审察，谨慎对待。

⑤经之以五事：经，度量、衡量；五事，指下文的"道、天、地、将、法"。此句意谓要从五个方面分析、预测。

⑥校之以计而索其情：校，衡量、比较。计，指筹划。索，探索。情，情势，这

里指敌我双方的实情,战争胜负的情势。全句意思为:通过比较双方的谋划,来探索战争胜负的情势。

⑦道:本义为道路、途径,引申为政治主张。

⑧将:将领。

⑨法:法制。

⑩令民与上同意也:令,使、让的意思。民,普通民众。上,君主、国君。意,意愿,意志。令民与上同意,意为使民众与国君统一意志,拥护君主的意愿。

⑪不畏危:不害怕危险。意为民众乐于为君主出生入死而丝毫不畏惧危险。

⑫阴阳:指昼夜、晴雨等不同的气象变化。

⑬寒暑:指寒冷、炎热等气温差异。

⑭时制:指春、夏、秋、冬四季时令的更替。

⑮远近、险易:远近,指作战区域的距离远近;险易,指地势的险要或平坦。

⑯广狭:指作战地域的广阔或狭窄。

⑰死生:指地形条件是否利于攻守进退。死,即死地,进退两难的地域;生,即生地,易攻或能守之地。

⑱智、信、仁、勇、严:智,智谋才能;信,赏罚有信;仁,爱抚士卒;勇,勇敢果断;严,军纪严明。此句是孙子提出作为优秀将帅所必须具备的五德。

⑲曲制:有关军队的组织、编制、通讯联络等具体制度。

⑳官道:指各级将吏的管理制度。

㉑主用:指各类军需物资的后勤保障制度。主,掌理、主管;用,物资费用。

㉒闻:知道,了解。

㉓知之者胜,不知者不胜:知,知晓,这里含有深刻了解,确实掌握的意思。此句意思说,对五事(道、天、地、将、法)有深刻的了解并掌握运用得好,就能胜,掌握得不好,则不胜。

㉔主孰有道:指哪一方国君政治清明,拥有民众的支持。孰,谁,这里指哪一方;有道,政治清明。

㉕将孰有能:哪一方的将领更有才能。

㉖天地孰得:哪一方拥有天时、地利的条件。

㉗兵众孰强:哪一方的兵械锋利,士卒众多。兵,此处指的是兵械。

㉘士卒孰练:哪一方的军队训练有素。练,娴熟。

㉙吾以此知胜负矣:我根据这些情况来分析,即可预知胜负的归属了。

㉚将听吾计:将,作助动词,读 jiāng,表示假设,意为假设,如果。此句意为

如果能听从、采纳我的计谋。

㉛用之胜：之，语助词，无义。用，实行，即用兵。

㉜去：离开。

㉝计利以听：计利，计谋有利。听，听从，采纳。

㉞乃为之势：乃，于是、就的意思。为，创造、造就。之，虚词。势，态势。此句意思是造成一种积极的军事态势。

㉟以佐其外：用来辅佐他对外的军事活动。佐，辅佐，辅助。

㊱因利而制权：因，根据，凭依。制，决定、采取之意。权，权变，灵活处置之意。意为根据利害关系采取灵活的对策。

㊲兵：用兵打仗。

㊳诡道也：诡诈之术。诡，欺诈，诡诈。道，学说，方法。

㊴能而示之不能：能，有能力，能够。示，显示。即言能战却装作不能战的样子。此句至"亲而离之"的十二条作战原则，即著名的"诡道十二法"。

㊵用而示之不用：用，用兵。实际要打，却装作不想打。

㊶近而示之远，远而示之近：实际要进攻近处，却装作要进攻远处；实际要进攻远处，却显示要进攻近处，致使敌人无法防备。

㊷利而诱之：利，此处作动词用，贪利的意思。诱，引诱。意为敌人贪利，则以利来引诱，伺机打击之。

㊸乱而取之：乱，混乱。意谓对处于混乱状态的敌人，要抓住时机进攻它。

㊹实而备之：实，实力雄厚。指对待实力雄厚之敌，需严加防备。

㊺强而避之：面对强大的敌人，当避其锋芒，不可硬拼。

㊻怒而挠之：怒，易怒而脾气暴躁；挠，挑逗、扰乱。言敌人易怒，就设法激怒他，使他丧失理智，临阵指挥作出错误的抉择，导致失败。

㊼卑而骄之：卑，小、怯。言敌人卑怯谨慎，应设法使其骄傲自大，然后伺机破之。也有另一种解释，是说己方主动卑辞示弱，给人造成错觉，令其骄傲。

㊽佚而劳之：佚，同"逸"，安逸，自在。劳，作动词，使之疲劳。此句说敌方安逸，就设法使它疲劳。

㊾亲而离之：亲，亲近。离，离间，分化。此句意为如果敌人内部团结，则设计离间、分化他们。

㊿兵家之胜：兵家，军事家。胜，奥妙。这句说上述"诡道十二法"乃军事家指挥若定的奥妙之所在。

○51不可先传也：先，预先，事先。传，传授，规定。此句意即在战争中应根据具体情况作出决断,不能事先呆板地作出规定。

⑤庙算:古代兴师作战之前,通常要在庙堂里商议谋划,分析战争的利害得失,制定作战方略。这一作战准备程序,就叫做"庙算"。

㊤得算多也:意为取得胜利的条件充分、众多。算,计数用的筹码。此处引申为取得胜利的条件。

㊄多算胜,少算不胜,而况于无算乎:胜利条件具备多者可以获胜,反之,则无法取胜,更何况未曾具备任何取胜条件?而况,何况。于,至于。

㊄胜负见矣:见,同"现",显现。言胜负结果显而易见。

【译文】

孙子说:战争是国家的大事,是军民生死安危的主宰,是国家存亡的关键,是不可以不认真考察研究的。

因此,必须审度敌我五个方面的情况,比较双方的谋划,来取得对战争情势的认识。(这五个方面)一是政治,二是天时,三是地利,四是将领,五是法制。所谓政治,就是要让民众认同、拥护君主的意愿,使得他们能够做到生为君而生,死为君而死,而不害怕危险。所谓天时,就是指昼夜晴雨、寒冷酷热、四时节候的变化。所谓地利,就是指地势的高低、征战路途的远近、地势的险峻或平坦、作战区域的宽广或狭窄、地形对于攻守的益处或弊端。所谓将领,就是说将帅要足智多谋,赏罚有信,爱抚部属,勇敢坚毅,树立威严。所谓法制,就是指军队组织体制的建设,各级将吏的管理,军需物资的掌管。以上五个方面,作为将帅,都不能不充分了解。充分了解了这些情况,就能打胜仗。不了解这些情况,就不能打胜仗。所以要通过对双方七种情况的比较,来求得对战争情势的认识,是为:哪一方君主政治清明?哪一方将帅更有才能?哪一方拥有天时地利?哪一方法令能够贯彻执行?哪一方武器坚利精良?哪一方士卒训练有素?哪一方赏罚公正严明?我们根据这一切,就可以判断谁胜谁负。

若能听从我的计谋,用兵打仗就一定胜利,我就留下。假如不能听从我的计谋,用兵打仗就必败无疑,我就离去。

有利的筹划方略已被采纳,于是就造成一种态势,用来辅助对外的军事行动。所谓态势,即是依凭有利于自己的原则,灵活机变,掌握战场的主动权。

用兵打仗是一种诡诈之术。能打,却装作不能打;要打,却装作不想打;明明要向近处进攻,却装作要打远处;即将进攻远处,却装作要攻近处;敌人贪利,就用利引诱他;敌人混乱,就乘机攻取他;敌人力量雄厚,就要注意防备他;敌人兵势强盛,就暂时避其锋芒;敌人易怒暴躁,就要折损他的锐气;敌人卑怯,就设法使之骄横;敌人休整得好,就设法使之疲劳;敌人内部和睦,就设法离间他。要在敌人没有防备处发起进攻,在敌人意料不到时采取行动。所有这些,是军事家指挥艺术的奥妙,是从无事先呆板规定的。

开战之前就预计能够取胜的,是因为筹划周密,胜利条件充分;开战之前就预计不能取胜的,是因为筹划不周,胜利条件缺乏。筹划周密、条件具备就能取胜,筹划不周、条件缺乏就不能取胜,更何况不作筹划、毫无条件呢?我们依据这些来观察,那么胜负的结果也就很明显了。

第二篇　作战篇

【原文】

孙子曰:凡用兵之法①,驰车千驷②,革车千乘③,带甲④十万,千里馈粮⑤,则内外⑥之费,宾客之用⑦,胶漆之材⑧,车甲之奉⑨,日费千金⑩,然后十万之师举⑪矣。

其用战也胜⑫,久则钝兵挫锐⑬,攻城则力屈⑭,久暴师则国用不足⑮。夫钝兵挫锐、屈力殚货⑯,则诸侯乘其弊而起⑰,虽有智者,不能善其后矣⑱。故兵闻拙速,未睹巧之久也⑲。夫兵久而国利者,未之有也⑳。故不尽知㉑用兵之害㉒者,则不能尽知用兵之利㉓也。

善用兵者,役不再籍㉔,粮不三载㉕;取用于国㉖,因粮于敌㉗,故军食可足也。

国之贫于师者远输㉘,远输则百姓贫。近于师者贵卖㉙,贵卖则百姓财竭,财竭则急于丘役㉚。力屈、财殚,中原内虚于家㉛。百姓之费,十去㉜其七;公家之费㉝,破车罢马㉞,甲胄矢弩㉟,戟楯蔽橹㊱,丘牛大车㊲,十去其六。

故智将务食于敌㊳。食敌一钟㊴,当吾二十钟;䓤秆一石㊵,当吾二十石。

故杀敌者,怒也㊶;取敌之利者,货也㊷。故车战,得车十乘已上㊸,赏其先得者,而更其旌旗㊹,车杂而乘之㊺,卒善而养之㊻,是谓胜敌而益强㊼。

故兵贵胜㊽,不贵久。

故知兵之将㊾,生民之司命㊿,国家安危之主也[51]。

【注释】

①法:规律、法则。

②驰车千驷:战车千辆。驰,奔、驱的意思,驰车即快速轻便的战车;驷,原指

一车套四马,这里作量词,千驷即千辆战车。

③革车千乘:用于运载粮草和军需物资的辎重车千辆。革车,用皮革缝制的篷车,是古代重型兵车,主要用于运载粮秣、军械等军需物资。乘,辆。

④带甲:穿戴盔甲的士兵,此处泛指军队。

⑤千里馈粮:馈,馈送、供应。意为跋涉千里辗转运送粮食。

⑥内外:内,指后方;外,指军队所在地,即前方。

⑦宾客之用:指与各诸侯国使节往来的费用。

⑧胶漆之材:通指制修弓矢等军用器械的物资材料。

⑨车甲之奉:泛指武器装备的保养、补充开销。车甲,车辆、盔甲。奉,同"俸",指费用。

⑩日费千金:每天都要花费大量财力。金,古代计算货币的单位,一金为一镒(二十两或二十四两),千金即千镒,泛指开支巨大。

⑪举:出动。

⑫其用战也胜:胜,取胜,这里作速胜解。意谓在战争耗费巨大的情况下用兵打仗,就要求做到速决速胜。

⑬久则钝兵挫锐:言用兵旷日持久就会造成军队疲惫,锐气挫伤。钝,疲惫、困乏的意思。挫,挫伤。锐,锐气。

⑭力屈:力量耗尽。屈,竭尽、穷尽。

⑮久暴师则国用不足:长久陈师于外就会给国家经济造成困难。暴,同"曝"(pù),露在日光下,文中指在外作战。国用,国家的开支。

⑯屈力殚货:殚,枯竭。货,财货,此处指经济。此言力量耗尽,经济枯竭。

⑰诸侯乘其弊而起:其他诸侯国便会利用这种危机前来进攻。弊,疲困,此处作危机解。

⑱虽有智者,不能善其后矣:意谓即便有智慧超群的人,也将无法挽回既成的败局。后,后事,此处指败局。

⑲兵闻拙速,未睹巧之久也:拙,笨拙,不巧。速,迅速取胜。巧,工巧,巧妙。此句言用兵打仗宁肯指挥笨拙而求速胜,而没见过力求指挥巧妙而使战争长期拖延的。

⑳夫兵久而国利者,未之有也:长期用兵而有利国家的情况,从未曾有过。

㉑不尽知:不完全了解。

㉒害:危害,害处。

㉓利:利益,好处。

㉔役不再籍:役,兵役。籍,本义为名册,此处用作动词,即登记、征集。再,二次.意即不二次从国内征集兵员。

㉕粮不三载:三,多次。载,运送。即不多次从本国运送军粮。

㉖取用于国:指武器装备等从国内取用。

㉗因粮于敌:因,依靠、凭借。粮草给养依靠在敌国就地解决。

㉘国之贫于师者远输:之,虚词,无实义。师,指军队。远输,远道运输。此句意为国家之所以因用兵而导致贫困,是由于军粮的远道运输。

㉙近于师者贵卖:近,临近。贵卖,指物价飞涨。意为临近军队驻扎点地区的物价会飞涨。

㉚急于丘役:急,在这里有加重之意。丘役,军赋,古代按丘为地方行政单位征集军赋,一丘为一百二十八家。

㉛中原内虚于家:中原,此处指国中。此句意为国内百姓之家因远道运输而变得贫困、空虚。

㉜去:耗去、损失。

㉝公家之费:公家,国家。费,费用,开销。

㉞破车罢马:罢,同"疲"。罢马,疲惫不堪的马匹。

㉟甲胄矢弩:甲,护身铠甲。胄,头盔。矢,箭。弩,弩机,一种依靠机械力量射箭的弓。

㊱戟楯蔽橹:戟,古代戈、矛功能合一的兵器。楯,同"盾",盾牌,用于作战时防身。蔽橹,用于攻城的大盾牌。甲胄矢弩、戟楯蔽橹,是对当时攻防兵器与装备的泛指。

㊲丘牛大车:丘牛,从丘役中征集来的牛。大车,指载运辎重的牛车。

㊳智将务食于敌:智将,明智的将领。务,务求,力图。意为明智的将帅总是务求就食于敌国。

㊴钟:古代的容量单位,每钟六十四斗。

㊵萁秆一石:萁秆,泛指马、牛等牲畜的饲料。石,古代的容量单位,三十斤为一钧,四钧为一石。

㊶杀敌者,怒也:怒,激励士气。言军队英勇杀敌,关键在于激励部队的士气。

㊷取敌之利者,货也:利,财物。货,财货,此处指用财货奖赏的意思。句意为若要使军队勇于夺取敌人的财物,就要先依靠财货奖赏。

㊸已上:已,同"以","已上",即"以上"。

㊹更其旌旗：更，更换。此句意为在缴获的敌方车辆上更换上我军的旗帜。

㊺车杂而乘之：杂，掺杂、混合。乘，架、使用。意为将缴获的敌方战车和我方车辆掺杂在一起，用于作战。

㊻卒善而养之：卒，俘虏、降卒。言优待被俘的敌军士兵，使之为己所用。

㊼是谓胜敌而益强：这就是说在战胜敌人的同时使自己更加强大。

㊽贵：重在，贵在。

㊾知兵之将：知，认识，了解。指深刻理解用兵之法的优秀将帅。

㊿生民之司命：生民，泛指一般民众。司命，星名，传说主宰生死，此处引申为命运的主宰。

(51)国家安危之主：国家安危存亡的主宰者。主，主宰之意。

【译文】

孙子说：凡兴师打仗的通常规律是，要动用轻型战车千辆，重型战车千辆，军队十万，同时还要越境千里运送军粮。前方后方的经费，款待列国使节的费用，维修器材的消耗，车辆兵甲的开销，每天耗资巨大，然后十万大军才能出动。

用这样大规模的军队作战，就要求速胜。旷日持久就会使军队疲惫，锐气受挫。攻打城池，会使得兵力耗竭；军队长期在外作战，会使国家财力发生困难。如果军队疲惫、锐气挫伤、实力耗尽、国家经济枯竭，那么诸侯列国就会乘此危机发兵进攻，那时候即使有足智多谋的人，也无法挽回危局了。所以，在军事上，只听说过指挥虽拙但求速胜的情况，而没有见过为讲究指挥工巧而追求旷日持久的现象。战争久拖不决而对国家有利的情形，从来不曾有过。所以不完全了解用兵弊端的人，也就无法真正理解用兵的益处。

善于用兵打仗的人，兵员不再次征集，粮草不多回运送。武器装备由国内提供，粮食给养在敌国补充，这样，军队的粮草供给就充足了。

国家之所以因用兵而导致贫困，就是由于远道运输。军队远征，远道运输，就会使百姓陷于贫困。临近驻军的地区物价必定飞涨，物价飞涨，就会使得百姓之家资财枯竭。财产枯竭就必然导致加重赋役。力量耗尽，财富枯竭，国内便家家空虚。百姓的财产将会耗去十分之七；国家的财产，也会由于车辆的损坏，马匹的疲敝，盔甲、箭弩、戟盾、大橹的制作和补充以及丘牛大车的征调，而消耗掉十分之六。

所以，明智的将帅总是务求在敌国解决粮草的供给问题。消耗敌国的一钟粮食，等同于从本国运送二十钟。耗费敌国的一石草料，相当于从本国运送二十石。

要使军队英勇杀敌，就应激发士兵同仇敌忾的士气；要想夺取敌人的军需物资，就必须借助于物质奖励。所以，在车战中，凡是缴获战车十辆以上的，就奖赏最先夺得战车的人，并且换上我军的旗帜，混合编入自己的战车行列。对于敌俘，要优待和保证供给。这就是说愈是战胜敌人，自己也就愈是强大。

因此，用兵打仗贵在速战速决，而不宜旷日持久。

懂得用兵之道的将帅，是民众生死的掌握者，是国家安危存亡的主宰。

第三篇　谋攻篇

【原文】

孙子曰：凡用兵之法，全国为上，破国次之①；全军为上，破军次之；全旅为上，破旅次之；全卒为上，破卒次之；全伍为上，破伍次之②。是故百战百胜，非善之善者也③；不战而屈人之兵，善之善者也④。

故上兵伐谋⑤，其次伐交⑥，其次伐兵⑦，其下攻城。攻城之法⑧，为不得已⑨。修橹轒辒⑩，具器械⑪，三月而后成，距闉⑫，又三月而后已⑬。将不胜其忿而蚁附之⑭，杀士三分之一而城不拔者⑮，此攻⑯之灾也。

故善用兵者，屈人之兵而非战也⑰，拔人之城而非攻也⑱，毁人之国而非久也⑲，必以全争于天下⑳，故兵不顿而利可全㉑，此谋攻之法也㉒。

故用兵之法，十则围之㉓，五则攻之，倍则战之㉔，敌则能分之㉕，少则能逃之㉖，不若则能避之㉗。故小敌之坚，大敌之擒也㉘。

夫将者，国之辅也㉙，辅周则国必强㉚，辅隙则国必弱㉛。

故君之所以患于军者三㉜：不知军之不可以进而谓之进，不知军之不可以退而谓之退，是谓縻军㉞；不知三军之事，而同三军之政者㉟，则军士惑矣㊱；不知三军之权而同三军之任㊲，则军士疑矣。三军既惑且疑，则诸侯之难至矣，是谓乱军引胜㊳。

故知胜有五:知可以战与不可以战者胜;识众寡之用者胜^㊴;上下同欲者胜^㊵;以虞待不虞者胜^㊶;将能而君不御者胜^㊷。此五者,知胜之道也^㊸。

故曰:知彼知己者,百战不殆^㊹;不知彼而知己,一胜一负^㊺;不知彼,不知己,每战必殆。

【注释】

①全国为上,破国次之:全,完整。国,春秋时,主要指都城,或者还包括外城及周围的地区。破,攻破、击破。此句言以实力为后盾,迫使敌方城邑完整地降服为上策,而通过战争交锋,攻破敌方城邑则稍差一些。

②军、旅、卒、伍:春秋时军队编制单位。12 500人为军,500人为旅,100人为卒,5人为伍。

③非善之善者也:不是好中最好的。

④不战而屈人之兵,善之善者也:屈,屈服、降服。此句说不战而使敌人屈服,才能说是高明中最高明的。

⑤上兵伐谋:上兵,上乘用兵之法。伐,进攻、攻打。谋,谋略。伐谋,以谋略攻敌赢得胜利。此句意为:用兵的最高境界是用谋略战胜敌人。

⑥其次伐交:交,交合,此处指外交。伐交,即进行外交斗争以争取主动。当时的外交斗争,主要表现为运用外交手段瓦解敌国的联盟,扩大、巩固自己的盟国,孤立敌人,迫使其屈服。

⑦伐兵:通过军队间交锋一决胜负。兵,军队。

⑧法:办法、做法。

⑨为不得已:言实出无奈而为之。

⑩修橹轒辒:制造大盾和攻城的四轮大车。修,制作、建造。橹,藤革等材料制成的大盾牌。轒辒,攻城用的四轮大车,用桃木制成,外蒙生牛皮,可以容纳兵士十余人。

⑪具器械:具,准备。意为准备攻城用的各种器械。

⑫距闉:距,通"具",准备。闉,通"堙",土山。为攻城作准备而堆积的土山。

⑬又三月而后已:已,完成、竣工之意。

⑭将不胜其忿而蚁附之:胜,克制、制服。忿,忿懑、恼怒。蚁附之,指驱使士兵像蚂蚁一般爬梯攻城。

⑮杀士三分之一而城不拔者:士,士卒。杀士三分之一,使三分之一的士卒被杀。拔,攻占城邑或军事据点。

⑯攻:此处指攻城。

⑰屈人之兵而非战也:言不采用直接交战的办法而迫使敌人屈服。

⑱拔人之城而非攻也:意为夺取敌人的城池而不靠硬攻的办法。

⑲毁人之国而非久也:非久,不要旷日持久。指灭亡敌人之国无需旷日持久。

⑳必以全争于天下:全,即上言"全国"、"全军"、"全旅"、"全卒"、"全伍"之"全"。此句意为一定要根据全胜的战略争胜于天下。

㉑故兵不顿而利可全:顿,同"钝",指疲惫、挫折。利,利益。全,保全、万全。

㉒此谋攻之法也:这就是以谋略胜敌的最高标准。法,标准、准则。

㉓十则围之:兵力十倍于敌就包围敌人。

㉔倍则战之:倍,加倍。有两倍于敌人的兵力,则当敢于抗击、对峙。

㉕敌则能分之:敌,指兵力相等,势均力敌。能,乃、则的意思。此处与则合用,以加重语气。分,分散。此句言如果敌我力量相当,就设法分散敌人,造成局部上的更大优势。

㉖少则能逃之:少,兵力少。逃,逃跑躲避。

㉗不若则能避之:不若,不如,指实际力量不如敌人。

㉘小敌之坚,大敌之擒也:小敌,弱小的军队。之,助词。坚,坚定、强硬,此处指固守硬拼。大敌,强大的敌军。擒,捉拿,此处指俘虏。弱小的部队坚持硬拼,就会被强大的敌人所俘虏。

㉙国之辅也:国,指国君。辅,原意为辅木,这里引申为辅助、助手。

㉚辅周则国必强:言辅助周密、相依无间国家就强盛。周,周密。

㉛辅隙则国必弱:辅助有缺陷则国家必弱。隙,缝隙,此处指有缺陷、不周全。

㉜君之所以患于军者三:君,国君。患,危害。意为国君危害军队行动的情况有三个方面。

㉝谓之进:谓,使的意思,即"使(命令)之进"。

㉞是谓縻军:这叫做束缚军队。縻,束缚、羁縻。

㉟不知三军之事而同三军之政者:不了解军事而干预军队的政令。三军:泛指军队。春秋时一些大的诸侯国设三军,有的为上、中、下三军,有的为左、中、右三军。同,此处是参与、干预的意思。政:政务,这里专指军队的行政事务。

㊱军士惑矣:军士,指军队的吏卒。惑,迷惑、困惑。

㊲不知三军之权而同三军之任:不知军队行动的权变灵活性质,而直接干预军队的指挥。权,权变,机动。任,指挥,统率。

㊳是谓乱军引胜:乱军,扰乱军队。引,导致之意。此言自乱军队,导致失去了胜机。

㊴识众寡之用者胜:能善于根据双方兵力对比情况而采取正确战法,就能取胜。众寡,指兵力多少。

㊵上下同欲者胜:上下同心协力的能够获胜。同欲,意愿一致,指齐心协力。

㊶以虞待不虞者胜:自己有准备对付没有准备之敌则能得胜。虞,有准备。

㊷将能而君不御者胜:将帅有才能而国君不加掣肘的,能够获胜。能,有才能。御,原意为驾御,这里指牵制、制约。

㊸知胜之道也:认识、把握胜利的规律。道,规律、方法。

㊹殆:危险、失败。

㊺一胜一负:即胜负各半,指没有必胜的把握。

【译文】

孙子说:一般的战争指导法则是,使敌人举国降服为上策,而击破敌国就略逊一筹;使敌人全军完整地降服为上策,而击溃敌人的军队就略逊一筹;使敌人全旅完整地降服为上策,而打垮敌人的旅就略逊一筹;使敌人全卒完整地降服是上策,而用武力打垮它就次一等;使敌人全伍降服是上策,用武力击溃它就次一等。因此,百战百胜,并不就是高明中最高明的;不经交战而能使敌人屈服,这才算是最高明的。

所以,用兵的上策是用谋略战胜敌人,其次是挫败敌人的外交联盟,再次就是直接与敌人交战,击败敌人的军队,下策就是攻打敌人的城池。选择攻城的做法实出于不得已。制造攻城的大盾和四轮大车,准备攻城的器械,费时数个月才能完成;而构筑用于攻城的土山,又要花费几个月才能完工。如果主将难以克制愤怒与焦躁的情绪而强迫驱使士卒像蚂蚁一样去爬梯攻城,结果士卒损失了三分之一而城池却未能攻克,这就是攻城带来的灾难。

所以,善于用兵的人,使敌人屈服而不是靠交战,夺取敌人的城池而不是靠强攻,毁灭敌人的国家而不是靠久战。一定要用全胜的战略争胜于天下,这样既不使自己的军队疲惫受挫,又能取得圆满的、全面的胜利。这就是以谋略胜敌的标准。

因此,用兵的原则是,拥有十倍于敌的兵力就包围敌人,拥有五倍于敌的兵力就进攻敌人,拥有两倍于敌的兵力就要努力抗击敌人,兵力与敌相等就设法分散敌人，兵力少于敌人就要退却，兵力弱于敌人就要避免决战。所以，弱小的军队如果一直坚守硬拼，就势必成为强大敌人的俘虏。

将帅是国君的助手，辅助周密，国家就一定强盛，辅助有缺陷，国家就一定衰弱。

国君危害军事行动的情况有三种：不了解军队不能前进而硬使军队前进，不了解军队不能后退而硬使军队后退，这叫做束缚军队；不了解军队的内部事务，而去干预军队的行政，就会使得将士迷惑；不懂得军事上的权宜机变，而去干涉军队的指挥，就会使得将士产生疑虑。军队既迷惑又心存疑虑，那么诸侯列国乘机进犯的灾难也就随之降临了。这叫作自乱其军，徒失胜机。

所以，能把握胜利的情况有五种：知道可以打或不可以打的，能够胜利；了解多兵和少兵的不同用法的，能够胜利；全军上下意愿一致的，能够胜利；自己有准备来对付无准备的敌手的，能够胜利；将帅有才能而国君不加掣肘的，能够胜利。凡此五条，就是把握胜利的方法。

所以，既了解敌人，又了解自己，百战都不会有任何危险；虽不了解敌人，但是了解自己，那么有时能胜利，有时会失败；既不了解敌人，又不了解自己，那么每次用兵都会有危险。

第四篇　军形篇

【原文】

孙子曰：昔之善战者，先为不可胜①，以待敌之可胜②。不可胜在己，可胜在敌③。故善战者，能为不可胜，不能使敌之可胜④。故曰：胜可知而不可为⑤。

不可胜者，守也；可胜者，攻也⑥。守则不足，攻则有余⑦，善守者，藏于九地之下；善攻者，动于九天之上⑧。故能自保而全胜也⑨。

见胜不过众人之所知⑩，非善之善者也；战胜而天下曰善，非善之善者也。故举秋毫不为多力⑪，见日月不为明目，闻雷霆不为聪耳⑫。古之所谓善战者，胜于易胜者也⑬。故善战者之胜也，无智名，无勇功。故其战胜不忒⑭。不忒者，其所措必胜⑮，胜已败者也⑯。故善战者，立于不败之地，而不失敌之败也。是故胜兵先胜而后求战⑰，败兵先战而后求胜⑱。善用兵者，修道而保法⑲，故能为胜败之政⑳。

兵法:一曰度㉑,二曰量㉒,三曰数㉓,四曰称㉔,五曰胜。地生度㉕,度生量㉖,量生数㉗,数生称㉘,称生胜㉙。故胜兵若以镒称铢㉚,败兵若以铢称镒。胜者之战民也㉛,若决积水于千仞之溪者㉜,形㉝也。

【注释】

①先为不可胜:为,造成,创造。不可胜,使敌人不可能战胜自己。此句意为先创造条件,使敌人不能战胜自己。

②以待敌之可胜:待,等待、寻找、捕捉的意思。敌之可胜,指敌人可以被我战胜的时机。

③不可胜在己,可胜在敌:指创造不被敌人战胜的条件,在于自己主观的努力,而敌方是否能被战胜,取决于敌方自己的失误,而非我方主观所能决定。

④能为不可胜,不能使敌之可胜:能够创造自己不为敌所胜的条件,而不能强令敌人一定具有可能被我战胜的时机。

⑤胜可知而不可为:知,预知,预见。为,强求。意为胜利可以预测,却不能强求。

⑥不可胜者,守也;可胜者,攻也:意为使敌人不能胜我,在于我方防守得宜;而战胜敌人,则取决于我方进攻得当。

⑦守则不足,攻则有余:采取防守的办法,是因为自己的力量处于劣势;采取进攻的办法,是因为自己的力量处于优势。

⑧"九地、九天"句:九,虚数,泛指多,古人常把"九"用来表示数的极点。九地,形容地深不可知;九天,形容天高不可测。此句言善于防守的人,能够隐蔽军队的活动,如藏物于极深之地下,令敌方莫测虚实;善于进攻的人,进攻时能做到行动神速、突然,如同从九霄飞降,出其不意,迅猛异常。

⑨自保而全胜:保全自己而战胜敌人。

⑩见胜不过众人之所知:见,预见。不过,不超过。众人,普通人。知,认识。

⑪举秋毫不为多力:秋毫,兽类在秋天新长的毫毛,比喻极轻微的东西。多力,力量大。

⑫闻雷霆不为聪耳:能听到雷霆之声算不上耳朵灵敏。聪,听觉灵敏。

⑬胜于易胜者也:战胜容易打败的敌人(指已暴露弱点之敌)。

⑭不忒:忒,音"tè",失误,差错。不忒即没有差错。

⑮其所措必胜:措,筹措、措施,此处指采取作战措施。

⑯胜已败者也:战胜业已处于失败地位的敌人。

⑰胜兵先胜而后求战:胜兵,胜利的军队。先胜,先创造不可被敌战胜的条

件。句意为能取胜的军队,总是先创造取胜的条件,然后才同敌人决战。

⑱败兵先战而后求胜:指失败的军队总是先开战,然后企求侥幸取胜。

⑲修道而保法:道,政治、政治条件。法,法度、法制。意为修明政治,确保各项法制的贯彻落实。

⑳故能为胜败之政:政,同"正",引申为主宰的意思。为胜败之政,即成为胜败上的主宰。

㉑度:指土地幅员的大小。

㉒量:容量、数量,指物质资源的数量。

㉓数:数量、数目,指兵员的多寡。

㉔称:衡量轻重,指敌对双方实力状况的衡量对比。

㉕地生度:生,产生。言双方所处地域的不同,产生土地幅员大小不同之"度"。

㉖度生量:指因度的大小不同,产生物质资源多少的"量"的差异。

㉗量生数:指物质资源多少的不同,产生兵员多寡的"数"的差异。

㉘数生称:指兵力多寡的不同,产生军事实力的强弱对比的不同。

㉙称生胜:指双方军事实力对比的不同,产生、决定了战争胜负的不同。

㉚以镒称铢:镒、铢,皆古代的重量单位。一镒等于二十四两,一两等于二十四铢;铢轻镒重,相差悬殊。此处比喻力量相差悬殊,胜兵对败兵拥有实力上的绝对优势。

㉛胜者之战民也:战民,指统军指挥士卒作战。民,作"人"解,这里借指士卒、军队。

㉜若决积水于千仞之溪者:仞,古代的长度单位,七尺(也有说八尺)为一仞。千仞,比喻极高。溪,山涧。

㉝形:指军事实力。

【译文】

孙子说:从前善于用兵打仗的人,先要做到不会被敌方战胜,然后捕捉时机战胜敌人。不会被敌人战胜的主动权操在自己手中,能否战胜敌人则取决于敌人是否有隙可乘。所以,善于打仗的人,能创造不被敌人战胜的条件,但却不可能做到使敌人一定被我战胜。所以说,胜利可以预知,但是不可强求。

想要不被敌人战胜,在于防守严密;想要战胜敌人,在于进攻得当。实行防御,是由于兵力不足;实施进攻,是因为兵力有余。善于防守的人,隐蔽自己的兵力如同深藏于地下;善于进攻的人,展开自己的兵力就像自九霄而降(令敌人猝不及防）。所以，既能够保全自己，而又能夺取胜利。

预见胜利不超越一般人的见识，这算不得为高明中最高明的。通过激战而取胜，即使是普天下人都说好，也不算是高明中的最高明的。这就像能举起秋毫称不上力大，能看见日月算不得眼明，能听到雷霆算不上耳聪一样。古时候所说的善于打仗的人，总是战胜那些容易战胜的敌人。因此善于打仗的人打了胜仗，既不显露出智慧的名声，也不表现为勇武的战功。他们取得胜利，是不会有差错的。其所以不会有差错，是由于他们的作战措施建立在必胜基础上，能战胜那些已经处于失败地位的敌人。善于打仗的人，总是确保自己立于不败之地，同时不放过任何击败敌人的机会。所以，胜利的军队总是先创造获胜的条件，而后才寻求同敌决战；而失败的军队，却总是先同敌人交战，而后企求侥幸取胜。善于指导战争的人，必须修明政治，确保法制，从而能掌握战争胜负的决定权。

兵法的基本原则有五条：一是"度"，二是"量"，三是"数"，四是"称"，五是"胜"。敌我所处地域的不同，产生双方土地幅员大小不同的"度"；敌我"度"的不同，产生了双方物质资源丰瘠不同的"量"；敌我"量"的不同，产生了双方军事实力强弱不同的"称"；敌我"称"的不同，最终决定了战争的胜负成败。胜利的军队较之于失败的军队，有如以"镒"比"铢"那样，占有绝对的优势。而失败的军队较之胜利的军队，就好像用"铢"比"镒"那样，处于绝对的劣势。胜利者指挥军队与敌作战，就像在万丈悬崖决开山涧的积水，所向披靡，这就是"形"——军事实力。

第五篇　兵势篇

【原文】

孙子曰：凡治众如治寡①，分数是也②；斗众③如斗寡，形名是也④；三军之众，可使必受敌而无敌⑤者，奇正是也⑥；兵之所知，如以碫投卵⑦者，虚实⑧是也。

凡战者，以正合，以奇胜⑨。故善出奇者，无穷如天地，不竭如江河⑩。终而复始，日月是也；死而复生，四时是也⑪。声不过五⑫，五声之变，不可胜听也⑬。色不过五，五色之变，不可胜观也。味不过五，五味⑭之变，不可胜尝也。战势不过奇正⑮，奇正之变，不可胜穷也。奇正相生⑯，如循环之无端⑰，孰能穷之⑱？

激水之疾⑲，至于漂石⑳者，势㉑也；鸷鸟㉒之疾，至于毁折㉓者，节㉔也。是故善战者,其势险,其节短。势如彍弩㉕,节如发机㉖。

纷纷纭纭㉗,斗乱而不可乱㉘也;浑浑沌沌㉙,形圆而不可败也㉚。乱生于治㉛,怯生于勇,弱生于强㉜。治乱,数也㉝;勇怯,势也;强弱,形也。故善动敌㉞者,形之㉟,敌必从之;予之,敌必取之。以利动之,以卒待之㊱。

故善战者,求之于势,不责于人㊲,故能择人而任势㊳。任势者,其战人也㊴,如转木石。木石之性㊵,安㊶则静,危㊷则动,方则止,圆则行。故善战人之势,如转圆石于千仞之山者,势㊸也。

【注释】

①治众如治寡:治,治理、管理,意为管理人数众多的部队如同管理人数很少的部队一样。

②分数是也:分数,此处指军队的编制,把整体分为若干部分,就叫分数。这里是指分级分层管理之意。

③斗众:指挥人数众多的部队作战。斗,使……战斗(使动用法)。

④形名是也:形,指旌旗。名,指金鼓。在战场上,投入兵力众多,分布面积也很宽广,临阵对敌,无从知道主帅的指挥意图和信息,所以设置旗帜,高举于手中,让将士知道前进或后退等,用金鼓来节制将士进行战斗或终止战斗。

⑤必受敌而无敌:必,"毕"的同音假借,意为完全、全部。

⑥奇正是也:奇正,古兵法常用术语,指军队作战的特殊战法和常用战法。就兵力部署而言,以正面受敌者为正,以机动突击为奇;就作战方式言,正面进攻为正,侧翼包抄偷袭为奇;以实力围歼为正,以诱骗欺诈为奇等。

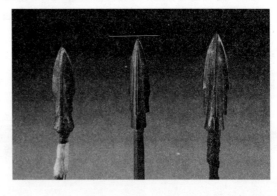

⑦以碫投卵:碫,《说文》:"碫厉石也",即磨刀石,泛指坚硬的石头。以碫投卵,比喻以坚击脆,以实击虚。

⑧虚实:古兵法常用术语,指军事实力上的强弱、优劣。有实力为"实",反之为"虚";有备为实,无备为"虚",休整良好为"实",疲敝松懈为"虚"。此处含有以强击弱、以实击虚的意思。

⑨以正合,以奇胜:合,交战、合战。此句意即以正兵合战,以奇兵制胜。

⑩无穷如天地,不竭如江海:喻正奇之变化有如宇宙万物之变化无穷,江河

水流之不竭尽。

⑪死而复生,四时是也:去而复来,如春、夏、秋、冬四季的更替。

⑫声不过五:声,即音乐之最基本的音阶。古代五音,即宫、商、角、徵、羽五音。故此言声不过五。

⑬五音之变,不可胜听:即宫、商、角、徵、羽五声的变化,听之不尽。变,变化;胜,尽,穷尽之意。

⑭五味:指甜、酸、苦、辣、咸五种味道。

⑮战势不过奇正:战势,指具体的兵力部署和作战方式。言作战方式归根结底就是奇正的运用。

⑯奇正相生:意为奇正之间相互依存、转化。

⑰如循环之无端:循,顺着。环,连环。无端,无始无终。言奇正之变化无始无终,永无尽头。

⑱孰能穷之:孰,谁。穷,穷尽。之,指奇正相生变化。

⑲激水之疾:激,湍急。疾,快、迅猛、急速。

⑳漂石:漂,漂移。漂石即移动石头(冲走石头)。

㉑势:这里指事物本身态势所形成的内在力量。

㉒鸷鸟:鸷(zhì),凶猛的鸟,如鹰、雕、鹫之类。

㉓毁折:毁伤、捕杀。这里指捕击鸟、兔之类动物。

㉔节:节奏。指动作暴发得既迅捷、猛烈,又恰到好处。

㉕势如彍弩:彍,弩弓张满的意思。彍弩即张满待发之弩。

㉖发机:机,即弩牙。发机即引发弩机的机钮,将弩箭突然射出。

㉗纷纷纭纭:纷纷,紊乱无序。纭纭,众多且乱。此指旌旗杂乱的样子。

㉘斗乱而不可乱:斗乱,言于纷乱状态中指挥作战。不可乱,言做到有序不乱。

㉙浑浑沌沌:混乱迷蒙不清的样子。

㉚形圆而不可败也:指摆成圆阵,首尾连贯,与敌作战应付自如,不至失败。

㉛乱生于治:示敌混乱,是由于有严整的组织。另一说:混乱产生于严整之中。

㉜弱生于强:示敌弱小,是由于本身拥有强大的兵力。另一说:弱可以由强产生。

㉝治乱,数也:数,即前言之"分数",指军队的组织编制。意为军队的治或乱,决定于组织编制是否有序。

㉞动敌：调动敌人。

㉟形之：形，用作动词即示形、示敌以形。指用假象迷惑欺骗敌人，使其判断失误。

㊱以卒待之：用重兵伺机破敌。卒，士卒，此处可理解为伏兵、重兵。

㊲求之于势，不责于人：责，求。此句言当追求有利的作战态势，而不是苛求下属。

㊳择人而任势：择，选择。任，任用、利用、掌握、驾驭的意思。

㊴其战人也：指挥士卒作战。与前《军形篇》中之"战民"义同。

㊵木石之性：木石的特性。性，性质、特性。

㊶安：安稳，这里指平坦的地势。

㊷危：高峻、危险，此处指地势高峻陡峭。

㊸势：是指在"形"（军事实力）的基础上，发挥将帅的主观作用，因而造成的有利作战态势。

【译文】

孙子说：通常而言，管理大部队如同管理小部队一样，这属于军队的组织编制问题；指挥大部队作战如同指挥小部队作战一样，这属于指挥号令的问题；整个部队遭到敌人的进攻而没有溃败，这属于"奇正"的战术变化问题；对敌军所实施的打击，如同以石击卵一样，这属于"避实就虚"原则的正确运用问题。

一般的作战，总是以"正兵"合战，用"奇兵"取胜。所以，善于出奇制胜的人，其战法的变化如天地运行那样变化无穷，像江河那样奔流不息。终而复始，就像日月的运行；去而复来，如同四季的更替。乐音的基本音阶不过五个，然而五个音阶的变化，却是不可尽听；颜色，不过五种色素，然而五色的变化，却是不可尽观；滋味不过五样，然而五味的变化，却是不可尽尝。作战的方式方法不过"奇"、"正"两种，可是"奇"、"正"的变化，却永远未可穷尽。"奇"、"正"之间的相互转化，就像顺着圆环旋绕似的，无始无终，又有谁能够穷尽它呢？

湍急的流水迅猛地奔流，以致能够把巨石冲走，这是因为它的流速飞快形成的"势"；鸷鸟迅飞猛击，以致能捕杀鸟雀，这是由于短促快捷的"节"。因此，善于指挥作战的人，他所造成的态势险峻逼人，他进攻的节奏短促有力。险峻的态势就像张满的弓弩，迅疾的节奏犹似击发弩机把箭突然射出。

战旗纷乱，人马混杂，在混乱之中作战要使军队整齐不乱。在兵如潮涌、浑沌不清的情况下战斗，要布阵周密，保持态势而不致失败。向敌诈示混乱，必须己方组织编制严整。向敌诈示怯懦，必须己方具备勇敢的素质。向敌诈示弱小，必须己方拥有强大的兵力。严整或者混乱，是由组织编制的好坏所决定的。勇敢或怯懦，是由作战态势的优劣所造成的。强大或者弱小，是由双方实力大小的对比所显现的。所以善于调动敌人的将帅，伪装假象迷惑敌人，敌人便会听从调动；用小利引诱敌人，敌人就会前来争夺。用这样的办法积极调动敌人，再预备重兵伺机掩击它。

善于用兵打仗的人，总是努力创造有利的态势，而不对部属求全责备，所以他能够选择人才去利用和创造有利的态势。善于利用态势的人指挥军队作战，就如同滚动木头、石头一般。木头和石头的特性是，置放在平坦安稳之处是静止的，置放在险峻陡峭之处就滚动。方的容易静止，圆的滚动灵活。所以，善于指挥作战的人所造成的有利态势，就像将圆石从万丈高山上推滚下来那样，这就是所谓的"势"。

第六篇　虚实篇

【原文】

孙子曰：凡先处战地而待敌者佚①，后处战地而趋战者劳②。故善战者，致人而不致于人③。能使敌人自至者，利之也④；能使敌人不得至者，害之也⑤。故敌佚能劳之⑥，饱能饥之，安能动之⑦。

出其所不趋⑧，趋其所不意。行千里而不劳者，行于无人之地也⑨。攻而必胜者，攻其所不守⑩；守而必固者，守其所不攻也⑪。故善攻者，敌不知其所守；善守者，敌不知其所攻⑫。微乎微乎，至于无形⑬；神乎神乎，至于无声⑭。故能为敌之司命⑮。

进而不可御者，冲其虚也⑯；退而不可追者，速而不可及也⑰。故我欲战，敌虽高垒深沟，不得不与我战者，攻其所必救也⑱；我不欲战，画地而守之⑲，敌不得与我战者，乖其所之也⑳。

故形人而我无形㉑，则我专而敌分㉒；我专为一，敌为分十，是以十攻其一也㉓，则我众而敌寡；能以众击寡者，则吾之所与战者约矣㉔。吾所与战之地不可知㉕，不可知，则敌所备者多；敌所备者多，则吾所与战者寡矣㉖。故备前则后寡，备后则前寡；备左则右寡，备右则左寡；无所不备，则无所不寡㉗。寡者，备人者也㉘；众者，使人备己者也㉙。

故知战之地，知战之日，则可千里而会战㉝；不知战地，不知战日，则左不能救右，右不能救左，前不能救后，后不能救前，而况远者数十里，近者数里乎㉞？以吾度之㉟，越人之兵虽多㊱，亦奚益于胜败哉㊲？故曰：胜可为也㊳。敌虽众，可使无斗㊴。

故策之而知得失之计㊵，作之而知动静之理㊶，形之而知死生之地㊷，角之而知有余不足之处㊸。故形兵之极，至于无形㊹；无形，则深间不能窥，智者不能谋㊺。因形而错胜于众㊻，众不能知；人皆知我所以胜之形㊼，而莫知吾所以制胜之形㊽。故其战胜不复㊾，而应形于无穷㊿。

夫兵形象水㊿，水之形，避高而趋下；兵之形，避实而击虚。水因地而制流，兵因敌而制胜。故兵无常势，水无常形；能因敌变化而取胜者，谓之神。故五行无常胜，四时无常位，日有长短，月有死生。

【注释】

①凡先处战地而待敌者佚：处，占据。佚，即"逸"，指安逸、从容。此句言在作战中，若能率先占据战地，就能使自己处于以逸待劳的主动地位。

②后处战地而趋战者劳：趋，奔赴，此处为仓促之意。趋战，仓促应战，此句意为作战中若后据战地仓促应战，则疲劳被动。

③致人而不致于人：致，招致、引来。致人，调动敌人。致于人，为敌人所调动。

④能使敌人自至者，利之也：利之，以利引诱。意谓能使敌人自来，乃是以利引诱的缘故。

⑤能使敌人不得至者，害之也：害，妨害，阻挠之意。此言能使敌人不得到达战地，乃是牵制敌人的结果。

⑥劳之：劳，使之疲劳。

⑦安能动之：言敌若固守，我就设法使它移动。

⑧出其所不趋：出，出击。出兵要指向敌人无法救援的地方，即击其空虚。不，这里当作无法、无从之意解。

⑨行千里而不劳者，行于无人之地也：无人之地，喻敌虚懈无备之处。意谓我行军千里而不致劳累，乃因行于敌虚懈无备处之故。

⑩攻而必取者，攻其所不守：言出击而必能取胜，是由于所出击的是敌人防守空虚之地。

⑪守而必固者，守其所不攻也：言防守必定巩固，因为所守之处是敌人无法攻取的地方。

卷 一

⑫故善攻者,敌不知其所守;善守者,敌不知其所攻:此句谓善于进攻的军队,敌人不知防守何处;善于防守的军队,敌人不知进攻何处。

⑬微乎微乎,至于无形:微,微妙。此句谓虚实运用微妙极致,则无形可睹。

⑭神乎神乎,至于无声:神,神奇,神妙。意为虚实运用神奇之至,则无声息可闻。

⑮司命:命运之主宰者。

⑯进而不可御者,冲其虚也:御,抵御。冲,攻击,袭击。虚,虚懈之处。此言我军进击而敌无法抵御,是由于攻击点正是敌之虚懈处。

⑰退而不可追者,速而不可及也:速,迅速、神速。及,赶上、追上。此句意为我军后撤而敌不能追击,是由于我后撤迅速,敌追赶不及。因此,撤退的主动权也操于我手。

⑱故我欲战……攻其所必救也:必救,必定救援之处,喻利害攸关之地。此句意为由于我已把握了战争主动权,故当我欲与敌进行决战时,敌不得不从命。之所以如此,是因为我所选择的攻击点,是敌之要害处。

⑲画地而守之:画,界限,指画出界限。画地而守,即据地而守,喻防守颇易。

⑳乖其所之也:乖,违,相反,此处有改变、调动的意思。之,往、去。句意谓调动敌人,将其引往他处。

㉑故形人而我无形:形人,使敌人现形。形,此处作动词,显露的意思。我无形,即我无形迹(隐蔽真形)。

㉒我专而敌分:我专一(集中)而敌分散。

㉓是以十攻其一也:指我军在局部上对敌拥有以十击一的绝对优势。

㉔吾之所与战者约矣:约,少、寡。此句言能以众击寡,则我欲击之敌必定弱小有限,难以作为。

㉕吾所与战之地不可知:即我准备与敌作战之战场地点,敌无从知晓。

㉖不可知,则敌所备者多;敌所备者多,则吾所与战者寡矣:此句意为我与敌欲战之地敌既无从知晓,就不得不多方防备,这样,敌之兵力势必分散;敌之兵力既已分散,则与我局部交战之敌就弱小且容易战胜了。

㉗无所不备,则无所不寡:即言如果处处设防,必然是处处兵力寡弱,陷入被动。

㉘寡者,备人者也:言兵力之所以相对薄弱,在于分兵备敌。

㉙众者,使人备己者也:言兵力所以占有相对优势,是因为迫使对方分兵备战。

㉚故知战之地，知战之日，则可千里而会战：如能预先了解掌握战场的地形条件与交战时间，则可以赴千里与敌交战。

㉛不知战地……近者数里乎：言若不能预先知道战场的条件与作战之时机，则前、后、左、右自顾不暇，不及相救，何况作战行动往往是在数里甚至数十里方圆范围内展开的。

㉜以吾度之：度，推测、推断。

㉝越人之兵虽多：越人之兵，越国的军队。春秋时期，晋、楚争霸，晋拉拢吴以牵制楚国，楚则利用越来抗衡吴国，吴、越之间长期征伐无已。孙子为吴王论兵法，自然以越国为吴的假想作战对象。

㉞亦奚益于胜败哉：奚，何、岂。益，补益、帮助。谓越国军队人数虽众，然不能知众寡分合的运用，则岂利于其取胜之企图？

㉟胜可为也：为，造成、创造、争取之意。即言胜利可以积极造成。《军形篇》中，孙子从战争之客观规律角度发论，曰："胜可知而不可为。"此处从主观能动性角度发论，认为只要充分发挥主观能动性，胜利是可以造成的，即言"胜可为"，两者之间并不矛盾。

㊱敌虽众，可使无斗：言敌人虽多，然而因我拥有主动权，因而我方能创造条件，使敌无法与我较量。

㊲策之而知得失之计：策，策度、筹算。得失之计，即敌计之得失优劣。此言我当仔细筹算，以了解判断敌人作战计划之优劣。

㊳作之而知动静之理：作，兴起，此处指挑动。动静之理，指敌人的活动规律。意为挑动敌人，借以了解其活动的一般规律。

㊴形之而知死生之地：形之，以伪形示敌。死生之地，指敌之优势所在或薄弱环节、致命环节。地，同下文"处"，非实指战地。言以示形于敌的手段，来了解敌方的优劣环节。

㊵角之而知有余不足之处：角，量、较量。有余，指实、强之处。不足，指虚、弱之处。此言要通过对敌作试探性较量，来掌握敌人虚实强弱情况。

㊶故形兵之极，至于无形：形兵，指军队部署过程中的伪装佯动。言我示形于敌，使敌不得其真，以至形迹俱无。

㊷深间不能窥，智者不能谋：间，间谍。深间，指隐藏极深的间谍。窥，刺探、窥视。示形佯动达到最高境界，则敌之深间也无从推测底细，聪明的敌人也束手无策。

㊸因形而错胜于众：因，由、依据。因形，根据敌情而灵活应变。错，同

"措",放置、安置之意。言依据敌情而取胜,将胜利置于众人面前。

⑭人皆知我所以胜之形:人们只知道我克敌制胜的情况。形,形状、形态,这里指作战方式、方法。

⑮而莫知吾所以制胜之形:可是无从得知如何克敌取胜的内在奥妙。制胜之形,取胜的奥妙、规律。

⑯故其战胜不复:复,重复。言克敌制胜的手段不曾重复。

⑰应形于无穷:应,适应。形,形状、形态,此处特指敌情。

⑱兵形象水:此言用兵的规律如同水的运动规律一样。兵形,用兵打仗的方式方法,亦可理解为用兵的规律。

⑲兵之形,避实而击虚:即言用兵的原则是避开敌人坚实之处,攻击其空虚薄弱的地方。

⑳水因地而制流,兵因敌而制胜:制,制约、决定。制胜,制服敌人以取胜。此句意为水之流向受地形高低不同的制约,作战中的取胜方法则依据敌情不同来决定。

㉑兵无常势,水无常形:即言用兵打仗无固定刻板的态势,似流水一般并无一成不变之形态。势,态势。常势,固定永恒的态势。常形,一成不变的形态。

㉒能因敌变化而取胜者,谓之神:意谓若能依据敌情变化而灵活处置以取胜,则可视之为用兵如神。

㉓故五行无常胜:五行,木、火、土、金、水。古代认为这是物质组成的基本元素。战国五行学说认为这五种元素的彼此关系是相生又相胜(相克)的。孙子此言谓其相生相克间变化无定数,如用兵之策略奇妙莫测。

㉔四时无常位:四时,指四季。常位,指一定的位置。此言春、夏、秋、冬四季推移变换永无止息。

㉕日有长短,月有死生:日,指白昼。死生,指月盈亏晦明的月相变化。句意谓白昼因季节变化有长有短,月亮因循环而有盈亏晦明。此处孙子说五行、四时及日月变化,均是"兵无常势,盈缩随敌"之意。

【译文】

孙子说:凡先占据战场,等待敌人的就主动安逸,而后到达战场仓促应战的就疲惫被动。所以善于指挥作战的人,总是能够调动敌人而不被敌人所调动。能够使敌人自动进到我预定地域的,是用小利引诱的缘故;能够使敌人不能抵达其预定领域的,则是设置重重困难阻挠的缘故。敌人休整得好,就设法使它疲劳;敌人粮食充足,就设法使它饥饿;敌人驻扎安稳,就设法使它移动。

要出击敌人无法驰救的地方，要奔袭敌人未曾预料之处。行军千里而不劳累，是因为行进的是敌人没有防备的地区；进攻而必定能够取胜，是因为进攻的是敌人不曾防御的地点；防御而必能稳固，是因为扼守的是敌人无法攻取的地方。所以善于进攻的，能使敌人不知道该如何防守；善于防御的，能使敌人不知道该怎么进攻。微妙啊，微妙到看不出任何形迹！神奇啊，神奇到听不见丝毫声音！所以，我能够成为敌人命运的主宰。

前进而使敌人无法抵御的，是由于袭击敌人懈怠空虚的地方；撤退而使敌人不能追击的，是因为行动迅速而使得敌人追赶不及。所以我军要交战时，敌人即使高垒深沟也不得不出来与我交锋，这是因为我们攻了敌人所必救的地方；我军不想交战时，据扎一个地方防守，敌人也无法同我交锋，这是因为我们诱使敌人改变了进攻方向。

要使敌人显露真情而我军不露痕迹。这样，我军兵力就可以集中而敌人兵力却不得不分散。我们的兵力集中在一处，敌人的兵力分散在十处，这样，我们就能以十倍于敌的兵力去进攻敌人了，从而造成我众而敌寡的有利态势。能做到集中优势兵力攻击劣势的敌人，那么同我军正面交战的敌人也就有限了。我们所要进攻的地方敌人很难知道，既无从知道，那么他所需要防备的地方就多了；敌人防备的地方愈多，那么我们所要进攻的敌人就愈单薄。因此，防备了前面，后面的兵力就薄弱；防备了后面，前面的兵力就薄弱；防备了左边，右边的兵力就薄弱；防备了右边，左边的兵力就薄弱。处处加以防备，就处处兵力薄弱。兵力之所以薄弱，是因为处处分兵防备；兵力之所以充足，是因为迫使对方处处分兵防备。

所以，如能预知交战的地点，预知交战的时间，那么即使跋涉千里也可以去同敌人会战。不能预知在什么地方打，不能预知在什么时间打，那么就会导致左翼救不了右翼，右翼救不了左翼，前面不能救后面，后面不能救前面的情况，何况想要在远达数十里、近在数里的范围内做到应付自如呢？依我分析，越国的军队虽多，但对于决定战争的胜负又有什么裨益呢？所以说，胜利是可以造成的，敌军虽多，可以使它无法同我较量。

所以要通过认真的筹算，来分析敌人作战计划的优劣和得失；要通过挑动敌人，来了解敌人的活动规律；要通过佯动示形，来试探敌人生死命脉的所在；要通过小型交锋，来了解敌人兵力的虚实强弱。所以佯动示形进入最高的境界，就再也看不出什么痕迹。看不出形迹，那么，即使是深藏的间谍也窥察不了底细，老谋深算的敌人也想不出对策。根据敌情变化而灵活运用战术，即便把胜利摆放在众人面前,众人仍然不能看出其中的奥妙。人们只能知道我用来战胜敌人的办法,但却无从知道我是怎样运用这些办法出奇制胜的。所以每一次胜利,都不是简单的重复,而是适应不同的情况,变化无穷。

用兵的规律就像流水,流水的属性,是避开高处而流向低处;作战的规律是避开敌人的坚实之处而攻击敌之弱点。水因地形的高低而制约其流向,作战则根据不同的敌情而制定取胜的策略。所以,用兵打仗没有固定刻板的态势,正如水的流动不曾有一成不变的形态一样。能够根据敌情变化而灵活机动取胜的,就可叫做用兵如神。五行相生相克没有定数,四季轮流更替也没有哪个季节固定不变,白天有长有短,月亮也有圆有缺。

第七篇　军争篇

【原文】

孙子曰:凡用兵之法,将受命于君,合军聚众①,交和而舍②,莫难于军争③。军争之难者,以迂为直,以患为利④。故迂其途而诱之以利⑤,后人发,先人至⑥,此知迂直之计者也⑦。

故军争为利,军争为危⑧。举军而争利则不及⑨,委军而争利则辎重捐⑩。是故卷甲而趋⑪,日夜不处⑫,倍道兼行⑬,百里而争利,则擒三将军⑭;劲者先,疲者后,其法十一而至⑮;五十里而争利,则蹶上将军⑯,其法半至⑰;三十里而争利,则三分之二至⑱。是故军无辎重则亡⑲,无粮食则亡,无委积则亡⑳。

故不知诸侯之谋者,不能豫交㉑;不知山林、险阻、沮泽㉒之形者,不能行军;不用乡导㉓者,不能得地利。故兵以诈立㉔,以利动㉕,以分合为变㉖者也。故其疾如风㉗,其徐如林㉘,侵掠如火㉙,不动如山㉚,难知如阴㉛,动如雷震㉜。掠乡分众㉝,廓地分利㉞,悬权而动㉟。先知迂直之计者胜㊱,此军争之法也。《军政》㊲曰:"言不相闻,故为金鼓;视不相见,故为旌旗㊳。"夫金鼓、旌旗者,所以一人之耳目也㊴。人既专一㊵,则勇者不得独进,怯者不得独退,此用众之法也㊶。故夜战多火鼓,昼战多旌旗,所以变人之耳目也㊷。

故三军可夺气㊸,将军可夺心㊹。是故朝气锐,昼气惰,暮气归㊺。故善用兵者,避其锐气,击其惰归㊻,此治气者也㊼。以治待乱㊽,以静待哗㊾,此治心者也㊿。以近待远,以逸待劳,以饱待饥,此治力者也○。无邀正正之旗○,勿击堂堂之陈⑭,此治变者也⑮。故用兵之法:高陵勿向⑯,背丘勿逆⑰,佯北勿从⑱,锐卒勿攻⑲,饵兵勿食⑳,归师勿遏㉑,围师必阙㉒,穷寇勿迫㉓,此用兵之法也。

【注释】

①合军聚众:合,聚集、集结。此句意为征集民众,组织军队。

②交和而舍:两军营垒对峙而驻扎。交,接触。和,和门,即军门。两军军门相交,即两军对峙。舍,驻扎。

③莫难于军争:于,比。军争,两军争夺取胜的有利条件。

④以迂为直,以患为利:迂,曲折迂回。直,近便的直路。意为将迂回的道路变成直达的道路,把不利的(害处)变为有利的。

⑤故迂其途而诱之以利:"其"、"之"均指敌人。迂,此处用作使动。前句就我军而言,此句就敌而言。战争时既要使自己"以迂为直,以患为利",也要善于使敌以直为迂,以利为患。而达到这一目的,在于以利引诱敌人,使其行迂趋患,陷入困境。

⑥后人发,先人至:比敌人后出动,却先抵达要争夺的要地。

⑦此知迂直之计者也:知,这里是掌握的意思。计,方法、手段。

⑧军争为利,军争为危:为,这里作"是"、"有"解。此句意为军争既有有利的一面,也有不利的一面。

⑨举军而争利败不及:举,全、皆。率领全部携带装备辎重的军队前去争利则不能按时到达。不及,不能按时到达预定地点。

⑩委军而争利辎重捐:委,丢弃、舍弃。辎重,包括军用器械、营具、粮秣、服装等。捐,弃、损失。句意谓如果扔下一部分军队去争利,则装备辎重将会受到损失。

⑪卷甲而趋:卷,收、藏的意思。甲,铠甲。趋,快速前进。意谓卷甲束杖急速进军。

⑫日夜不处:处,犹言止、息。"日夜不处"即夜以继日,不得休息。

⑬倍道兼行:倍道,行程加倍。兼行,日夜不停。

⑭擒三将军:擒,俘虏、擒获。三将军,三军的将帅。此句意为若奔赴百里,一意争利,则三军的将领会成为敌之俘虏。

⑮劲者先,疲者后,其法十一而至:意谓士卒身强力壮者先到,疲弱者滞后掉队,这种做法只有十分之一兵力能到位。

⑯五十里而争利,则蹶上将军:奔赴五十里而争利,则前军将领会受挫折。蹶,失败,损折。上将军,指前军、先头部队的将帅。

⑰其法半至:通常的结果是部队只能有半数到位。

⑱三十里而争利,则三分之二至:奔赴三十里以争利,则士卒也仅能有三分之二到位。

⑲军无辎重则亡:军队没有随行的兵器、器械则不能生存。

⑳无委积则亡:委积,指物资储备。军队没有物资储备作补充,亦不能生存。

㉑不知诸侯之谋者,不能豫交:谋,图谋、谋划。豫,通"与",参与。句意为不知诸侯列国的谋划、意图,则不宜与其结交。

㉒沮泽:水草丛生之沼泽地带。

㉓乡导:即向导,熟悉本地情况之带路人。

㉔兵以诈立:立,成立,此处指成功、取胜。此言用兵打仗当以诡诈多变取胜。

㉕以利动:言用兵打仗以利益大小为行动准则。

㉖以分合为变:分,分散兵力。合,集中兵力。言用兵打仗当灵活处置兵力的分散或集中。

㉗其疾如风:行动迅速,如狂风之疾。

㉘其徐如林:言军队行列整肃,舒缓如林木之森森然。徐,舒缓。

㉙侵掠如火:攻击敌军恰似烈火之燎原,不可抵御。侵,越境进犯。掠,掠夺物资。侵掠,此处意为攻击。

㉚不动如山:言防守似山岳之固,不可撼动。

㉛难知如阴:隐蔽真形,使敌莫测。有如阴云蔽日不辨辰象。

㉜动如雷震:行动犹如迅雷。

㉝掠乡分众:乡,古代地方行政组织。此句说,掠取敌乡粮食、资财要兵分数路。

㉞廓地分利:此句言应开土拓境,扩大战地,分兵占领扼守有利地形。廓,同"扩",开拓、扩展之意。

㉟悬权而动:权,秤锤,用以称物轻重。这里借作衡量、权衡利害、虚实之意。此言权衡利弊得失而后采取行动。

㊱先知迂直之计者胜:意为率先掌握"迂直之计"的,能取得胜利。

㊲《军政》:古兵书,已失传。

㊳言不相闻,故为金鼓:为,设、置。金鼓,古代用来指挥军队进退的号令设施,擂鼓进兵,鸣金收兵。

㊴视不相见,故为旌旗:旌旗,泛指旗帜。

㊵所以一人之耳目也：意谓金鼓、旌旗之类，是用来统一部卒的视听，统一军队行动的。人，指士卒、军队。一，统一。

㊶人既专一：专一，同一、一致。谓士卒一致听从指挥。

㊷此用众之法也：用众，动用、驱使众人，也即指挥人数众多的军队。法，法则、方法。

㊸夜战多火鼓，昼战多旌旗，所以变人之耳目也：变，适应。此句意为根据白天和黑夜的不同情况来变换指挥信号，以适应士卒的视听需要。

㊹故三军可夺气：夺，此处作"失"解。气，指旺盛勇锐之士气。意谓三军旺盛勇锐之气可以挫伤使之衰竭。

㊺将军可夺心：夺，这里是动摇之意。指将帅的意志和决心可以设法使之动摇。

㊻朝气锐，昼气惰，暮气归：朝，早晨。锐，锋锐。昼，白天。惰，懈怠。暮，傍晚。归，止息、衰竭。此句言士气变化之一般规律：开始作战时士气旺盛，锐不可挡，经过一段时间后，士气逐渐懈怠，到了后期士气就衰竭了。

㊼避其锐气，击其惰归：避开士气旺盛之敌，打击疲劳沮丧、士气衰竭之敌。

㊽此治气者也：治，此处作"掌握"解。意谓这是掌握运用士气变化的通常规律。

㊾以治待乱：以严整有序之己对付混乱不整之敌。治，整治。待，对待。

㊿以静待哗：以自己的沉着镇静对付敌人的轻躁喧动。哗，鼓噪喧哗，指骚动不安。

(51)此治心也：此乃掌握利用将帅心理的通常法则。

(52)此治力者也：此乃掌握运用军队战斗力的基本方法。

(53)无邀正正之旗：邀，迎击、截击。正正，严整的样子。意为勿迎击旗帜整齐、部署周密的敌人。

(54)勿击堂堂之陈：陈，同"阵"。堂堂，壮大。即不要去攻击阵容壮大、实力雄厚的敌人。

⑤此治变者也：言此乃掌握机动应变的一般方法。

⑥高陵勿向：高陵，高山地带。向，仰攻。即对已经占领了高地的敌人，我军不要去进攻。

⑥背丘勿逆：背，倚托之意。逆，迎击。言敌人如果背倚丘陵险阻，我军就不要去正面进攻。

⑧佯北勿从：佯，假装。北，败北、败逃。从，跟随。言敌人如是伪装败退，我军就不要去追击。

⑨锐卒勿攻：锐卒，士气旺盛的敌军。意谓敌人的精锐部队，我军不要去攻击。

⑩饵兵勿食：此谓敌人若以小利作饵引诱我军，则不要去理睬它。

⑥归师勿遏：遏（扼），阻击。对于正在向本国退还的敌师，不要去正面阻击它。

⑥围师必阙：阙，同"缺"。在包围敌军作战时，当留有缺口，避免使敌作困兽之斗。

⑥穷寇勿迫：指对陷入绝境之敌，不要加以逼迫，以免其拼死挣扎。

【译文】

孙子说，大凡用兵的法则，将帅接受国君的命令，从征集民众、组织军队直到同敌人对阵，在这中间没有比争夺制胜条件更为困难的了。而争夺制胜条件最困难的地方，在于要把迂回的弯路变为直路，要把不利转化为有利。同时，要使敌人的近直之利变为迂远之患，并用小利引诱敌人。这样就能比敌人后出动而先抵达必争的战略要地。这就是掌握了以迂为直的方法。

军争既有顺利的一面，同时也有危险的一面。如果全军携带所有的辎重去争利，就无法按时抵达预定地域；如果丢下部分军队去争利，辎重装备就会损失。因此卷甲疾进，日夜兼程，走上百里路去争利，那么三军的将领就可能被敌所俘。健壮的士卒先到，疲弱的士卒掉队，结果是只会有十分之一的兵力到位。走五十里去争利，就会损折前军的主将，只有一半的兵力能够到位。走上三十里路去争利，也依然只有三分之二的兵力能赶到。须知军队没有辎重就会失败，没有粮食就不能生存，没有物资储备就难以为继。

所以，不了解诸侯列国的战略意图，不能与其结交；不熟悉山林、险阻、沼泽的地形，不能行军；不利用向导，便不能得到地利。所以用兵打仗必须依靠诡诈多变来争取成功，依据是否有利来决定自己的行动，按照分散或集中兵力的方式来变换战术。所以，军队行动迅速时就像疾风骤起，行动舒缓时就像林木森然不乱,攻击敌人时像烈火,实施防御时像山岳,隐蔽时如同浓云遮蔽日月,冲锋时如迅雷不及掩耳。分遣兵众,掳掠敌方的乡邑;分兵扼守要地,扩展自己的领土;权衡利害关系,然后相机行动。懂得以迂为直方法的将帅就能取得胜利,这是争夺制胜条件的原则。《军政》里说道:"语言指挥不能听到,所以设置金鼓;动作指挥不能看见,所以设置旌旗。"这些金鼓、旌旗是用来统一军队上下的视听的。全军上下既然一致,那么,勇敢的士兵就不会单独冒进,怯儒的士兵也不敢单独后退了。这就是指挥大部队作战的方法。所以夜间作战多用火光、锣鼓,白昼作战多用旌旗。这都是出于适应士卒耳目视听的需要。

对于敌人的军队,可以使其士气低落;对于敌军的将帅,可以使其决心动摇。军队刚投入战斗时士气饱满;过了一段时间,士气就逐渐懈怠;到了最后,士气就完全衰竭了。所以善于用兵的人,总是先避开敌人初来时的锐气,进而等到敌人士气懈怠衰竭时再去打击它,这是掌握运用军队士气的方法。用自己的严整有序来对付敌人的混乱,用自己的镇静来对付敌人的轻躁,这是掌握将帅心理的手段。用自己部队接近的战场来对付远道而来的敌人,用自己部队的安逸休整来对付疲于奔命的敌人,用自己部队的粮饷充足来对付饥饿不堪的敌人,这是把握军队战斗力的秘诀,不要去拦击旗帜整齐的敌人。不要去进攻阵容雄壮的敌人。这是掌握灵活机变的原则。

用兵的法则是:敌人占领山地就不要去仰攻,敌人背靠高地就不要正面迎击,敌人假装败退就不要跟踪追击,敌人的精锐不要去攻击,敌人的诱兵不要加以理睬,对退回本国途中的敌军不要正面遭遇,包围敌人时要留出缺口,对陷入绝境的敌人不要过分逼迫。这些都是用兵的法则。

第八篇　九变①篇

【原文】

孙子曰:凡用兵之法,将受命于君,合军聚众,圮地无舍②,衢地交合③,绝地无留④,围地则谋⑤,死地⑥则战。涂有所不由⑦,军有所不击⑧,城有所不攻⑨,地有所不争⑩,君命有所不受⑪。故将通于九变之利者,知用兵矣⑫;将不通于九变之利者,虽知地形,不能得地之利矣⑬。治兵不知九变之术⑭,虽知五利⑮,不能得人之用矣⑯。

是故智者之虑⑰，必杂于利害⑱。杂于利而务可信也⑲，杂于害而患可解也⑳。

是故屈诸侯者以害㉑，役诸侯者以业㉒，趋诸侯者以利㉓。

故用兵之法，无恃其不来，恃吾有以待也㉔；无恃其不攻，恃吾有所不可攻也㉕。

故将有五危：必死，可杀也㉖；必生，可虏也㉗；忿速，可侮也㉘；廉洁，可辱也㉙；爱民，可烦也㉚。凡此五者，将之过也，用兵之灾也。覆军杀将㉛，必以五危㉜，不可察也。

【注释】

①九变：九，数之极。九变，多变之意。这里指在军事行动中针对外界的特殊情况，灵活运用一般原则，做到应变自如而不是墨守陈规。

②圮地无舍：圮（痞），为毁坏、倒塌之意。圮地，指难于通行之地。舍，止，此处指宿营。圮地无舍即在难以通行的山林、险阻、沼泽等地不可宿营。

③衢地交合：衢，四通八达。衢地即四通八达之地。交合，指结交邻国以为后援。

④绝地无留：绝地，难以生存之地。句意为遇上绝地，不要停留。

⑤围地则谋：围地，指进退困难、易被包围之地。谋，即设定奇妙之计谋。在易于被围之地，要设奇计摆脱困难。

⑥死地：进则无路，退亦不能，非经死战则难以生存之地。

⑦涂有所不由：涂，即途、道路。由，从、通过。此言有的道路不要通过。

⑧军有所不击：指有的军队不宜攻击。

⑨城有所不攻：有的城邑不应攻取它。

⑩地有所不争：有些地方可以不去争夺。

⑪君命有所不受：有时君主的命令也可以不接受。此句之前提，指上述"涂有所不由……"等四种情况。

⑫故将通于九变之地利者，知用兵矣：将帅如果能通晓九种地形的利弊及其处置，就懂得如何用兵作战了。通，通晓、精通。

⑬将不通于九变之利者，虽知地形，不能得地之利矣：将帅如果不通晓九变的利弊，即使了解地形，也不能从中获得帮助。

⑭九变之术：九变的具体手段和方法。

⑮五利：指"涂有所不由"至"君命有所不受"等五事之利。

⑯不能得人之用矣：指不能够充分发挥军队的战斗力。

⑰智者之虑：聪明的将帅思考问题。虑，思虑、思考。

⑱必杂于利害：必然充分考虑和兼顾到有利与有害两个方面。杂，混合、掺杂，这里有兼顾之意。

⑲杂于利而务可信也：务，任务、事务。信，同"伸"，伸张、舒展，这里有完成之意。句意为如果考虑到事物的有利的一面，则可完成战斗任务。

⑳杂于害而患可解也：意谓在有利情况下考虑到不利的因素，祸患便可消除。解，化解、消除。

㉑屈诸侯者以害：指用敌国听着厌恶的事情去伤害它从而使它屈服。屈，使……屈服、屈从，这里作动词用。诸侯，此处指敌国。

㉒役诸侯者以业：指用危险的事情去烦劳敌国而使之疲于奔命，穷于应付。业，事，此处特指危险的事情。

㉓趋诸侯者以利：趋，奔赴、奔走，此处作使动用。句意指用小利引诱调动敌人，使之奔走无暇。一说以利动敌，使之追随归附自己。

㉔无恃其不来，恃吾有以待也：恃，倚仗、依赖、寄希望。意为不要寄希望于敌人不来，而要依靠自己作好了充分的准备。

㉕无恃其不攻，恃吾有所不可攻也：不要寄希望于敌人不来进攻，而要依靠自己具备强大实力，使得敌人不敢来进攻。

㉖必死，可杀也：必，坚持、固执之意。句言坚持死拼，则有被杀的危险。

㉗必生，可虏也：言将帅若一味贪生，则不免沦为战俘。

㉘忿速，可侮也：忿，愤怒、忿满。速，快捷、迅速，这里指急躁、偏激。句言将帅如果急躁易怒，遇敌轻进，就有中敌人轻侮之计的危险。

㉙廉洁，可辱也：将帅如果过于洁身清廉，自矜名节，就有受辱的危险。

㉚爱民，可烦也：将帅如果溺于爱民，不审度利害，不知从全局把握问题，就易为敌所乘，有被动烦劳的危险。

㉛覆军杀将：使军队覆灭，将帅被杀。覆，覆灭、倾覆。覆、杀均为使动用法。

㉜必以五危：必，一定、肯定。以，由、因的意思。五危，指上述"必死"、"必生"等五事。言"覆军杀将"都是由这五种危险引起的，不可不充分注意。

【译文】

孙子说：大凡用兵的法则是，将帅接受国君的命令，征集民众、组织军队，出征时在沼泽连绵的"圮地"上不可驻扎，在多国交界的"衢地"上应结交邻国，在"绝地"上不要停留，遇上"围地"要巧设奇谋，陷入"死地"要殊死战斗。有的道路不要去通行，有的敌军不要攻打，有的城邑不要攻取，有的地方不要争夺，国君有的命令不要执行。所以将帅如果能够精通各种机变的利弊,就是懂得用兵了。将帅如果不能精通各种机变的利弊,那么即使了解地形,也不能够得到地形之利。指挥军队而不知道各种机变的方法,那么即便知道"五利",也是不能充分发挥军队的战斗力的。

所以,聪明的将帅考虑问题,必须充分兼顾到利害的两个方面。在不利的情况下要看到有利的条件,事情便可顺利进行;在顺利情况下要看到不利的因素,祸患就能预先排除。

要用各国诸侯最厌恶的事情去伤害它,迫使它屈服;要用各国诸侯感到危险的事情去困扰它,迫使它听从我们的驱使;要用小利去引诱各国诸侯,迫使它被动奔走。

用兵的法则是,不要寄希望于敌人不来,而要依靠自己做好充分的准备;不要寄希望于敌人不进攻,而要依靠自己拥有使敌人无法进攻的力量。

将帅有五种重大的险情:只知道死拼蛮干,就可能被诱杀;只顾贪生活命,就可能被俘虏;急躁易怒,就可能中敌人轻侮的奸计;一味廉洁好名,就可能入敌人的圈套;不分情况"爱民",就可能导致烦劳而不得安宁。以上五点,是将帅的过错,也是用兵的灾难。使军队遭到覆灭,将帅被敌擒杀,都一定是由这五种危险引起的,这不可不予以充分的重视。

第九篇　行军篇

【原文】

孙子曰:凡处军①、相敌②,绝山依谷③,视生处高④,战隆无登⑤,此处山之军也。绝水必远水⑥,客⑦绝水而来,勿迎之于水内,令半济而击之⑧,利;欲战者,无附于水而迎客⑨;视生处高,无迎水流⑩,此处水上之军也。绝斥泽⑪,惟亟去无留⑫;若交军于斥泽之中⑬,必依水草而背众树⑭,此处斥泽之军也。平陆处易而右背高⑮,前死后生⑯,此处平陆之军也。凡此四军⑰之利,黄帝之所以胜四帝也⑱。

凡军好高而恶下⑲,贵阳而贱阴⑳,养生而处实㉑,军无百疾,是谓必胜。丘陵堤防,必处其阳而右背之㉒。此兵之利,地之助也㉓。上雨,水沫至,欲涉者,待其定也㉔。凡地有绝涧㉕、天井㉖、天牢㉗、天罗㉘、天陷㉙、天隙㉚,必亟去之,勿近也。

吾远之，敌近之；吾迎之，敌背之㉛。军旁有险阻㉜、潢井㉝、葭苇㉞、山林、翳荟者㉟，必谨复索之㊱，此伏奸之所处也㊲。敌近而静者，恃其险也；远而挑战者，欲人之进也；其所居易者，利也㊳；众树动者，来也；众草多障者，疑也㊴；鸟起者，伏也㊵；兽骇者，覆也㊶。尘高而锐者，车来也㊷；卑而广者，徒来也㊸；散而条达者，樵采也㊹；少而往来者，营军也㊺。辞卑而益备者，进也㊻；辞强而进驱者，退也㊼；轻车先出居其侧者，陈也㊽；无约而请和者，谋也㊾；奔走而陈兵车者，期也㊿；半进半退者，诱也(51)。杖而立者，饥也(52)；汲而先饮者，渴也(53)；见利而不进者，劳也(54)。鸟集者，虚也(55)；夜呼者，恐也(56)；军扰者，将不重也(57)；旌旗动者，乱也(58)；吏怒者，倦也(59)；粟马肉食(60)，军无悬瓴(61)，不返其舍(62)者，穷寇也。谆谆翕翕(63)，徐与人言者(64)，失众也；数赏者，窘也(65)；数罚者，困也(66)；先暴而后畏其众者(67)，不精之至也(68)；来委谢者(69)，欲休息也(70)。兵怒而相迎，久而不合(71)，又不相去，必谨察之。

兵非益多也(72)，惟无武进(73)，足以并力、料敌、取人而已(74)；夫惟无虑而易敌(75)者，必擒于人。

卒未亲附而罚之则不服(76)，不服则难用也；卒已亲附而罚不行，则不可用也。故令之以文，齐之以武(77)，是谓必取(78)。令素行以教其民(79)，则民服；令不素行以教其民，则民不服。令素行者，与众相得也(80)。

【注释】

①处军：行军、宿营、处置军队，即在各种不同地形条件下，军队行军、作战、驻扎诸方面的处置对策。处，处置、安顿、部署的意思。

②相敌：相，观察。相敌即为观察、判断敌情。

③绝山依谷：绝，越度、穿越。指通过山地，要傍依溪谷行进。

④视生处高：视，看、审察，这里是面向的意思。生，生处、生地，此处指向阳地带。处高，即居高之意。视生处高，指面朝阳，居隆高之地。

⑤战隆无登：隆，高地。登，攀登。言在隆高之地与敌作战，不宜自下而上仰攻。

⑥绝水必远水：意谓横渡江河，一定要在离江河稍远处驻扎。

⑦客：指敌军，下同。

⑧勿迎之于水内，令半济而击之：迎，迎击。水内，水边。济，渡。半济，指渡过一半。此句谓不要在敌军刚到水边时迎击，而要让敌军渡到一半时发动攻击。此时敌军首尾不接，队列混敌，攻之容易取胜。

⑨无附于水而迎客：不要在挨近江河之处同敌人作战。无，勿。附，靠近。

⑩无迎水流：即勿居下游。此指不要把军队驻扎在河下游处，以防敌人决

水、投毒。

⑪绝斥泽：斥，盐碱地。泽，沼泽地。绝斥泽即通过盐碱沼泽地带。

⑫惟亟去无留：惟，宜、应该。亟，急、迅速。去，离开。意谓遇到盐碱沼泽地带，应当迅速离开，切莫停留驻军。

⑬若交于军斥泽之中：如果在盐碱沼泽地带与敌作战。交军，两军相交，指同敌军交战。

⑭必依水草而背众树：指一定要依近水草并背靠树林。依，依近。背，背靠、倚托之意。

⑮平陆处易而右背高：指遇开阔地带，也应选择平坦之处安营，并把军队侧翼部署在高地之前，以高地为倚托。平陆，开阔的平原地带。易，平坦之地。右，指军队侧翼。右背高，指军队侧翼要后背高地以为依托。

⑯前死后生：即前低后高。生、死，此处指地势高低，以高为生，以低为死。本句意谓在平原地带作战，也要做到背靠山险而面向平易。

⑰四军：指上述山地、江河、盐碱沼泽地、平原四种地形条件下的处军原则。

⑱黄帝之所以胜四帝也：这就是黄帝所以能战胜四方部族首领的缘由。黄帝是传说中的汉族祖先，部族联盟首领。传说他曾败炎帝于阪泉，诛蚩尤于涿鹿，北逐獯鬻，统一了黄河流域。四帝，四方之帝，即周边部族联盟的首领，一般泛指炎帝、蚩尤等人。

⑲好高而恶下：即喜欢高处而讨厌低处。好，喜欢。恶，讨厌。

⑳贵阳贱阴：贵，重视。阳，向阳干燥的地方。贱，轻视。阴，背阴潮湿的地方。句意为看重向阳之处而卑视阴湿地带。

㉑养生而处实：指军队要选择水草丰盛粮食充足、物资供应方便的地域驻扎。养生，指水草丰盛、粮食充足，能使人马得以休养生息。处实，指军需物资供应便利。

㉒必处其阳而右背之：指置军于向阳之地并使其主要侧翼背靠高地。

㉓地之助：意谓得到地形的辅助。

㉔上雨，水沫至，欲涉者，待其定也：上，指上游。沫，水上草木碎末。涉，原意为徒步淌水，这里泛指渡水。定，指水势平稳。

㉕绝涧：指两岸峭峻、水流其间的险恶地形。

㉖天井：指四周高峻、中间低洼的地形。

㉗天牢：牢，牢狱。天牢即是对山险环绕、易进难出的地形的形象描述。

㉘天罗：罗，罗网。指荆棘丛生，军队进入后如陷罗网无法摆脱的地形。

㉙天陷:陷,陷阱。指地势低洼、泥泞易陷的地带。

㉚天隙:隙,狭隙,指两山之间狭窄难行的谷地。

㉛吾远之,敌近之;吾迎之,敌背之:意谓对于上述"绝涧"等"六害"地形,我们要远离它,正对它,而让敌军去接近它,背靠它。

㉜险阻:险山大川阻绝之地。

㉝潢井:潢(黄),积水池。井,指内涝积水、洼陷之地。潢井即指积水低洼之地。

㉞葭苇:芦苇,这里泛指水草丛聚之地。

㉟山林、翳荟:指山林森然,草木繁茂。

㊱必谨复索之:一定要仔细、反复地进行搜索。谨,谨慎。复,反复。索,搜索、寻找。

㊲此伏奸之所处也:指"险阻"、"潢井"等处往往是敌人伏兵或奸细的藏身之处。

㊳其所居易者,利也:敌军在平地上驻扎,是因为有利(进退便利)才这样做。易,平易,指平地。

㊴众草多障者,疑也:在杂草丛生之处设下许多障碍,是企图使我方迷惑。疑,使动用法,使迷惑,使困疑之意。

㊵鸟起者,伏也:鸟雀惊飞,是其下有着伏兵。伏,埋伏、伏兵。

㊶兽骇者,覆也:野兽受惊奔跑,这是敌军大举袭来。骇,惊骇、受惊。覆,倾覆、覆没之意。引申为铺天盖地而来。

㊷尘高而锐者,车来也:尘土高扬笔直上扬,这是敌人兵车驰来。锐,锐直、笔直。车,兵车。

㊸卑而广者,徒来也:尘土低而宽广,这是敌人的步兵开来。卑,低下。广,宽广。徒,步兵。

㊹散而条达者,樵采也:尘土散漫而细长,时断地续,这是敌人在砍薪伐柴。条达,指飞扬的尘土分散而细长。

㊺少而往来者,营军也:尘土稀少而此起彼落,是敌军在察看地形,准备安营扎寨。

㊻辞卑而益备者,进也:敌人措辞谦卑恭顺,同时又加强战略,这表明敌人准备进犯。卑,卑谦、恭敬。益,增加、更加之意。

㊼辞强而进驱者,退也:敌人措辞强硬,在行动上又示以驰驱进逼之姿态,这是其准备后撤。

㊽轻车先出居其侧者,陈也:轻车,战车。陈,同"阵",即布阵。句意为战车先出摆在侧翼,是在布列阵势。

㊾无约而请和者,谋也:敌人还没有陷入困境却主动前来请和,其中必有阴谋。约,困屈、受制之意。

㊿奔走而陈兵车者,期也:敌人急速奔走、摆开兵车阵势的,是期求与我进行作战。期,期求。

51半进半退者,诱也:敌人似进不进,似退不退,是为了诱我入其圈套。

52杖而立者,饥也:言倚着兵器而站立,是饥饿的表现。杖,同"仗",扶、倚仗的意思。

53汲而先饮者,渴也:取水的人自己先喝,这是干渴的表现。汲,汲水、打水。

54见利而不进者,劳也:眼见有利可图而军队不前进,说明敌军已疲劳。

55鸟集者,虚也:鸟雀群集敌营,表明敌营空虚无人。

56夜呼者,恐也:军卒夜间惊呼,这是敌军惊恐不安的象征。

57军扰者,将不重也:敌营惊扰纷乱,是因将领不够持重的缘故。

58旌旗动者,乱也:敌军旗帜不停地摇动,表明敌人已经混乱了。

59吏怒者,倦也:敌军官烦躁易怒,表明士卒已疲倦,不听指挥了。

60粟马食肉:粟,粮谷,这里作动作词用,意为喂马。粟马食肉,拿粮食喂马,杀牲口食肉。

61军无悬甀:甀同"缶",汲水用的罐子,泛指炊具。此句言敌军已收拾起了炊具。

62舍:指军营。

63谆谆翕(西)翕:恳切和顺的样子。

64徐与人言者:意谓语调和缓地同士卒商谈。徐,缓缓温和的样子。人,此处指士卒。

65数赏者,窘也:敌军一再犒赏士卒,说明其处境窘迫。数,多次、反复。窘,窘迫、困窘。

66数罚者,困也:敌军一再处罚士卒,表明其已经陷入困境。

67先暴而后畏其众者:指将帅开始对士卒粗暴,继而又惧怕士卒者。

68不精之至也:不精明到了极点。

69委谢者:委派人质来赔礼的。谢,道歉、谢罪。

70欲休息也:指敌人欲休兵息战。

71久而不合:合,指交战,久而不合即久而不战之意。

⑫兵非益多也：兵员并不是越多越好。益多，即以多为益。

⑬惟无武进：意为只是不要恃武冒进。惟，独、只是。武进，恃勇轻进。

⑭足以并力、料敌、取人而已：指能做到集中兵力、正确判断敌情、争取人心则足矣。并力，集中兵力。料敌，观察判断敌情。取人，争取人心，善于用人。

⑮无虑而易敌：没有深谋远虑而无端蔑视敌手。易，轻视、蔑视。

⑯卒未亲附而罚之则不服：在士卒还未亲近依附之前就施用刑罚，士卒就会怨愤不服。

⑰古令之以文，齐之以武：令，教育。文，指政治道义。齐，整饬，规范。武，指军纪军法。此句的意思是用政治、道义来教育士卒，用军纪军法来统一、整饬部队。

⑱是谓必取：指用兵打仗一定能取胜。

⑲令素行以教其民：令，法令规章。素，平常、平时。行，实行、执行。民，这里指主要指士卒、军队。

⑳令素行者，与众相得也：意谓军纪军令平素能够顺利执行的，是因为军队统帅同兵卒之间相处融洽。得，亲和。相得，指关系融洽。

【译文】

孙子说，凡是处置部署军队和观察判断敌情，都应该注意：通过山地，要靠近有水草的山谷，驻扎在居高向阳的地方，不要去仰攻敌人占领了的高地，这是在山地部署机动军队的原则。横渡江河，必须在远离江河处驻扎；敌人渡水来战，不要在江河中予以迎击，而要等它渡过一半时再进行攻击，这样才有利；如果要同敌人决战，不要紧挨水边布兵列阵；在江河地带驻扎，也应当居高向阳，不可面迎水流，这是在江河地带部署处置军队的原则。通过盐碱沼泽地带，那就一定要靠近水草并背靠树林，这是在盐碱沼泽地带部署机动军队的原则。在平原地带要占领平坦开阔地域，而侧翼则应倚托高地，做到前低后高，这是在平原地带部署机动部队的原则。以上四种军队部署原则运用带来的好处，正是黄帝之所以能战胜其他"四帝"的原因。

在一般情况下驻军，总是喜欢干燥的高地，厌恶潮湿的驻地，重视向阳之处，轻视阴湿之地，靠近水草地区，军需供应充足，将士百病不生，这样，克敌制胜就有了保证。在丘陵堤防地域，必须占领朝阳的一面，而把主要侧翼背靠着它，这些对于用兵有利的措施，是利用地形作为辅助条件的。上游下雨涨水，洪水骤至，若想要涉水过河，得等待水流平稳后再过。凡是遇上绝涧、天井、天牢、天罗、天陷、天隙这六种地形，必须迅速离开，不要靠近。我军远远离开它们，而让敌人去接近它们;我军应面向它们,而让敌人去背靠它们。行军过程中如遇到有险峻的隘路、湖沼、水网、芦苇、山林和草木茂盛的地方,一定要谨慎地反复搜索,这些都是敌人可能设下伏兵和隐藏奸细的地方。敌人逼近而保持安静的,是倚仗它占领着险要的地形;敌人离我很远而前来挑战的,是想引诱我军入其圈套;敌人之所以驻扎在平坦地带,是因为它这样做有利可图;许多树林摇曳摆动,这是敌人隐蔽前来;草丛中有许多遮障物,这是敌布疑阵;鸟雀惊飞,这是下面有着伏兵;野兽骇奔,这是敌人大举突袭。尘土又高又尖,这是敌人的战车驰来;尘土低而宽广,这是敌人的步兵开来;尘土四散飞扬,这是敌人在砍伐柴薪;尘土稀薄而又时起时落,这是敌人正在结寨扎营。敌人的使者措辞谦卑却又在加紧战备的,这是想要进攻;敌人的使者措辞强硬而军队又做出前进姿态的,这是准备撤退;敌人战车先出动,部署在侧翼的,这是在布列阵势;敌人尚未受挫而主动前来讲和的,必定是有阴谋;敌人急速奔跑并摆开兵车列阵的,是期待同我决战;敌人半进半退的,是企图引诱我军。敌兵倚着兵器站立,这是饥饿的表现;敌兵打水的人自己先喝,这是干渴缺水的表现;敌人明见有利而不进兵争夺,这是疲劳的表现;敌军营寨上方飞鸟集结,表明是座空营;敌人夜间惊慌叫喊,这是其恐惧的表现;敌营惊扰纷乱,这表明敌将没有威严;敌阵旗帜摇动不整齐,这说明敌人队伍已经混乱;敌人军官易怒烦躁,表明全军已经疲倦;用粮食喂马,杀牲口吃肉,收拾起炊具,不返回营寨,这是打算拼死突围的穷寇;敌将低声下气同部下讲话,这表明敌将失去人心;接连不断地犒赏士卒,这表明敌人已无计可施;反反复复地处罚部属,这表明敌军处境困难;敌方将领先对部下凶暴,后又害怕部下的,是最不精明的将领;敌人派遣使者前来送礼言好,这是敌人希冀休兵息战。敌人逞怒同我对阵,可是久不交锋而又不撤退,这就必须审慎地观察它的意图。

兵力并不在于愈多愈好,只要不轻敌冒进,而能做到集中兵力、判明敌情、取得部下的信任和支持,也就足够了。那种既无深谋远虑而又自恃轻敌的人,一定会被敌人所俘虏。

士卒还没有亲近依附就施行惩罚,那么他们就会不服,不服就难以使用;士卒已经亲附,而军纪军法仍得不到执行,那也无法用他们去作战。所以,要用怀柔宽仁的手段去教育他们,用军纪军法去管束规范他们,这样就必定会取得部下的敬畏和拥戴。平素能严格贯彻命令,管教士卒,士卒就会养成服从的习惯;平素不重视严格贯彻命令,管教士卒,士卒就会养成不服从的习惯;平时命令能够得到贯彻执行,这表明将帅同士卒之间相处融洽。

第十篇 地形篇

【原文】

孙子曰:地形有通者[1],有挂者[2],有支者[3],有隘者[4],有险者[5],有远者[6]。我可以往,彼可以来,曰通;通形者,先居高阳[7],利粮道[8],以战则利[9]。可以往,难以返,曰挂;挂形者,敌无备,出而胜之;敌若有备,出而不胜,难以返,不利[10]。我出而不利,彼出而不利[11],曰支;支形者,敌虽利我[12],我无出也;引而去之[13],令敌半出而击之[14],利。隘形者,我先居之,必盈之以待敌[15];若敌先居之,盈而勿从,不盈而从之[16]。险形者,我先居之,必居高阳以待敌[17];若敌先居之,引而去之,勿从也。远形者[18],势均[19],难以挑战[20],战而不利。凡此六者,地之道也[21];将之至任[22],不可不察也。

故兵有走者[23],有弛者,有陷者,有崩者,有乱者,有北者。凡此六者,非天之灾,将之过也。夫势均,以一击十,曰走[24]。卒强吏弱,曰弛[25]。吏强卒弱,曰陷[26]。大吏怒而不服[27],遇敌怼而自战[28],将不知其能,曰崩[29]。将弱不严[30],教道不明[31],吏卒无常[32],阵兵纵横[33],曰乱。将不能料敌[34],以少合众,以弱击强,兵无选锋[35],曰北。凡此六者,败之道也;将之至任,不可不察也。夫地形者,兵之助也[36]。料敌制胜,计险阨,远近[38],上将[39]之道也。知此而用战者必胜[40],不知此而用战者必败。故战道必胜[41],主曰无战,必战可也[42];战道不胜,主曰必战,无战可也[43]。故进不求名,退不避罪,惟人是保[44],而利合于主[45],国之宝也[46]。

视[47]卒如婴儿,故可与之赴深谿[48];视卒如爱子,故可与之俱死。厚而不能使,爱而不能令[49],乱而不能治[50],譬若骄子,不可用也[51]。

知吾卒之可以击,而不知敌之不可击,胜之半也[52];知敌之可击,而不知吾卒之不可以击,胜之半也;知敌之可击,知吾卒之可以击,而不知地形之不可以战,胜之半也[53]。故知兵者[54],动而不迷[55],举而不穷[56]。故曰:知彼知己,胜乃不殆;知天知地,胜乃不穷[57]。

【注释】

①地形有通者:地形,地理形状、山川形势。通,通达,指广阔平坦、四通八达的地区。

②挂者:悬挂、牵碍。此处指前平后险、易入难出的地区。

③支者:支撑、支持。指敌对双方皆可据险对峙,不易发动进攻的地区。

④隘者:狭窄、险要之地。这里特指两山之间的狭谷地带。

⑤险者:险,险恶、险要,指行动不便的险峻地带。

⑥远者:指距离遥远之地。

⑦先居高阳:意为抢先占据地势高且向阳之处,以争取主动。

⑧利粮道:指保持粮道畅通。利,此处作动词。

⑨以战则利:以,为也。此句承上"先居高阳,利粮道"而言,意谓在平原地区,若能先敌抵达,占据高阳地带,并保持粮道畅通,如此进行战斗则大为有利。

⑩挂形者……难以返,不利:在"挂"形地带,敌方如无防备,可以主动出击夺取胜利;如果敌人已有戒备,出击不能取胜,军队归返就会很困难,实属不利。

⑪彼出而不利:敌人出击也同样不利。

⑫敌虽利我:敌虽以利相诱。利,利诱。

⑬引而去之:引,带领。去,离开、离去。引而去之即指率领部队伪装退去。

⑭令敌半出而击之:令,使。句意为在敌人出兵追击前进一半时再回师反击他们。

⑮必盈之以待敌:一定要动用充足的兵力堵塞隘口,来对付来犯的敌军。盈,满,充足的意思。

⑯盈而勿从,不盈而从之:从,顺随。此处意谓顺随敌意去进攻。在"隘"形之地,敌若先我占据,并已用重兵堵塞隘口,我方就不可顺随敌意去攻打;如敌方还未用重兵扼守隘口,我军就应全力进攻,去争取险阻之利。

⑰险形者,我先居之,必居高阳以待敌:意谓在险阻之地,我军应当抢先占据地高向阳的要害之处以待敌军,争取主动。

⑱远形者:这里特指敌我营垒距离甚远。

⑲势均:一说"兵势"相均;一说"地势"相均。后一说更合本篇之情理。

⑳难以挑战:指不宜挑引敌人出战。

㉑地之道也:道,原则、规律。意为上述六者是将帅指挥作战利用地形的基本原则。

㉒将之至任:指将帅所应担负的重大责任。至,最、极的意思。

㉓兵有走者:兵,这里指败军。走,与以下"弛、陷、崩、乱、北"共为"六败"之名称。

㉔走:跑、奔,这里指军队败逃。

㉕弛:涣散、松懈的意思。这里指将吏软弱无能,队伍涣散难制。

㉖陷:陷没。此言将吏虽勇强,但士卒没有战斗力,将吏不得不孤身奋战,力不能支,最终陷入败溃。

㉗大吏怒而不服:大吏,指小将。句意为偏裨将佐恚怒,不肯服从主将的命令。

㉘遇敌怼而自战:意为恚怒愤懑"火吏",遇敌心怀怨愤,擅自出阵作战。怼(duì),怨恨,心怀不满。

㉙崩:土崩瓦解,比喻溃败。

㉚将弱不严:指将帅懦弱不能,毫无威严以服下。

㉛教道不明:指治军缺乏法度,军队管理不善。

㉜吏卒无常:无常,指没有法纪、常规,军中上下关系处于失常状态。

㉝阵兵纵横:指布兵列阵杂乱无章。

㉞料敌:指分析(研究)敌情。

㉟合:指两军交战。

㊱选锋:由精选而组成的先锋部队。

㊲地形者,兵之助也:地形的审用,是用兵作战的重要辅助条件。助,辅助,辅佐。

㊳计险阨、远近:指考察地形的险要,计算道路的远近。

㊴上将:贤能、高明之将。

㊵知此而用战者必胜:知此,懂得上述道理。用战,指挥作战。

㊶战道必胜:战道,作战具备的各种条件,引申为战争的一般规律。战道必胜,指根据战争规律分析,具备了必胜的把握。

㊷必战可也:即言可自行决断与敌开战,无需听从君命。

㊸无战可也:即拒绝君命,不同敌人交战。

㊹惟人是保:人,百姓、民众。保,保全。此句谓进退处置只求保全民众。

㊺利合于主:指符合、满足国君的利益。

㊻国之宝也:即国家的宝贵财富。

㊼视:看待、对待的意思。

㊽深谿:谿同"溪",山涧河沟,深溪,极深的溪涧,这里喻危险地带。

㊾厚而不能使,爱而不能令:只知厚待而不能使用,只知溺爱而不重教育。厚,厚养,厚待。令,使令,教育。意谓只知溺爱而不重教育。

㊿乱而不能治:指士卒行为乖张不羁而不能加以约束惩治。治,治理,这里有惩处之意。

(51)譬若骄子，不可用也：此句言为将者，仅施“仁爱”而不济以威严，只会使士卒成为骄子而不能使用。

(52)胜之半也：胜利或失败的可能性各占一半。指没有必胜的把握。

(53)不知地形之不可以战，胜之半也：如果不知道地形不适宜于作战，得不到地形之助，则能否取胜同样也无把握。

(54)知兵者：通晓用兵打仗之道的人。

(55)动而不迷：迷，迷惑、困惑。

(56)举而不穷：举，行动。穷，困窘、困厄的意思。句意为行动自如不为所困。

(57)胜乃不穷：指胜利不会有穷尽。

【译文】

孙子说：地形有“通”、“挂”、“支”、“隘”、“险”、“远”等六种。凡是我们可以去，敌人也可以来的地域，叫做“通”；在“通”形地域上，应抢先占领开阔向阳的高地，保持粮草补给线的畅通，这样对敌作战就有利。凡是可以前进，难以返回的地域，称作“挂”；在挂形地域上，假如敌人没有防备，我们可以突然出击战胜他们；倘若敌人已有防备，我们出击就不能取胜，而且难以回师，这就不利了。凡是我军出击不利，敌人出击也不利的地域叫做“支”；在“支”形地域上，敌人虽然以利相诱，我们也不要出击，而应该率军假装退却，诱使敌人出击一半时再回师反击，这样就有利。在“隘”形地域上，我们应该先敌占领，并用重兵封锁隘口，以等待敌人的进犯；如果敌人已先占据了隘口，并用重兵把守，我们就不要去攻击；如果敌人没有用重兵据守隘口，那么就可以进攻。在“险”形地域上，如果我军先敌占领，就必须控制开阔向阳的高地，以等待敌人来犯；如果敌人先我占领，就应该率军撤离，不要去攻打它。在“远”形地域上，敌我双方势均力敌，就不宜去挑战，勉强求战，很是不利。以上六点，是利用地形的原则。这是将帅的重大责任所在，不可不认真考察研究。

军队打败仗有“走”、“弛”、“陷”、“崩”、“乱”、“北”六种情况。这六种情况的发生，不是由于天然的灾害，而是将帅自身的过错。在势均力敌的情况下，以一击十而导致失败的，叫做“走”。士卒强悍，将吏懦弱而造成败北的，叫做“弛”。将帅强悍，士卒懦弱而溃败的，叫做“陷”。偏将怨怼不服从指挥，遇到敌人愤然擅自出战，主将又不了解他们的能力，因而失败的，叫做“崩”。将帅懦弱缺乏威严，训练教育没有章法，官兵关系混乱紧张，列兵布阵杂乱无常，因此而致败的，叫做“乱”。将帅不能正确判断敌情，以少击众，以弱击强，作战又没有精锐先锋部队，因而落败的，叫做“北”。以上六种情况，均是导致失败的原因。这

是将帅的重大责任之所在,是不可不认真考察研究的。地形是用兵打仗的辅助条件,正确判断敌情,积极掌握主动,考察地形险厄,计算道路远近,这些都是贤能的将领必须掌握的方法。懂得这些道理去指挥作战的,必定能够胜利,不了解这些道理去指挥作战的必定失败。所以,根据战争规律进行分析,有着必胜把握的,即使国君主张不打,坚持去打也是可以的;根据战争规律进行分析,没有必胜把握的,即使国君主张一定要打,不打也是可以的。进不谋求战胜的名声,退不回避违命的罪责,只求保全百姓,符合国君利益,这样的将帅,是国家的宝贵财富。

对待士卒就像对待婴儿一样,那么士卒就可以同他共赴患难;对待士卒就像对待爱子一样,那么士卒就可以跟他同生共死。如果对士卒厚待而不能使用,溺爱而不能教育,违法而不能惩治,那就如同骄惯了的子女一样,是不可以用来同敌作战的。

只了解自己的部队可以打,而不了解敌人不可以打,取胜的可能只有一半;只了解敌人可以打,而不了解自己的部队不可以打,取胜的可能也只有一半;既知道敌人可以打,也知道自己的部队能够打,但是不了解地形不利于作战,取胜的可能性仍然只有一半。所以,懂得用兵的人,他行动起来不会迷惑,他的作战措施变化无穷,而不致困窘。所以说,了解对方,了解自己,争取胜利也就不会有危险,再加上懂得天时,懂得地利,胜利也就可以永无穷尽了。

第十一篇　九地篇

【原文】

孙子曰:用兵之法,有散地,有轻地,有争地,有交地,有衢地,有重地,有圮地,有围地,有死地。诸侯自战其地,为散地①。入人之地而不深者,为轻地②。我得则利,彼得亦利者,为争地③。我可以往,彼可以来者,为交地④。诸侯之地三属⑤，先至而得天下之众者，为衢地⑥。入人之地深，背城邑多者，为重地⑦。行山林、险阻、沮泽，凡难行之道者，为圮地⑧。所由入者隘，所从归者迂，彼寡可以击吾之众者，为围地⑨。疾战则存，不疾战则者亡者，为死地⑩。是故散地则无战⑪，轻地则无止⑫，争地则无攻⑬，交地则无绝⑭，衢地则合交⑮，重地则掠⑯，圮地则行⑰，围地则谋，死地则战⑱。

所谓古之善用兵者，能使敌人前后不相及⑲，众寡不相恃⑳，贵贱不相救㉑，上下不相收㉒，卒离而不集㉓，兵合而不齐㉔。合于利而动，不合于利而止㉕。敢问："敌众整㉖而将来，待之若何？"曰："先夺其所爱，则听矣㉗。"兵之情主速㉘，乘人之不及，由不虞之道㉙，攻其所不戒也。

凡为客之道㉚，深入则专㉛，主人不克㉜；掠于饶野㉝，三军足食；谨养而勿劳㉞，并气积力㉟；运兵计谋，为不可测㊱。投之无所往，死且不北㊲。死焉不得㊳，士人尽力。兵士甚陷则不惧㊴，无所往则固㊵，深入则拘㊶，不得已则斗㊷。是故其兵不修而戒㊸，不求而得，不约而亲㊹，不令而信㊺。禁祥去疑㊻，至死无所之㊼。吾士无余财，非恶货也；无余命，非恶寿也㊽。令发之日，士卒坐者涕沾襟㊾，偃卧者涕交颐㊿。投之无所往者，诸、刿之勇[51]。

故善用兵者，譬如率然[52]；率然者，常山[53]之蛇也。击其首则尾至，击其尾则首至，击其中则首尾俱至。敢问："兵可使如率然乎？"曰："可。"夫吴人与越人相恶也，当其同舟而济，遇风，其相救也如左右手。是故方马埋轮，未足恃也[54]；齐勇若一，政之道也[55]；刚柔皆得，地之理也[56]。故善用兵者，携手若使一人，不得已也。

将军之事[57]，静以幽[58]，正以治[59]。能愚士卒之耳目，使之无知[60]；易其事，革其谋，使人无识[61]；易其居，迂其途，使人不得虑[62]。帅与之期，如登高而去其梯[63]。帅与之深入诸侯之地，而发其机[64]，焚舟破釜，若驱群羊，驱而往，驱而来，莫知所之。聚三军之众，投之于险，此谓将军之事也[65]。九地之变，屈伸之利[66]，人情之理，不可不察。

凡为客之道，深则专，浅则散[67]。去国越境而师者，绝地也[68]；四达者，衢地也；入深者，重地也；入浅者，轻地也；背固前隘者，围地也[69]；无所往者，死地也。是故散地，吾将一其志[70]；轻地，吾将使之属[71]；争地，吾将趋其后[72]；交地，吾将谨其守；衢地，吾将固其结[73]；重地，吾将继其食[74]；圮地，吾将进其涂[75]；围地，吾将塞其阙[76]；死地，吾将示之以不活[77]。故兵之情，围则御[78]，不得已则斗，过则从[79]。

是故不知诸侯之谋者，不能预交；不知山林、险阻、沮泽之形者，不能行军；不用乡导者，不能得地利[80]。四五者，不知一，非霸王之兵也[81]。夫霸王之兵，伐大国,则其众不得聚^{⑧②};威加于敌,则其交不得合^{⑧③}。是故不争天下之交^{⑧④},不养天下之权^{⑧⑤},信已之私^{⑧⑥},威加于敌,故其城可拔,其国可隳^{⑧⑦}。施无法之赏^{⑧⑧},悬无政之令^{⑧⑨},犯三军之众^{⑨⑩},若使一人。犯之以事,勿告以言^{⑨①};犯之以利,勿告以害^{⑨②}。投之亡地然后存,陷之死地然后生。夫众陷于害,然后能为胜败^{⑨③}。故为兵之事,在于顺详敌之意^{⑨④},并敌一向,千里杀将^{⑨⑤},此谓巧能成事者也。

是故政举之日,夷关折符,无通其使^{⑨⑥};厉于廊庙之上,以诛其事。敌人开阖,必亟入之^{⑨⑦},先其所爱^{⑨⑧},微与之期^{⑨⑨}。践墨随敌^{⑩⑩},以决战事^{⑩①}。是故始如处女,敌人开户;后如脱兔,敌不及拒^{⑩②}。

【注释】

①诸侯自战其地,为散地:言诸侯在自己领土上同敌人作战,遇上危急就容易逃散,这种地域叫做散地。

②入人之地而不深者,为轻地:进入敌地不深,官兵易于轻返的地区叫做"轻地"。

③争地:我军占领有利、敌军占领也有利的地区。

④交地:指道路纵横、地势平坦、交通便利的地区。交,纵横交叉。

⑤诸侯之地三属:三,泛指众多。属,连接、毗邻。三属,多方毗连,指几个诸侯国国土交界之处。

⑥先至而得天下之众者,为衢地:谁先到达就可以得到四周诸侯的援助,这样的地方叫做"衢地"。

⑦入人之地深,背城邑多者,为重地:进入敌境已远,隔着很多敌国城邑的地区,叫做重地。

⑧行山林、险阻、沮泽,凡难行之道者,为圮地:凡是山林、险要隘路、水网湖沼这类难行的地区,叫做"圮地"。

⑨围地:意为道路狭隘,退路迂远,敌人能以少击众的地区。

⑩疾战则存,不疾战则亡者,为死地:地势险恶,只有奋勇作战才能生存,不迅速力战就难免覆灭的地区,叫"死地"。

⑪散地则无战:在散地上不宜作战。

⑫无止:止,停留、逗留。无止即不宜停留。

⑬争地则无攻:遇到争地,我方应该先行占据;如果敌人已先期占领,则不要去强攻争夺。

⑭交地则无绝:绝,隔绝、断绝。句意为在"交地"要做到军队部署上能够互相策应,行军序列不可断绝。

⑮衢地则合交:合交,结交。在衢地上要加强外交活动,结交诸侯盟友,以为己援。

⑯重地则掠:掠,掠取、抢掠。在敌方之腹地,不可能从本国往复运粮,要就地解决军队的补给问题,故"重地则掠"。

⑰行:迅速通过。

⑱死地则战:军队如进入"死地",就必须奋勇作战,死里逃生。

⑲前后不相及:前军、后军不能相互策应配合。及,策应。

⑳众寡不相恃:众,指大部队。寡,指小分队。恃,依靠。此言军中主力部队与小分队不能相互依靠和协同。

㉑贵贱不相救:贵,军官。贱,士卒。指军官和士卒之间不能相互救助。

㉒上下不相收:收,聚集、联系。言军队建制被打乱,上下之间失去联络,无法聚合。

㉓卒离而不集:离,分散。集,集结。言士卒分散难于集中。

㉔兵合而不齐:虽能使士卒集合在一起,但无法让军队整齐统一。

㉕合于利而动,不合于利而止:意为对我方有利则战,不利则不战。合,符合;动,作战。止,不战。

㉖众整:人数众多且阵势严整。

㉗先夺其所爱,则听矣:爱,珍爱。引申为要害、关键。听,听从、顺从。句意为要首先攻取敌人的要害之处,敌人就会不得不听从我的摆布了。

㉘兵之情主速:情,情理。主,重在、要在。速,迅速、疾速。此句言用兵的主旨重在迅速。

㉙由不虞之道:由,经过、通过。不虞,不曾料想、意料到。句意为要走敌人预料不到的路径。

㉚为客之道:客,客军,指离开本国进入敌国的军队。这句的意思:离开本国进入敌国作战的规律。

㉛深入则专:专,齐心、专心。此言军队深入敌境作战,就会齐心协力、意志专一。

㉜主人不克:即在本国作战的军队,无法战胜客军。主,在本地作战。克,战胜。

㉝掠于饶野:掠取敌方富饶田野上的庄稼。

㉞谨养而勿劳:认真地搞好休整,不要使将士过于疲劳。谨,注意、注重。养,休整。

㉟并气积力：并，合，引申为集中、保持。积，积蓄。意谓保持士气，积蓄战斗力。

㊱为不可测：使敌人无从判断。测，推测、判断。

㊲投之无所往，死且不北：将士兵置于无路可走的境地，虽死也不会败退。投，投放、投布。

㊳死焉不得：焉，疑问代词，何、什么的意思。此句意谓士卒死且不惧，那还有什么不能做到呢？

㊴兵士甚陷则不惧：士卒们深陷危险境地就不再恐惧。甚，很、非常的意思。

㊵无所往则固：无路可走的情况下军心就会稳固。

㊶进入则拘：军队进入敌境已深，则军心凝聚。拘，拘束、束缚，这里指凝聚。

㊷不得已则斗：迫不得已就会殊死战斗。

㊸是故其兵不修而戒：修，修治、修明法令。戒，戒备、警戒。指士卒不待整治督促，就知道加强戒备。

㊹不约而亲：指不待约束就做到内部的亲近团结。约，约束。亲，团结。

㊺不令而信：不待申令就能做到信任服从。信，服从、信从。

㊻禁祥去疑：禁止占卜之类的迷信，消除疑虑和谣言。祥，吉凶的预兆。这里指占卜之类的迷信活动。

㊼至死无所之：即使到死也不会逃避。之，往。

㊽吾士无余财，非恶货也；无余命，非恶寿也：我军士卒没有多余的钱财，这并不是他们厌恶财宝；没有第二条命（却去拼死作战），这也并不是他们不想长寿。余，多余。恶，厌恶。货，财宝。寿，长寿。

㊾士卒坐者涕沾襟：坐着的士卒则泪流面颊。

㊿颐：面颊。

51诸、刿之勇也：像专诸、曹刿那样英勇无畏。诸，专诸，春秋时吴国的勇士。公元前515年，专诸在吴公子光（即阖庐）招待吴王僚的宴席上，用藏于鱼腹的剑刺死吴王僚，自己也当场被杀。刿，曹刿，春秋时期鲁国的武士。齐鲁柯地（今山东东阿）会盟上，他劫持齐桓公，迫使齐同鲁订立盟约，收回为齐所侵的鲁国土地。

52率然：古代传说中的一种蛇。

53常山：即恒山，五岳中的北岳，位于今山西浑源南。西汉时为避讳汉文帝刘恒的"恒"字，改称"常山"。

54方马埋轮，未足恃也：方将马并排地系缚在一起，将车轮埋起来，想用此来稳定部队，以示坚守的决心，是靠不住的。

㉕齐勇若一，政之道也：使士卒齐心协力、英勇杀敌如同一人。这才是治理军队的方法。齐，齐心协力。政，治理、管理的意思。

㉖刚柔皆得，地之理也：言使强者和弱者都能各尽其力，这在于恰当地运用地形。

㉗将军之事：将，用作动词，主持、指挥的意思。此句意为指挥军队打仗的事。

㉘静以幽：静，沉着冷静。以，同"而"。幽，幽深莫测。

㉙正以治：谓严肃公正而治理得宜。正，严正、公正。治，治理、有条理。

㉚能愚士卒之耳目，使之无知：愚，蒙蔽、蒙骗。句意为能够蒙蔽士卒，使他们不能知觉。

㉛易其事，革其谋，使人无识：变更正在做的事情，改变计谋，使他人无法识破。易，变更。革，改变、变置。

㉜易其居，迂其途，使人不得虑：更换驻防的地点，行军迂回，使敌人无法图谋;虑，图谋。

㉝帅与之期，如登高而去其梯：期，约定。句意为主帅赋予军队作战任务，要断其退路，犹如登高而去梯，使之勇往直前。

㉞帅与之深入诸侯之地，而发其机：统帅与军队深入敌国，就如去发弩机射出的箭一般(笔直向前而不可复回)。机，弩机之扳机。

㉟聚三军之众，投之于险，此谓将军之事也：集结全军，把他们投置到险恶的绝地，这就是指挥军队作战中的要事。

㊱九地之变，屈伸之利：对不同地理条件的应变处置，使军队的进退得宜。屈，弯曲。伸，伸展。屈伸，这里指部队的前进和后退。

㊲深则专，浅则散：言作战于敌国深入则士卒一致，浅进则士卒涣散。

㊳去国越境而师者，绝地也：离开本国而越过边界进行作战的地区，就叫绝地。"九地篇"中对"绝地"未深究，此文是按上句"浅则散"引发而言。

㊴背固前隘者，围地也：背后险要，前面道路狭窄，进退易受制于敌人的地区，叫做围地。

㊵散地，吾将一其志：在散地作战，我们要使全军的意志统一起来。

㊶吾将使之属：属，连接。使之属，使军队部署相连接。

㊷争地，吾将趋其后：在争地作战，我们要迅速进兵，抄到敌人的后面，以占据其地。

⑦衢地,吾将固其结:遇上衢地,我们要巩固与诸侯国的结盟。

⑦继其食:继,继续,引申为保障、保持。继其食即补充军粮,保障供给。

⑦进其涂:要迅速通过。

⑦塞其阙:堵塞缺口。意在迫使士兵不得不拼死作战。

⑦示之以不活:向敌人表示死战的决心。

⑦围则御:被包围就会奋起抵御。

⑦过则从:过,甚、绝。指身陷绝境士兵就会听从指挥。

⑧"是故"至"不能得地利"句:此段话已见于前《军事篇》,此处重复,以示重要。另一说认为此处系衍文。

⑧四五者,不知一,非霸王之兵也:此言九地的利害关系,有一不知,就不能成为霸王的军队。四五者,泛指。

⑧其众不得聚:指敌国军民来不及动员和集中。聚,聚集、集中。

⑧威加于敌,则其交不得合:国家强大的实力形成的压力、兵威施加到敌人头上,使它在外交上无法联合诸国。

⑧不争天下之交:指没有必要争着和其他的国家结交。

⑧不养天下之权:没有必要在其他的国家里培植自己的权势。养,培养、培植。

⑧信己之私:信,伸、伸展。私,指私志,引申为意图。意为伸张自己的战略意图。

⑧隳:毁坏、摧毁之意。

⑧施无法之赏:无法,超出惯例、破格。句意为施行超出惯例的奖赏。

⑧悬无政之令:颁布打破常规的命令。无政,即无正,指不合常规。悬,悬挂,引申为颁发、颁布。

⑨犯三军之众:犯,使用,指挥运用。句意为指挥三军上下行动。

⑨犯之以事,勿告以言:犯,用。之,代词,指士卒。事,指作战。言,指意图、实情。

⑨犯之以利,勿告以害:使用士卒作战时,只告诉士卒有利的条件,而不告诉它们任务的危险性,意在坚定士卒信念。

⑨夫众陷于害,然后能为胜败:只有把军队投置于险恶境地,才能取胜。害,害处,指恶劣环境。胜败,指取胜、胜利。

⑨在于顺详敌之意:顺,假借为"慎",谨慎的意思。详,详细考察。句意为用兵作战要审慎地考察敌人的意图。

⑨并敌一向,千里杀将:并敌一向,集中主要兵力,选定恰当的主攻方向。杀将,擒杀敌将。

⑨政举之日,夷关折符,无通其使:政,指战争行动。举,实施、决定。夷,意封锁。折,折断,这里可理解为废除。符,通行证。使,使节。句意为决定战争行动之时,要封锁关口,废除通行凭证,不同敌国的使节相往来。

⑨敌人开阖,必亟入之:敌方出现疏隙,己方须不失时机地予以突击。阖,门窗,此处借喻敌方之虚隙。亟,急。

⑨先其所爱:指首先攻取敌人关键、要害之处,以争取主动。

⑨微与之期:微,不。期,约期。即不要与敌人约期交战。

⑩践墨随敌:践,是遵守、遵循的意思。墨,意为原则。句意为遵守的原则是随敌情而变化。

⑩以决战事:以解决战争胜负问题。即求得战争的胜利。

⑩始如处女,敌人开户;后如脱兔,敌不及拒:开始和处女般柔弱沉静,使敌人放松戒备;随后如脱逃的兔子一样迅速行动,使敌人来不及抗拒。

【译文】

孙子说:按照用兵的原则,军事地理上有散地、轻地、争地、交地、衢地、重地、圮地、围地、死地。诸侯在本国境内作战的地区,叫做散地。在敌国浅近纵深作战的地区,叫做轻地。我方得到有利,敌人得到也有利的地区,叫做争地。我军可以前往,敌军也可以前来的地区,叫做交地。同几个诸侯国相毗邻,先到达就可以获得诸侯列国援助的地区,叫做衢地。深入敌国腹地,背靠敌人众多城邑的地区,叫做重地。山林险阻、水网沼泽这一类难于通行的地区,叫做圮地。进军的道路狭窄,退兵的道路迂远,敌人可以用少量兵力攻击我方众多兵力的地区,叫做围地。迅速奋战就能生存,不迅速奋战就会全军覆灭的地区,叫做死地。因此,处于散地就不宜作战,处于轻地就不宜停留,遇上争地就不要勉强强攻,遇上交地就不要断绝联络,进入衢地就应该结交诸侯,深入重地就要掠取粮草,碰到圮地必须迅速通过,陷入围地就要设谋脱险,处于死地就要力战求生。

从前善于指挥作战的人,能够使敌人前后部队不能相互策应,主力和小部队无法相互依靠,官兵之间不能相互救援,上下之间无法聚集合拢,士卒离散难以集中,遇上交战,阵形也不整齐。至于我军,则是见对我有利就打,对我无利就停止行动。试问:"敌人兵员众多且又阵势严整向我发起进攻,那该用什么办法对付它呢?"回答是:"先夺取敌人最关键的有利条件,这样它就不得不听从我们的摆布了。"用兵之理,贵在神速,乘敌人措手不及的时机,走敌人意料不到的道路,攻击敌人没有戒备的地方。

在敌国境内进行作战的一般规律是:深入敌国的腹地,我军的军心就会坚固,敌人就不易战胜我们。在敌国丰饶的田野上掠取粮草,全军上下的给养就有了足够的保障。要注意休整部队,不要使其过于疲劳。保持士气,积蓄力量,部署兵力,巧设计谋,使敌人无法判断我军的意图。将部队置于无路可走的绝境,士卒就会宁死不退。士卒既宁死不退,那么,他们怎会不殊死作战呢?士卒深陷危险的境地,心里就不再存有恐惧;无路可走,军心自然就会稳固;深入敌境,军队就不会离散。遇到迫不得已的情况,军队就会殊死奋战。因此,这样的军队不须整饬就能注意戒备;不用强求就能完成任务;无须约束就能亲密团结;不待申令就会遵守纪律。禁止占卜迷信,消除士卒的疑虑,他们就至死也不会逃避。我军士卒没有多余的钱财,这并不是他们厌恶钱财;我军士卒置生死于度外,这也不是他们厌恶长寿。当作战命令颁布之时,坐着的士卒泪沾衣襟,躺着的士卒泪流满面。把士卒投置到无路可走的绝境,他们就都会像专诸、曹刿一样的勇敢。

善于指挥作战的人,能使部队自我策应如同“率然”蛇一样。“率然”是常山地方的一种蛇,打它的头部,尾巴就来救应;打它的尾巴,头就来救应;打它的腰,它的头尾都来救应。试问:“可以使军队像‘率然’一样吧?”回答是:“可以。”那吴国人和越国人是互相仇视的,但当他们同船渡河而遇上大风时,他们相互救援,配合默契就如同人的左右手一样。所以,想用把马并缚在一起、深埋车轮这种显示死战决心的办法来稳定部队,那是靠不住的。要使部队能够齐心协力奋勇作战如同一人,关键在于部队管理教育有方,要使优劣条件不同的士卒都能发挥作用,根本在于恰当地利用地形。所以善于用兵的人,能使全军上下携手团结如同一人,这是因为客观形势迫使部队不得不这样。

在指挥军队这件事情上,要做到考虑谋略沉着冷静而幽邃莫测,管理部队公正严明而有条不紊。要能蒙蔽士卒的视听,使他们对于军事行动毫无所知;变更作战部署,改变原定计划,使人无法识破真相;不时变换驻地,故意迂回前进,使人无从推测我方的意图。将帅向军队赋予作战任务,要像使其登高而去掉梯子一样,使军队有进无退。将帅率领士卒深入诸侯国土,要像弩机发出的箭一样一往无前。要烧掉舟船,打碎锅子,以示死战的决心。对待士卒,要能如驱赶羊群一样,赶过去又赶过来,使他们不知道要到哪里去。集结全军官兵,把他们投置于险恶的环境,这就是指挥军队作战的要务。九种地形的应变处置,攻防进退的利害得失,全军上下的心理状态,这些都是作为将帅不能不认真研究和周密考察的。

在敌国境内作战的通常规律是:进入敌国境内越深,军心就越是稳定巩固;进入敌国境内越浅,军心就容易懈怠涣散。离开本土,越入敌境进行作战的地区,叫做绝地;四通八达的地区,叫做衢地;进人敌境纵深的地区,叫做重地;进入敌境浅的地区,叫做轻地。背有险阻面对隘路的地区,叫做围地。无路可走的地区,叫做死地。因此,处于散地,要统一军队的意志;处于轻地,要使营阵紧密相连;在争地上,要迅速出兵抄到敌人的后面;在交地上,就要谨慎防守;在衢地上,就要巩固与诸侯列国的结盟;遇上重地,就要保障军粮的供应;遇上圮地,就必须迅速通过;陷入围地,就要堵塞缺口;到了死地,就要显示殊死奋战的决心。所以,士卒的心理状态是:陷入包围就会竭力抵抗,形势逼迫就会拼死战斗,身处绝境就会听从指挥。

因而,不了解诸侯列国的战略意图,就不要预先与之结交;不熟悉山林、险阻、沼泽等地形情况,就不能行军。不使用向导,就无法获得有利的地形。这些情况,如有一样不了解,都不能成为称王争霸的军队。凡是称王争霸的军队,进攻敌国,能使敌国的军民来不及动员集中;兵威加在敌人头上,能够使敌方的盟国无法配合策应。因此,没有必要去争着同天下诸侯结交,也用不着在各诸侯国里培植自己的势力;只要伸展自己的战略意图,把兵威施加在敌人头上,就可以拔取敌人的城邑,摧毁敌人的国都。施行超越惯例的奖赏,颁布不拘常规的号令,指挥全军就如同使用一个人一样。向部下布置作战任务,但不说明其中的意图。动用士卒,只说明有利的条件,而不指出危险的因素。将士卒投置于危地,才能转危为安,使士卒陷身于死地,才能起死回生。军队深陷绝境,然后才能赢得胜利。所以,指导战争这种事,在于谨慎地观察敌人的战略意图,集中兵力攻击敌人之一部,千里奔袭,擒杀敌将。这就是所谓巧妙用兵,实现克敌制胜的目标。

因此,在决定战争方略的时候,就要封锁关口,废除通行符证,不允许敌国使者往来,要在庙堂里反复秘密谋划,作出战略决策。敌人方面一旦出现间隙,就要迅速地乘机而入。首先夺取敌人的战略要地,但不要轻易与敌约期决战,要灵活机动,因敌变化来决定自己的作战行动。因此,战斗打响之前要像处女那样显得深静柔弱,诱使敌人放松戒备。战斗展开之后,则要像脱逃的野兔一样行动迅速,使得敌人措手不及,无从抵抗。

第十二篇 火攻篇

【原文】

孙子曰：凡火攻有五，一曰火人①，二曰火积②，三曰火辎③，四曰火库④，五曰火队⑤。行火必有因⑥，烟火必素具⑦。发火有时，起火有日⑧。时者，天之燥⑨也；日者，月在箕、壁、翼、轸⑩也，凡此四宿者，风起之日也⑪。

凡火攻，必因五火之变而应之⑫。火发于内，则早应之于外⑬。火发兵静者，待而勿攻，极其火力⑭，可从⑮而从之，不可从而止。火可发于外，无待于内⑯，以时发之⑰。火发上风，无攻下风⑱。昼风久，夜风止。凡军必知有五火之变，以数守之⑲。

故以火佐攻者明⑳，以水佐攻者强。水可以绝㉑，不可以夺㉒。

夫战胜攻取，而不修其功者凶㉓。命曰费留㉔。故曰：明主虑㉕之，良将修㉖之。非利不动㉗，非得不用㉘，非危不战㉙。主不可以怒而兴师，将不可以愠㉚而致战。合于利而动，不合于利而止。怒可以复喜，愠可以复悦，亡国不可以复存，死者不可以复生。故明君慎之，良将警之㉛，此安国全军之道也㉜。

【注释】

①火人：火，此处作动词，用火焚烧之意。火人即焚烧敌军人马。

②火积：指用火焚烧敌军的粮秣物资。积，积蓄，指粮草。

③火辎：焚烧敌军的辎重。

④火库：焚烧敌军的物资仓库。

⑤火队：焚烧敌军的后勤补给线。队，通"隧"，道路的意思。

⑥因：依据，条件。

⑦烟火必素具：烟火，指火攻的器具燃料等物。素，平素、经常的意思。具，准备妥当。此句意为发火用的器材必须经常准备好。

⑧发火有时，起火有日：意谓发起火攻要选择有利的时机。

⑨燥：指气候干燥。

⑩箕、壁、翼、轸：中国古代星宿之名称，是二十八宿中的四个。

⑪凡此四宿者，风起之日也：四宿，指箕、壁、翼、轸四个星宿。古人认为月球行经这四个星宿之时，是起风的日子。

⑫必因五火之变而应之：因，根据、利用。五火，即上述五种火攻的方法。应，策应、对策。句意为根据五种火攻所引起的敌情变化，适时地运用军队进行策应。

⑬早应之于外：及早用兵在外面策应(内外齐攻，袭击敌人)。

⑭极其火力：让火势烧到最旺之时。极，尽。

⑮从：跟从，这里指用兵进攻。

⑯无待于内：不必待内应。

⑰以时发之：根据气候、月象的情况实施火攻。以，根据、依据。

⑱火发上风，无攻下风：上风，风向的上方；下风，风向的下方。

⑲以数守之：数，星宿运行度数，此指气象变化的时机，即前所述"发火有时，起火有日"等条件。句意为等候火攻的条件。

⑳以火佐攻者明：佐、辅佐。明，明显。指用火攻效果明显。

㉑绝：隔绝、断绝的意思。

㉒不可以夺：夺，剥夺，这里有焚毁之意，指焚毁敌人的物资器械。

㉓不修其功者凶：言如不能及时论功行赏以巩固胜利成果，则有祸患。

㉔命曰费留：指若不及时赏赐，将士不用命，致使战事拖延或失败，军费将如流水般逝去。命，命名。费留，吝财、不及时论功行赏。

㉕虑：谋虑、思考。

㉖修：治，处理。

㉗非利不动：于我无利则不行动。

㉘非得不用：不能取胜就不要用兵。得，取胜。

㉙非危不战：不在危急关头不轻易开战。

㉚愠：恼怒、怨愤。

㉛故明君慎之，良将警之：明智的国君要慎重，贤良的将帅要警惕。慎，慎重、谨慎。警，警惕、警戒。

㉜此安国全军之道也：这是安定国家保全军队的根本道理。安国：安邦定国。全，保全。

【译文】

孙子说：火攻的形式共有五种，一是焚烧敌军人马，二是焚烧敌军粮草，三是焚烧敌军辎重，四是焚烧敌军仓库，五是焚烧敌军粮道。实施火攻必须具备条件，火攻器材必须平时即有准备。放火要看准天时，起火要选好日子。所谓天时，是指气候干燥；所谓日子，是指月亮行经"箕"、"壁"、"翼"、"轸"四个星宿位置的时候。凡是月亮经过这四个星宿的时候，就是起风的日子。

凡用火攻，必须根据五种火攻所引起的不同变化，灵活机动部署兵力策应。在敌营内部放火，就要及时派兵从外面策应。火已烧起而敌军依然保持镇静，就应持重等待，不可立即发起进攻。等待炎势旺盛后，再根据情况作出决定，可以进攻就进攻，不可进攻就停止。火可以从外面燃放，这时就不必等待内应，只要适时放火就行。从上风放火时，不可从下风进攻。白天风刮久了，夜晚风就容易停止。军队都必须掌握这五种火攻方法。灵活运用，等待放火的时日条件具备时再进行火攻。

用火来辅助军队进攻，效果殊为显著，用水来辅助军队进攻，攻势必能加强。水可以把敌军分割隔绝，但却不能焚毁敌人的军需物资。

凡打了胜仗，攻取了土地城邑，而不能及时论功行赏的，就必定会有祸患。这种情况叫做"费留"。所以说，明智的国君要慎重地考虑这个问题，贤良的将帅要严肃地对待这个问题。没有好处不要行动；没有取胜的把握不要用兵；不到危急关头不要开战。国君不可因一时的愤怒而发动战争，将帅不可因一时的忿懑而出阵求战。符合国家利益才用兵，不符合国家利益就停止。愤怒还可以重新变为欢喜，忿懑也可以重新转为高兴。但是国家灭亡了就不能复存，人死了也不能再生。所以，对待战争，明智的国君应该慎重，贤良的将帅应该警惕，这是安定国家保全军队的根本道理。

第十三篇　用间篇

【原文】

孙子曰：凡兴师十万，出征千里，百姓之费，公家之奉①，日费千金；内外骚动②，怠于道路③，不得操事④者，七十万家⑤。相守数年⑥，以争一日之胜，而爱爵禄百金⑦，不知敌之情者，不仁之至也，非人之将⑧也，非主之佐也，非胜之主⑨也。

故明君贤将,所以动而胜人⑩,成功出于众者,先知⑪也。先知者,不可取于鬼神⑫,不可象于事⑬,不可验于度⑭,必取于人,知敌之情者也。

故用间有五:有因间⑮,有内间,有反间,有死间,有生间。五间俱起,莫知其道⑯,是谓神纪⑰,人君之宝⑱也。因间者,因其乡人而用之⑲。内间者,因其官人而用之⑳。反间者,因其敌间而用之㉑。死间者,为诳事于外㉒,令吾间知之,而传于敌间也㉓。生间者,反报也㉔。

故三军之事,莫亲于间㉕,赏莫厚于间㉖,事莫密于间㉗。非圣智㉘不能用间,非仁义不能使间㉙,非微妙不能得间之实㉚。微哉微哉,无所不用间也!间事未发㉛,而先闻者,间与所告者皆死㉜。

凡军之所欲击㉝,城之所欲攻,人之所欲杀,必先知其守将、左右、谒者、门者、舍人㉞之姓名,令吾间必索知之。必索敌人之间来间我者㉟,因而利之㊱,导而舍之㊲,故反间可得而用也。因是而知之㊳,故乡间、内间可得而使也㊴。因是而知之,故死间为诳事,可使告敌。因是而知之,故生间可使如期㊵。五间之事,主必知之,知之必在于反间,故反间不可不厚也㊶。

昔殷㊷之兴也,伊挚在夏㊸;周㊹之兴起,吕牙㊺在殷。故惟明君贤将,能以上智㊻为间者,必成大功。此兵之要,三军之所恃而动㊼也。

【注释】

①奉:同"俸",指军费开支。

②内外骚动:指举国上下混乱不安。内外,前方、后方的通称。

③怠于道路:怠,疲惫、疲劳。此言百姓因辗转运输而疲于道路。

④操事:指操作农事。

⑤七十万家:比喻兵事对正常农事的影响之大。

⑥相守数年:相守,指相持、对峙。相守数年即相持多年。

⑦而爱爵禄百金:而,如果。爱,吝惜、吝啬。意指吝啬爵位、俸禄和金钱而不肯重用间谍。

⑧非人之将:不懂用间谍执行特殊任务的将领,不是领导部队的好将领。非人,不懂得用人(间谍)。

⑨非胜之主:不是能打胜仗的好国君。主,君主、国君。

⑩动而胜人:动,行动、举动,这里指出兵。句意为一出兵就能战胜敌人。

⑪先知:指事先侦知敌情。

⑫不可取于鬼神:指不可以通过用祈祷、祭祀鬼神和占卜等方法去求知敌情。

⑬不可象于事:象,类比、比拟。事,事情。意为不可用与其他事情类比的方法去求知敌情。

⑭不可验于度:指不能用证验日月星辰运行位置的办法去求知敌情。验,应验,验证。度,度数,指日月星辰运行的度数(位置)。

⑮因间:间谍的一种,即本篇下文所说的"乡间"。即依赖与敌人的乡亲关系,获取情报,或利用与敌军官兵的同乡关系,打入敌营从事间谍活动,获取情报。

⑯五间俱起,莫知其道:此言五种间谍同时使用起来,使敌人无法摸清我军的行动规律。道,规律、途径。

⑰神纪:神妙莫测之道。纪,道。

⑱人君之宝:宝,法宝。句意为"神纪"是国君制胜的法宝。

⑲因其乡人而用之:指利用敌国将领之同乡关系作间谍。因,根据,引申为利用。

⑳内间者,因其官人而用之:官人,指敌方的官吏。句意为:所谓内间,就是指收买敌国的官吏为间谍。

㉑反间者,因其敌间而用之:所谓反间,就是指收买或利用敌方的间谍,使其为我所用。

㉒为诳事于外:诳,欺骗、瞒惑。此句意为故意向外散布虚假情况,用以欺骗、迷惑敌人。

㉓令吾间知之,而传于敌间也:意思是让我方间谍了解自己故意散布的假情报并传给敌方间谍,诱使敌人上当受骗。在这种情况下,事发之后,我方间谍往往难免一死,所以称之为"死间"。

㉔生间者,反报也:反,同"返"。意思为那些到敌方了解情况后能够活着的间谍是回来报告敌情的人。

㉕三军之事,莫亲于间:三军中最亲信的人,无过于委派的间谍。

㉖赏莫厚于间:赏赐没有比间谍所受更优厚的了。

㉗事莫密于间:军机事务,没有比间谍之事更为机密的。

㉘圣智:才智过人的人。

㉙非仁义不能使用:指如果吝啬爵禄和金钱,不能做到以诚相待,则无法用好间谍。

㉚非微妙不能得间之实:微妙,精细奥妙。这里指用心精细、手段巧妙。实,指实情。意谓不是精心设计、手段巧妙的将领,不能取得间谍的真实情报。

㉛间事未发:发,举行、实施之意。此言用间之计尚未实施开展。

㉜而先闻者,间与所告者皆死:先闻,事先知道,即暴露。即言间事先行暴露,则间谍和知情者必须杀掉,以灭其口。

㉝军之所欲击:即"所欲击之军",此句为宾语前置句式。下文"城之所欲攻"、"人之所欲杀"句式同此。

㉞守将、左右、谒者、门者、舍人:守将,主将。左右,守将的亲信。谒者,指负责传达通报的官员。门者,负责守门的官吏。舍人,门客,指谋士幕僚。

㉟必索敌人之间来间我者:索,搜索。句意谓必须查出前来我方进行间谍活动之敌谍。

㊱因而利之:趁机收买、利用敌间。因,由,这里有趁机、顺势之意。

㊲导而舍之:设法诱导他,并交给一定的任务,然后放他回去(为己所用)。

㊳因是而知之:指从反间那里获悉敌人内情。

㊴乡间、内间可得而使也:意谓通过利用反间、乡间和内间才能有效地加以使用。

㊵可使如期:可使如期返报。

㊶故反间不可不厚也:厚,厚待,有重视之意。五间之中,以反间为关键,因此必须给予反间以十分优厚的待遇。

㊷殷:公元前十七世纪,商汤灭夏,建都毫(今河南商丘县北),史称商朝。后来,商王盘庚迁都到殷(今河南安阳小屯村),因此商朝又称为"殷"。

㊸伊挚在夏:伊挚,即伊尹。原为夏桀之臣,后归附商汤,商汤任用他为相,在灭夏过程中,伊尹发挥了很大的作用。夏,夏朝,大禹之子夏启所建立的中国历史上第一个奴隶制王朝,共传十七世,至夏桀时为商汤所灭。

㊹周:周朝,公元前十一世纪周武王灭商后所建立的王朝,建都于镐京(今陕西西安)。

㊺吕牙:即姜尚,姜子牙,俗称姜太公。曾为殷纣王之臣。周武王伐纣时,任用吕牙为"师",打败了纣王。

㊻上智:具有很高智谋的人。

㊼三军之所恃而动:军队要依靠间谍所提供的情报而行动。

【译文】

孙子说,凡兴兵十万,征战千里,百姓的耗费,公家的开支,每天都要花费千金,前方后方动乱不安,民夫疲备地在路上奔波,不能从事正常耕作生产的,多达七十万家。这样相持数年,就是为了决胜于一旦。如果吝惜爵禄和金钱,不肯重用间谍，以致因为不能掌握敌情而导致失败，那就是不仁慈到极点了，这种人不配作军队的统帅，称不得是国家的辅佐，也不是胜利的主宰者。所以，英明的君主和贤良的将帅，他们之所以一出兵就能战胜敌人，功业超越普通人，就在于能够预先掌握敌情。要事先了解敌情，不可用求神问鬼的方式来获取；不可拿相似的事情作类比推测来得到；不可用日月星辰运行的位置去作验证。一定要取之于人，从那些熟悉敌情的人口中去获取。

间谍的运用方式有五种，即因间、内间、反间、死间、生间。这五种间谍同时使用起来，使敌人无从捉摸我用间的规律，这就是使用间谍的神妙莫测的方法，也正是国君克敌制胜的法宝。所谓因间，是指利用敌人的同乡做间谍。所谓内间，就是利用敌方的官吏做间谍。所谓反间，即是利用敌方间谍为我所用。所谓死间，是指故意制造散布假情报，通过我方间谍将假情报传给敌间，诱使敌人上当受骗，一旦真情败露，我间就难免一死。所谓生间，就是侦察后能活着回来报告敌情的人。

所以在军队中，没有比间谍为更可亲信的人；给的奖赏，没有比间谍更为优厚的；没有什么比间谍之事更为秘密的了。不是才智超群的人不能使用间谍；不是仁慈慷慨的人不能指使间谍；不是谋虑精细的人不能分辨证实间谍提供的情报。微妙啊，微妙！无时无处不在使用间谍！间谍的工作还未开展，而秘密却已露出去了的，那么间谍和了解内情的人都要处死。

凡是要准备攻打的敌方军队，要准备攻占的敌方城池，要准备刺杀的敌方人员，都须预先了解其主管将领、左右亲信、负责传达的官员、守门官吏和门客幕僚的姓名，指令我方间谍一定要将这些情况侦察清楚。一定要搜查出敌方派来侦察我方军情的间谍，从而用重金收买他，引诱开导他，然后再放他回去。这样，反间就可以为我所用了。通过反间了解敌情，这样，乡间、内间也就可以利用起来了。通过反间了解敌情，这样，就可以使死间传播假情报给敌人了。通过反间了解敌情，这样就能使生间按预定时间返回报告敌情了。五种间谍的使用，国君都必须了解掌握。了解情况的关键在于使用反间，所以对于反间不可不给予优厚的待遇。

从前殷商的兴起，在于重用了在夏朝为臣的伊尹，他熟悉并了解夏朝的情况；周朝的兴起，是由于周武王重用了了解商朝情况的吕牙。所以，明智的国君，贤能的将帅，能够任用智慧高超的人充当间谍，就一定能建树大功。这是用兵上的关键步骤，整个军队都要依靠间谍所提供的敌情，决定军事行动。

第二部分

孙子兵法方略

第一篇

（始计篇）

第一章　兵者,国之大事,不可不察

提要:"兵者,国之大事"指出战争是关系到人民生死和国家存亡的大事,必须从战略的高度对军事问题进行认真的分析研究,体现了"一代兵圣"对战争问题的慎重态度和高屋建瓴的战略眼光。

坎普一味竞争遭失败

背景:

1990 年 1 月,美国和加拿大的各大报刊在显著位置刊登了一则消息,总部设于加拿大的坎普公司宣布在美国的子公司破产。该公司的领导人罗伯特·坎普是加拿大的十大富翁之一,号称加拿大的房地产大王。在美国和加拿大,人们都记得,在 1986 和 1988 年,他曾先后兼并了美国联合百货公司和联邦百货公司,他的美国分公司遂成为美国最大的百货公司集团。以出售高档商品而著称的布卢明代尔百货公司就是该集团的一个企业。坎普的个人财产则超过 20 亿美元,可与美国的洛克菲勒相提并论。如此巨大的企业突然宣布破产,到底是为什么呢?

决断:

坎普公司在加拿大从事房地产业已有四十多年的历史。其创办人就是现在的公司领导人罗伯特·坎普。坎普现年 66 岁,他出身贫寒,从未受过高等教育,年幼时曾在多伦多街头当过报童。在此期间,他结识了许多木匠、泥瓦匠和修水管的工人。当他的积蓄达到 3500 加元时,忽然灵机一动,决定设立一家翻修旧屋和代人建造住屋的小公司。由于这家小公司讲究信誉,价格合理,业务迅速扩大。结果,坎普在 26 岁时就已声誉鹊起,在东部的多伦多和豪利利尔两个城市成为颇有地位的房地产开发商。到 20 世纪 70 年代中期,坎普已拥有数幢新的高层建筑物,并将业务扩及到加拿大的中部和西部。进入20世纪80年代以后,坎普凭借着与加拿大前总理的亲密关系,向各大银行借了巨款,并投资于纽约曼哈顿的黄金地段。从此以后,他便扶摇直上,成为加拿大最著名的地产大王。

事业的兴旺发达使坎普冲昏了头脑,经营事业开始好高骛远,不自量力。1986年春,他在别人的怂恿下,草率决定集资三十多亿美元收购美国联合百货公司。1988年,他又与梅西百货公司经过激烈较量,以65亿美元的高价收购了美国联邦百货公司,遂成为美国名符其实的百货公司大王。然而,盛名之下,其实难副。在坎普作出上述两项兼并决策之时,已给自己埋下失败的种子。因为,上述两家美国百货公司的股票上价格不过每股25美元,而坎普收购时,为了击败竞争对手,将每股价格抬到38美元,这样支出大大增加。由于坎普财力不足,只能利用银行贷款进行收购,收购后不久,许多借款到期。为了还款,坎普只好一方面借新款还旧款,另一方面则用出售本公司股票和产业的方法筹资应急。这种饮鸩止渴之举不但不能解决问题,反而使他的欠债如同滚雪球一般越滚越大,到了1989年底,为了归还到期债务,坎普想把兼并的两个美国百货集团之一卖给日本百货公司财团,但日本财团拼命杀价,结果双方不欢而散。最后,坎普实在走投无路,只好向美国联邦破产法院申请破产,并要求受到联邦破产法第十一条的保护,使其在美国的子公司在重整期间不致因停业或因欠债不还而成为被告。据统计,坎普的欠债总额达100亿美元之巨,即使出售公司及个人的全部财产,仍将亏欠10亿美元。坎普辛苦经营40余年取得的成果,只因一着不慎,全部化为泡影。

点评:

坎普从事业的巅峰下跌得如此之快,除了由于在收购时抬价过高之外,还有一个重要原因,这就是他对所收购的百货业一窍不通,也不懂任用合格的人才,经营自己不熟悉的行业又无人相助,焉有不败之理。

"雀巢"谨慎经营闻名全球

背景:

瑞士雀巢公司以"雀巢"咖啡闻名于世,从创业至今已有一百二十多年的历史了。雀巢公司起家的产品是婴儿用奶粉,它的发明人是雀巢公司的创始人——安里·涅之兹。

决断：

涅之兹发明了奶粉之后，并没有马上投入商业化生产，只是在实验室或家里小批量生产。由于奶粉的营养成份比一般的牛奶完全，而且易于保存，食用方便，所以很受消费者欢迎。为了适应日益增大的市场需求，1867年涅之兹创立了雀巢公司，开始了奶粉的商业化生产，时过三年，到了1870年雀巢奶粉的年销售量达到了8500箱。1875年猛增至50万箱。120多年后的今天，雀巢公司已发展成为规模庞大的世界性的大公司。仅瑞士，在雀巢公司就业的人员已达8.5万人，平均每1万个瑞士人中至少有一个人是雀巢的雇员。目前，雀巢公司在全世界的生产企业已超过230个。这些企业大约一半以上在欧洲，约1/4在美洲，其余则在亚洲和非洲。

雀巢公司世界闻名且规模庞大，其主要原因之一是他们采取了具有雀巢特色的市场竞争决策：收买合并竞争对手，使之由对手变为自己公司的成员。这一决策的成功，才使雀巢公司在激烈的世界市场竞争中，毫不妥协地与同行业的对手周旋，取得了称霸世界市场的地位。以可可奶、奶粉、糖、香料按一定比例制成的巧克力糖果在瑞士问世以来，迅速席卷世界，成为男女老幼人人喜爱的食品。为在世界市场占居有利地位，当时瑞士大大小小的巧克力生产企业结合成巧克力集团。雀巢公司的奶粉是生产巧克力的原料之一，借此便利条件，雀巢公司迅速插足巧克力集团。之后，这个集团生产的巧克力全部采用了雀巢商标，瑞士境内有4个主要的巧克力生产企业，他们各自生产着不同风味的巧克力。在雀巢收买竞争对手以扩自己规模的决策下，都被并入雀巢公司。使世界各国不同口味和嗜好的巧克力爱好者吃到的全是雀巢产品。

瑞士是一个小国，人口少市场自然会小。雀巢要发展必然着眼于世界大市场。他们一方面向国外推销瑞士本土生产的各种巧克力，另一方面不遗余力地以各种方式占领世界市场。1907年，雀巢公司首先打入美国，随后又陆续在英国、法国、德国、意大利、比利时、西班牙等国投资建立雀巢的巧克力生产厂，就地生产，就地销售。很快取得了世界巧克力市场的霸主地位。1851年，美国人发明了炼乳，由于这种奶制品易于长期保存，食用方便，很快畅销于世界市场。而瑞士却落后了15年，1866年，才建成了炼乳生产厂。但是，瑞士凭借发达的奶牛事业和丰富的奶粉资源，很快就开始同美国争夺炼乳市场。首先出资买进合并了主要竞争对手，即美国生产炼乳的公司。随后，又把世界各国生产炼乳的企业全部买下并入雀巢公司，形成了全球范围内雀巢一花独放，独霸世界炼乳市场的局面。然而,雀巢公司并未就此止步。1938年在咖啡生产过剩的影响下,雀巢公司在巴西的咖啡研究所经过8年的奋战,成功地开发研究出了速溶咖啡的生产技术。雀巢公司为确保速溶咖啡占领世界市场,一方面要求在任何国家销售的速溶咖啡必须使用雀巢商标;另一方面必须在咖啡销售量大的国家就地设厂生产,就地销售。雀巢速溶咖啡很快风靡全球。

点评:

百余年来,雀巢公司规模越来越大,产品销售世界各国,几乎可以说是无往而不胜。其中一个重要原因就是他们制定并实施了正确的市场竞争决策。

宋襄公草率迎敌一败涂地

背景:

春秋时期,宋国国君宋襄公领兵攻打郑国,郑国慌忙向楚国求救。楚国国君派能征善战的大将成得臣率兵向宋国本土发起攻击。宋襄公担心国内有失,只好从郑国撤兵,双方的军队在泓水相遇。

决断:

宋国大司马公孙固知道宋国远不是楚国的对手,劝宋襄公道:"楚国是大国,兵多将广,土地辽阔,我们一个小小的宋国哪里能与它相匹敌呢? 还是跟楚国议和吧!"

宋襄公生气了,说:"楚军虽说兵力有余,但仁义不足;我们宋国兵力不足,但仁义有余,仁义之师是战无不胜的。大司马为什么要长敌人志气,灭自己威风呢?"

公孙固还想争辩,但宋襄公怒冲冲地不许他说话,"我意已决,不要说了!"宋襄公命人做了一面大旗,高高地竖了起来,旗上绣着"仁义"两个醒目的大字。

战斗开始,楚军呐喊着强渡

泓水,向宋军冲杀过来。宋将司马子鱼看到楚军一半渡过河来,一半还在河中,就劝宋襄公下令进攻,打楚军一个措手不及,宋襄公却说:"寡人一向主张'仁义',敌人尚在渡河,我军趁此进攻,那还有什么'仁义'可言?"

楚军渡过河,见宋军没有发起进攻,于是从容布阵。司马子鱼又劝宋襄公:"大王,楚军立阵未稳,我们赶快进攻,还有希望获胜,赶快下令吧!"宋襄公指着迎风飘扬的"仁义"大旗,说:"我们是'仁义'之师,怎么能趁敌人布阵未稳就发起进攻呢!"宋军仍然按兵不动。

楚军布好阵,以排山倒海之势向宋军杀来。宋军被楚军的威风和气势吓破了胆,不等短兵相接,一个个掉头就跑。楚军乘势掩杀,宋军丢盔弃甲,一溃千里,宋襄公本人也被一箭射中大腿,"仁义"大旗则成了楚军的战利品。

宋襄公惨败后,还不服气,他对司马子鱼说:"仁人君子作战,重在以德服人,敌人受了重伤,不应再去伤害他;看见头发花白的敌人,也不应抓他作俘虏。敌人还没有摆好阵,我们就击鼓进军,这不能算是堂堂正正的胜利。"

司马子鱼长叹一口气,说:"我们宋国兵微将寡,本不是楚国对手,不应该跟楚国交战。可是大王您却非要交战不可。一旦交战,就应抓住战机,您又错过战机不许进攻——打仗是枪对枪、刀对刀的事,你不杀他,他就杀你,这时候哪里还有什么'仁义'啊?如果讲'仁义',那就不要打仗了,这不是更'仁义'吗?"

宋襄公无言以对。

第二年五月,宋襄公因伤势过重,久治不愈,死了。

点评:

宋襄公没有做好充分的准备,一意孤行,导致战争的失败,实是一大过错。

拿破仑一味求战终败北

背景:

1813 年,莱比锡战役后,第六次反法同盟的各国军队,随即尾随而来,把战争推入法国境内。反法联军三路大军数十万,而拿破仑的新兵还来不及训练,前线法军不足 5 万人,几位元帅率领的法军无力阻止敌军前进,正在节节败退。

决断:

面对这一极端险恶的形势,死打硬拼犹如以卵击石当然不行,双方都在准备和谈。不过谈判的目的显然不同,一方是逼敌投降,一方是缓兵之计。拿破仑宁可退位,绝不愿签订任何屈辱的和约。他对和谈代表的指示,只是一个"拖"字,认为"拖下去对我们有百利而无一害"。经过反复权衡,拿破仑决定再冒一次险,祈求用武力改变局面。

1814年1月25日,拿破仑重新走上前线。他迅速东进,到达马恩河畔的夏龙,随即揭开了战斗序幕。这时,他手中可供作战使用的兵力共为4.7万人,而当面的联军两个军团,已经超过了23万人,敌人后面的援军,还在源源不断开来。拿破仑深知,面对如此优势的敌军,消极应战是不可能摆脱困境的。他决心在防御中实施进攻,从被动中争取主动,力图以主动进击去逐个歼灭敌军,用局部胜利来扭转全局的被动态势。

拿破仑到达前线后,立即选择布吕歇尔这位性情急躁的老将作为打击对象,指挥法军连续两次向他进攻,迫使布吕歇尔率部后退。尽管布吕歇尔随后进行了一次反击,也使法军受到严重损失,但拿破仑抗住了普军的进攻,并占据了有利地形。2月10日,拿破仑的法军在尚波贝尔歼灭俄军苏费耶夫师4 500人,缴获24门火炮。翌日,法军在蒙米赖击败萨肯率领的俄军。12日,法军又在夏托蒂埃重创约克率领的普鲁士军队。14日,拿破仑率军赶到蒙米赖以东4英里的沃尚,解救了被普军围困的马尔蒙将军,打败布吕歇尔的部队,俘敌8 000人。18日,拿破仑在蒙特罗军击败反法联军总司令施瓦岑贝格的军队,挫败了其渡过塞纳河的阴谋。拿破仑5战5捷,消灭联军8万人。由于法军节节胜利,联军总司令施瓦岑贝格陷入绝望之中,被迫后撤,并向拿破仑请求休战。然而,拿破仑一心想用武力解决问题,并没有看清楚当时的整个军事形势,根本没有考虑谈判停战的问题,轻蔑地拒绝了施瓦岑贝格的请求。反法联军为改变挨打的局面,运用自己兵力上的绝对优势与拿破仑周旋,寻找机会打败那些不善独立作战的法军将领指挥的部队,并趁拿破仑转战外地之时,乘虚袭取了巴黎,迫使拿破仑退位。

点评:

在敌强我弱的形势下,避开敌人主力,寻机攻其一翼,用局部的胜利和造成的优势,来弥补总体上的劣势,从而改变整个局面,这是可行之策。拿破仑运用此策连连得手,可惜的是,他没有充分利用这一暂时优势求得和谈的主动与胜利,反而一味求战,终于在优势敌人面前败北。

约翰逊总统与越南战争

背景：

约翰逊担任美国总统带有点戏剧性——1963 年 11 月 22 日，肯尼迪总统遇刺身亡，当天下午 2 点 30 分，担任副总统职务的林登·约翰逊根据美国宪法规定，宣誓就任美国总统。

决断：

当时，南越政府一片混乱，约翰逊和他的前任肯尼迪一样，错误地认为"丢失越南就像杜鲁门丢失中国一样引起严重的政治后果"，上任伊始就下令对北越海、陆、空基地实施空中打击，随后又下令实施"滚雷行动计划"，直接卷入越南战争。1965 年至 1967 年，美国对越空袭的次数分别为 3.5 万架次、7.9 万架次、10.8 万架次，投弹量分别为 6.3 万吨、13.6 万吨、22.6 万吨。但是，美国的狂轰滥炸非但没有扭转战局，反而使越南人民同仇敌忾。当时的美国驻越援军司令部司令威斯特摩兰将军在给约翰逊的备忘录中写道："迄今，我们对北越的空中作战是以缓慢升级为其特点的，这种战略无效地大量使用空军，而且远未得到可能的结果。此外，在局势中增加了日益增长的危险因素。敌人现已组成一个集中控制的庞大防空体系……"

小小的越南如何能"组成一个集中控制的庞大防空体系"呢？威斯特摩兰在这里指的是越南得到了拥有最先进防空力量的前苏联的支持和他的邻国中国的无私支援。

但是，约翰逊没有听从威斯特摩兰的劝告，仍然一意孤行，不断把战争"升级"。到了 1967 年，美国的侵越人员已达 50 万人。

美国在越战的泥沼中越陷越深，而越南人民则越战越强。1967 年秋天，美国的一些著名部队——第 101 空降师、绿色贝雷特种部队、第一骑兵师分别在安溪、波莱梅、德浪河谷遭到惨败，死伤惨重。消息传到国内，美国人民纷纷走上街头，示威游行，反对越南战争。而且，游行的队伍日益扩大，越来越多的知名人士加入了反战运动。为了表达反战决心，一名教徒和一名救济工作者分别在五角大楼外和联合国大厦外举火自焚。最后，越战升级的决策人之一——国防部长也开始改变了对越战的态度。

约翰逊面对的是一个众叛亲离的窘境。

1968 年 1 月 30 日，南越爱国武装力量向南越傀儡政府和驻南越的美军基地发动了强大的春季攻势，连美国大使馆、西贡机场和总统府都遭到了爱国武装力量的攻击。

约翰逊终于认识到自己已经彻底失败。1968 年 10 月 31 日，约翰逊宣布"停止轰炸"。三个月后，他就灰溜溜地离开了白宫——取而代之的是美国的新一届总统理查德·尼克松。

点评：

美军完全撤出越南是由尼克松总统完成的。用尼克松的一句话来总结越南战争的失败原因是——"我们(美国)在一个错误的时间、错误的地点，打了一场错误的战争。"

第二章　道、天、地、将、法

提要：孙子提出了夺取战争胜利所必须具备的五个基本条件，即"道"、"天"、"地"、"将"、"法"，也就是通常所说的天时、地利、人和以及将帅才能和法令制度。通过对敌我双方在这五种客观条件方面的对比，判断战争的胜负。

事典

用"名牌承诺"

背景：

深圳市医药生产供应总公司为了结束全市个体诊所和药店泛滥、假药充斥、庸医误人的局面，于1997年创办了"一致药店"。药店开业之初，当市民们带着一种新鲜和好奇走进这些装饰一新、宽敞明亮、标识新颖的药店购药时，谁也不曾想到两年中"一致药店"如雨后春笋般在深圳的每个新建小区和边远屋村都冒了出来，成为全市人人皆知的"名牌商店"。

决断：

"一致药店"一问世就向市民做出了三项承诺、展示了五个"一致"。三项承诺是：绝不购销假冒伪劣药品，严格遵守国家物价政策，热情为每一位客户服务。五个"一致"是：一致的品牌，一致的配送，一致的价格，一致的质量管理，一致的服务规范。"一致"战略实施以后，深圳的医药销售市场面貌焕然一新，社会效益、经济效益都十分明显，基本实现了"政府满意，市民高兴，企业赢利"的目标。

"一致"战略的实施，产生了三方面的效应。一是集约化效应，通过集中采购权，确保了采购质量、降低了采购费用和药品价格，并减少了内部摩擦，提高了人员效益。二是市场控制效应，"一致药店"的药品质量和经营理念得到市民认同,"到一致去买放心药"成了深圳人的共识,原来药店泛滥、假药猖獗的混乱状况很快消失。三是品牌效应,也是"一致"战略最成功之处。深圳作为一个年轻城市,不像北京、上海、杭州、南京等拥有许多"百年老店"、品牌信誉卓著的"名店"。"一致"有意识地展开品牌战略,靠品牌来打开市场,靠品牌来培育产品,也靠品牌来建立"一致"的医药生产体系。"一致"的品牌不仅得到了广大市民的接受和认可,而且也得到了国家有关医药管理部门、医药同行们的赞赏和认同。如今,"一致"品牌已经成功地从商业流通领域跨入生产制造领域,一致建立了华南地区最大的医药配送中心,一致头孢原料基地也投产了,"一致"企业集团开始筹建。

一致领导班子认为:品牌是一个产品区别于另一个产品、一家企业区别于另一企业的标识和符号,而只有名牌才是把优秀产品同一般产品区别开来、把优秀企业同一般企业区分开来的旗帜和航标。创造中国自己的名牌,是振兴民族经济的一条必由之路。"一致"总经理刘晓勇等人对这一点有清醒的认识和坚定的追求,为了实现"一致"品牌向名牌飞跃,刘晓勇等一班经营决策者两年来做了许多营造品牌优势、积聚品牌能量的工作。在"一致"战略成功实施的基础上,一致集团通过集团强强联合、区域配送联手、终端市场联动的"三联"战略,把"一致"从两年多前的"品牌"逐渐带入"名牌"的行列。

现在,"一致"不仅得到深圳乃至一些香港市民的认同、成为质量和信誉的保证,而且在深圳医药市场上的占有率也从最初的30%猛长到70%,营业额连年翻了两番,遥遥领先于同行业其他企业。

点评:

"一致"的努力换来了"一致"的成功,商业管理的"真经"就是质量和服务的管理。因此,世界虽商家云集,但管理方法却各不相同,真所谓"八仙过海,各显神通"。

创造"大名牌"

背景:

1998年9月8日,江苏森达集团在人民大会堂宣布:意大利的尼科莱迪、百罗利、法尔卡三家著名鞋厂将定牌生产森达皮鞋。这标志着中国制鞋业开始向皮具王国意大利输出自己的名牌。

森达从毫无名气的普通企业成长为名牌企业，靠的就是"实施名牌战略，创造名牌产品"。有一年广州某家皮鞋总汇搞展览，柜台前人头攒动，顾客争着选购一种皮鞋。森达集团董事长朱相桂也拿起一双，一看竟是自己企业的产品，仅仅换了一个外国的品牌，价格就比森达的出厂价高出 5 倍多。当森达刚刚进入北京燕莎购物中心的时候，尽管售货员再三推荐，可顾客使劲摇头："没听说过这个牌子。"从以上事例中朱相桂悟出一个道理：牌子没名气，再好的货也不会成为大众的消费热点。

决断：

1992 年元旦前夕，朱相桂针对名牌战略展开了攻势。名牌是无形的财富，名牌是特殊的生产，森达要发展，就必须创名牌。从此，"打出中华民族的世界名牌"就成了森达人不懈的追求。当年企业就拿出 500 万元投入广告宣传，几年来投资做广告、建卖场的资金累计达 3 亿多元。

从牛棚起家，21 年风雨历程，森达终于拿到全国皮鞋行业唯一的驰名商标。森达不仅叫响了自己的牌子，也获得了丰厚的回报，接连夺得"中国首届鞋王"、"畅销国产商品金桥奖第一名"、"中国驰名商标"等殊荣。据国家贸易局统计，1997 年森达的市场份额就已经占到全国鞋类产品市场的 31.9%。在愈演愈烈的价格大战中，你会在商场里看到"森达不打折"的字样，即使这样，日产 1.5 万双皮鞋仍然供不应求。

在 1998 年 9 月召开的"森达大名牌战略研讨会"上，森达董事长朱相桂又提出了"大名牌"的概念，即"各行各业、为国内国外消费者赞誉的名牌产品"，受到与会的领导和专家的充分肯定。森达的大名牌战略包括五方面内涵：(1)大市场——21 世纪初让全国各地的大多数消费者和西欧发达国家的朋友穿上森达鞋；(2)大份额——争取在所进商场皮鞋销售份额绝对第一；(3)大规模——兴建二期工程、产量增加一倍，缩小与国际名牌企业的规模差距；(4)大形象——用最短时间，进一步提升企业形象，使森达成为中国鞋业的代表品牌屹立于世界名牌之林；(5)大文化——广泛吸纳东西方鞋业文化，提高企业和产品的文化含量。森达的大名牌战略，无疑是跨世纪的中国优秀企业向世界名牌们发出的一份挑战书。

点评：

名牌本身就是一种企业文化的内涵，"等闲识得东风面，万紫千红总是春"，森达创造了"大名牌"，必将乘着企业文化的东风，推动更多的中国企业搏击市场,赢得优势,编织万紫千红的中华经济之春。

胡雪岩借机生财

背景:

胡雪岩做成的第一桩军火生意,某种意义上看,就可以说实实在在是因了适逢其时、恰在其地的机会。当时正处于太平天国于南京开国之后全力向东南数省扩张之时,上海小刀会也乘势开始起事,一方面江浙未失之地正在积极筹办团练以抵御太平军的进攻,另一方面两江总督以及江苏巡抚也在想办法调动兵力以平息小刀会。

决断:

战事在即,自然需要大批军火,而驻在上海的外国军火商也正在此时开始向太平军输出军火,也就是说他们已经开始明目张胆在中国国内做军火生意。一边有人卖,一边又有人买,这不是适逢其时?当时的洋商大都集中在广州、上海两地,要与洋人谈生意自然在这两个地方最为方便。胡雪岩也正是此时为蚕丝生意来到上海,这岂不又是恰在其地?还不仅仅是如此的时、地相宜。因为是想销"洋庄",胡雪岩一到上海就找到关系结识了在洋行做事的古应春,与洋人建立了联系,此前在帮王有龄解决漕米调运的公务时,他已经结识了漕帮首领尤五等人,与漕帮建立了两相托靠的"铁"关系,借助漕帮的内河航运上的势力,军火自上海运往杭州的安全也有了保障。在这桩生意上,胡雪岩真正是机缘巧合,所说的天时、地利、人和,都让他占全了,于是他的第一桩军火生意也就几乎没费多少周折就顺利做成了。

其实,胡雪岩能在生意场上获得绝大的成功,很大程度上,确有他的机遇、运气在起作用。

商场上确实特别讲究机会,一个生意人在商场上是否能够获得绝大的成功,要看客观形势是否提供了让他成功的一次性机遇,而具体到一笔生意的运作是否能够成功,也要看机会。换句话说,也就是要尽可能在合适的时间、合适的地点,再选以合适的方式去办那件可办的事情,我们才有把握办成那件事情。

《列子·说符》中有一则故事也说明了一次性机遇的重要性:

宋有兰子者,以枝干宋元君。宋元君召而使见。其枝以双枝,长倍其身,属其胫,并趋并驰,弄七剑迭而跃之,五剑常在空中。元君大惊,立赐金帛。又有兰子又能燕戏者,闻之,复以干元君。元君大怒曰:"昔有异枝干寡人者,技无庸,适值寡人有欢心,故赐金帛。彼必闻此而进,复望吾赏。"拘而拟戮之,经月乃放。

兰子者,杂技艺人是也。第一个去宋元君面前献技,表演踩一人多高的高跷,行走如飞,同时还作抛掷七把宝剑的手技,看得君王目瞪口呆,得了厚赏。第二个听说有如此好事,也去献技,却给关了几个月,差点掉了脑袋。两个人技艺或许有高下,但决不是造成遭遇不同的根本原因,真正的原因就在这机遇的一次性中。

宋元君以前没有看过杂技,让他开开眼界,大惊之下会有重赏,这个可能性是存在的,它对任何一个有能力有水平的卖艺人来说,都是一个机遇,都是一个潜在的市场。

点评:

胡雪岩十分注重抓住生意场上稍纵即逝的一次性的机遇,从不让财源擦肩而去。对于今天的人来说,企业商家要善于发现财源、善于觉察和把握市场变化,敢于针对已经出现的市场机遇,开拓真正属于自己的财源。

水灌大梁　魏国倾覆

背景:

兵法上非常讲究地形的作用。因为地形是用兵的辅助条件,不懂得观察地形,因势利导,战争往往很难取胜。孙子认为:地有六形,兵有六败,要求将帅要因地制宜地指挥作战,军队在各种地形条件下的作战原则是:通形之地便于部队机动作战;支形之地只有凭险据守;挂形之地是可以往而难于返回之地;隘形之地利于凭险据守;险形之地是一夫当关,万夫莫开之地;远形之地是指敌我双方相距较远的集结地域,对于双方的进攻都不利。在散地不宜作战,在轻地不宜久留。

《三国演义》中有非常多的利用地形的例子,特别是诸葛亮,上知天文,下晓地理,对地利形势研究得非常透。他利用地形最经典的有两例,一是峡谷火烧司马懿;二是把陆逊引入八阵图,使其迷失其中。身为将帅要对地形作认真研究,争取战术行动时充分考虑到地形对战争的影响,就有可能取得战争的胜利。

而秦王政在攻取魏国大梁城时,其将王贲就充分考虑并利用了地形的作用。

秦灭六国的第四个战略目标是魏国。

春秋末年三家分晋之时,韩、赵、魏三家之中势力较强的是赵国。魏国当时的疆土辖有现今陕西韩城县以南的黄河沿岸,渭河以南的华阴县一带;今山西省的西南部及东南部,连通河南省北部以及黄河以南的沿河地带;东北部更有今河北省的大名县和广平县一带以及山东省的冠县地区。魏国的领土东西狭长,领土分散,其主要地区是现今山西省南部的"河东"地区和现今河南省北部的"河内"地区。两地区之间,以今山西省东南部的上党地区为交通渠道。魏国四周邻国有秦、赵、韩、郑、卫、齐。国都初在安邑(今山西夏县西北禹王城),魏惠王时迁都大梁(今河南开封市),并同韩国交换领土,使魏国在中原的土地连成一片。

韩、赵、魏虽然于公元前403年才被名义上的"天下共主"周天子(周威烈王)正式分封为诸侯,但它们实际上早在公元前453年即共同瓜分了晋室,分别建立了各自为政的独立王国。

三晋初起,魏国首强。

魏国的第一位国君是魏文侯,在位五十年。魏文侯于战国初年在"七雄"之中率先实行社会改革,重用士阶层出身的翟璜、李悝、李克、吴起、西门豹、乐羊等一大批文臣武将,实行"食有劳而禄有功,使有能而赏罚必当"的原则,"作尽地力之教",行"平籴法",制定法文法典《法经》,获得了富国强兵的显著成效,"天子赏文侯以上闻",在完整的意义上开创了战国时期的变法运动,使魏国成为战国初年最为强盛的国家。

魏文侯死后,其子魏武侯继位。魏武侯听信王错的谗言,解除了吴起的西河守职务,使魏国的智能之士寒心而纷纷离去,魏国在对秦战争中屡屡失利。

魏武侯死后魏惠王继位。魏惠王即位后迁都大梁,兴修水利而开凿鸿沟,开创选拔"武卒"的制度,礼贤下士,令惠施制定法令,在魏国再度实行社会改革,魏国国势曾一度复强。然而魏惠王在位后期,魏国在同齐国的桂陵、马陵两次大战中惨遭失败,魏国的军事实力大损,再也无法恢复它的元气了。

秦魏经常攻守相防,先是魏因变法改革而强大,屡屡侵占秦国土地,但后来自秦孝公变法以来,秦国强大起来,不仅夺回了魏曾经占领的土地,还攻城掠地,攻下了魏国许多土地和城市,形势对魏十分不利。秦国逐渐强大起来,魏国一步步萎缩下去。特别秦王政亲政后,国力更强,不仅使赵韩军事实力受到重创,而且使魏国慑于政威,不断向秦割地求和,苟且偷生。

在秦国歼灭六国的时间表上,魏国之所以名列第四,是因为韩国处于天下之咽喉,秦军大举东进扫平六国,不能不首先灭韩;赵国是秦国兼并山东六国的主要障碍,当其军事实力受到重创后,不可不于灭韩后趁势一举灭之;赵国破亡后秦军已抵达燕国边境,不可不趁势一鼓而下,况且荆轲刺秦王的插曲,更使得秦王政不允许燕国再继续存在下去;韩、赵、燕破亡之后,秦军再攻取魏国,已是水到渠成之举。秦王政深知魏国在军事上已无力同秦军抗衡;而灭亡魏国又有利于集中全力来歼灭山东六国中的另一个军事强国——楚,以便在对楚的军事行动时不再有后顾之忧。

决断:

公元前225年(秦王政二十二年),当秦军攻克燕都蓟城,准备集中兵力攻打楚国的时候,秦王嬴政似乎才想起中原还有一个小小的魏国没有被消灭,便命令小将王贲率领一支军队直奔魏都大梁,力求一战成功,彻底把魏国从地图上抹掉。

王贲乃大将军王翦的儿子,年未弱冠,血气方刚。他少时即好读兵法韬略,刚能骑得马射得箭时便跟随父亲驰骋疆场,曾随军伐燕,也曾单独领兵击楚,头角峥嵘,锋芒渐露,迅速磨炼成长为一位年轻果敢、智勇双全的小将军。他指挥军队将大梁城团团包围之后,却不急于发动进攻,而是首先与幕府一群裨将和参谋人员沿城走了一圈,仔细踏勘周围地形城势,商讨筹划一战而胜的进攻策略。

大梁是魏国的都城,是一个有着一百三十多年历史的都城。魏都从安邑迁到大梁,经过数代魏王的苦心经营,已经是一座异常坚固的军事堡垒,城高十仞,池深数丈,箭垛林立,易守难攻。《战国策·魏策三》中记载:"(大梁)以三十万之众,守十仞之城,臣以为虽汤、武复生,弗易攻也。"(魏人须贾语)韩赵相继灭亡后,魏王寝食难安,担心秦国马上攻到魏国。然而秦国给魏国暂时歇了一口气,攻打燕国去了。这期间,魏王假派精壮人士日夜加固大梁城墙,挖深护城河,各个城门派重兵把守,以为这样大梁城就固若金汤了,秦军奈何它不得。岂不知,魏王假百密一疏,恰恰忘记了大梁城守一个致命的弱点,即地势低下,最容易遭受黄河水淹。正好犯了兵法上的大忌。滚滚东去的黄河水从城北流过,堤防高筑,惊涛拍岸;源于荥阳的汴河从城南流过,水势浩大,可行舟船。大梁城夹在二水之中,且比堤防低出许多,若堤防溃决,必遭灭顶之灾。早在魏王假的祖父魏安釐王在位期间,熟知兵法的信陵君无忌就曾警告说假若秦军以水为兵,"决荥泽水(即汴河)灌大梁,大梁必亡"。可惜昏庸的魏王假自作聪明,只顾加高墙垣,龟缩城内,一心固守,却偏偏忘记了大梁的致命弱点和信陵君的早年警告!

　　当秦王派大将王贲来攻打大梁时,秦军已接连灭了韩、赵、燕,士气正盛,而被围困在大梁城中的魏国军民,则处于孤立无援,士气低落的境地。又时值天降大雨,连日不绝。

　　当王贲踏勘视察大梁的周围地势时,但见黄河之水在堤防之内翻滚咆哮,浊浪滔天,汴河之水也逐日见涨,汹涌不已。站在黄河大堤之上的王贲心中大喜,将手中马鞭一指脚下雨幕之中的大梁城说:"要破大梁城池,只一个'水'字便可!"

　　回到军营,王贲立刻着手部署,兵分三路:一路继续攻城;一路登上黄河大堤,挖掘堤防,开凿水渠通到大梁城脚下;一路进至汴河上游,壅堤拦坝,阻塞下流。工程很快竣工,渠一修好,王贲就派人两处决堤放水。只见黄河之水挟着滚滚怒涛,倾泻而下直冲北城,汴河之水也腾起数丈巨浪,汹涌而至扑向南城。刹那间城外田园村舍尽成泽国,一片汪洋,水高几与城齐。满城军士百姓顿时慌作一团,魏王假也吓得魂不附体,又无可奈何,只能一面下令用土囊沙袋填塞城门,加高城墙,一面在宫中燃起高香,乞求祖宗神灵保佑。想那大梁城垣也不过是砖石泥土筑就,怎经得起滔天洪水长时间冲击浸泡?一个月之后的一天,只听得"轰隆隆"一阵巨响,北城墙首先倒塌多处,激起漫天泥尘水雾。几乎就在同时,南城墙也挣扎摇晃了几下,轰然崩溃。两河之水势如狂龙巨魔一般冲入城内,摧房倾屋,横扫一切,满城惨叫哭号之声此伏彼起,不知有多少百姓军士被淹没毙命。紧接着秦军乘着木排斗船,手持长戈大戟杀进城来,逢人便是一阵砍杀,不一会儿满城即到处翻腾着血水肉浆,浮尸累累。魏王假和文武百僚及嫔妃宫娥幸亏有宫墙围护,不致淹毙水中,但也成为瓮中之鳖,个个被秦军生擒活捉,押到城外王贲帐前,王贲下令将其全部打入囚车,即日解送咸阳,向秦王嬴政献俘报捷。

　　此战秦军以水为兵,损伤无几,却使百年繁华的大梁城变成了一座死亡之城,城中魏国军民死伤数十万,房屋庐舍大都荡然无存。王贲将幸存下来的百姓全部迁入秦国统治腹地关中丰地(今陕西临潼县境内),将魏国旧地并入三川郡和东郡。

　　在不伤一兵一卒的情况下,秦将王贲以水灌大梁城的方式实现了秦灭六国的第四个战略目标。

　　秦王政这次攻魏的战役,是一次相当漂亮的战役,因为它利用了地利的有利形势,而王贲的军事才能也在这次战役中充分显现出来。这下,秦王政更是神采飞扬了,他已实现了统一全国的前四个目标,实力大增,士气大长,而他统一的心就更迫切,剩下的楚、齐已成末日羔羊,拔掉他们没有问题。

点评:

带兵者,以倾兵之力伐胜,下智也;以智谋取胜者,中智也;以天时地利伐胜者,上智也。

秦穆公善用百里奚

背景:

秦穆公派公子到晋国求婚,晋献公答应把女儿嫁给秦国,还要送一些奴仆作陪嫁。百里奚就是作为陪嫁的奴仆之一,但在半道上他溜走后逃到楚国。为了谋生,他给楚人看牛。经他看管的牛长得特别肥壮,楚人管他叫"看牛大王"。百里奚从此出了名,连楚国国王楚成王也知道了,就派他去看管战马。

决断:

当初秦国公子以为跑了一个奴仆根本没当回事。秦穆公看了陪嫁的名单里有百里奚的名字,便问:"怎么没见到这个人呢?"公子答道:"他是虞国人,是个亡国的大夫,半路上跑了。"后来,秦穆公了解到,百里奚是个挺有本领的人,可惜英雄无用武之地。秦穆公派人打听到百里奚在楚国看管战马,便想用厚礼从楚国换回百里奚。有谋士说:"这可千万使不得。楚人不知道他有本领,才让他去看马。要是用重礼去换,楚成王就会明白其中的奥秘,就不会放他了。"于是,秦穆公就按当时奴隶的身价,派使者带了五张羊皮去见楚成王说:"敝国有个奴隶叫百里奚,他犯了法,躲在贵国,请让赎回。"楚成王就将百里奚交给了秦国。

秦穆公和百里奚谈富国强兵的道理,接连谈了3天,深感他确是个人才。秦穆公要封他为相国,百里奚不答应,说:"我的朋友蹇叔比我强得多呢,最好把他请来。"秦穆公听说后,立即派公子去请蹇叔。

蹇叔不愿应聘做官。但因为有朋友百里奚相邀,答应到秦国走一趟。公子又跟蹇叔的儿子西乞术和白乙丙聊了一会,觉得他们也是了不起的人才。于是征得蹇叔的同意,父子三人一起来到秦国。

秦穆公见了蹇叔,请教怎样做个好君主,蹇叔对答如流,使秦穆公非常高兴。第二天,秦穆公就封蹇叔为右丞相,百里奚为左丞相;封西乞术、白乙丙为大夫官职。没多久,百里奚的儿子——有名的武将孟明视也千里迢迢前来投奔秦国。

秦国广招人才,操练兵马,发展生产,国家日益强盛。但西戎姜戎经常进兵侵犯边界。秦穆公派孟明视率兵征讨,赶走了姜戎,占领了瓜州一带的土地,使秦国更强大了。

点评:

秦穆公善用百里奚,使良将有用武之地,因而秦国日益强壮。

齐桓公不计前嫌用管仲

背景:

周庄王十二年(公元前685年),齐国内乱,国中无主,齐公子小白击败他的哥哥公子纠,争得侯位,称为齐桓公。在争位中功劳最大的是鲍叔牙。齐桓公要任命他为相。鲍叔牙坚辞不就,认为管仲比自己有才能,一再推荐管仲为相。

决断:

齐桓公为了创建霸业,不计较管仲曾经帮助公子纠争位用箭射他的旧仇,答应重用管仲。

齐桓公按鲍叔牙的意见,择定吉日,在文武大臣陪同下把管仲从郊外的寓所接到宫中。齐桓公诚恳地对管仲说:“寡人刚刚执政,人心未定,国力不强,想创建法度整顿纲纪,富国强兵,望仲父不吝赐教。”管仲谦让再三,然后提出了废公田,薄税敛,省刑法,设盐铁官,制作农具,铸钱币,调整物价,让士农工商各守其业等一整套治理国家的意见。齐桓公听后,精神为之一振,并进一步问道:“仲父的治国方略,使寡人顿开茅塞。只是现在齐国兵微将寡,难以威服四方,募兵扩军又缺财力,不知该如何解决?”管仲答道:“自古兵贵精而不贵多,强于心而不强于力。只要上下同心同德,就能克敌制胜。大王应该隐其名务其实,采取寓兵于农的办法。”齐桓公急切地问道:“何谓寓兵于农?”管仲说:“这是一种花费少,功效大,既能发展生产,又能建立一支强大的军队的办法。”管仲见齐桓公听得很认真,就接着说:“齐国全境可分为工商与农乡。工商专心经商,为国家积累财富,免服兵役;农乡平时种田,五家编为一轨,十轨为一里,四里为一连,十连为一乡。每家出一人,五人为伍,二百人为卒,二千人为旅,万人为一军。这样,士兵即农民,农忙时务农,农闲时训练打猎,战时出战。大家互相认识,彼此熟悉,居则同乐,死则同哀,守则同固,战则同强。足以横行天下。”齐桓公频频点头说："这样组建军队,既不增加国家开支,也不会引起诸候各国的猜疑和不安,真是有百利而无一害。"越谈越投机,连续谈了三天。齐桓公决定任命管仲为相,让他治理国家,并当着文武百官宣布:"国家大政,先告仲父,次及寡人,有所施行,一凭仲父裁决。"管仲任齐相后,按寓兵于农的法则,建立了一支战斗力很强的军队。周釐王二年(公元前 680 年),齐在鄄(今山东鄄城县北)与宋、陈、卫、郑会盟,开始称霸诸侯。周惠王十三年(公元前 664 年)山戎攻燕,燕向齐求救。齐桓公以"尊王攘夷"为口号,亲率大军北征,与燕军配合,击败山戎。周惠王十六年(公元前 661 年),狄人进掠邢国,次年,灭亡卫国。齐桓公联合宋、曹二国军队,大败狄人。中原各国都称颂齐桓公,尊他为霸主。这时,南方楚国国力日强。向中原发展,屡次进攻郑国。齐桓公转而向南,联合中原诸国攻楚。楚被迫求和,联军与楚在召陵(今河南偃城东)结盟后退回。中原因而得到暂时的安定。管仲任齐相期间,齐国推行法制,富国强兵,北服戎狄,南威荆楚,九合诸侯,一匡天下,成为春秋时期第一位霸主。

点评:

得一良将胜得千军,在管仲的辅佐下,齐桓公治国有方,大展宏图。

名将败于天

背景一:

战争史上,利用天候制胜的情况屡见不鲜,诸如三国时关云长水淹七军用的是水,诸葛亮草船借箭靠的是雾,周瑜火烧赤壁借的是风。军事家将这些无生命的自然现象操在自己的手心之中,显现出无可抵御的力量。唐朝诗人杜牧在他的《赤壁》中说,"东风不与周郎便,铜雀春深锁二乔",天候与战争胜败紧密相关。这类事在外国同样很多。1812 年,拿破仑指挥 50 万大军征俄,直陷莫斯科,这时几乎整个欧洲都在他的脚下,不可一世。殊不知零下四五十度的严寒向他不习惯于冰天雪地作战的法军袭来,每天都有几千人冻毙在风雪之中,有更多的人则失去战斗力,法军一败涂地,最后拿破仑几乎是只身逃回。

严寒打击拿破仑的军队事件过了 129 年后,历史又出现了惊人的重复,德国希特勒遭到了同样的下场。

决断一：

1941年6月22日，德军向苏联发起突然进攻，迅速向莫斯科推进，妄图在冬季到来之前消灭前苏联。但这一年，冬季提前来临，10月6日一场大雪后，气温急剧下降。11月13日降至零下8度。12月初到零下30度。衣单履薄的德军，成批地冻死于莫斯科郊外。德军由于缺乏防寒设施和装备，汽缸打不着火，水泵冻坏，装甲部队失去了战斗力。在前苏联红军及严寒的双重打击下，德军全线溃退，至1942年2月底，兵力损失100万人以上，仅冻伤者即达11万人之多。

背景二：

咸淳三年（公元1268年）元世祖忽必烈迫使日本称臣，遭拒绝。

决断二：

于是谋划东征日本。派人去高丽督造战舰900艘，集结元军与高丽军3.3万人，于1274年进攻日本。日本史称文永之役。侵占了日本对马岛和壹岐岛。11月26日，遭海上暴风雨，沉没战船200艘，不得不决定退兵，乘夜逃回。

公元1281年6月，元朝再次联合高丽出兵日本。忽必烈命范文虎率江南军10万人，乘战船3500艘；高丽军4万人，乘战船900艘出征，于七月攻占日本平壶岛、壹岐岛等，8月23日突然遇台风，舰船几乎全部沉没或毁坏。范文虎乘船逃走，弃兵14万人于五龙山下。后来，活着回来的仅有3人。日本历史称为"弘安之役"。

日本四面环海，元军不了解台风在日本登陆的规律，两次均遭到台风袭击，损失惨重，遭到失败。

点评：

天时为战场不可或缺的因素，以上二例正说明此点。

风光变成财富

背景：

美丽风光本身并不能产生财富，只有使它和旅游业结合起来，才能产生无尽的财富。

在风景秀丽的日本狼烟山半岛上，有一座俯视四方的浦岛饭店，店主叫浦木清十郎。

决断：

20 世纪 60 年代的日本，人民生活得到改善，游山玩水的人越来越多，观光旅游事业也随之发展。看到这种形势，浦木感到搞旅游业比他所搞的林业更有前途，因此执意担任了浦岛观光股份有限公司的总经理。浦木既看到了旅游业的发展前景，也注意到来此的观光客都有在这里歇息一晚的要求。他分析，当时的日本人民生活水平刚刚改善，游客们只要求有个休息的房间就可以了。他当机立断，增设旅馆房间，别的旅馆设十间屋的地方，他开设了十五间，及时满足了游客的要求，增加了营业收入。

有一天，浦木想，来日本观光的外国游客，如果仍旧请他们住西洋式旅馆，肯定会感到乏味；另一方面，在习惯穿和服的日本客人，也不愿睡床。根据这一分析，他决定把饭店建成"和洋折衷"的饭店。那就是：形式上是西洋的，内容却是日本式的，有榻榻米，有浴衣。这种旅馆风格果然受欢迎。随着生意的发展，浦木逐渐把浦岛饭店扩大到东京晴海、三重县二见、川汤温泉、串本町四个地方，拥有职工五百人，全年可接待游客 80 万人，营业额达到 60 亿日元。浦木总经理因此博得"关西饭店王"的雅号。

点评：

他从 20 世纪 60 年代创业到今日的成功，关键在于做到了因地制宜。

游乐园"名人接待"

背景：

大都会黄金地段，经营效益高，大家都去争，要牢固地占领一席之地，极需各方面配合、支持。

决断：

1955 年 7 月，美国迪斯尼公司在洛杉矶创办第一个游乐园。为打开局面，他们聘请著名动画片制片人沃尔特·迪斯尼亲自接待第一批游客。他由于摄制过脍炙人口的《米老鼠》《白雪公主》《唐老鸭》等动画片而闻名于世。于是，游客如云。都愿意一睹这位名人的风采。至 20 世纪 70 年代，这家游乐园观众突破了 1 亿人次。接着，该公司在佛罗里达州开设了命名为"奇妙王国"的第二个游乐园及"埃普科特"第三个游乐园。1983 年，在日本东京开辟了第四个游乐园，继续聘请各方面名人接待游客。1986 年,该公司在佛罗里达州迪斯尼游乐园接待了第 5 亿个游客。这一天,当马萨诸塞州的唐·麦格拉恩一家人走进游乐园大门时,受到迪斯尼公司总经理及员工热烈欢迎并向他们赠送了第 5 亿个游客"终身游乐证",凭证可在其世界所有迪斯尼公司游乐园免费游览。

迪斯尼公司不断推出新招,招徕游客,目前正在巴黎开设"欧洲迪斯尼游乐园",他们的目标是游客总数突破 10 亿人次。

点评:

迪斯尼公司利用名人效应打出招牌,主要也因其地利因素。

草船借箭

背景:

三国初年,曹操统一北方后,挥师南下,想一举灭吴。

决断:

处于危难之时的诸葛亮肩负孙刘联合抗曹的使命,到东吴游说。经过舌战群儒,坚定了孙权抗曹决心后,又与东吴都督周瑜达成默契,借东风火烧曹营。周瑜在与诸葛亮接触中,发现他的才能不及对方,生怕日后对东吴不利,遂心生杀机。一天,周瑜请诸葛亮共议破曹之策,两人都认为水上作战需大批弓箭。周瑜便说:"如今军中正缺箭用,想请先生监造 10 万箭,不知意下如何?"诸葛亮明白周瑜用意,但为了抗曹大局,还是答应了。周瑜又限定诸葛亮在三天内把箭造好,岂料诸葛亮满口答应,两人立下军令状,若过限不能交货,将随都督杀罚。周瑜十分高兴,暗中又吩咐匠人拖延时日,单等三天后惩治诸葛亮。

东吴谋士鲁肃明白周瑜想借刀杀人,怕大战前会使孙刘联盟破裂,十分着急,就去诸葛亮处探听虚实。哪知诸葛亮似乎没有把此事放在心上,只请鲁肃准备 20 只大船,每船 30 名军士,船上用青布作幔,再扎上千余个草人,并准备了进军鼓号。鲁肃不解其意,但还是作了准备。

第一天过去了,第二天也过去,到了第三天鲁肃沉不住气了,正要前去询问,晚上四更时分,诸葛亮派人来请鲁肃去取箭。鲁肃蒙在鼓里,随诸葛亮来到江边。诸葛亮指挥 20 只大船,用绳索连在一起,向江北进发。这时,江上大雾弥漫。五更时分,船近曹军水寨,诸葛亮命船只一字儿摆开,贴近曹军水寨,然后擂鼓呐喊。鲁肃吓得面如土色,急忙制止。曹操接到部属报告,见大雾甚重,怕有埋伏,便让手下人放箭射,又从旱寨调来弓箭手万余名,放起箭来,箭雨如注飞向诸葛亮船只,不一会儿船的一面都射满了箭。诸葛亮又令船队调头,让另一面也靠近曹军水寨,又是一阵擂鼓呐喊。等船幔两面都射满了箭后,诸葛亮便令军士拔锚开船,高喊:"谢丞相送箭!"乘水势疾驶而去,气得曹操捶胸顿足。来到东吴水寨,天已大亮,诸葛亮用 10 万余箭向周瑜交了差。

点评:

"借"是一种智慧,一种谋略。许多看起来不可能的事情通过"借"的妙用,恰恰就变成了可能。

第三章　将者,智、信、仁、勇、严也

提要: 孙子早在两千多年以前就已经认识到智、信、仁、勇、严是为将者的基本素质,这一观点极大地影响了后来的中外军事学家和统帅。

克利曼率部战普军

背景:

1792 年 9 月 19 日,法国革命军与普鲁士干涉军在法国马恩省的小山村瓦尔密相遇,双方摆开阵势,准备决战。次日上午 9 时,瓦尔密决战开始。普军 54 门大炮对准瓦尔密高地猛烈轰击,克利曼率领法军英勇迎击,双方展开了激烈的炮战,一直持续到下午 2 时。以后,普军组织起数次冲锋,均被法军击退。可是,普军仍不肯罢甘休,积极策划新的大规模进攻。突然,普军炮弹击中了法军阵地的弹药车,爆炸声震耳欲聋,法军军心浮动。

决断:

法军指挥官克利曼见情况危急,立刻挺身而出,鼓励士兵排除万难,决一死战。他把自己的军帽套在军刀刀尖上,在列队的士兵前大声高呼:“法兰西万岁!”“民族万岁!”满腔怒火的士兵也跟着齐声高呼“法兰西万岁!”等口号,并唱起了庄严的《马赛曲》,紧握上了刺刀的步枪,严阵以待。普军对这突如其来的举动感到惶恐不安,不敢贸然发起冲锋。与其同时,法军炮兵紧密配合步兵,排炮齐发,打得普军晕头转向,四处逃窜。而法军步兵则迂回敌军左翼,迅速占领了通向凡尔登的要道,切断了普军的退路。普军陷入左右夹攻之中,军心涣散,纷纷溃逃。法军取得法国大革命以来反对入侵者的第一次胜利。

点评：

在危急关头，克利曼能挺身而出，激起了斗志，从而压敌士气取得胜利，这是为将之上策。

拿破仑身先士卒

背景：

1796 年 4 月，拿破仑率领法军越过阿尔卑斯山，开始对意大利北部的进攻。战争一开始，法军接连取得了几个战役的胜利。奥地利哈布斯堡王朝为了阻止法国人继续前进，组建了一支由阿尔文齐将军指挥的精锐部队。1796 年 11 月 15 日，两军在阿尔科勒相遇，面对着人数较多的敌人，法军在拿破仑的指挥下发起了猛烈的攻势。在奥军最重要的据点阿尔科勒桥，法军 3 次猛攻都未能奏效，伤亡惨重。

决断：

显然，时间再拖下去对法军极为不利。这时，身为总司令的拿破仑将军毅然自己高举起红旗，冲在队伍最前面。法军官兵见此情景士气大振，一举攻下了奥军的这个据点。拿破仑身边的几个士兵和副官先后阵亡。这场血战持续了 3 个昼夜，奥地利军队终于被击溃。

点评：

作为一个军事指挥官，需要沉着、冷静、坚毅、勇敢，更要有智谋。拿破仑深知，只要指挥员身先士卒，冲锋在前，必能激励官兵斗志，向敌人发起猛烈的进攻，一举打败敌人。当然，作为重任在身的高级指挥官，非到万不得已时，不能冒险带头冲锋陷阵，免得造成不必要的伤亡，影响整个部队的作战指挥。

商鞅取信于民

背景：

商鞅是我国古代的一位政治家、变法家。他本是卫国的没落贵族，听说秦孝公下令求贤，来到秦国。秦孝公听商鞅谈论富国强兵之道，很赞同他的变法主张。

决断：

公元前356年，秦孝公任用商鞅，实行变法。法令包括如下内容：打破土地上的纵横田界，承认土地私有、买卖自由，奖励耕战，建立郡县制。但商鞅担心老百姓不按新法做。为取信于民，就在国都咸阳的南门外，立起一根三丈高的木柱子，命官吏看守，并且下令：谁将此木搬到北门，赏黄金10镒（古20两为一镒，一说24两为一镒）。当时围观的人很多，但大家一是不明白此举的意图，二是不相信有这等好事，所以没人敢动。

商鞅闻报，心想：百姓没有肯搬立木的，可能是嫌赏钱太少吧！于是他又下令，把赏钱增加到50镒。听了新的赏格，老百姓更加怀疑了。但重赏之下必有勇夫，没出三天，就有一个不信邪的壮汉，把那木柱扛到了北门。

商鞅立刻召见了搬木柱的人，对他说："你能听从我的命令，是个好百姓。"立刻赏他50镒黄金。

这个消息不胫而走，举国轰动，大家都说商鞅有令必行，有赏必信。

第二天，商鞅即公布变法令，虽然新法遭到一些贵族特权阶层的反对，但新法在秦国终于得到顺利实行。

点评：

言而有信此乃君子，信自古以来都受人尊敬。

太史慈智截奏章

背景：

太史慈是三国时的名将。

东汉末年，宦官专权，官场腐败。当时有一个奇特的现象是：官吏们为一己私利，尔虞我诈、互相攻击，官司打到朝廷，谁先"告状"，谁就能赢。

决断：

太史慈就遇到了这样一桩事：他所在的州郡中，刺史（州的最高长官）与郡守（郡的最高长官）翻了脸，刺史抢先一步，派人把奏章送入京都，郡守写好奏章，已晚了一步。郡守决定挑选一名精明能干的人设法抢在刺史之前把奏章送上去，太史慈被郡守选中了。

太史慈怀揣郡守的奏章，马不停蹄地赶到京都洛阳，发现刺史派出去送奏章的人正等候在接受奏章的官署前，还没有把奏章送上去。太史慈心生一计，拍马上前，装作朝廷命官的样子问："你是哪里来的？是送奏章吗？"

刺史派去的官吏不辨真假，如实做了回答。

太史慈又问："奏章的格式有没有错误啊？拿给我看看！"

那人立即从车中取出奏章，双手呈给太史慈。太史慈接过奏章，走马观花地看了一遍，取出一把刀子，把奏章划成碎片，又乘对方惊愕之际，说："我是奉郡守之令来察看刺史的奏章是否已经呈递上去的，不过，郡守并未让我毁掉刺史的奏章，现在我们是难兄难弟了，大丈夫四海为家，我们何必为他们之间的勾心斗角卖命呢？大家都逃走吧！"

太史慈说服那名官吏与他一起逃出京城，然后各奔前程。太史慈走了一程后，又折回京都，把郡守的奏章呈送上去，方才回到故乡向郡守交差。

刺史得知自己的奏章被毁，急忙再写奏章，日夜兼程送往京城，但朝廷早已收到郡守的奏章，对刺史的奏章不感兴趣，因此，这一场"窝里斗"，以刺史的失败而告终。

太史慈自此以智勇双全而闻名。

点评：

作为将军要有勇有谋才算好的将军，有勇无谋只是平庸的将军。

郭子仪大智大勇联回纥

背景：

唐代宗宝应二年(公元763年)，西北边疆少数民族吐蕃纠集回纥等其他民族共20多万人气势汹汹地杀入大震关，一度攻入京都长安。唐代宗命长子李适为元帅驻守关内，命老将郭子仪为副元帅，率兵赴咸阳抵御。

郭子仪在平定安史之乱时与回纥建立了友好关系，他勇敢善战，身先士卒，回纥人十分钦佩，都称他为"郭公"。郭子仪决定利用这种关系拆散回纥与吐蕃的联盟，把回纥拉到自己这边，共同对付吐蕃。为此，郭子仪派部将李光瓒去"拜访"回纥头领药葛罗。药葛罗得知郭子仪来了，大为惊异，因为他在出兵前就听说郭子仪和唐代宗已经死了，于是提出要见见郭子仪。

决断：

李光瓒回到军营，将药葛罗的话转告给郭子仪，郭子仪立即决定到回纥军营去亲自跟药葛罗"叙叙旧"。郭子仪的儿子和众将领纷纷劝说郭子仪不能去冒险，又说："即使去，最少也要带500精兵作护卫，以防万一。"郭子仪笑道："以我们现在的兵力，绝不是吐蕃和回纥的对手；如果能说服回纥退兵，或者，说服回纥与我们结盟，那就能打败吐蕃。冒这个险，我看值得！"说罢，只带领几名骑兵向回纥军营进发，同时派人先去回纥军营报信。

药葛罗及回纥将领听说郭子仪来了，都大惊失色。药葛罗惟恐有诈，命令摆开阵势，他本人弯弓搭箭立于阵前，时刻准备开战。郭子仪远远望见，

索性脱下盔甲,将枪、剑放在地上,独自打马走上前。药葛罗见来者果然是郭子仪,立即召唤众将跪迎郭子仪入营。郭子仪见状,慌忙下马,将药葛罗及众将搀起,携手进入军营。

郭子仪对药葛罗说:"回纥曾为大唐平定安史之乱出过不少力,唐王也待回纥不薄,这一次为什么反要来攻打大唐呢?"药葛罗羞愧地说:"郭公在上,我们回纥人不说假话,这一次出兵实在是被大唐叛将仆固怀恩骗来的。仆固怀恩说郭公和代宗都已不在人世,如今郭公就在眼前,我们马上退兵!"

郭子仪说:"我们大唐兵多将广,像安禄山、史思明这样的叛乱都能被平定下去,吐蕃与安、史相比尚且不如,哪里会是大唐的对手! 如果回纥能与大唐联手,共同打败吐蕃,代宗皇帝一定会感谢你们的。"

药葛罗激动地说:"我们回纥听郭公的! 就这么办!"说罢,命令士兵取酒来,要与郭子仪盟誓,郭子仪连连拱手致谢。

回纥人十分讲信义,盟誓之后,立即调兵遣将,向吐蕃发起攻击;郭子仪也倾全军精锐同时向吐蕃发起进攻。吐蕃大败,损兵折将数万,仓皇逃命而去。

点评:

郭子仪大智大勇,未费一刀一枪,将"劲敌"回纥"转化"为朋友,又借助回纥人的力量打败了吐蕃,捍卫了大唐的疆域。

彼得大帝仁待俘虏撼敌军

背景:

彼得一世在位的时候,俄国同周围邻国连年作战。在作战中,彼得一世十分重视利用各种手段削弱敌人士气,鼓动自己部队的战斗意志。

1705 年,彼得一世把两个从瑞典逃回的俄国士兵带到英国、普鲁士和荷兰 3 国驻莫斯科大使面前。把这两个士兵介绍给 3 国大使。两个士兵的手指、脚趾全都被割掉了,样子惨不忍睹。3 国大使看了惊颤不已。士兵告诉他们,这是当着瑞典国王的面被割掉的。让大使看过之后,彼得一世对他们说:"看吧,这就是瑞典人的暴行。他们说我们是野蛮人,可我们是怎么对待他们的俘虏的? 我们替他们治伤,让他们吃饱吃好。瑞典人比我们野蛮 100 万倍以上!"

面前血淋淋的情景,让英国人、普鲁士人和荷兰人不能不对俄国人产生同情。

随后,彼得大帝让这两个士兵到俄国部队许多地方以现实遭遇讲述瑞典人的暴虐残忍。彼得还向俄军官兵宣讲瑞典人的种种可怖行为:把一所里面囚禁着200多个俄国俘虏的房屋浇上汽油,然后点火燃烧,里面的俄军被俘人员全部被活活烧焦;瑞典国王查理二世亲自下令,把那些被抓住的哥萨克骑兵用带刺的棍子打得皮开肉绽,鲜血淋漓,欲死不得,欲活不能;所有在喀朗施塔得战役中遭俘获的俄军官兵都被瑞典人残酷地杀死,他们被叠成一堆,或两或三,瑞典人用刺刀、梭镖和马刀一一将他们剁成几段。

这些耸人听闻的残酷事例,引起俄军官兵一致的义愤。他们从心底里仇恨瑞典人,在战斗中士气高昂,誓死拼杀,大有与敌人不共戴天的气势。

决断:

与此同时,彼得大帝却宽厚地对待敌人的俘虏。他在亲自制定的《军队操典》中规定:军人必须遵守"军人道德"。"军人道德"其中的一条,就是要以仁慈宽大的态度对待敌方俘虏,并且在任何地方,不论是盟国还是敌国中,都不得扰害和平居民,违者处死。彼得曾给前线指挥官下达训令:"绝对不要胡作妄为,全体将士必须严格履行遵守善良军人所应有的一切道德。"

在坡尔塔瓦大战胜利后,彼得大帝下令把被俘的敌军将官请来,他和蔼地同他们讲话,亲手把战刀还给这些被俘的战将,并请他们与自己同席共进午餐。彼得的行动使被俘敌军将军十分感动。然后,彼得大帝下令设宴款待所有被俘军官。对被俘虏的普通士兵,他也交待给予丰盛的饭食。彼得大帝还曾拨发了一大笔款子用于照顾被俘的敌军官兵。

彼得一世对敌军被俘将士宽恕的态度,也影响了俄军官兵。在对普鲁士战争中,虽然敌人下令"绝不怜悯一个俄国人!",并常常把俄军被俘官兵抛到土坑里活埋,但俄军仍以宽厚态度对待敌军俘虏。一次,俄军负了轻伤的伤员亲自把许多敌军重伤伤员抬出危险地带。俄军士兵还把自己不多的面包、茶水留给这些重伤的普鲁士军人。

彼得宽仁厚待俘虏以及俄军友善对待俘虏的消息传到敌军耳朵里,大大动摇了他们拼死抗争的决心。有时战争进行到不利地步,敌军官兵往往不再抵抗。因为他们知道抵抗可能死去,而投降却不会有丝毫生命之危。

彼得大帝当然不是什么仁慈之人,他厚待敌军俘虏和他极力向俄军宣讲敌军虐待俘虏一样,无非是一种策略。而这种策略,却的确加强了俄军的道德力量,而大大降低了敌人的士气,起到了良好的效果。

点评：

向世人控诉敌人的残暴，向敌人展示自己的仁爱，这是增强己军义愤、斗志，打击敌人士气、决心的一个有效的手段和策略。前者使敌人丧失了道义上的力量，失道寡助；后者则使天下人心，尽归于我。

洛克菲勒负债经营办企业

背景：

约翰·洛克菲勒是"洛克菲勒王朝"的创建者，是美国企业界的拿破仑。

1855 年起，洛克菲勒中学毕业后，在休伊特——塔特尔商行找到了一份工作。到 1858 年，他已能挣到年薪 600 美元。然而，他知道自己对这家公司的贡献远不止于此，因此，要求加薪。这一要求被拒绝了。洛克菲勒一气之下，找到了莫里斯·克拉克，两人决定合办企业。洛克菲勒当时仅有 800 美元，于是就到他父亲那里借到 1 000 美元。此后，为了扩大自己初创的企业，他一再到父亲那里告贷，借钱的利息总是 100%。在第一个年头里，他们的代理商号经销了 45 万美元的货物，从中赚取 4 000 美元，第二年盈利又上升到 1.7 万美元。

决断：

在 1863 年，莫里斯·克拉克的一个朋友塞缪尔·安德鲁斯加入了克拉克——洛克菲勒商号的合股经营，并建议经营炼油业。这一建议得到了克拉克与洛克菲勒的一致同意。

但是，到 1865 年初，兴旺发达的公司由于合伙人意见上的分歧而分裂了。洛克菲勒对于克拉克在扩大业务方面所表现的畏畏缩缩的态度愈来愈恼火。这时商行已负债 10 万美元，而洛克菲勒还想进一步扩大企业。双方僵持不下，于是大家同意将企业出售给出价最高的人。

拍卖是 1865 年 2 月 2 日进行的。洛克菲勒代表安德鲁斯和本人为一方，克拉克为一方。克拉克开始喊价 500 美元，洛克菲勒加到 1000 美元。喊价扶摇直上，从 4 万美元升到 5 万美元，又升到 6 万美元。最后，莫里斯·克拉克挣扎着说："7.2 万美元。"洛克菲勒立即接门说："7.25 万美元。"克拉克有气无力地摊开双手说："这个生意归你了。"

洛克菲勒当时是初出茅庐，自然没有这么多钱，他从银行中借出 7.25 万美元给了克拉克。

洛克菲勒后来和一位友人叙旧时说,那一天是"我一生中最重要的一天。这一天决定了我的事业"。

点评:

自身的经济实力不足,又要发展自己,有时可以负债经营,借得钱来,组织生产,以求赚回更多的钱,壮大自己的实力。洛克菲勒从开创小商行到买下这一小公司,无一不是负债经营,然而他却成功了,由此足见其过人的胆识与智慧。

诚实的奖券商

背景:

加拿大温哥华市的奖券商格林·文逊,以诚信为经商宗旨,信誉卓著。格林的商店专门出售加拿大六合奖券。

决断:

1987年2月底,顾客刘易斯·伯克到该店购买了18美元6合奖券。本来,每张奖券六个号码应由顾客自己填写,但伯克却请格林和他的职员代为选择。临走时说:"这是我的名片,如果中奖,就打电话给我。"并说:"如果中奖,10%归你们。"

伯克没有想到,他的奖券中了奖,而且是头奖。格林打电话将中奖消息通知伯克,但他不相信,以为是恶作剧置之不理。格林再次打电话给伯克,但他仍然不信,并质问他是否开玩笑。格林告诉他这是真的,他已经成为百万富翁了。伯克终于相信了这是事实,如数领回了奖金,并履行自己的诺言,将奖金的10%——36万元给了格林及他的职员分享。格林由于恪守"信誉",结果生意越做越旺。

点评:

企业要立于不败之地,关键是企业中人始终讲信誉,且货真价实。

吕蒙严纪

背景：

三国时期，吴将吕蒙攻占江陵(今属湖北)后，晓谕全军："入城后，对关羽部将士、眷属和百姓财物不得求取，违令者斩首。"吴军将士严守军令，城内秩序井然。

一天深夜，大雨如注，露宿街头的吴军上自将军吕蒙，下自伙夫马夫，个个淋得如落汤鸡。一个士兵见官铠被雨淋湿，内心十分痛惜，遂入民舍索取一只旧斗笠盖在官铠上。

决断：

天明，吕蒙巡视部队，发现此事。便对这位士兵说："你爱护官铠，保护手中兵器是对的，我要向全军嘉谕。然而你取民斗笠，虽盖官铠，却违犯军纪，军令不容。我们打天下，光靠武力不行，还要得民心。我军入江陵时就三令五申，不动关羽将士眷属和平民百姓的财物，我不能因你爱惜兵器而废军法。"说着，这位驰骋沙场的将军，情不自禁地双眼流泪，低首轻声下令："将违纪者斩首。"此令一下，在场将士如晴天霹雳，无不震惊。

江陵百姓闻知此事，敬服于吕蒙所部严明军纪，纷纷背蜀降吴。

点评：

严明军纪有利于行军作战，吕蒙懂得军纪的重要性，遂将违纪者斩，因而深受众人所服，为他作战奠定了强大的后盾。

坎贝尔惊世骇俗

背景：

坎贝尔于1985年步入加拿大政界，当时的总理马尔罗尼慧眼识才，将其提升为司法部长兼总检察长。坎贝尔上任伊始就夸下海口：她作为司法部长的所作所为将让人永远铭记。人们还来不及对坎贝尔的大话作出评论，坎贝尔已连续实施了三项重大决定：(1)保证公民和政府之间的关系公平合理；(2)采取各种措施加强社会保护；(3)吸收各种新思想。在坎贝尔的积极主张和推动下，政府通过了严厉的《反强奸法》和《枪支管理法》，严肃处理了多桩棘手案件。坎贝尔从此令人刮目相看！

决断：

坎贝尔的雷厉风行及强硬作风深得马尔罗尼赞赏。1993年1月，马尔罗尼任命坎贝尔为国防部长——由一位与军队素无渊源、连一点军事常识也不懂的女人统帅三军，这在加拿大以及整个北约军事组织之中都是史无前例的。

坎贝尔以自己的行动消除了人们对她的怀疑：重新研究削减防务预算计划；购买50架英意合作生产的直升机以加强加拿大空军力量。

坎贝尔的名声与日俱增。正在这时，在任已达9年之久的总理马尔罗尼宣布要辞去总理一职，由一位新人来领导加拿大。坎贝尔觉得时机到了，她公开宣布："我已经成熟，具备干练、冷静、圆滑的个性，完全能够胜任总理职务。"

坎贝尔在充分利用了自己几年来的光辉政绩的同时，大力渲染了对自己有利的诸方因素。例如：在过去的24年中，出任加拿大总理的都是魁北克省人，许多加拿大人希望能有一位非魁北克人出任，坎贝尔正是这样的人选。又如：美国新任总统克林顿上台后大刮"变革"之风，许多加拿大人也希望国内会发生"变革"，坎贝尔一直被视为当代新一代的代表，在她身上充分体现了"新形象、新时代、以至新性别"。

尽管如此，坎贝尔仍丝毫不敢懈怠，她说："对于竞选，绝不能头脑发热，这一点很重要。许多人都栽在这上面。"

1993年6月13日，坎贝尔终于以52.7%的选票入主总理府，令西方政坛和整个世界为之一惊。

点评：

坎贝尔在关键时刻能够沉着冷静分析当时的局面，作出有利于自己的选择，实属政治家中的佼佼者。

第四章 因利制权

提要:在分析了决定战争胜负的客观条件之后,孙子进而论述了主观因素对于战争成败的极端重要性,提出了"因利而制权"的战略原则,强调必须因势利导、灵活用兵才能够克敌制胜。

看足球赛买纸太阳帽

背景:

1984 年 10 月 18 日下午,将在武汉举行一场精彩的足球赛!

消息传到武汉某厂,厂领导便引导职工讨论:本厂能够为那天观球的球迷做些什么?人们为此议论纷纷:有的说,别看 10 月天,在武汉还是很热的,球迷最需要冷饮,可惜我厂不生产。有人说,观众需要介绍足球知识的小报。有人立即反对:"球迷对足球知识都懂。"又有个小伙子说:"烈日当头,观看球赛,我卖草帽,既遮太阳又当扇。"另一位小伙子搭腔:"多少钱一顶"?答:"一元半。"旁边一位姑娘说:"看一次球赛花一元半买你一顶草帽,用一次丢在一边,太不合算了。

决断:

在一旁静听议论的厂长听到此处灵机一动:我厂是印刷厂,有的是纸,何不做顶漂亮入时的纸帽。于是厂长把这构思拿到厂务会上进行研究、讨论和分析:如果生产纸帽,会不会有人买?需要什么样式的?什么时间,什么地点,球迷购买欲望最强,最迫切?与会者敞开思想各抒己见。最后厂长综合大家意见,决定生产一种供一次性消费的、廉价的、式样入时的纸太阳帽,每顶价钱不超过一角钱。比赛前在几个入场口设流动点叫卖最合适,生产数量要高于这次足球的售票数,因为周围观众见便宜、好玩,也会买。于是,厂长向有关科室、车间布置了生产观看球赛时的纸草帽任务。

果然,10月18日这天下午足球赛时,在烈日高照、太阳似火的足球场上有两种商品最受人欢迎,一种是降温解渴的清凉饮料;另一种就是这个厂生产的一角钱一顶的漂亮入时的纸草帽。观众在入场处排着长队竞相购买,该厂生产了高于球票数量一倍左右的纸草帽,竟被抢购一空,供不应求。

点评:

借观看足球赛之机,大量生产球迷必需的纸帽,可谓"看得准,打得稳"。

机动灵活　出奇制胜

背景:

"空中客车"公司是法国、德国和英国等国家联合经营的飞机制造企业,总部设在法国的图卢兹。该公司生产的客机性能优良。但是,由于它是20世纪70年代刚办起来的新企业,外销业务一时难以打开。为了改变这种被动局面,公司决定招聘能人,把产品打入国际市场。

贝尔那·拉第埃正是在这种情况下于1975年被"空中客车"公司聘用的。当时,世界经济由于石油危机而出现大衰退,各大航空公司都很不景气。

决断:

拉第埃走马上任后,遇到的第一个棘手问题是和印度航空公司的一笔交易。当时这笔生意未被印度政府批准,大有落空之势。他得到消息后,便匆匆赶赴新德里。他的谈判对手是印度航空公司主管拉尔少将。与拉尔会面后,拉第埃对他说:"谢谢您让我在生日这一天又回到了我的出生地。"随后,拉第埃介绍了自己的身世,说他于1929年3月4日出生于加尔各答,当时他父亲任法国米歇林公司驻印代表。拉尔听后很受感动,当即请他共进午餐。万事开头难,拉第埃见首招奏效,就趁热打铁,从公文包里取出一张相片递给拉尔看,并问:"少将先生,您看这照片上的人是谁?"拉尔惊讶地说:"这不是圣雄甘地吗?旁边的这个小孩是谁?"拉第埃说:"那就是小时候的我。我3岁时随父母离开印度去欧洲,途中有幸和圣雄甘地同乘一条轮船。"拉尔听后,对拉第埃更产生了好感。不久后,这笔生意就谈成了。事后,拉尔说:"带圣雄甘地的照片前来向我兜售飞机的,这还是破天荒的第一次,我不能再拒绝了。"

拉第埃认为:推销员要信任客户和了解客户,同他们建立亲密的关系,做生意要机动灵活。如 1977 年初,空中客车公司与美国西部航空公司的交易,由于银行的压力而搁浅。美国东部航空公司老板包曼正想买 23 架飞机,由于银行反对,使谈判陷入僵局。拉第埃提出,可以借给包曼一架飞机,作为期 6 个月的营业试飞,条件是包曼必须出 600 万美元,为该公司的飞机在美国推销做广告。协议终于达成了。后来,只经过 2 个月的试飞营业,公司赚了钱,原先反对这笔生意的银行家们也改变了立场。销售不成变为先借后销,西部不成转为进攻东部,正是依靠这种灵活的手法,终于使空中客车公司打入了美国市场。

1979 年,拉第埃创纪录地为空中客车公司推销了 230 架飞机,价值 420 亿法郎,使该公司继美国波音公司之后,成为西方第二大民用飞机制造公司,他本人也被誉为空中客车公司的"推销突击队员"。

拉第埃在短短 5 个月之内,就为空中客车公司夺取了世界 1/4 的客机销售市场。他成功的奥秘就在于一个"奇"字。

按一般推销员的做法,飞机这种昂贵的商品似乎只能通过比较正式的谈判,在严肃的气氛中达成协议。而拉第埃却违反常规,利用自己与印度人十分敬重的圣雄甘地的一张合影,来表达自己对印度的深厚感情,以此感动谈判对手拉尔少将,使一桩几乎夭折的生意起死回生,并借机打进了印度的客机市场。

在与美国东部航空公司的谈判中,拉第埃也以先借后销的奇招获得了胜利。拉第埃善于根据形势的变化和工作的需要,灵活地采用各种有效的促销手段。有时,为了达到一般情况下不能取得的效果,他敢于突破常规,用前人所未使用过的手段来实现自己的目的。正因为拉第埃敢于出奇,善于出奇,所以他才创造了一年成交 230 架飞机的奇迹。

点评:

在变幻莫测的商场争战过程中,应学会随机应变,并应当机立断,以免贻误时机。困顿之际,要善用超常规思维方式,以奇制胜。换一个角度来解决问题,也许就会收到起死回生、柳暗花明的奇效。

【国学精粹珍藏版】

李志敏 ⊙ 编著

孙子兵法

◎尽览中国古典文化的博大精深 ◎读传世典籍，赢智慧人生 —— 受益终生的传世经典

卷二

民主与建设出版社
·北京·

失势时忍　得势时张

背景：

　　国民党军陈诚与何应钦的矛盾起源于 1927 年龙潭战役。是役，陈诚抱病指挥，由人抬着上前线，取得了对孙传芳部作战的胜利，对保卫首都南京起了关键的作用。但由于蒋介石已下野，陈失去了后台，何应钦不仅不嘉奖陈诚，反免去陈诚师长职务；陈只好到上海闲居。从此，陈对何恨之入骨。

　　1928 年春，蒋介石复职。蒋对掌握黄埔系军权的何应钦在关键时刻叛他而去、迫使他下野的旧事怀恨在心；从此对何应钦失去了信任，并大力提拔陈诚扼制何应钦。

决断：

　　蒋回南京后，没有与何应钦打招呼，就驰往徐州，撤销第一路军总指挥部，解除何应钦的兵权，让他做个有职无权的总司令部参谋长。蒋还气愤地对何的秘书长说："你去告诉敬之（何应钦字），不要打错主意；上次白健生（白崇禧）逼我，如果他说一句话，我何至于下台。他要知道，而且必须知道，没有我蒋中正，决不会有何应钦。"在解除何应钦兵权的同时，蒋介石重用陈诚，让陈诚任总司令部警卫司令兼炮兵集团指挥。何应钦的特务团和卫士大队都被陈诚收编。陈所辖 3 个警卫区、2 个宪兵团、2 个炮兵团，实力超过 1 个军；2 个炮兵团，在当时来说，是最现代化的部队。陈还在总司令部安插亲信，直接影响何的军威，为何所不能容忍。

　　蒋介石复职后继续北伐，让何在南京代蒋主持军政。何乘负责编遣第一集团军之机，裁撤陈诚的警卫司令部。陈则对人说这事情蒋并不知道，何又同他为难了。

　　在整编中，第一集团军编为 6 个师；何以陈诚资历太浅，不能与刘峙等人平起平坐为名,不让陈诚当十一师师长,乘机排挤陈诚。为广招旧顺,蒋介石也安排降将曹万顺为第十一师师长,由陈诚任副师长,主管人事。陈没有领会蒋介石的苦心,拒不就职,愤而出走。蒋派副官到上海找回,面授机宜,陈才到浦口就职。陈到十一师后,以保定军校心腹同学罗卓英为参谋长、林蔚等人为旅长。团长都是黄埔毕业生,迎合了蒋介石的心意。同时极力排斥打击何应钦的亲信、三十二旅旅长殷祖绳等人,何也无可奈何,只好调殷任武汉要塞司令。不久,曹万顺也调新编第一师任师长,陈升任第十一师师长。十一师从此成了陈诚的禁脔。当何应钦闻讯陈诚将升任十一师师长时,向蒋介石援引将官晋升的有关规定进行阻挠,蒋介石不予理睬。

中原大战中,十一师抢先占领济南,陈诚被提拔为十八军上将军长。在蒋的扶植下,只五六年时间,陈诚由上尉升至上将。

点评:

无论做任何事,都要顺应时势而动。如果发现时势不利于自己,就要调整自己的策略。如果逆势而行,最终的结果一定是事与愿违。

时势不同　擅长抓关键

背景一:

蒙古的忽必烈,尽管后来即位成了皇帝,并做了元世祖。可早年他却只能以皇帝蒙哥汗(宪宗)兄弟的身份率兵征战。由于他是蒙哥汗兄弟中最堪委大任的一个,其兄便把扫平江南,一统中国的兵将大任交给这个能干的弟弟完成,命其"领治蒙古,汉地民户","乃属以漠南汉地军国庶事"。而忽必烈也果不负众望。

决断一:

蒙古国宪宗二年秋七月,忽必烈奉诏率师远征云南大理,以使形成对宋的包围之势。八月驻兵临洮,修利州城,命军士屯田以作攻守长久计。三年九月壬寅,大兵至忒利地,分三路以进,十月渡大渡河,乘革囊及筏过金沙江慑降摩娑蛮王,冬十二月丙辰进至大理城,与其主段氏一同榜示安民,收服大理。宪宗八年蒙古兵大举攻宋,忽必烈奉命"统诸路蒙古、汉军伐宋",并"戒诸将毋妄杀"以求收揽宋地民心,减小对抗心理。八月丙戌渡淮,辛卯入大胜关,一路势如破竹,至壬辰次黄陵。就在忽必烈的节节胜利中，宪宗军受阻于四川钓鱼城，连宪宗自己也中箭驾崩于前敌军帐，士气大为损伤。九月壬寅朔，始得蒙哥汗死讯和请其北归旨，忽必烈反而以"奉命南来，岂可无功遽还?"相拒，统兵急进围攻鄂州城，以冀有所得好作为资本去争帝位。就在这紧要关头，他的妻子遣脱欢、爱莫干急驰军中，告以大臣阿蓝答儿、浑都海、脱火思等人谋立阿里不哥事，急得忽必烈顾不了许多，急议退兵，令南宋使者来见，便语之曰"汝以生灵之故来请和好，其意甚善，然我奉命南征，岂能中止，果有事大之心，尚请于朝"。连软带硬逼南宋权相贾似道结盟，在接受了宋称臣纳贡的条件后，便率心腹干将，大军而北，到斡难河滩争皇位去了。

背景二：

清朝的皇位继承，除或多或少受其"国俗"影响外，从礼仪角度上看他们是不立太子的。连后金开国者努尔哈赤死于明辽东督师袁崇焕的大炮之下后，除留下了从明朝手中夺得的一隅江山外，还把王位继承的问题与争端留给了十余位儿子。

决断二：

而这些儿子一个个都小瞧不得，均能骑善射颇有女真武士风骨，或直接领有旗属、牛录，或多次率军东征西战立有赫赫战功。正藉于这一点，谁都想坐两天大汗的位置。其中二子礼亲王代善、五子莽古尔泰、八子皇太极、十子德类格、十二子阿济格、十四子睿亲王多尔衮、十五子多铎等都有相当的竞争力。除多尔衮、多铎二人年幼力轻外，余者因战功显著各有旗属、大臣们的支持，代善和岳托父子各领八旗之一，表面上看来势力最大，自褚英被废因杀后一直佐政，虽无大绩，也无小过，终于天命五年(公元1620年)被立为嗣汗，其父也有以诸幼子及妻妾相托付之心。后因其与继母、努尔哈赤的大福晋阿巴亥有"私情"，故为乃父所恶，再加上他耳根较软，多信后妻的枕边美言，向来不能善待前妻之子岳托、硕托兄弟,甚至曾因小节要手刃硕托,逼得硕托产生投敌之心,缘此,终遭乃父废黜。莽古尔泰、德格类兄弟因其母在天命五年二月被努尔哈赤赐死,便决定了他们竞争力的弱势;于此皇太极成了其中的"美之美者"也。不过皇太极的权势也有一定的来头,后金建立之初,即被命为四大贝勒之一领有一旗。后来的萨尔浒、辽阳、沈阳、宁远之战都立有战功,尤其在萨尔浒决战中,督促部属奋勇冲杀,挡住了明军的大举反攻,扭转金兵一度的败势,为后金兵彻底击垮明军,从根本上改变双方攻守之势,立下了汗马之功,这无疑都成了他后来爬上汗位的资本,不过此仅是原因的一种。而等历史又过了八十多年后,到皇太极的孙子康熙的儿子们为争夺皇位时,又有了一个以抚远大将军衔统兵远行异域,剿抚蒙藏诸地的皇十四子胤禛,不管后来的史书对其出现多少微辞,但在他出征前东方的太阳王康熙大帝曾朝廷面谕,授以军机、相机行事的大权;再从其西进路上今内蒙、河北、山西、甘肃等地封疆大吏们一个个诚惶诚恐,惟恐见驾有迟看,胤禛俨然代父西巡或是已拥有了其父的一切权威。等他到了青海后,在因时因势充分考虑后,先斩后奏确立了黄教首领小呼毕勒汗即六世达赖喇嘛的地位,结束了藏地宗教对抗而引起分争,并让藏地民众在首领达赖的率领下,心悦诚服地紧顺中央。康熙更是为自己拥这样能灵活运用兵法的儿子骄傲并传谕加亲三爵、褒奖、不时地把这个宝贝儿子拿出来炫耀一通,并委之镇抚西疆重任。当然也就不能排除有传位于他的心愿。待雍正即胤禛的母兄和凤敌继位后社会上即有了雍正改"传位十四皇子胤禛"为"传位于四皇子胤礽"夺位之说法,胤禛凭借他率军征剿时拉笼来的支持者和功劳已具备了相当的竞争力。

对于皇位的继承,用这种标准判断盗来皇位的人不在少数。他们只不过是抛却虚伪的外表,索性来做一个举国第一的大盗而已。古之"窃钩者死,窃国者诸侯!"此其言也。

背景三:

照常理说大隋朝太子与第二代皇帝的位置本没有杨广的份。其兄杨勇,早从隋公世子隋王太子到皇太子,已牢牢固据其位,且也颇得人心。何况杨勇早在隋禅周以前就已出镇洛阳,辅佐隋公故建殊功。可偏偏杨广生而聪惠、敏捷,长于弓箭和攻城兵法,在兄弟行列中最为杨坚与独孤氏欢喜。隋代周后,吞并江南之心不死,以杨广为并州总管与贺若弼、韩擒虎等一同执事。

决断三:

开皇八年(公元588年)以晋王广领行军大元帅,节制行军元帅秦王杨俊、清河公杨素、蕲州刺史刘仁恩、荆州刺史王世积、庐州总管韩擒虎、吴州总管贺若弼、青州总管弘农蓝荣等总管九十、兵五十一万八千,皆出所守之地,"其势东接沧海、西拒巴蜀,旌旗丹楫,横亘数千里",欲越江而定吴越。大兵所至,势如破竹。最后竟得陈后主、张丽华(贵妃)、孔(贵嫔)于井中,灭陈而檄定江南。同时,以陈大臣"施文庆受委不忠,曲为庾佞以蔽耳目、沈客卿重赋厚敛以悦其上,与太史令全阳慧朗、刑法监徐析、尚书郎令史暨慧皆为民害"故"斩于百阙下,以谢三吴",表示出隋人灭陈,只是替天征伐无道而已。并命高颖、裴矩"收图籍、封府库、资财一无所取",如刘邦入咸阳故事,"天下皆称广,以为贤"。对杨广来说出兵灭陈,乃天赐其建功立业谋势夺嫡再好不过的机会。

不过,在杨广伐陈中,历史上长期以来便传道着一个小小的插曲。杨广久慕张丽华之娇容,此行有必得而纳之之意。当隋兵入城后,从井中捞得陈后主夫妻。为高颖军获押后,杨广便急命晋王记室高德弘,前往其父高颖处说情,以留下张氏归自己享用。谁想高颖傻得厉害,好好的人情不卖,反而以"昔太公蒙面以斩妲己,今岂可留丽华"重责其子,并立斩张氏于青溪,一代倾城倾国美貌歌喉的女子顿时香消玉殒。杨广得报,恨恨而曰"昔人云'无德不服',或必有以报高公矣",遂生杀颖之心。可他哪里知道正是高颖所为,才为他日后夺得太子位铺平了道路。若非此,杨坚、独孤后焉会以杨勇好内故而改立他呢?娶了张丽华不就等于向天下说"见好就收",来者不拒吗?恐杨坚、独孤氏早就会恨掉牙齿了。从这一点看后来做了皇帝的杨广倒是应该感谢高颖,而不该以怨报德。

背景四:

唐太宗李世民在唐建立以前与唐建立以后多有功于国,此乃不争之史实,原无可诋毁之处。尤其于大业十三年(公元617元),其父立乃兄陇西公建成为唐王世子以前,李世民与建成等人曾并肩作战,同建勋功,为国家、自己均博得了应有的一切。

决断四:

唐朝的建立、李建成之为太子,并没有削弱和打击李世民内心深处实现夺嫡的阴谋,而是借助自己秦王的地位优势多次率乘胜之军出战。首平秦帝薛举、薛仁杲父子,夺取陇右,从根本上解除长安李氏政权东征的后顾之忧。次伐盘踞代州的刘武周,小说演义中说此人相貌不同常人,鸠首伟岸必有大福,多年盘据代北,所部"人性劲悍,习于戎马",自晋阳而长安一直是李渊父子的劲敌和心腹之患,经一年有余的实力消耗战后,李世民所率唐军为国家收复了山西全境,并拥有代北诸州。而李世民自己的最大收获则是在介休招降了武艺高强的尉迟敬德并引为心腹。这个敬德也颇够义气,洛阳城外刺单雄信于马下,败王世充军救秦王驾,在后来的秦王、太子、齐王争位中,屡却太子、齐王的贿赂和策反、招降,并在玄武门事变中冒矢而进,手刃齐王李元吉,武力胁迫高祖李渊封世民为太子,委以军国庶事,报了李世民的知遇之恩。第三出戏是武德三年(公元620年)七月奉诏东征关东王世充、窦建德部,扫平中原。李世民以其心战、兵战两方面的优势,击败了固守东都洛阳的郑帝王世充,为唐朝统一全国取得了政治上的先声。而李世民自己又从浑水中捞到了秦叔宝、程知节(咬金)、罗士信等大批军将的"活鱼",使"东方诸州望风款服"兵不血刃地为唐所有。虎牢关败俘窦建德,灭靠农民军起家的夏政权;武德四年与窦建德旧部刘黑闼战洺州,迫其败逃突厥;武德七年,力排众人迁都避突之意,廷折乃兄太子建成等人,壮心豪言"不出十年,必定漠北",并与元吉一起督军幽州,抵抗突厥骑兵……

正是这些军功的累计,造就了他位在诸王之上的优势,并得住西宫,与住在东宫的太子建成分庭抗礼,逼得太子建成冒着"无力则从此受祸矣"的危险,置己身绝境,率兵出征山东,进讨世民不能讨平的窦建德旧部。这时李世民潜在内心深处的权利欲也在长孙无忌、杜如晦、房玄龄、尉迟敬德等人的挑拨下恶性膨胀。一面畜养死士扩大武力,一面纳贿后宫、结交权臣,开始了谋嫡的勾当,最终于武德九年(公元626年)六月三日夜四日晨在玄武门发动了武装政变,亲手射杀同母兄太子建成、呼引朋类格杀同母弟齐王元吉,武力夺得了太子的地位和处理军国庶事的权力,并在不久后的武德九年八月癸亥,仅距玄武事变数十日后,便以势迫逼其父禅位为太上皇,甲子日自己在东宫显仁殿即位,爬上了大唐王朝天子的宝座,而君临天下。

背景五:

明成祖朱棣皇位的得来深层意义或本质和李世民差不多,只是后者选择的方式是实质意义的"武装暴乱"而已。朱棣为明太祖朱元璋第四子,妃徐氏所生,太子朱标异母庶弟。洪武二年(公元1369年)封为燕王,分府燕京,与晋王、代王桂、辽王植边镇诸王一起担起了抗击蒙元残余势力的大任。

决断五:

正是借助于此时国家政权不稳固而不得不委皇子兵权重任的机会,朱棣在抗击蒙古贵族的骚扰中大发"国难"横财。洪武二十三年(公元1390年),诏命燕王、晋王等辽燕诸王出兵漠北,进讨蒙古丞相咬住、太尉乃儿不花。可是拥有八万带甲之士的晋王却偏偏在蒙古方面强劲骑兵的重点防御下前进不得,而朱棣又听纳傅友德等能兵善战的将领的计谋,统兵避实就虚而进,直捣乃儿不花部老巢迤都山,获其辎重、牛羊、妇女以归,声名大振。二十五年(公元1392年)夏

四月癸末，亲督傅友德诸将出塞，败敌而还。二十六年（公元 1393 年）春三月协晋王节制沿边诸将"诏二王军务大者"上报，余可自专，为其势力的发展创造了先决条件。二十八年（公元 1395 年）春率总兵官国兴出辽东塞征敌，六月辛巳大军自开原追敌至甫答迷城，无功而还。二十九年（公元 1396 年）春二月辛亥率部巡大宁边。三月甲子遇敌于撒儿山，败之。又追败之于兀良哈秃城，漠北震动。明军勒石告天而还，如霍去病燕然山刻铭故事，军功盖于朝廷。至洪武三十一年（公元 1398 年）五月戊午，一辈子疑神疑鬼的朱元璋临死前为了确保朱明江山万年及年幼的孙子朱允炆皇位永固，诏明"都督杨文从燕王棣、武定侯郭英从辽王植，备御开平，俱听燕王节制"，为其死后朱棣以功、势发动意在夺取皇位的靖难战争提供了一切条件。而等到颇类乃父、朱棣的儿子汉王朱高煦，再想以自己在靖难之役때乃父从其堂兄建文帝手中夺位时立下的功劳为资本，从自己的侄子宣德皇帝手中夺取皇位时，却在宣宗御驾亲征的战斗中困败，投降于武宁州，落得个永锢高墙的结果。

点评：

在封建时期，只有取得至高无上的权力，才能保证自己在皇族里站稳脚跟。对于当时的皇子们来说，这就是大势所趋，因此，历朝历代都在上演着争夺皇位的斗争。用尽心力战胜对手，取得"势"，好让自己立于不败之地。

找准切入点，抓住主动权

背景：

汉元帝刘奭上台后，将著名的学者贡禹请到朝廷，征求他对国家大事的意见，这时，朝廷最大的问题是外戚与宦官专权，正直的大臣难以在朝廷立足，对此，贡禹不置一词，他可不愿得罪那些权势人物。

决断：

想来想去，贡禹只给皇帝提了一条，即请皇帝注意节俭，将宫中众多宫女放掉一批，再少养一点马。其实，汉元帝这个人本来就很节俭，早在贡禹提意见之前已经将许多节俭的措施付诸实施了。其中就包括裁减宫中多余人员及减少御马，贡禹只不过将皇帝已经作过的事情再重复一遍，汉元帝自然乐于接受，于是，汉元帝便博得了"纳谏"的美名，而贡禹也达到了迎合皇帝的目的。

《资治通鉴》一书的作者司马光,对贡禹的这种作法很不以为然,他批评说:忠臣服侍君上,应该要求他去解决国家所面临的最困难的问题,其他较容易的问题也就迎刃而解了;应该补救他的缺点,他的优点不用说也会得到发挥。当汉元帝在即位之初,向贡禹征求意见时,他应当先国家之所急,其他问题可以先放一放。就当时的形势而言,皇帝优柔寡断,谗佞之徒专权,是国家亟待解决的大问题,对此贡禹一字不提;恭谨节俭,是汉元帝的一贯心愿,贡禹却说个没完没了,这算什么?如果贡禹不了解国家的问题,他算不上什么贤者,如果知而不言,罪过就更大了。

司马光不明白,这正是贡禹老于世故之处。古代的皇帝即位之初或某些较为严重的政治关头,时常要下诏求言,让臣下对朝政或他本人提意见,表现出一副弃旧图新、虚心纳谏的样子,其实这大多是一些故作姿态的表面文章。有一些实心眼的大臣却十分认真,便不知轻重地提了一大堆意见时常招来嫉恨,埋下祸根,早晚会招来帝王的打击、报复。

但贡禹却十分精明,专拣君上能够解决、愿意解决、甚至正在着手解决的问题去提,却回避重大的、急需的、棘手的问题,这样避重就轻,避难从易,避大取小,既迎合了上意,又不得罪人,表明他做官的技巧已经十分圆熟老道了。

点评:

贡禹的做法无疑是十分明智的,他能看清时势,知道哪些可以说,哪些不可以说,然后避重就轻,顺势而为之,取得了双赢的效果。生于政局混乱的时代,贡禹难免要使出这种明哲保身之法。

良药"甜"口更管用

背景:

李林甫是唐玄宗时代的权臣,也是中国历史上以"口有蜜而腹有剑"而遗臭千年的大奸臣。他一度和张九龄共事,张九龄正直不阿,对唐玄宗后期的乱政经常是直言极谏,无所避讳,使得玄宗下不来台,而李林甫却总是顺着玄宗心意,处处和张九龄唱反调。

决断:

开元二十四年(公元 736 年)秋,唐玄宗住在洛阳,原来定好了等到第二年春天再返回长安,可他忽然觉得洛阳宫中有怪,仓促决定第二天就起驾西行,便召来宰相张九龄等人商议。张九龄考虑到当时正是秋季,农民正忙于秋收,皇帝车驾一过,千骑万乘,沿途所经之处,又要派民工修路,又要由地方安排吃住,很是扰民,便建议说:"现在正值秋收大忙,等过两个月再说吧!"

李林甫看出,玄宗很不高兴,但他当时没说什么,等张九龄退下以后,他独自留了下来,对玄宗说:"长安、洛阳,是陛下东西两座宫殿,往来迁住,还要择什么时候?如果担心妨碍秋收,只要免除沿途所经之处的租税不就行了吗!请允许我去通知各部门作准备,即日出发西行!"这话很对玄宗的心意,同意由他全权安排。

又一次,唐玄宗因为一个驻守边防的将领牛仙客能够节约开支,仓库充实,器械精良,很是赞赏,想加封他一个"尚书"的头衔,张九龄又不同意,说道:"这么做不大合适,这个职位,只有曾经担任过宰相的人,或者德高望重的人才能担任,牛仙客本是一个边关小吏,一下子提拔到这样一个重要的职位,会使人看轻朝廷的。"

唐玄宗退了一步,想赏牛仙客一个爵位,赐给他一部分土地,张九龄还是不同意;"爵位、土地,是用来奖励有功之臣的,牛仙客作为一个边将,充实仓库,修造器械,是他应尽的职责,算不了什么立功;如果认为他办事勤劳,赏他些金银绸缎足够了,封爵赐地是太过分了。"

唐玄宗沉默不语,李林甫看出皇帝又不高兴了,等张九龄退下去以后,他又表态说:"牛仙客是一个当宰相的材料,更何况一个尚书。张九龄是个书呆子,不识大体。"

玄宗看出李林甫事事处处支持他,对他更是满意,而张九龄依然坚持自己的意见,并指出:"牛仙客这个边关小吏,大字不识,让这样的人担当大任,恐怕会让天下人失望。"因此,玄宗同他严重冲突起来,李林甫却散布说:"只要有才干便可当官,干吗非要有学问?天子用人还会有什么错误吗?"

牛仙客终于被封为陇西县公,赏赐三百户,后来的事实证明,牛仙客是一个十分庸碌的人,居官期间,毫无作为。

还有一件事。唐玄宗因受宠妃武惠妃的蛊惑,想要废黜太子及另外两个被封为王的儿子,并将此事通知了张九龄。张九龄劝阻道:"陛下即位三十年,太子和几位王爷都不曾离开过您,每天都接受您的教诲,如今都已长大成人,又没听说有什么大的过错,怎么能够因为一些毫无根据的流言蜚语,凭着一时的感情冲动,一下子都给废掉呢?"在力陈废掉太子可能带来的后患之后表示:"陛下一定要这样做,臣不能从命。"

这使得玄宗老大的不快,李林甫看出,又是他讨好皇帝的时机了,便通过一个宦官的头子递上话说:"这是皇上自己家中的事,何必去问外人!"

就这样,张九龄因敢于坚持自己的意见,不迎奉,不苟合,使皇帝对他越来越疏远;而李林甫事事投上所好,迎合皇帝,并不断地说张九龄的坏话,越来越赢得皇帝的欢心。结果是张九龄丢掉了相位,而李林甫却成为朝中第一最有权势的大臣,祸害国家达十多年之久。

点评:

和李林甫相比,张九龄的言辞虽然正直,却难以让人接受。对人提意见时,只有站在对方的角度,审时度势,投其所好,让他感觉你能理解他时,意见才更容易被接受。否则不仅白费口舌,还有可能招来对方的记恨。

新石油大亨邦尼的崛起

背景:

1962 年,美国石油界的后起之秀邦尼在德克萨斯州发现了一处油田,赚得了 75 万美元。邦尼用这笔钱还清了累累债务后,还有一笔小小的盈余。于是,邦尼挂出了"麦沙石油公司"的牌子,并上市集资,发行新股。

邦尼很走运,新公司成立的第一年就创纯利润 43 万美元。邦尼一面继续发行新股,一面展开了收购行动。1964 年,邦尼不失时机地收购了陷入窘地的吉尔逊石油公司。1969 年,邦尼看好了德州的赫高顿石油公司,他用本公司发行的新股去交换赫高顿股票,同时向交换者提供最优惠的条件:在以后的五年内可以随时认购麦沙石油公司的股票。结果,邦尼没有动用一点资本就成功地收购了赫高顿石油公司,令华尔街的金融界惊叹不已。但是,这还不是邦尼的最得意之作。

1973 年,阿拉伯世界对西方国家开始实施石油禁运,由此引发了世界范围的石油危机,石油价格每桶从 3 美元上涨到 13 美元、23 美元、35 美元,直至 1981 年的 40 美元。麦沙石油公司迅速发展,资产总额突破了 20 亿美元。财大气粗的邦尼虎视眈眈地注视着他的同行们,随时准备向他们发出致命的一"扑"。

决断：

机会来了——1981 年后,石油价格由每桶 40 美元暴跌至 15 美元;拥有 4 万名职工、在美国排名第六的海湾石油公司不堪承受这一打击,内部一片混乱。邦尼立刻采取行动,仅用半年就收购了 40 万股海湾石油公司股票,成交价为 132 亿美元,而海湾石油公司的总资产才有 200 亿美元,海湾石油公司摇摇欲坠。1984 年 6 月,邦尼与海湾公司达成协议,以 80 美元一股的价格收购了海湾石油公司。邦尼在这场交易中,至少获利 70 亿美元! 不久,邦尼又成功地收购了菲纳斯石油公司——耐人寻味的是,早年,当邦尼步入社会后,他就是在这家公司里做一名微不足道的小职员。

邦尼成了美国最大的独立石油公司,拥有 30 亿美元的财富。

点评：

灵活运用商机,该收购时收购,该卖出时卖出,此乃邦尼成功的秘诀。

第五章　兵者,诡道也

提要: 本段提出了"兵者,诡道也"的著名论断,对上段"因利而制权"的战略原则进行了具体充分的展开,列举了十二种战术方法(后代人称之为"诡道十二法")。强调"攻其无备,出其不意",利用灵活的战术、快速的机动和巧妙的伪装来战胜敌人。这些原则和方法至今仍具有普遍的指导意义。

"幽静"胜"繁华"

背景:

菲律宾有一家地理位置极差,但生意却极佳的餐馆,餐馆经营的成功全在于餐馆老板的调查研究。这家餐馆的生意起初并不好,由于地处偏远,且交通不方便,去餐馆用餐的顾客很少。有人建议老板干脆关掉餐馆,另谋它路。

决断:

老板思索再三,决定看看其他餐馆的经营状况后再说。于是,老板扮作一个顾客,一个餐馆、一个餐馆地去察访。最后,老板发现,那些地处闹市区、生意较好的餐馆有一个共同点:"现代派"味道十足,"闹"得不能再"闹"。老板不止一次发现一些不喜欢"热闹"的顾客直皱眉头,匆匆用餐后,匆匆离去。

老板想起了自己餐馆所处的独特幽静的地理位置,不由跃跃欲试,"来个'幽静高雅',会是怎么样呢?"

老板是个雷厉风行的人,他请来装修工将餐馆的外貌精心装饰得淡雅、古朴;屋内的装饰只用白、绿两种颜色:白色的柱子、白色的桌椅,绿色的墙、绿色的花草。老板还用莎士比亚时代的酒桶为顾客盛酒,用从印度买来的"古战车"为顾客送菜。

奇迹出现了：早已被喧嚣声搅得烦不胜烦的顾客们听说有一个古朴幽静的餐馆可以进餐，你传我，我传他，纷至沓来，餐馆的生意顿时好转。

点评：

萝卜白菜各有所爱。就看如何让顾客爱上所爱，"幽静"胜"繁华"说明正是此点。

阿谀奉承，请人代笔

背景：

陈崇乃是南阳人士，是王莽的心腹亲信之一。元始二年（公元 2 年），王莽之女被汉平帝聘为皇后。这本是王莽为巩固自己地位而精心策划的一个阴谋，但那些追逐名利的无耻之徒却把它看作是一次攀龙附凤的好机会，纷纷争相上书为王莽歌功颂德。

决断：

陈崇本人写不出如意的奏章，却想出了一条请人代笔的"妙计"。他把号称是"博通士"的友人张竦找来，让他炮制出一篇长达二千五百字的"称莽功德"的奏章，然后署上自己的名字呈递给元后。这篇出自名家之手的奏章，果然是不同凡响。它广征博引，用尽一切美丽辞藻来吹捧王莽的功德，说他"折节行仁，克己履礼，拂世矫俗，确然特立；恶衣恶食，陋车驽马，妃匹无二，闺门之内，孝友之德，众莫不闻；清净乐道，温良下士，惠于旧故，笃于师友"，简直成了封建道德所提倡的一切美德懿行的典型和化身。奏文还一一历数王莽"建定社稷"的丰功伟绩，慨叹自己能亲临其时是不虚此生。认为王莽堪称是空前绝后的圣人，任何封赏都不足以当其功德于万一，要求元后效仿成王封周公的故事来对王莽加封行赏："宜恢公国，令如周公；建立公子，令如伯禽；所赐之品，亦皆如之。诸子之封，皆如六子。"此文一出，他人的奏章顿显失色，陈崇为此很是风光了一回。

最能够表现出陈崇阿谀之才能的，是他在居摄二年十二月给王莽的一篇奏章。当时，王邑刚刚平定了东郡太守翟义反对王莽的起义，担任监军使者的陈崇向王莽报告大捷。奏书除了说王莽是"奉天洪范、心合宝龟"的"配天之主"外，还把翟义的失败，完全说成是王莽个人意志的胜利。他感叹王有"虑则移气、言则动物、施则成化"的才能,说"臣崇伏读诏书下日,窃计其时:圣思始发,而反虏乃破;诏文始书,反虏大败;制书始下,反虏毕斩;众将未及齐其锋芒、臣崇未及尽其愚虑,而事已决矣"。在这里,陈崇赋予王莽以任意旋乾转坤的神力,其一思一念,一纸诏书,竟然能够打败翟义的十万大军,其荒诞不经真是到了无以复加的地步。

正是由于陈崇具有出众的阿谀之才,所以他才深为王莽所信任,并随着王莽篡汉阴谋的顺利进行而不断加官晋爵,最终成为王莽新朝的佐命重臣。

点评:

陈崇虽然没有什么才华,却能不断地晋升,因为他抓住了关键点,即是王莽喜欢他人对自己"歌功颂德"。想要实现自己的心愿,就要学会抓住关键点,运用奇谋去建立功业。

亦贬亦拾

背景一:

"澶渊之盟"之后,宋、辽出现了相对稳定的局面。寇准对社稷有功,威信大大提高。真宗对他特别信任。而身为副宰相的王钦若却把寇准视为眼中钉。当初,王钦若见局势紧张,劝真宗迁都金陵。他的建议被寇准顶了回去,寇准愤怒地说:这是下策,该当杀头。王钦若对此事一直耿耿于怀。如今,他见寇准倍受真宗的尊重,更是忌妒万分。

决断一:

为了打击寇准,抬高自己,王钦若千方百计挑拨真宗与寇准的关系。他对真宗说:"敌人兵临城下,被迫缔结盟约,圣人孔子修的《春秋》认为这是耻辱的事情。澶渊之役,陛下以万乘之尊,同契丹订立城下之盟,这是多么耻辱的事啊!""澶渊之役,寇准把陛下当作赌注,真够危险呀……"真宗受到王钦若的挑拨之后,就不那么喜欢寇准了。不久,便罢了寇准宰相的官职,命寇准到陕州作知州。

背景二:

王钦若见一计得逞,又施一计。他揣摩真宗想洗刷"城下之盟"的耻辱,当个有为君主,留名史册,于是就引诱真宗"封禅"。他明知真宗不愿对辽打仗,却故意对真宗说:"陛下只要出兵攻幽、蓟,就可以洗刷这个耻辱了"。宋真宗听罢不同意这个主张，就问他另外还有什么办法。

决断二：

王钦若说："戎狄之性，畏天而信鬼神，今天不如大搞符瑞，借天命以自重，戎狄就不敢轻看宋朝了。"接着他便向真宗提出了"封禅"的建议，要真宗亲登泰山，祭拜天地。并强调说"封禅可以镇服四海，夸示戎狄"，这是个"大功业"。他还告诉真宗，自古"封禅"必须有"天瑞"出现才能进行，而前代所谓"天降祥瑞"一般都是人为的，只要君主深信不疑，并明示天下，那就变成真的了。真宗听罢觉得这个办法不错，遂决定封禅。

王钦若见真宗采纳了自己的建议，随即便着手有关封禅的准备。他一面配合真宗说服朝中大臣，不要反对封禅，一面策划所谓"天降之书"。当时朝中的陈尧叟、陈彭年、丁谓等人都同王钦若沆瀣一气，只有宰相王旦不与他们同流合污。王钦若担心王旦反对假造"天书"，便主动找王旦谈话，并直言不讳地对王旦说："这是圣上的意旨。"在王旦勉强顺从以后，真宗又亲自召见王旦，请王旦饮酒。王旦临走时，真宗赠给他一尊美酒，让他带回去与妻子同享。王旦回到家中打开一看，哪里是什么美酒，里面装的全是上等好珍珠。王旦心里全明白了，这是真宗要堵住自己的嘴，俗话说：拿人家的手短，吃人家的嘴软。从此，王旦对封禅不敢再有什么异议了。

大中祥符元年正月初一，皇城司突然上奏真宗："左承天门南鸱尾上，有黄帛挂在那里，不知是什么征兆，特此启奏陛下。"真宗立即命中使前往观察，未几，中使回来秉报："承天门上果然挂有黄帛，约两丈多长，好像裹着书卷，用青丝缠着，封处隐隐约约还有字迹，真是太奇怪了！"宋真宗听后煞有介事地说："朕于去年十一月二十七日半夜梦见天神下降，让朕设道场敬天迎接'天书'，说一个月后就会有'天书'下降。今天承天门上的黄帛，可能就是'天书'下降了。"王钦若一手炮制了这件事，当然首先出来捧场。随之，王旦也向真宗庆贺了一番。于是君臣齐呼万岁。

为了表示虔诚，真宗率群臣步行到承天门，面对黄帛焚香望拜，然后才命身边的内侍周怀政、皇甫继明，顺着梯子爬上承天门。他俩恭恭敬敬地取下黄帛，并把它交给王旦，王旦跪下捧给真宗。真宗再拜接受，放在乘舆上，然后与王旦等人一起步行到道场，把黄帛交给枢密院长官陈尧叟启封。拆开一看，里面有三幅用黄字书写的书卷。一篇大意是真宗能以孝道继承大业，第二篇谕真宗要清净简俭，末篇说宋朝祚运久长。总之，说的全是好话。真宗命陈尧叟读后，重新裹好，藏在存机密文书的地方。

　　王钦若等人炮制了天书之后,紧接着就制造请求真宗到泰山封禅的民意。这年三月真宗见兖州父老及朝中大臣接连上表,请求封禅,心里很高兴,决定十月份到泰山封禅。为了做好行前准备,真宗命王钦若负责有关事宜,叫周怀政在往泰山的沿途中督修行宫,整修道路,接着又在山上建置园台。他们忙了好长一段时间,花了大批人力物力,总算把事情办妥了。其间,王钦若在干封县又发现了一份"天书",并把它交给周怀政送回给真宗。这一年的十月,在王钦若的操持下,宋真宗顺利举行了封禅大典。王钦若由此得宠,不久升为正宰相。

　　点评:

　　寻找机会贬低对手,从而抬高自己,赚得为领导宠信的机会,然后为领导沽名钓誉,博取领导的欢心,由此王钦若修得升迁。这是值得警惕的行为。

相机造势

　　背景:

　　宋相赵普虽为朝廷竭心尽力,深受太祖恩宠。但因有敛财受贿、强买宅第、私运木材,以及违反朝廷宰辅大臣之间不准通婚的禁令,太祖听说后,对赵普极为不满。尤其是赵普属下一小吏冒称赵普经商,转卖于京师,从中牟取暴利。有三司奏明圣上,太祖大怒,欲驱赵普出朝廷。其后翰林学士卢多逊,又趁机揭发赵普的短处,以及中书省诸多不法行为。遂于开宝元年(公元973年)罢去赵普宰相之职,贬为河阳三城节度使。

　　开宝九年(公元981年)十月,太祖驾崩,其弟赵光义即位,即宋太宗。改元为太平兴国。任卢多逊为相。

　　同年,赵普自河阳调回京师,任太子太保。曾多次遭到宰相卢多逊的谗言诋毁,不被朝廷重用的赵普工于心计,明察善断,很会利用皇室内部权力之争的矛盾,来为自己进身创造有利条件,以求东山再起。

　　皇室内部的矛盾和斗争,主要体现在君位的传承问题上。太祖驾崩,太宗即位之后,世间便有"烛影斧声"之传闻。太宗即位之后,关于自己百年之后君位再传问题,颇费心思。虽有母后遗旨,已成定命,但他却自己另有打算。于是便极力排斥、打击,甚至残害其弟廷美、其侄德昭(太祖子)。

　　知其内情者只有赵普一人。早在建隆二年(公元961年),太祖、太宗之母昭宪杜太后临终前,召赵普入内宫承受遗命,当时只有太后、太祖和赵普三人。太后问太祖:"你知道你所以能得天下的原因吗?"太祖哭着不能回答。太后又问,太祖说:"皆因祖宗、太后积德之余庆。"太后说:"不对,真正的原因是周世宗让幼儿主天下。如果周氏当时有成习之君,天下怎么能为你所有呢?你百岁之后,当传位于你弟光义,光义传位于递廷美,廷美传位于侄德昭(太祖子)。四海之广,万民之众,能立长君,社稷之福!"太祖顿首泣说:"敢不如教。"太后又看看赵普说:"你同记我言,不可有违。"赵普在榻前照太后原话书录下来,并在末尾署"臣普书"三字,藏于金匮之中,命谨密宫人保存。

决断:

赵普作为一个谙知政权变故的政治家,深知杜太后关于以后几代君主的安排,完全是从赵宋王朝的安危着想,防止后周幼主即位,异姓兴王那样的事件发生。认为太后这些人事安排,不无道理。但是,杜太后这个遗旨,直接关系到皇室诸人的权力和命运。而自己又是太后遗命的唯一见证人,如果处理得好,会对自己有利;反之,轻则丢官,重则丧命,因此,他对太后的遗旨,采取根据形势,灵活处理的态度。

现在,赵普见太宗有违母训之意,打算自己百年之后,传子不传弟。赵普便暗自打起了小算盘。廷美虽然对皇位也很关注,但势力不强。而且有用属臣僚以廷美骄恣无道、有不轨之处等罪名,诬告弹劾廷美。不过太宗要实现皇位传子的目的,也须费一番周折,需要有一个德高望重的人鼎力相助。

想到这些,赵普认为自己再相之机已到。便向太宗进言,说当年太后遗旨,为他亲手所写,并复述太后遗旨原文。当太宗问及时,赵普当即表示:"臣愿备位枢机,以察奸变。"并借机述说自己多年受宰相卢多逊压制之苦。太宗见赵普言词恳切,又系前朝老臣,与己交厚,可以协助自己皇位传子的政治目的,便于太平兴国六年复赵普司徒兼侍中,封梁国公,重登首辅之位。

点评:

在领导有棘手之事难以解决之时,看准时机,鼎力相助,必使领导对你另眼相看,晋升之日,便也为期不远了。

第六章　多算胜,少算不胜

提要:本段是对全篇的总结,指出必须使主观和客观条件充分具备后,才能取得战争的胜利,否则必然会遭受挫折乃至失败。

背景:

司马懿很有谋略,且又行事果断。曹操闻其名,欲聘他为官。

决断:

但司马懿见汉室衰微,曹氏专权,便假托身患风痹,不能起居,予以推辞。曹操不信,遂派人扮作刺客前去验证。司马懿在深夜之中,见有人闯入自己的卧室,举剑奔自己刺来,大吃一惊,但他立即悟到这是曹操派来的人,于是躺在床上,一动不动,任凭刺客处置。刺客见状,认定司马懿真患了风痹,收起利剑,回禀曹操去了。

但是,司马懿不能永远躺在床上,于是便装作逐渐好转,有节制地进行活动。曹操探知,又派使者请他。司马懿审时度势:如果再一味拒绝恐招不测,况且天下大势已尽归曹操,因此司马懿便随使者去见曹操,很得曹氏父子赏识。不过,精于人事的曹操很快察觉司马懿潜在的野心,认为他不是一个会永远甘心居于臣下的人,开始用疑惧的眼光看着他。这一变化,机敏的司马懿立刻警觉了,他开始计较眼前的分寸利益,把一些日常生活小事看得很重,装出一副胸无大志、目光短浅的模样。曹操竟又一次被他瞒过了。另外,他还在曹丕面前花言巧语,求得保护。

公元230年,魏拜司马懿为大都督,与蜀国抗衡。当时的蜀国,无论人力、物力都没有魏国雄厚,因此,蜀国要取胜,必须速战速决。司马懿看透了这一点,坚守阵地不出战。诸葛亮派人给他送去女人的衣服首饰来激怒他,他也坦然受之,始终不派出一兵一卒。最后,诸葛亮因积劳成疾,病死在五丈原,蜀兵只好退回。

公元237年,魏明帝病逝,临死之时,将太子曹芳托付给大将军曹爽和司马懿。曹爽把持朝政,对司马懿不放心,司马懿又一次装起大病来,曹爽派心腹李胜去探看,见司马懿"令两婢侍边,持衣、衣落;复上指口,意渴求饮……"他还求李胜照顾他的两个儿子。李胜回复,曹爽放下心来,再不怀疑。

之后,毫无戒心的曹爽陪同小皇帝曹芳离开京城,在家装病的司马懿突然乘机发动政变,独揽了大权。后来,他的孙子司马炎废魏帝,建立了晋王朝。

点评:

司马懿老谋深算既为自己免除灾难,又为后代建立王朝谋得权势,如此看来,懂得算计实在好。

斯大林多算胜罗斯福

背景:

1944年,法西斯德国败局已定,美、苏、英各国军队在多条战线上取得重大战果。为了研究如何处理战后一系列遗留问题,特别是如何处理战败国德国,苏、美、英三国领袖决定再次举行最高首脑会晤。

最高首脑会晤时间、地点和会议程序的选择与确定,历来是一个重要的问题。当时,美国总统罗斯福身体状况已严重不佳。因此罗斯福提出,会晤是不是可以订在1945年春天,这时天气已暖,他的身体可以吃得消。

决断:

老谋深算的斯大林早已了解到罗斯福的病情,他知道,一个疲惫不堪、精力不支的首脑在谈判中是不会保持坚强的意志和耐力的,是无法与一个体魄强健的对手较量的。在罗斯福这种身体状态下,他很容易感到厌倦、焦躁、虚弱、从而轻易地向对手让步。于是斯大林电告罗斯福:由于形势发展急速,一系列问题迫切需要解决,因此最高首脑会晤不能拖延,最迟应该在1945年的二月份内举行。

无可奈何之下,罗斯福只好同意这个日期。他又提出,因为健康原因他只能坐船去开会,这样旅途要花很长的时间,所以他希望会谈地点不要选得太远。另外,最好开会的地点和气候能温暖一些,对身体有利。

斯大林则拒绝去任何前苏联控制以外的地方,而坚持会议必须在黑海地区举行。并且具体提出在黑海边上克里米亚半岛的雅尔塔小城镇举行。这样,斯大林可以逸待劳,并可随时与莫斯科保持联系。

罗斯福再没办法讨价还价,他只好拖着病躯,硬着头皮,前往冰天雪地的雅尔塔。当罗斯福经过几十天艰辛跋涉到达雅尔塔的时候,人们发现这位总统面色憔悴、几乎精疲力竭。

斯大林、罗斯福、丘吉尔到达雅尔塔后,无休无止的会晤、谈判开始了。日程安排得极为紧张,首脑会谈多达20次。每次罗斯福都得参加。另外还有大量的宴会、酒会、晚会。这一切使罗斯福疲劳不堪。在谈判中,罗斯福强自打起精神,与斯大林讨价还价,但终因体力不支,注意力分散,争辩不过斯大林,最后不得不草草结束会谈,按苏联的意思签订了协议。

罗斯福回到美国后几周,就逝世了。美国人强烈批评罗斯福与斯大林签订的《雅尔塔协定》,认为它对前苏联做了大幅度的妥协,是对美国与西方利益的"背叛"。

点评:

在国与国的谈判较量中,同样可以"多算胜,少算不胜"。

秦昭王少算败邯郸

背景:

公元前260年9月,秦国大将白起在长平大败赵国军队,坑杀赵国降兵43万人。白起见赵国已无实力相敌,想乘机灭亡赵国,但秦国相国范雎妒忌白起的功劳,借口秦军已很疲劳,不宜再战,劝说秦昭王与赵国讲和,秦军罢兵回国。

决断:

第二年,秦昭王再次委派白起率大军攻打赵国,白起见时机已过,赵国经过一年的休养生息已重新振作起来,便借口有病,不肯赴任。秦昭王信以为真,派王陵代替白起,率大军直逼赵国都城邯郸城下。赵国到了生死关头,举国上下,同仇敌忾。王陵屡攻屡挫,损失极其惨重。

消息传到咸阳,秦昭王召见白起,向他询求策略。白起说:"秦军远征赵国,历时已近一年,如今兵乏气衰,国库空虚,不宜再战。赵国军民同心,不可掉以轻心。如果诸侯各国再出兵救赵,我军将遭到内外夹击,情势就十分危险了。"

相国范雎坚决主张攻赵,并保荐郑安平为将军随大将王龄一起率兵增援王陵,攻伐赵国。

赵国的形势一天比一天紧迫。赵王的弟弟——战国四公子之一的平原君赵胜率谋臣毛遂到楚国求得援兵,又到魏国求得信陵君魏无忌的帮助。魏无忌求助魏王的宠姬如姬窃得兵符,带力士朱亥用重锤击杀陈兵赵国边境的魏将晋鄙,夺得兵权,会合陆续来援救赵国的诸侯军队,与秦军在邯郸城下展开了决战。

诸侯各国的援军以信陵君统率的 8 万精兵为核心,奋勇杀敌;秦军已在邯郸城下打了三年之久的攻城战,人人厌战,斗志松懈。结果,秦军大败,将军郑安平投降了赵军,王龄只好率残兵败将退回秦国。

白起得知秦军大败,长叹道:"不听我的话,以至有今天的惨败!"白起的话传到秦昭王耳中,秦昭王十分生气,再加上范雎的捣鬼,秦昭王竟把白起杀掉了。但是,相国范雎也没有得到便宜,他因为推荐郑安平而获罪,被免去了相国的职务。

点评:

秦昭王缺乏心机,意气用事,损兵折将废相国,这是少算的后果。

豆腐贩子成首富

背景:

清朝康熙年间,浙江省兴化县有一个挑着担子,沿街叫喊卖豆腐的年轻人,名叫杨舜华。杨舜华经常在兴化城内走动,对兴化城了如指掌。他发现兴化城内有一家南货店,地处闹市,于是在南货店附近摆了一个豆腐摊。杨舜华人勤手快,又很节俭,生意虽小,每天也能盈余几百个铜钱。杨舜华把这一小笔钱全放在南货店,请店主代为保管。

南货店的老板经营乏术,别人进什么货,他也进什么货;一看到什么货好卖,他就不管贵贱,一股脑儿进一大批,结果,南货店经常为存货过多发愁——货存得时间长了,发霉的发霉,变质的变质,连个本钱也赚不回来。南货店的生意因此越做越小,最后,连杨舜华放在店内的钱也全被占用了。

转眼，十余年过去了，南货店的生意毫无起色。一天，老板客气地把杨舜华请到店中，对杨舜华说："这些年来，你存在我店中的钱少说也有千金之数，先生虽不开口向我要，我也感到十分惭愧。南货店的情况，先生一目了然，要偿还先生的钱，恐怕是做不到了。如果先生不介意，我想把南货店折价给你，先生意见如何？"

杨舜华以与人为善为本，而且，他从来也没想过自己有朝一日会变成个大老板，于是，一口应允。

决断：

杨舜华与南货店为邻十余年，对南货店连年亏损的原因十分清楚。他把店中的滞销货物全部减价抛售，集中力量做畅销的土产杂货生意，加之深得地利之便，南货店的生意一天比一天红火。

乾隆甲子年间，南方各省因连年灾荒、盗贼蜂起，引起时局动乱，南北交通阻绝，兴化一带的土特产品，如桐油等，都运不出去，商人们只好忍痛减价出售。杨舜华认为时局动乱只是一时的现象，交通断绝也是暂时的，随着时局的稳定和交通的畅通，北方的商人定会迅速南下，购买这些货物。于是，杨舜华以低廉的价格大量收购桐油、纸张等货物贮存起来。

没过多久，乾隆平息了动乱，商路畅通无阻，北方的商人纷纷南下，桐油、纸张的价格一涨再涨。杨舜华见时机已到，将囤居的货物以高价卖出，一下子就赚得3倍以上的利润。

一夜之间，杨舜华成了浙江兴化的腰缠万贯的首富。

点评：

做任何事均需心计，如果没有心计做事肯定不成功。杨舜华这例事实表明做生意，也应当要多算。

陈嘉庚与他的橡胶园

背景：

陈嘉庚是当代海外游子中的著名爱国实业家。20世纪初，30岁的陈嘉庚就在新加坡开始了他的创业生涯，最早经营的是一个罐头厂。

决断：

有一天,他从一位英国朋友那里听到英国一家股份公司在新加坡高价收买橡胶园的信息,便敏锐地意识到这项事业的前景将十分广阔。于是,他开始转而投资经营橡胶园。到20世纪20年代初,其橡胶园的规模已发展到5 000英亩。这时,他遇到一个巨大的逆浪,由于种植橡胶成本轻而获利重,英商、日商纷纷拥来。一时间,胶园遍布南洋,产量大幅度增加,超过了市场的需求量,从而导致市场出现了供过于求,价格急剧下跌,陈嘉庚的胶厂也因亏损而部分停产。

面对这扑面而来的逆浪,陈嘉庚并没有退缩,而是勇敢地同逆浪搏击。他通过对大量信息资料的分析,从满天阴霾中看到了无限的光明。他预测由于橡胶用途之广无与伦比,20世纪将是橡胶的时代,眼前的生产过剩和利润减少只是暂时的。同时他还了解到,南洋一带的橡胶业是英国政府的重要税收来源,他们决不会坐忍橡胶价格继续下跌。于是,陈嘉庚作出了一个大胆的决策,就在人们纷纷出卖胶园、胶厂时,他却到马来西亚等地,耗资三十多万元买下了9所胶厂,随后又投资十多万元扩充和改造了这些胶厂的设备,并对自己原有的胶厂也都进行了整修。同时,他还看到熟胶制造在当时多为英商所独占,而自己的胶园只能向他们提供橡胶原料,便又筹集10万元资金,新建了橡胶熟品制造厂,从而,形成了胶园种植、原料加工、熟品制成等系列化生产。不出陈嘉庚所料,1922年11月,英国政府果然采取强制性措施,使胶价开始回升,橡胶业又恢复了生机,陈嘉庚与他的橡胶事业进入了新的发展时期。

点评：

作为一位商人妙算商机定会盈利,陈嘉庚的事例正说明了这点。

隋文帝先备后战灭陈国

背景：

南北朝后期,北周的相国杨坚自立为皇帝,建立了隋王朝,杨坚即是隋文帝。隋文帝胸怀大志,决心一统天下,但在当时,隋文帝力量单薄,而北方的突厥人不时南侵,隋文帝便制定了先灭突厥、后灭陈国的战略方针。

决断：

隋文帝在与突厥交战期间,对南方的陈国采取了十分"友好"的策略:每次抓获陈国的间谍,不但不杀,反要以礼相送还;即使是有人要投靠隋文帝,只要他是陈国人,隋文帝从隋、陈"友好"出发,毅然加以拒绝。为增加国家实力,隋文帝大胆实行改革,简化了政府机构,鼓励农耕,提倡习武。

在击溃了突厥之后,隋文帝开始着手灭陈的行动。江南收获的时间较早,每到收获季节,隋文帝就派人大造进攻陈国的舆论,令陈国紧急调征人马,以至误了农时。江南的粮仓多用竹木搭成,隋文帝派遣间谍潜入陈国,因风纵火,屡屡烧毁陈国的粮仓。经过几年的折腾之后,陈国的物力、财力都遭受到不小的损失,国力日益衰弱。

为了渡江作战,隋文帝派杨素为水军总管,日夜操练水军。杨素建造的战船,最大的叫"五牙",可乘 800 人;小的叫"黄龙",也可乘 100 余人。为了迷惑陈军,屯兵大江前沿的隋军每次换防时都要大张旗鼓,令陈军恐惧不已,以为隋军是要渡江作战。渡江前夕,隋军又派出大批间谍进行骚扰、破坏,搅得陈国军民不得安宁。

但是,面对磨刀霍霍的隋军,陈国国君陈后主竟然麻木不仁,依旧是醉生梦死。太史令章华冒死进谏,陈后主将章华斩首示众。公元 588 年 10 月,隋文帝认为条件已经成熟,指挥水陆军 51.8 万人,从长江上、中、下游分 8 路攻陈,当元帅杨素的"黄龙"战船在破晓时抵达长江南岸时,陈国守军还都在睡梦之中。隋军除在岐亭(西陵峡口)遭到陈国南康内使占仲肃在江中以 3 条巨型铁索的阻截外,一路上攻无不克,战无不胜。第二年的正月廿十,隋军攻入陈都建康,陈后主仓皇躲入枯井之中,后被隋兵搜出,陈国就此灭亡。

长达近 200 年的"南北朝"——中国社会长期分裂的局面终于结束了。

点评:

自古以来治人有两法,一是从人的良心出发,激发人的良心发现而自我管理;二是用法制来约束人,以达到治理的效果,隋文帝正是如此做准备的。

第二篇

（作战篇）

第一章 兵贵胜,不贵久

提要:在以上文字中,孙子首先从反面论述了战争必须以速战速决为原则的客观依据。他认为,旷日持久的劳师远征会造成国家财力的巨大消耗,给老百姓带来难以忍受的沉重负担,而且很容易在战争进程中造成两线作战、甚至多线作战的不利形势。针对这些不利因素,孙子提出了在战略进攻中争取速战速决的三种方法:首先是避免顿兵坚城,其次是"因粮于敌"(即从敌方夺取粮草物资),再次是优待俘虏、奖励缴获。通过这些方法达到速战速决、以战养战的目的。

事典

曹操神速破乌桓

背景:

袁绍兵败官渡,呕血死去,他的两个儿子袁熙、袁尚战败后,也投奔了乌桓的蹋顿单于,准备东山再起。曹操为巩固北部边疆,消灭蹋顿和二袁,于公元207年亲自远征乌桓,但是,由于人马多,粮草辎重多,行军速度大打折扣,走了一个多月才到达易城(今河北雄县西北)。

决断:

谋士郭嘉对曹操说:"兵贵神速。只有迅速接近敌人,深入敌境,打敌人一个措手不及,才能取胜。像我们这样慢腾腾地往前走,敌人以逸待劳,又早早地做好了准备,怎么能轻易地打败敌人呢?"

曹操接受了郭嘉的意见,亲率几千精兵,日夜兼程,在崎岖的山路中行军500多里,突然出现在距蹋顿的老窝柳城仅100里的白狼山,与蹋顿的几万名骑兵遭遇。

蹋顿的骑兵没有料到会在自家门口与敌人遭遇,显得茫然失措。曹操等人见敌我如此悬殊,知道只能拼死一战,或许还有活路,因此人人拼死战斗,无不以一当十。战斗空前残酷,曹操的几千人马死伤大半,但蹋顿及其部下将领死的死、伤的伤,群龙无首,终于被曹操打败。

袁熙、袁尚听到蹋顿阵亡的消息,带领随从逃出乌桓,投奔了辽东太守公孙康,不久便被公孙康设计杀死。曹操北部边疆从此安定下来。

点评:

兵贵速,曹操听取谋士之言,迅速接近敌人,打敌人一个措手不及。

司马炎一举灭孙皓

背景:

魏灭蜀后,魏、吴南北对峙。魏咸熙二年(公元265年)八月,司马昭病死,其子司马炎废黜魏元帝曹奂,自立为武帝,国号晋,改元泰始。吴国自蜀国灭亡之后,形势已岌岌可危。吴永安七年(公元264年)吴景帝孙休病死,孙权之孙孙皓为帝,孙皓沉湎酒色,后宫美女多达5000名,奢侈无度,国用入不敷出。孙皓宠幸佞臣,迷信巫卜,有敢于上谏和得罪于他的大臣,不是挖眼、断足,就是剥皮、锯头。朝中人人自危,朝不虑夕。

司马炎经过5年的努力,国内政局稳定,军事实力大增,于是就着手灭吴,派尚书右仆射羊祜统领荆州诸军,镇守襄阳,虎视江南。晋泰始六年(公元270年),河西(今甘肃河西走廊)一带的鲜卑族首领秃发树机能起兵反晋,占据凉州,司马炎分兵御边。泰始八年(公元272年)边地稍安,司马炎即召来羊祜商议伐吴。

决断:

羊祜认为当年曹操南征失败,原因是缺乏水师,现应训练水军,制作舟舰,控制上游,一旦时机成熟,水陆齐发,一举灭吴。司马炎当即密令益州刺史王浚在巴蜀训练水军,建造大舰,长120米,可载2000余人,可驰马往来。

吴国建平(今四川巫山县北)太守吾彦发现上游不断有大量碎木漂下,推断晋必攻吴,上疏孙皓,请求增兵建平,守住险要,以防晋军顺水而下。孙皓以为晋国无力对吴用兵,根本不予理睬。吾彦只得自命民工,铸造铁链、铁锥,在西陵峡设置障碍,横锁江面。羊祜在荆州实行怀柔策略,减少守备巡逻部队,进行屯田,积蓄军粮,并与吴人友好相处。会猎时,捕获被吴人射伤的禽兽送还吴人。羊祜的这些举动,麻痹了吴人的警觉。晋泰始十年(公元274年),吴名将陆抗病死,他所辖的军队由他的5个儿子率领。吴国长江中下游防务,由于失去干练的统帅,更加削弱。

羊祜认为,伐吴时机已到,向司马炎进言:"现在伐吴可以不战而胜。"司马炎赞同。不久,羊祜病死,司马炎任命杜预为镇南大将军,都督荆州诸军事。晋咸宁五年(公元279年)年底,司马炎以琅琊王司马伷出涂中,安东将军王浑出江西,建成将军王戎出武昌,平南将军胡奋出夏口,镇南大将军杜预出江陵,龙骧将军王浚沿江东下,6路大军共20余万人,水陆齐发,直扑东吴。王浚水师,越瞿塘,过巫峡,一举击破丹阳城(今湖北秭归东),活捉丹阳守将盛纪。进入西陵陕,舰船受阻于拦江的铁链和铁锥。王浚命水性好的士卒,撑数十个大木筏先行,将铁锥拔出,又命令士卒,将巨大的火炬安置船前,烧熔铁链。吴军原以为这些障碍足以阻止晋军,未曾派兵把守。晋军顺利地拆除水障,继续进军。在王浚进军的同时,杜预也出兵策应,派部将周旨率奇兵800人,乘夜渡江,埋伏在乐乡(今湖北滋县东北)。王浚军抵达乐乡,都督孙歆率军迎战,吴军大败。伏于城外的周旨军趁乱入城,孙歆做了晋军的俘虏。杜预、王浚水陆大军合攻江陵,斩守将伍延。随即逼降武昌(今湖北鄂城)守将,胜利结束长江上游作战。

吴主孙皓为挽救危局,派丞相张悌领精兵3万渡江退敌。军至牛渚(今安徽当涂北之采石),太守沈莹建议在此坚守,以防晋军水师。张悌不纳,率全军渡江,寻找晋军决战。吴军在杨荷(今安徽和县境内)遇王浑前锋张乔所率7000余人。张乔将其包围。张乔见寡不敌众伪降。吴军继续前进,至牌桥(杨荷以北),与王浑主力遭遇。沈莹率5000精兵发起冲击,被晋军击退,沈莹阵亡。

吴军后退,晋军乘势反击,张乔也从背后杀来,吴军全线崩溃。副军师诸葛靓劝丞相张悌后撤。张悌决意以身殉国。诸葛靓挥泪离去,不久,张悌为晋兵所杀。王浚水师抵达三山(今南京西南五十里)。吴主孙皓派游击将军张象率万余水军前去阻挡,张象竟望风而降。孙皓于是将全部军权交给陶浚,命他第二天领兵迎敌。谁知吴军将士不是纷纷逃走就是过江降晋。孙皓采用光禄勋薛莹、中书令胡冲等人的计策,同时分送降书给王浑、王浚、司马伷,想使三人争功以激起晋军内乱。王浑接到降书后,要王浚来江北商议,王浚借口"风大,不能停泊",扬帆直指建业(今南京)。3月15日,率8万水师进入建业。吴主孙皓被迫到王浚军门请降。

点评：

晋军仅用两个月时间,就灭亡了割据江东 57 年之久的孙吴政权。

服装厂连夜赶制样品

背景：

现代市场复杂多变,竞争激烈。许多偶然机会像闪电一样,稍纵即逝,永不再来,只有迅速行动,速战速决,才能抓住机遇,占领市场,增大效益。河北某乡镇服装厂,一年春节,职工们正沉浸在节日的欢乐中,突然广播站里传出了马上上班的通知。原来,厂长刚刚得到一个信息,一家美国客商需要订一批西装,但必须立即拿出一批样品,否则即转到别国订货。

决断：

厂长当机立断,一路小跑来到广播站发出通知。工人立即返厂,利用节日时间制作样品,经过三天突击,拿出了一批质量上乘的样品,美商见后啧啧称赞,当场拍板,签订了 1 万多套的西装合同。

点评：

一个乡间小厂,用闪电般的行动,捉住了闪电般的机遇,一举打入了国际市场,获得了丰富的利润。如果他们反应迟钝,拖拖沓沓,就会让别人捷足先登了。

阿奈特·鲁成功的奥秘

背景：

阿奈特·鲁是法国 1983 年度的最佳女企业家。她的主要成绩是,在 20 世纪 80 年代初造船业面临危机、大船厂靠补贴才得以维持生产的情况下,使法国的贝纳多船厂起死回生,焕发生机。

她的奥秘是:及时推出适应潮流的新产品。人们把她的这种灵敏反应称之为"阿奈特直觉"。一旦看准新的需求,她就能一锤定音,稳操胜券。

1964 年,阿奈特·鲁才 22 岁,便继承了父亲的事业——贝纳多船厂。当时她就嗅出风向,预见到游艇热潮的来临。她认为:"最理想的方法是在顾客意识到自己未来的口味之前就推出新产品。"

决断:

在她哥哥的协助下,她决定建造一艘捕鱼和游览两用船。1965年,她在为贝纳多船厂举办的第一次水上用具展览会上展出了她的两用船。展览一开始,就有3位先生光临,对她说:"夫人,您的船正中我们下怀。"他们一下就订购了100条。在以后的几天里,阿奈特·鲁就得到6个月的订货。她赢得了第一局的胜利后就决定彻底改造她的企业。顾主变了,材料变了,船种也变了。聚酯取代了木材,游艇取代了拖网船。她的船厂长足发展。她建立一个组织严密的销售网,通过他们接触顾客,同顾客建立密切的联系,以了解公众的口味和需求。所有特许经售商定期集会研究顾客的变化,然后作出综合分析,预测游艇驾驶员的需求,然后用图纸和新产品把它体现出来。

1973年,她推出新型系列游艇——"逃避现实号"。1977年,她的新型系列游艇"孚斯特号"被评为该年度最佳游艇。1981年,她又推出"维兹号"游艇。1982年,她特意为美国市场设计了新游艇"牧歌号"。今天,贝纳多造船公司已拥有最先进的生产设备:6个制造不同船体的专业工厂。每个工厂都装有从生产到储存包装的自动流水线,实现了全部生产流程的自动化。最优秀的船体设计师都来这里大显身手。生产检验非常严格,要进行机械耐力、水池浸泡、发动机功能等全面测试……由于采用了这一整套先进技术,以及配备了一支年富力强的富有竞争精神的职工队伍,贝纳多公司今天已经赢得了国际声誉。1984年,公司获得奥斯卡出口奖,阿奈特·鲁也受到旅游部长埃迪特·克勒松的嘉奖。

点评:

在现代商业活动中,最重要的是及时把握需求动向,以最快的速度生产适销对路的产品。阿奈特·鲁的公司快速收集市场动态,快速更新产品,总是捷足先登,提早一步,故能一直立于不败之地,众人皆亏我独赚。阿奈特·鲁的成功绝非侥幸,而是她凭借自己的敏锐观察和预见,苦心经营的结果。

詹妮芙·帕克小姐以快取胜

背景:

詹妮芙·帕克小姐是美国鼎鼎有名的女律师。当詹妮芙小姐尚未很有名气时,她曾被自己的同行——老资格的律师马格雷先生愚弄过一次,但是,恰恰是这次愚弄使马格雷先生弄巧成拙,使詹妮芙小姐名扬全美国。

事情是这样。一位名叫康妮的小姐被美国"全国汽车公司"制造的一辆卡车撞倒,司机踩了刹车,卡车把康妮小姐卷入车下,导致康妮小姐被迫切除了四肢,骨盆也被碾碎。康妮小姐说不清楚是自己在冰上滑倒摔入车下,还是被卡车卷入车下,马格雷先生则巧妙地利用了各种证据,推翻了当时几名目击者的证词,康妮小姐因此败诉。

决断:

绝望的康妮小姐向詹妮芙·帕克小姐求援。詹妮芙通过调查,掌握了该汽车公司近5年来的15次车祸——原因完全相同,该汽车的制动系统有问题,急刹车时,车子后部会打转,把受害者卷入车底。詹妮芙对马格雷说:"卡车制动装置有问题,你隐瞒了它。我希望汽车公司拿出200万美元来给那位姑娘,否则,我们将会提出控告。"老奸巨猾的马格雷回答道:"好吧,不过,我明天要去伦敦,一个星期后回来,届时我们研究一下,做出适当安排。"

一个星期后,马格雷却没有露面。詹妮芙感到自己是上当了,但又不知道为什么上当,她的目光扫到了日历上——詹妮芙恍然大悟,诉讼时效已经到期了。詹妮芙怒冲冲地给马格雷打了个电话,马格雷在电话中得意洋洋地放声大笑:"小姐,诉讼时效今天过期了,谁也不能控告我了!希望你下一次变得聪明些!"

詹妮芙几乎要给气疯了,她问秘书:"准备好这份案卷要多少时间?"

秘书回答:"需要三四个小时。现在是下午一点钟,即使我们用最快的速度草拟好文件,再找到一家律师事务所,由他们草拟出一份新文件,交到法院,那也来不及了。"

"时间!时间!该死的时间!"詹妮芙小姐在屋中团团直转。突然,一道灵光在她的脑海中闪现:"'全国汽车公司'在美国各地都有分公司,为什么不把起诉地点往西移呢?隔一个时区就差一个小时啊!"

位于太平洋上的夏威夷在西十区,与纽约时差整整5个小时!对,就在夏威夷起诉!

点评:

詹妮芙赢得了至关重要的几个小时,她以雄辩的事实,摧人泪下的语言,使大陪审团的男、女成员们大为感动。陪审团一致裁决:詹妮芙小姐胜诉,"全国汽车公司"赔偿康妮小姐600万美元损失费!

第二章 知兵之将

提要:孙子认为懂得用兵的将领,能使人民得以避免过多的牺牲,能使国家转危为安。主将战略决策的正确与否,是决定战争胜败、人民生死和国家存亡的关键因素,每个统兵将领都必须深刻地认识到自己肩负的重大使命。

晏婴使齐国免遭难

背景:

齐国曾是春秋战国时期第一个称霸的国家,但是,齐桓公死后,齐国就逐渐衰败了。过了100年,齐景公当上了国君,为了恢复齐国的往昔繁盛,齐景公任用了晏婴等一批贤臣,使齐国再度走上欣欣向荣的道路。

齐国的繁荣和强盛引起了称霸中原的晋国的不安。晋平公为了向诸侯各国显示一下自己"霸主"的威力和巩固其地位,就想征伐齐国,给齐国一点厉害看看。

决断:

为了探清齐国的虚实,晋平公派大夫范昭出使齐国。

范昭到了齐国,齐景公设盛大宴会款待晋国使者。酒到酣处,范昭对齐景公说:"请大王把酒杯借我用一下。"齐景公不知其意,便吩咐侍从:"把我的酒杯斟满,为上国使者敬酒!"侍从倒满酒恭恭敬敬地送到范昭面前,范昭端起酒,一饮而尽。

晏婴把范昭的举止和神色看在眼里,大为愤怒,厉声命令斟酒的侍从:"撤掉这个酒杯! 给国君换一个干净的。"

范昭闻言,吃了一惊。于是,他干脆佯作喝醉,站起身,手舞足蹈地跳起舞来,边舞还边对乐师说:"请给我奏一曲成周之乐,以助酒兴!"

乐师从晏婴命令侍从撤杯的举动中看出了范昭的用意,站起来对范昭说:"下臣不会奏成周之乐。"

范昭连讨没趣,借口已经喝醉,告辞回驿馆去了。

齐景公见范昭不悦而去,心中不安,责怪晏婴说:"我们要跟各国友好往来,范昭是上国使者,怎么能惹怒人家呢?"

晏婴回道:"范昭不过是以喝醉为名来试探我国的实力,为臣的这样做,正是要挫掉他的锐气,使他不敢小看我们。"

乐师也跟着说:"成周之乐是供天子使用的,范昭不过是个小小使者,他也太狂妄了。"

齐景公恍然大悟。

第二天,范昭拜见齐景公,连连向齐景公道歉,说自己酒醉失礼。齐景公回了几句客套话,然后派晏婴带范昭去齐国的军营和街市上参观。

范昭回国后,不无感触地对晋平公说:"齐国国力不弱,群臣同心,暂时不可图谋。"

晋平公于是灭了攻伐齐国的念头。

点评:

齐景公任贤臣,使齐国走上康庄大道,可见用知兵之将的重要性。

墨子救宋国

背景:

公输般(即鲁班)是春秋时期的能工巧匠,他发明了一种"钩拒",楚王凭借它打败了越国。公输般随后制作了"云梯",专门用做攻城时使用,楚王又想借助它来攻打宋国。

决断：

墨子听说了这件事，急忙从鲁国赶到楚国，会见公输般，劝说公输般让楚王放弃攻宋。

墨子对公输般说："北方有人欺辱了我，想委屈您去替我杀掉他！"

公输般满面不高兴。

墨子急忙补充说："我会送给您一千两金子作为酬谢的。"

公输般生气了，说："我决不做这不义之事。"

墨子连连向公输般致谢道："是啊！这是不义的事情。可是，您不杀一个人，却要帮助楚王去杀一国的人，难道这就是仁义吗？"

公输般尴尬地说："这……云梯是我造的，但打仗是楚王的事啊。"

墨子请求公输般把自己引荐给楚王，公输般同意了。墨子见到楚王，深深地鞠了一个躬，然后说："我有一件事，一直想不通，今日特来向大王请教。"楚王回答："先生只管讲。"

墨子说："从前有一个人，不要华丽的车子，却去偷邻居的破车；不要华丽的锦缎，却去偷邻居家的破短袄；不要米肉，却去偷邻居家的糠饭……"

楚王大笑道："这个人一定是生了偷偷摸摸的病。"

墨子乘机说道："如今楚地5 000里，宋地不过500里；楚地国富民丰，宋地连年遭灾。这犹如丽车与破车、锦缎与破袄、米肉与糠饭。大王要去攻打宋国，与那位生病之人有什么不同呢？"

楚王说："你的话不是没有道理，但云梯已经造好，我还是要去试一试。"

墨子说："云梯固然可以攻城用，但成败与否还很难说，不信，请让我与公输般先生比试一下。"

楚王回答："好吧。"命令侍从拿来模拟武器的木片，一半给公输般，一半给墨子。墨子解下腰带弯成弧形，当做城墙，公输般进攻，墨子防御。俩人进进退退，进退变了9种花样之后，公输般就停下来。然后，公输般防御，墨子进攻，进退又变了几种花样，墨子的木片就突入了腰带的弧线里面，公输般只好悻悻地放下手中的木片。

楚王虽然看不懂，但从公输般的神色上已经可以猜到：墨子赢了。

楚王和公输般想把墨子作人质，扣押在楚国。墨子胸有成竹地说："我已把攻战之法教给了我的学生。禽滑厘等300人已拿着我的守御器械在宋国的城墙上严阵以待,即使杀了我那也无济于事。"

楚王泄气了,无奈地对墨子说:"好吧,我们不去攻打宋国了。"

点评:

墨子凭智谋制止了一场以强凌弱的战争。

刘备三顾茅庐

背景:

刘备屯兵新野期间,司马徽和徐庶向他推荐了很多贤士,诸葛亮就是其中最突出的一个。司马徽对刘备说:"这一带有两个最卓越的俊杰:一个是别号'卧龙'的诸葛亮,一个是人称'凤雏'的庞统。"徐庶也向刘备介绍说:"诸葛亮的才干,完全可以与兴周800年的姜子牙、旺汉400年的张子房相比。"刘备急切地对徐庶说:"那就麻烦您去把诸葛亮请来吧!"徐庶说:"诸葛亮是个大贤,不是随便能够请得动的。你如不能诚心诚意亲自前去恭请,谅他不会轻易出山的。"

决断:

建安十二年(公元207年)深冬的一天,刘备载着重礼,带领关羽、张飞,亲自到隆中拜会诸葛亮。适逢诸葛亮外出,连他家的书童也说不清他的去向,刘备只好扫兴而归。

过了几天,有消息说诸葛亮外出已回。刘备闻讯,急忙跨马再访。张飞不以为然地说:"一个平民百姓,犯不着让您一再去请,派人把他叫来不就得了?"刘备说:"想见贤明的人而不用恰当的方法,就好像想让人从门外进来却将门关闭着一样。诸葛亮是当代的大贤,怎么能随便派人去召他呢?"刘备说服了张飞,又带着关羽、张飞二人再次出发了。这一天,北风刺骨,大雪纷飞,张飞提出不如先回新野,待天晴再来。刘备又耐心地解释说:"我怕诸葛亮不接受我的邀请,所以专门趁这种天气去请他,使他知道我对他是真心渴慕,也许会因此而感动他出山呢!"不料这一次访问,刘备仍未见到诸葛亮,仅见到了诸葛亮的弟弟诸葛均。刘备给诸葛亮留下了一封信,诉述了他的诚意。

过了一些时候,刘备决定第三次拜访诸葛亮。这一回,连一向比较持重的关羽也不满地说:"诸葛亮避而不见,谅他并无真才实学。"张飞更是鲁莽地说:"年轻书生,好大架子,欺人太甚。不如派人用条绳子绑来算了!"但刘备虚心礼贤,矢志不移。他安抚了关、张,第三次踏上去隆中的路。这次总算遇到诸葛亮在家,但正午睡。刘备不敢打扰,摒声静气在门外久候,一直等他醒来。刘备恭恭敬敬地向诸葛亮施礼问候,倾吐了自己的志愿和渴望他出山的请求。诸葛亮深为刘备的诚意所感动,向他分析了天下大势,并欣然接受了出山的邀请。

诸葛亮离开隆中茅庐,年方27岁。在尔后的27年中,他帮助刘备建立了政权,辅佐刘禅治理蜀汉,内修政理,外结东吴,厉行法治,任人惟贤,奖励耕战,发展农业;积极维护少数民族和汉族之间的传统关系,促进了西南地区各族人民的融合和社会经济的发展;先后经历了赤壁鏖战、进军益州、南征平叛、六出祁山等战斗,一直奋斗到生命的最后一息。

点评:

刘备三顾茅庐,任人唯贤乃千古佳话。

第三篇

（谋攻篇）

第一章　伐谋伐交

提要:"伐谋"就是打破敌人的战略企图,在谋略上战胜敌人;"伐交"就是在外交上争取盟友、孤立和战胜敌人。这两者都超越了一般军事行动而属于政治战略的范畴。伐兵和攻城则纯属军事行动。孙子认为必须尽量争取"不战而胜"的最佳结局,而竭力避免顿兵坚城、久攻不下、伤亡惨重的灾难性后果。

三足鼎立　设计者胜

背景:

1987年10月20日,日本自民党以"中曾根裁定"的方式,一举结束了总裁宝座之争,巧妙地推出了竹下政权,在日本历史上留下了耐人寻味的一幕。

中曾根担任日本首相已近五年,在政界颇具影响。然而,中曾根并未满足,他打算由自己来指定下届总裁人选,以便对下届政权施加最大限度的影响。

此时,自民党的3位候选人——竹下登、安倍晋太郎和宫泽喜一正在为争夺下届总裁宝座而纵横捭阖,穷竭心计。加之在这次竞选中,竹下和宫泽势不两立。而安倍既要维持"竹、安联合"以挤掉宫泽,又幻想拉住宫泽以同竹下讨价还价。因此,安倍正好处于中间支点上。

决断:

中曾根为达到目的,决定利用竹、安、宫三人的心理以及他们之间的微妙关系,实施"挑担计",即把安倍放在中心,把竹下和宫泽放在两侧,以形成"挑担"之势。中曾根的精明之处在于,把三位领导人安插在同等重要的岗位上,使他们构成鼎足之势,相互掣肘,形成一种微妙的平衡。而中曾根作为砝码,其重量便很容易显示出来。谁对首相表示忠诚,中曾根就对谁表示好感。在与他们单独接触时,中曾根又通过一些不露声色的暗示,让三位候选人都以为自己可能当选,于是形势的发展按照中曾根预想的模式进行着。三人都争先恐后地讨好首相,以求首相的偏爱。就在总裁选举的前一天,安、竹、宫一致同意由首相裁定人选。于是,中曾根不慌不忙地写下了早已既定好的名字——竹下登。

安倍和宫泽兴致勃勃地要求中曾根裁定,但裁定的结果却使他们挨了闷棍。正是:玩弄权术,施威定下任;推出竹下,设计诱安宫。

点评:

三足鼎立之势,制约关系达到微妙平衡,给自己所倾向的一方加上一个砝码,胜局便已定在你手里。

以物克物　一箭双雕

背景:

古代历史上著名的美女、恺撒的情人克娄巴特拉,是公元前埃及托密勒王朝的末代女皇。她有一个叫安尔西洛妮的妹妹,对于她登上女王的宝座很不甘心,时刻想篡夺王位。

决断:

恺撒被人暗杀后,其部将安东尼意欲进攻埃及。为保住王位,克娄巴特拉决意投降。她下令为欢迎安东尼举行一次豪华的宴会,她将戴上埃及王权的象征——王冠,以最隆重的仪式接待安东尼,并准备在宴会上把王冠上镶嵌的最大珍珠——也是当时世界上最大的珍珠——献给安东尼,目的是为了博得对方的欢心与支持,稳固自己的地位。

克娄巴特拉的这一计谋,很快被安尔西洛妮识破。为了破坏女王的计划,王妹决定偷走王冠上的珍珠,扰乱女王讨好安东尼的打算,阻止他们和好,为自己夺取王位铺平道路。于是,安尔西洛妮指使自己的女佣,秘密地去盗窃珍珠,不巧被女王的侍女发现。情急之下,女佣将珍珠吞入肚中。怒不可遏的待女将女佣拉到女王面前,要求女王下令剖腹取珍珠。克娄巴特拉听了,皱起双眉说:"被血玷污过的东西是不祥的,把这样的东西献给安东尼,反而有亵渎之意,弄不好会惹麻烦。"可不剖腹的话,怎样才能取出珍珠呢?女王发了愁。

这时,站在一旁的王妹早已百爪挠心,自己一旦暴露,性命难保。怎么办?抽剑剖开女佣之腹,虽可取出珍珠,同时杀人灭口,但那样太鲁莽,违背女王的旨意,反而会引起怀疑。焦急之中,安尔西洛尼突然想出绝妙的主意。她对克娄巴特拉建议:"姐姐,有个简单而有效的方法,就是给女佣多喝点醋,她会泻个不停,珍珠若在肚中,自然会泻下来。"女王听了,觉得是个好主意,便让手下人将女佣带下去灌醋。没过多久,女佣果然大泻,可肚子泻空了,还是没见到珍珠。克娄巴特拉茫然了。"我根本没有偷!"女佣趁机反咬一口。侍女急得张口结舌,解释不清。而王妹却暗暗笑着,离开了皇宫。

珍珠上哪里去了呢?原来,珍珠中含有碳酸钙,浸在醋里,是会溶解的。安尔西洛尼利用这一点给女佣灌醋,一可彻底毁掉珍珠,达到破坏女王计划的目的;二可消灭偷窃证据,保全自己。真可谓将计就计,一箭双雕。

点评:

懂得自然界中一物克一物的道理,并把它巧妙地运用到生活中去往往能化被动为主动,扭转时局。一举两得,一箭双雕,何乐而不为呢?

诸葛亮联吴抗魏

背景:

东汉末年,军阀割据。刘备虽被称为盖世英雄,但在他三顾茅庐之前,竟无立足之地。后来,他采取的诸葛亮"东联孙吴,西和诸戎,南抚彝越,北拒曹魏"的战略方针中,其中的"东联"、"西和"、"南抚"都是伐交。正是由于伐交的成功,才造成了三国鼎立之势。

决断:

赤壁大战前诸葛亮出使东吴,舌战群儒。联吴抗曹是一次伐交杰作。当时,雄心勃勃的曹操率军南下,势如破竹,直达长江,下书孙权,宣称以百万大军"会猎"江东。东吴朝野,很多人被这个表面上的"百万"数字吓坏了,主降之声甚高,弄得一向有主见的孙权也惶恐不安。正在这时,诸葛亮出使东吴,轻摇羽扇,分析说:曹操号称百万大军,其实他的老底子只不过四五十万,并由于攻城掠地,战线拉长,已分出许多人马去把守;加上曹军皆北方人,不服吴楚的气候水土,中暑病倒者甚多,现在能直接参战的只有一二十万人。曹军劳师远征,兵困马乏,而且要攻占江东,必需水战,他们都是些旱鸭子,连战船尚且坐不稳,哪里抵得上江东谙习水性的强兵。诸葛亮还指出,北方马超、韩遂,随时可能举兵,曹操有后顾之忧。这样一算,孙权顿开茅塞,频频点头称是,终于下定联合抗战决心。

更典型的是,赤壁战后,曹操担心孙刘羽翼丰满后难制,曾下令再次起兵攻取江东,平定荆州。孙权、刘备得此消息又恐慌起来,准备再次联合抗曹。诸葛亮则说:"不消动东吴之兵,也不消动荆州之兵,可以使曹操不敢正视东南。"果然曹军始终未至,诸葛先生的法宝仍然是"伐交"。原来曹操杀了征南将军马腾,而马腾之子马超尚领西凉之兵。马超同曹操有杀父之仇,孔明趁此机会以刘备名义给马超写了一封信,说明现在是他入关报父仇时机到了。马超果然起兵,一举攻下长安,曹操见后院起火,哪还顾得上南征。

点评:

赤壁之战以弱胜强既是军事斗争的胜利,也是外交上的杰作。

远交近攻　各个击破

背景:

兵法讲艺术,军事讲策略,秦始皇能统一六国,有赖于范雎提出的"远交近攻"的统一国策。远交近攻作为一种军事策略,是指要分化瓦解敌方的联盟,加以各个击破,从而战胜所有敌人。

如何分化瓦解敌人的联盟呢?结交远离自己的国家,而先进攻与自己相邻的国家,之后再一个一个地加以吞食。不能舍近求远地去进攻与自己相距很远的国家,一个方面是因为受到地理环境的限制,攻打远国很难成功;另一方是攻打远国,近处的国家也会产生抵抗情绪。为什么在近攻同时要远交呢?因为不能树敌太多,树敌太多,就可能让敌对一方结盟。一旦结盟,就难于对付了。

这是一种军事策略,同时也是一种外交谋略。当然,平时国家和国家之间要保持一种友好的关系,特别是对于近邻各国,这样有利于国家和国家之间的和平与稳定,有利于国家经济文化的发展。但是如果有的国家与我对抗,那就有必要采取一种远交近攻的策略。因为受到地缘政治的影响,距离较远的国家之间往往就没有直接的利害冲突,容易在各个方面互相支持。特别是在与近国处于战争状态的时候,就更有必要采取远交近攻的谋略。

决断:

范雎是魏国人,出于爱国,他想在魏国贡献自己的聪明才干,想游说魏王以振兴祖国。他因无人推荐,就暂在魏中大夫须贾手下工作,以等待时机。

有一次,他跟须贾奉魏昭王命出使齐国。在齐逗留数月,任务还未完成。齐襄王见范雎有口才,使人赐他十斤金及牛酒,范雎辞谢不敢受。须贾知道了,大怒,以为范雎将魏国秘密告诉齐国才得到赏赐,命令范雎接受牛酒,退还金。回到魏国后,须贾将此事告诉魏相。魏相是魏国公子,名叫魏齐。魏齐不查问清楚,就使人毒打范雎,打得他肋断齿折,昏死过去,然后以席包其尸放在厕所。雎醒来,哀求守卫说:“如能救我,当以厚报。”守卫便向魏齐说请埋掉尸体,魏齐醉,说:“可以。”范雎得以逃出。

范雎化名张禄到处藏匿,后得同乡郑安平帮助,暗中推荐给来魏的秦使王稽,王稽便带他入秦。王稽向秦昭王汇报使命后,说:“魏有张禄先生,天下的辩士。他说:‘秦王之国危如累卵,得他就安,但不能用书面说明。’所以,我带他来。”秦王不信,使暂留客舍,给下客待遇。秦昭王最讨厌辩士,因而对他的话不相信,所以,范雎待命一年多,毫无消息。

于是,范雎便上书秦昭王说:“我听说,明主执政,有功劳的不得不赏,有能力的应做大官,功劳大的俸禄多,功劳多的爵位高,能治众的官职就大。而无能的就不任职,有能力的也不埋没他的才能。俗话说:‘庸主赏所爱而罚所恶。明主就不是这样,赏必加于有功的人,刑罚必断于有罪的人。’如果您认为我的话对国家有利,就照此实行,如认为我的话不能行,把我留在秦国是没有什么用的。天下有明主,诸侯就不能擅权。贤明的圣王能预见成败,有利就行,有害就弃,有疑就稍加尝试,以探明究竟。话说深了,我不敢写在信上;话说浅了,又不足听。我的希望是,大王能抽出一点游览观赏的余暇,我当面进言,如说无效,愿受惩处。"

秦昭王看了信很高兴,觉得范雎是个可用之才,于是派王稽用专车召见范雎。

范雎来到秦宫,宦者不知是秦昭王召见,逐赶范雎,说:"秦王到!"范雎佯说:"秦国哪有大王?只有太后、穰侯罢了。"想以此激怒昭王。昭王到,听他与宦官争论,便出迎接,说:"我早当受您的教导,适急于处理义渠国事,而我每天早晚要向太后请安。现义渠国的事已处理了,我才有空向您请教。"秦昭王以宾主之礼接待范雎,范雎谦让。这天见到范雎的人,莫不肃然起敬,另眼相看。

秦昭王摒退左右,向范雎请问强国强兵之策。

范雎当仁不让,侃侃而谈:"目前七国之中,最强大的就是秦国。秦国沃野千里,甲兵百万,雄据四塞之固,进则能攻,退则能守,一统天下应该不费力气。但是,最近大王听信丞相魏冉的话,轻易发兵攻打齐国,我认为这是断送秦国的前程。"

秦昭王疑惑地问:"攻打齐国有什么错呢?"范雎说:"越过韩、魏两国攻打齐国,这是十分错误的。即使取胜,大王又怎能把得到的土地与秦国连接起来呢?当初,齐王越过韩、魏两国去攻打楚国,曾占领千里之地。但结果齐国连一寸土地也未得到,却被韩、魏两国瓜分了。其原因是齐国离楚国远,韩、魏两国离楚国近。依我看,大王应当采取远交近攻的策略。"

秦昭王听得入了迷,接着问道:"什么叫远交近攻呢?"范雎说:"远交近攻就是与离得远的国家订立盟约,减少敌对国家,而对离得近的国家抓紧进攻。诚能如此,得一寸土地就是一寸,得一尺土地就是一尺。打下韩、魏以后再打燕、赵;打下燕、赵之后再打齐、楚。大王只要实行这条计策,用不了多少年,保证能兼并六国,统一天下。"

范雎的一席话使秦昭王大为开怀,秦昭王高兴地说:"寡人以后就听先生的了!"秦昭王立即拜范雎为客卿,并按照范雎远交近攻的策略,把攻打齐国的人马撤回来,改为攻打近邻魏国。此后,秦国夺取了邻国的大片土地,为后来秦始皇统一中国奠定了坚实的基础。

秦昭王在位长达五十六年之久,是秦国历史上一位颇有建树的君主,为秦国的富强和统一做出了突出贡献。他之所以功勋卓著,一个重要原因就在于他采用了范雎的"远交近攻"政策。

本来,秦昭王是要采取穰侯的"越国远攻"的战略的,范雎一到,立即指明这种策略的谬误性,并用道理和事实驳斥这种谬误,指明形势和利害关系,让秦昭王明了"远交近攻"的可实施性。秦昭王认为范雎说得有理,就接受了他的"远交近攻"新战略。

在秦昭王的主持和支持下,范雎的"远交近攻"战略得以顺利推行,而且秦昭王日益重视范雎。这时范雎任客卿已数年了,已获得昭王的信任,便酝酿着为昭王夺权。他对昭王说:"我在山东时,只听说齐国有田文,不听说齐国有齐王;只听说秦国有太后、穰侯、泾阳君、华阳君、高陵君,不听说秦国有秦王。能掌握国政的才算是君王,能决定利害的才算是君王,能操纵生杀大权的才算是君王。现在太后独断专行不顾一切,穰侯出使也不汇报,泾阳君、华阳君肆无忌惮,高陵君自作主张。'四贵'这样横行,国家哪会没有危机呢? 大王身居'四贵'之下,所以我说秦国无王啊! 这样,大权旁落,国家法令哪能出自大王之手?"

"我听说,善于治国的君主,对内要巩固其威信,对外要加强其权力。现在穰侯操纵王权,任意征伐,战胜的土地财物都归其封地,国家财物都流入'四贵'手中;战败,百姓埋怨大王,归祸于国家。《诗》说:'果实繁盛压断树枝,树枝压断会伤树心。'这就是弱干强支,树枝太强了会压坏主干,封邑太大会危害国家,臣下尊贵就使君主卑下。淖齿掌齐国大权,就抽王筋,将王杀害;李兑专赵国大权,使赵王父饿死。现在秦太后和穰侯在秦国专权,高陵君、华阳君、泾阳君之眼中无秦王,他们亦是淖齿、李兑一类人。我眼见大王处境孤立,深为大王担心,恐怕万世之后,掌握秦国大权的就不是大王的子孙了。"

秦王听了大惊,夺了太后的权,把高陵君、华阳君、泾阳君驱逐出关外,免除穰侯的相位,使其归封地陶邑。剥夺了外戚专权。秦国从此任范雎为相。

对于秦国来说,"远交近攻"是当时的最佳谋略,不仅有效地分化了连横之盟,并且逐渐地各个击破,有利于统一中国之大业。

远交近攻的所谓"远交"并不是永远和好,而只是一种权宜之计。一旦近攻得逞了,远交之故友也就变成近攻的对象了。这时,两国就只有反目而视,直到将对手置于死地。

秦国兼并山东六国的战争,事实上从秦昭王时期已经开始,请看秦昭王时期兼并山东六国领土的如下记录:

公元前318年,魏、赵、韩、楚、燕五国合纵攻秦,不胜而回。这一事实从反面说明,兼并山东六国已成为秦国的战略目标。

公元前300年,秦兵大败楚军,杀楚将景缺,攻取楚国的襄城;

公元前293年,秦将白起大胜韩、魏联军于伊阙,斩首24万;

公元前290年,魏、韩因兵败于秦,分别把河东地方四百里和武遂地方二百里献给秦国;

公元前278年,秦将白起攻陷楚都鄢郢,建立南郡;

公元前273年,秦将白起大败赵军于长平,坑杀降卒40万;

公元前256年,秦灭西周君,同年,周赧王卒,名义上的周天子已不复存在。

硕果累累,正是采取"远交近攻"、各个击破的结果。另外,秦始皇"集权于一身",也是范雎向秦昭王提出的强国政策之一。大权在握,不能轻易地交给他人或几个人使用。他引用了桓思少年借神于丛不还导致丛枯死的寓言故事,借用一瓢百人扛终要破碎的哲理,来说明权力分散,国君必亡,国家必灭。

历代王朝,"政权"代表着一切。谁掌握了它,谁就拥有国家、臣民、权力、地位、财产。因此,凡靠近政权者,无不窥视权力。封建社会里国君如不集权为一身,为臣的权力过大,政权就有被篡夺,君王就有被杀的危险。在国事纷乱,外交、外政无一定数的战国,集权于一身是十分必要的。此政策确为加强秦国政权与国力起了重要作用。

秦昭王把范雎的"远交近攻"作为一项统一战略,到秦始皇时被继续贯彻执行下来,并有所改进。秦王政利用李斯为相,尉缭为国尉,姚贾、顿弱奉命离间六国。这样内外夹击,六国就像一张薄纸,一捅就破。

点评:

远交近攻是一种军事策略,也是一门"关门打狗"艺术。远方的结交之,做个朋友,近处的,打击之,由近及远,最后各个击破。

契切林谋高一筹

背景：

1921 年，苏维埃俄国已经粉碎了国内反动势力的武装叛乱和国际帝国主义的军事干涉，并初步恢复了经济。但是，苏俄仍处于西方各资本主义国家的政治包围和经济封锁中，处境十分困难。列宁和苏俄政府决心尽一切努力使苏俄迅速摆脱困境，在最有利的条件下重建社会主义经济。为了这一目的，当年 10 月份，苏俄外交部长契切林照会英、法、美、日等国，建议和它们共同举行国际会议，解决与各国发展经济关系和归还外债等问题。西方各国为了自身利益，也希望能在欧洲经济问题上与苏俄协调行动。于是，西方国家决定 1922 年 4 月在意大利的热那亚召开国际会议，意大利政府代表各国邀请苏俄派代表团参加会议，尤其希望列宁亲自率领代表团出席热那亚会议。

决断：

列宁领导苏俄政府及时分析了国际局势，决定充分利用这一绝好的契机，使苏俄进入国际政治生活和经济生活，改善自己的国际地位，争取进一步加强国家的安全和利益。苏俄中央决定，组成以列宁为首的代表团参加会议，并于意大利政府向苏俄政府发出邀请的第二天就电复意大利。

热那亚会议前，由于许多原因，列宁无法率团参加会议，契切林代表列宁前往意大利。出发前，列宁详尽地对代表团制定了参加会议的基本方针：要以商人身份和各国代表广泛接触，绝对避免意识形态上的争论，尽量寻找共同点，扩大贸易，为进一步发展经济联系打下基础。如果有的国家对苏俄坚持强硬立场，拒不合作，那就努力寻找和充分利用各国之间的分歧矛盾进行工作，达到自己的目的。列宁特意叮咛苏联外长契切林，要是有些国家代表在会上态度顽固，那么就在会后、会外展开各种活动，正式和不正式地采取一切方法达到目标。最后，列宁告诉代表团，第一次世界大战中战败的德国与协约国英、法、美等存在着深刻的矛盾，德国是西方反苏同盟中最薄弱的环节，要尽力争取德国。他指示代表团途经德国时去拜会德国总理维尔特和外长拉特瑙，商订两国在热那亚会议中保持密切联系。

4 月 10 日，契切林率苏俄代表团抵达热那亚，首次会议在圣乔治宫开幕，世界各国银行家和工业巨头出席会议。契切林在发言中呼吁各国在平等、互惠前提下与苏俄建立经济、贸易关系，并宣布苏俄愿意开放自己的边界，让外商帮助开发最肥沃的土地，最富足的森林，提供煤炭和矿产开采的租借地。苏俄的发言受到各国代表普遍欢迎。但法国外长巴都却声明反对，并联合英、美等国，共同压苏俄让步。4 月 14 日，劳合·乔治提出要以 1922 年 3 月伦敦会议上拟定的所谓"专家备忘录"作为会议讨论的基础。"专家备忘录"的内容严重侵犯了苏俄国家主权。4 月 14 日，劳合·乔治邀请苏俄代表团赴英国代表驻地阿尔培别墅举行小范围谈判，企图压苏接受"专家备忘录"的无理条件。契切林当即断然拒绝，并提出反建议，要求协约国赔偿因武装干涉和经济封锁给苏俄带来的损失。4 月 15 日劳合·乔治进一步向苏俄代表团发出最后通牒，要苏同意"专家备忘录"。至此，阿尔培别墅会议陷入僵局，谈判再也继续不下去了。

这时，根据列宁于代表团行前亲自制定的方针，苏俄代表团决定开展单独的会下活动。4 月 15 日深夜，契切林委派代表团成员萨巴宁打电话给德国代表团在拉巴洛镇的住所，要求与德国总理维尔特立即举行会谈。德国很快回复同意苏方建议。16 日上午，会谈开始。正如行前列宁所预料的，德国也希望与前苏联建立友好关系，以借苏俄来要挟协约国各国。会谈进行得非常顺利，苏俄代表团充分明了了德国对其他西方国家的积怨和不满，并最大程度地为己所用。16 日下午，苏、德双方就达成了协议，契切林和拉特瑙分别代表两国签署了苏、德友好合作协定，即《拉巴洛条约》。《条约》规定：苏、德两国互相承认，正式恢复外交关系，两国互相放弃对战争损失的赔偿要求，德国承认苏俄对德在苏财产的国有化，两国在今后签订重要国际协定前互相磋商。《条约》密件还规定两国在军事上合作，德帮助苏制造飞机、潜艇和培训军事人员。

《条约》签订的消息传出，顿时成了热那亚会议期间爆炸性的重大新闻。协约国首脑们表现出震惊和愤怒。他们立即要求苏、德撤销《拉巴洛条约》，同时提出更为苛刻的新备忘录，要苏俄妥协，苏俄则严正拒绝。

苏俄同德国签订《拉巴洛条约》是苏外交上的一个重大胜利，它利用帝国主义之间的互相猜疑和矛盾，在帝国主义对苏的包围圈上打开了一个重要缺口，为苏俄争取了巨大的政治和经济利益，同时又加深了德国同其他帝国主义之间的矛盾。

点评：

当面前存在着多个对手时，必须审时度势，寻找对手阵线中最薄弱的环节，充分利用同这个对手之间的共同点和共同利益，达到突破对手阵线的目标。同时尽量利用并有意加大这个对手与其他对手之间的矛盾，制造不和，使对手互存戒心，使己方摆脱困境。

丘吉尔联苏抗德

背景：

两次世界大战间隙，国际关系发生了深刻的变化。前苏联作为共产主义国家出现在欧洲政治舞台上，这在资本主义国家中间引起一片恐惧。英法等国采取了扶持德国的政策，当德国复仇主义日益升起，不断威胁到欧洲和平时，英法等国为了阻止前苏联布尔什维克主义的所谓"扩张"，竟一再对德国的侵略行为姑息纵容。前苏联建议建立欧洲集体安全体系以挫败希特勒德国的侵略扩张计划，但英国顽固地进行破坏，始终不渝地想把德国的扩张矛头引向前苏联。这一政策的顶峰是慕尼黑协定，其目的是要将祸水东引，怂恿德国去攻打前苏联。但是，到头来德国并没有先进攻前苏联，而是拿西欧的英法国家开了刀。绥靖政策宣告破产，西欧舆论大哗，执行绥靖政策的人在国内外都受到了严厉谴责。丘吉尔正是在此危急的形势下，受命组建了英国的战时内阁。

决断：

丘吉尔从本质上讲是一个极其反共的资产阶级政治家，从苏维埃政权在俄国诞生之日起，他就极力主张进行公开的武装干涉，妄图将新生的社会主义国家扼杀于摇篮之中。遏制共产主义的思想一直在他的头脑中占着主导地位，而且终其一生。但是，丘吉尔先生又是一位很讲现实的人。从他临危受命之时开始，他就认识到，当前的更大威胁不是前苏联，而是希特勒德国，如果希特勒赢得战争，不仅英国要蒙受史无前例的投降耻辱，欧洲的自由和民主将不再存在，甚至整个世界的和平与安全也将受到严重威胁。因此，这是一场压倒一切的战争，必须首先打垮希特勒,其余的事情以后再说。丘吉尔认为,在这场战争中,前苏联是几乎同美国一样可靠的潜在的盟友。与希特勒相比,前苏联的危险已经退居到次要地位。为了能够早日打败希特勒,应该与前苏联结成同盟。

基于这种认识,丘吉尔作出了明智而正确的抉择。当1941年6月希特勒进攻前苏联的消息传来时,丘吉尔发表了历史性的演说。在演说中,他向前苏联这个新盟国表示欢迎,并表示英国将坚定地与前苏联站在一起,共同抗德,直到彻底打败希特勒为止。正是丘吉尔的这一外交战略,使丘吉尔与斯大林这对宿敌坐到了一起,全世界各反法西斯国家也在苏、英、美的周围结成了牢固的联盟,最后终于将法西斯国家彻底打败。

点评:

"两利相衡从其重,两害相权取其轻。"高明的指挥员,必须学会全局在胸,善于权衡利弊,趋利避害或趋小害而避大害。

日企联盟赶超 IBM

背景:

为了在未来的国际竞争中领先,20世纪50年代末,日本雄心勃勃地选定计算机行业为新的战略产业,指定其为优先融资的对象,使该产业能够优先取得低利率的长期贷款,而与此同时,美国的同业厂商在筹措资金上却处于不利地位。

1958年,日本六家公司:NEC(日本电气)、富士通、日立、东芝、三菱、冲电气开始进入新兴的计算机产业,当时,日本计算机生产落后美国30年。

日本政府允许IBM在日本设立独立子公司,为日本厂商换取IBM技术专利。同时,这六家日本公司不断研究IBM、分析IBM,将IBM计算机逐一分解,分项研究模仿IBM,绞尽脑汁。

决断:

在日本国内市场,通产省曾发布"购买日货"的政策,以使政府机构、大学科研机构以及各个产业都来订购日本生产的计算机,而且日本政府支配的日本开发银行以及其他银行都以低利率向日本计算机厂商提供信贷,以保证日本公司在国内市场的竞争力。这样一来,IBM 不仅仅与日本电脑厂家对抗,它还要与日本政府竞争。自从 20 世纪 60 年代以后,羽翼开始丰满的日本厂商在国内计算机交易的报价上往往都比 IBM 等外国竞争者低 40%,由此不断地将外国厂商赶出日本市场。日本的电子计算机厂家为了向国际市场扩张,首先选定了一些中等开发的国家,因为在那里,以 IBM 为首的美国强大的厂商或者势力较弱,或者尚未染指。例如:雄心勃勃的富士通公司在向国际市场扩张时,它的目标虽然是美国市场,但是它却首先选择了澳大利亚作为其试验市场,因为在那里,竞争较不激烈,且它与欧美发达国家的社会文化相似,所以在那里首次外销电脑,即使发生错误也影响不大。由于有了多年的国外电脑经营经验,富士通在 20 世纪 70 年代中期才敢于进犯美国市场。

随着电脑产业的逐渐成熟,以及 1970 年 IBM 推出了 370 系列大型主机,使得日本政府更加重视计算机产业,在通产省的领导下,为了集中日本一切计算机产业的资源,共同对付强大的劲敌 IBM,日本电脑厂商被组成三大战略集团,即:富士能与日立集团,三菱与冲电气集团,NEC 与东芝电器集团。并且,各战略集团都有明确的战略分工,即富士通与日立集团的主要作战方向是开发能与 IBM 兼容的大型计算机主机;三菱与冲电气集团将集中资源于研制较小型的能与 IBM 兼容的电脑;而 NEC 与东芝集团的主攻领域是设计出与 IBM 不同的计算机系统,希冀独树一帜,而三大集团又共同形成一个联盟,试图在国际市场上与 IBM 分庭抗礼。

在合作进行研究时,这三个集团并未成立共同的研究室,相反,研究工作分别在各公司的实验室进行,在经过开会协调之后,把研究成果与对方分享。所有的研究成果最后都送到代表六家计算机公司的研究协会,其基本研究成果可以让每家公司完全分享,再由各公司自行开发出实际的产品,使整个行业都受惠。

点评:

日本这六家计算机厂商在国内市场是互相竞争、势不两立的对手,但是在国际市场上,特别是在欧美市场上却是密切合作的联盟。因为不合作,单个独立作战,根本不是 IBM 的对手,每一厂商都深刻地认识到这一点。计算机战略集团在日本政府的大力协助下,在厂商之间的共同努力下,到 20 世纪 80 年代中期,日本计算机行业的水平与美国的差距由 30 年缩短到了 4 至 5 年。

谢安沉着论大捷

背景:

古之将相中,不乏大将风度之人,东晋宰相谢安就是一个典范。《世说新语·雅量》记载:谢安隐居东山时,与当时名士孙绰、王羲之等人乘船在海上游,风起浪涌。孙、王诸人惊恐万分,高喊:"赶快把船荡回去!"唯谢安精神抖擞,兴趣正高,吟咏歌啸自若。船夫见谢安态度安闲,神色愉快,因此仍然往前划。继而风越刮越急,浪越翻越猛,孙绰、王羲之等一个个被骇得站起来。这时,谢安才缓慢地说:"像这样,是不是回去?"大家回来后谈起这件事,都很敬佩谢安,认为他器量不凡,能成大事,当政可安朝野。

决断:

据《晋书》记载,后来谢安当了宰相。一次前秦主苻坚率众九十余万进入东晋,连得重镇数处,至于淮水淝水间。苻坚自负地说:"以我这样多的人马,将每个人的马鞭投入长江,立刻可以堵塞住流水,晋兵怎么能凭险抵御?"在这种情势下,东晋朝野,大为震恐,建安(南京)城中,人心惶惶。惟谢安处之泰然,若无其事。他推荐谢石、谢玄率领8万晋军去拒秦。谢玄去他的住处请示如何迎敌,谢安回答:"已别有旨。"这句话说完,谢玄等了半天,再不见下文。谢玄不敢再问,让人再进去问,谢安仍不回答,竟自驾车出游,并命谢玄同他在别墅中下棋。谢玄的棋原比谢安高一着,这时因心中有事,竟与谢安相持不下,最后输给谢安。终局后,谢安独自游涉,到夜间才回去。谢安经过冷静思索,回府后连夜发布号令,向各将帅指示机宜。结果,淝水一战,晋军以少胜多。捷报送到谢安处,谢安正与客下围棋,看了捷报,毫无表情。客人问他:"战况如何?"他淡淡地回答:"儿辈遂已破贼。"

点评:

这就是"静以幽,正以治"的大将风度。

第二章　小敌之坚,大敌之擒

提要:孙子认为用兵之法必须根据敌我双方强弱大小的不同而采取不同的作战方针,这是对上文的补充,在战术学上具有重要的参考价值。

处处设伏消耗敌人有生力量

背景:

1450 年,土耳其苏丹穆拉德二世集结了土耳其的全部兵力 10 万人进攻阿尔巴尼亚,决定给阿尔巴尼亚最后一击。穆拉德带着自己的儿子御驾亲征,志在必得。

决断:

土军径直攻向阿尔巴尼亚首都克鲁雅。阿尔巴尼亚领袖斯坎德培在国内宣布总动员。国内一切适合服兵役的男子都响应了号召,几天就召集了 1.8 万名志愿军。斯坎德培针对敌我形势,周密地制定作战方略、调配军力。他将阿军分为三部分:一部分约 3 500 人的部队留在克鲁雅要塞抗击来犯土军;另一部分 8 000 人的军队由自己亲自率领,分布在克鲁雅北部的都美尼斯蒂山中,从这里部队能够攻击土耳其军队的营地;斯坎德培将第三部分阿军编成几个人数规模不大的支队,这些支队的特点是行动迅速、极为精干。斯坎德培把这些支队布置在斯库姆毕河流域,让他们埋伏起来,等土耳其军进攻克鲁雅经过这里时打击土军,消耗他们的实力,最大限度地使土军蒙受损失。同时,支队还将阻挠为入侵阿尔巴尼亚的土军提供粮草给养的商队,使土军后勤无继。斯坎德培调配布置完毕,就以逸待劳地"迎接"入侵的土军。

土耳其大军在苏丹穆拉德的统帅下,取道马其顿,浩浩荡荡杀奔而来。他们刚刚进入阿尔巴尼亚,就陷入了阿军快速支队的埋伏。土军不得不忍受突如其来的袭击。有时土军将阿军袭击部队追赶到阿尔巴尼亚的边远地区,但在这里,他们又陷入了阿军设置的另一个陷阱里。一路上,土耳其部队付出了重大代价。1450 年 5 月 14 日,土军才最终抵达阿首都克鲁雅,苏丹穆拉德指挥土军从四面包围了克鲁雅要塞。

留守克鲁雅城的阿军顽强抵抗。土耳其苏丹下令猛轰要塞。轰击之后,他要求阿军投降,遭到阿军断然拒绝。苏丹恼羞成怒,命令发起总攻。阿尔巴尼亚守军寸土不让地保卫要塞,使土军分毫难进。就在这时,斯坎德培率领的隐藏在都美尼斯蒂山中的阿军不断出击,时而从东、时而从西地歼击土耳其围城部队,使土军顾此失彼,手足无措,无所适从。斯坎德培将攻城土军引诱到事先设伏的有利地形上,予以痛歼。同时,阿军快速支队开始围截袭击为土军运输粮草的商队,使土军长期不得给养。

土耳其军队没有粮草供应,攻城又久战不下,十分焦躁。他们恨不得立刻歼灭不断在城外袭击他们的斯坎德培,肃清骚扰的阿军,然后全力投入攻城。于是土耳其军暂停攻城,调遣兵力进攻斯坎德培亲率的部队。斯坎德培看透土军心理,决定牵着敌人的鼻子走。土军想打的时候找不到阿军,不想打的时候阿军又突然降临。土军处处被动、时时挨打,力量一点点被消耗着。不久,本来是进攻的土军就不得不开始转入防御状态。

随着冬季的到来,在历经了 4 个月徒劳的围城之后。苏丹终于意识到攻城的无望。他下令收兵,于 1450 年 12 月 26 日撤离克鲁雅要塞。阿军这时从四面八方一起出动,如天罗地网一般。土耳其军队无心恋战,全线溃逃。当苏丹穆拉德带领自己的残兵败将逃回阿得里亚那堡的时候,战场上丢下了 2 万多具土军尸体。阿尔巴尼亚的抵抗获得了全部的胜利。

点评:

当面临敌人重兵包围的危险时,不应聚全部兵马于一处抵抗,而应将兵马分成几路,各占有利位置,前后左右彼此呼应。或东或西,忽南忽北,一点点、一层层消耗敌人力量,使敌人每进一步都有伤亡。这样敌人就会慢慢气竭,而我军则一鼓作气,挫败已属强弩之末的敌军。

淝水之战

背景:

公元 370 年,北方的前秦灭掉了前燕,此后又灭掉前凉,攻占了东晋的襄阳等地。前秦主符坚认为一统天下的时机已经到来,调征各地人马90万,向偏安南方的东晋杀来。

决断:

东晋孝武帝司马曜慌忙任命丞相谢安为征讨大都督,率兵迎击前秦军队。谢安胸有城府,临危不惧,他委任谢玄为前锋都督,选派谢石代理征讨大都督,指挥全军作战。

符坚依靠占绝对优势的兵力一举攻克寿阳,随后派降将朱序到晋营劝降。朱序是在4年前与前秦作战兵败后投降的,当时实为迫不得已,如今回到晋营,不但不劝降、反而将前秦的兵力部署完完全全地告诉了晋军。谢石根据朱序提供的情报,派猛将刘牢之率精兵5 000人强渡洛水,偷袭洛涧的前秦军队,歼敌15 000人,晋军士气大振。谢石、谢玄指挥晋军推进到淝水东岸,与前秦军夹岸对峙。

符坚人马众多,后勤补给有困难,一心想速战速决;东晋军担心前秦的后续部队与前军会合,压力会增大,也想乘胜击败前秦军,于是,双方约定:秦军稍稍后退,让出一块地方,让晋军渡过淝水,展开决战。

符坚的如意算盘是:待晋军上岸立足未稳之机,以骑兵冲杀,把晋军全歼。

决战开始前,符坚命令淝水前沿的前秦军队稍稍后撤,让晋军过河。开始的时候,前秦军还有秩序地后退,但片刻之后,跑的跑、奔的奔,人人惟恐落后,阵势立刻大乱。

早已潜伏在后军中的朱序乘机指挥自己的部队齐声呐喊:"秦军败了! 秦军败了!"前秦军不知虚实,以为真的败了,假后退顿时变成了真溃败,成千上万的士兵,潮水般地向后涌去。符坚的弟弟车骑大将军符融连杀数名后退的士兵,企图阻止秦军后退,不但没有遏止住秦军的后退,反而连人带马被后退的人马撞倒,死于乱军之中。

谢石、谢玄看在眼里,哪肯错失这一千载难逢的好时机,立刻指挥8 000骑兵率先杀入秦军,后面的晋军一拥而上,奋勇追杀。前秦军兵败如山倒,一发而不可收拾。

符坚仓皇北逃,一路上,风声鹤唳,90万大军灰飞烟灭,前秦从此一蹶不振,没过多久就灭亡了。

点评:

淝水之战以少胜多是历史上有名的一次战役,它的特点在于灵活用兵。

第三章　将者,国之辅也

提要:将帅对战争结局的影响。孙子认为,要在战争中取得全胜,必须具备两个重要条件:一是明君,二是贤将。统兵将领是辅助国家的骨干,其能力的大小高低对于战争结局和国家命运有着重大的影响。

背景:

　　宣和七年,金兵攻占了辽的燕京后,遂乘胜挥师南下,渡过黄河,一路上宋军望风而逃,告急的文书像雪片一样飞向北宋朝廷。宋徽宗慌忙将皇位禅让给他的儿子钦宗后出逃东奔,钦宗委任大臣李纲为兵部侍郎,委以御敌之任。金兵渡过黄河后,直逼开封城下,李纲建议钦宗固守待援。可是钦宗的佞臣白时中、李邦彦等人都连劝带吓地要求钦宗暂避敌锋,逃往襄、邓,钦宗也动心了。宋军本已军心浮动,大有全军崩溃之势,钦宗如果出逃,势必让金人一举攻下京城,甚至趁势南下,消灭宋朝,在这样的危急关头,作为兵部侍郎的李纲该怎样才能稳住军心,确保京城的安全?

决断:

　　李纲坚决反对钦宗出逃,他说:"太上皇帝将国家宗社传给陛下,陛下怎可弃城逃跑呢?都城是祖宗宗庙社稷、百官万民之所在,除了都城,还有哪里可以去呢?为今日计,应立即整饬军马,号召军民坚持拒敌,等待各地勤王军队的到来。"钦宗要选择守城的大臣,白、李等人贪生怕死,相继推诿,李纲慨然自请指挥京城的保卫战。

白、李等人不断地劝诱钦宗逃离京城,钦宗又动摇了,下诏李纲为东京留守,李纲立即奏见钦宗,他说:"唐明皇时,潼关失守,即慌忙逃往四川,结果京师沦陷,宗庙社稷毁于一旦,后人都认为明皇之失在于不能坚守待援。现在天下四方的援兵陆续赶往京师,陛下为何做此轻率之举,重蹈唐明皇的覆辙呢!"钦宗听后有所悔悟,表示愿意留下。这时内侍来奏报,中宫已经开始出行了,钦宗又要出逃,李纲泣拜于地,以死相留说:"陛下万不可去,臣愿死守京城。"钦宗不得已,只得暂时留下。可次日清晨李纲入朝时,却见午门内禁卫环甲,乘舆已驾,皇帝即将起程,李纲急呼禁卫道:"你们是愿意坚守宗庙社稷呢,还是愿随皇上出幸?"卫士齐声应道:"我们的父母妻子都在城中,愿意死守!"李纲即入见钦宗,言辞恳切,他说:"陛下既然答应坚守京师,为何又出此下策? 今卫士家属尽在城中,军心浮动,万一中途散归,何人护卫陛下? 况金兵日益逼近,如果探知陛下出行不远,必然派轻骑穷追不舍,陛下何以御敌,难道要束手待擒吗?"钦宗至此如梦方醒,断绝了出逃的念头,并亲自登上宣德楼,宣谕军民誓死抗战,军士皆拜伏高呼万岁。钦宗命李纲兼行营使,全权指挥守城大军。宋军听到皇帝仍留在京师,士气大增,军民秣马厉兵,准备迎敌。正月,金军攻到开封城下,李纲募敢死士多次出城杀退金兵,夜斫敌营,两河制置使钟师道等勤王兵陆续云集开封,最后宋金双方达成和议,金兵退离开封,东京保卫战最后取得胜利。

点评:

将领是军队的灵魂,作为皇帝的钦宗更是全国武装力量的首脑,他如果惧敌而逃,那么全军官兵又怎么能全力以赴,抵抗金兵入侵呢? 李纲深明这一点,所以力劝钦宗御驾亲征,稳定军心鼓舞士气,事实证明,只有在指挥官带头御敌的条件下,才能确保全军的稳定并争取战争的胜利。

周文王访贤

背景:

商朝的末代国王纣,是个荒淫无耻、惨无人道的奴隶主头子。周文王姬昌看到纣王的昏庸腐败,决心讨伐商朝,取而代之。

决断:

为此,他一方面亲自率领老百姓在田间耕作,努力发展农业生产,一方面广泛访求各方面的人才,常常忙得连吃饭的工夫也没有。当时许多有名的志士仁人,都被他招纳来了,连商朝的一些文臣武将,也不断跑来投奔他。但周文王感到还缺少一位既有雄才大略,又善于运筹帷幄的军事统帅,他就经常外出访求。

有一天,他以打猎为名,又到民间访贤。在渭水河边,他看见一个鹤发童颜、目光炯炯的老渔翁,坐在一块大石头上钓鱼,任凭马嘶人叫,丝毫不受惊扰。周文王跳下车来,拱手走到老渔翁面前,诚恳地和他攀谈起来,并向他请教对天下大势的看法。老渔翁从容不迫,口若悬河,从政治到军事,见解精辟,分析透彻。周文王喜出望外,把这位老渔翁请回,尊称为"太公望"。传说"太公望"姓姜,名尚,字子牙。他的祖先也是东方的贵族,但到他这一辈已经没落了,穷得吃了上顿没下顿。但他勤学好问,到处借书抄书,刻苦攻读,特别是对于军事学,他钻研得更加精深,造诣很深。但在暗无天日的商朝,他报效无门,直到七八十岁,仍不为人知。后来,他听说周文王访求人才,准备伐商,就从东方来到渭水之滨,并在周文王常打猎的地方钓鱼,一心等待周文王的来临,他一连钓了3天,竟没有一条鱼上钩。气得他把衣服脱了,帽子也扔了。有个农民对他说:"要把钓线换成细一点儿、长一点儿的,鱼饵换成香一点儿的,下钩时手脚再轻一点儿,耐住性,沉住气,这样,鱼就上钩了。"姜子牙照办了,很快钓住了大鱼,还从中悟出了一个道理:同钓鱼一样,要想推翻商朝的残暴统治,就要力戒急躁情绪,一切要从长计议,悄悄地作好准备。只有这样,才能钓住商纣王这条"大鱼"。

周文王请到姜子牙后,立即拜为军师。他们一面整顿内政,鼓励生产,训练兵马;一面对周围的小国恩威并施,团结、争取。结果,使芮、虞等一些小国归附了周国,西边的犬戎和密须被征服了,这就为大军东进解除了后顾之忧。随后,他们便东渡黄河,吞并了邘、黎、崇等商朝的附属国,为进军商都朝歌(今河南淇县)扫清了障碍。

正当他们准备向朝歌挺进时,周文王不幸病逝。姜子牙继续辅佐文王的儿子武王,统率浩浩荡荡的大军,在离朝歌70里的牧野,与商军进行了决战。商纣王大败后在鹿台自焚身亡。从此周朝取代了商朝。周武王封姜子牙为齐侯,姜子牙就成了春秋战国时期齐国的始祖。

点评：

是金子一定会发光的,姜子牙七十遇文王,为时不晚。

"恋爱"有术　略胜一筹

背景：

美国印第安纳州的玛特玩具厂,专门生产一种叫"芭比"(Baybie)小姐的玩具。"芭比"以她可爱温柔的形象,在她诞生以来的二十几年里,已和世界2亿消费者谈上了"恋爱"。如将"芭比"排成长队,可环绕地球4周半,"芭比"小姐为何受到世界公众的青睐呢?"芭比"自然有其自己独特的"恋爱术"。

决断：

原来"芭比"是和信息专家交上了"朋友",由此而使"芭比"年年换新貌。一天,"芭比"通过信息渠道,认识了美国名时装设计家奥斯卡·特拉·兰地。他也是一位掌握着时代需求信息专家。他们结交成"好朋友"后,奥斯卡·特拉·兰地就专门为"芭比"设计服装,以国内外最新款式、最新潮派给芭比装饰。加上"芭比"制作精细,用料上乘,有着"天生"丽质,就更为名贵。在每年的圣诞钟声将近时,"芭比"就穿上设计师给她设计出的各种鲜艳的套装出现在各玩具市场、超级市场。她大眼浓眉高鼻小嘴,肤嫩苗条高胸樱唇,有金发的、棕发的,额前一排排刘海。她的年龄一般从6岁到12岁之间不等,穿着各种各样的制服,既漂亮非凡,又保持在大众可以实现的目标之内。这是芭比独特的"恋爱"术之一。

"芭比"注重市场调查,善于抓住消费者的需求心理。"芭比"深入到消费者群中,亲自倾听消费者的意见、要求以及各种呼声反映。通过这些信息,使玛特玩具厂的决策者们紧紧地抓住了消费者的消费心理,把"芭比"打扮成美的象征,使女孩子都希望"我长得像我的芭比洋娃娃就好了!",使男孩子们对异性的倾慕也投射于"芭比"身上。这是芭比独特的"恋爱"术之二。

"芭比"正是采用上面两种高招,使其自 1959 年开始生产以来,在 20 多年中一直成为千千万万小女孩的梦中仙子,她的拜场客还有千千万万小男孩。她的神气端庄,衣着艳丽的金发女郎形象,也吸引着千千万万的少妇老妪和男子汉。难怪每个"芭比"的售价高达几十美元到几百美元。在马里兰州,4 个身着名家设计漂亮服装的"芭比",在一次拍卖中,竟卖得 5 万美元。买家们等得不耐烦,翘首渴望第二批、第三批名牌芭比的面世。

点评:

美国印第安纳州的玛特玩具厂,为了使设计的玩具小姐"芭比"打开市场,专门聘请了美国信息部专家、服装大师奥斯卡·特拉·兰地。在他的帮助下,利用他所掌握的时代需求信息,不断对产品进行改进,终于抓住了消费者的心理,打开了市场。

宗泽守汴京

背景:

北宋靖康元年(公元 1126 年),金军攻克宋都城汴京(今河南开封),将徽、钦二帝俘虏而去。第二年宋高宗赵构即位,史称南宋。赵构起用主战派将领,收复了汴京,并任命将军宗泽为汴京留守。这一年的 10 月,金军再次南下,赵构仓皇逃至扬州,将汴京城留给了宗泽。

决断:

金军在迅速占领秦州(今甘肃天水)至青州(今山东北部)一线的许多重镇后,兵临汴京城下。但见城头旌旗猎猎,而城内却毫无战争的景象:做生意的做生意,娶媳妇的娶媳妇,大街小巷,人来人往,一派安详。金军统帅疑心顿起,认为城内有诈,下令暂缓攻城。

原来,金军逼近的消息传至汴京后,汴京上下人心惶惶,宗泽的僚属们也都沉不住气了,但又不见宗泽的身影,只好相约去宗泽府邸探察虚实。不料,入府一看,宗泽正在跟一位客人下围棋,那种专注神情,仿佛压根儿不知道金人打来一样。众人大惑不解,连连向宗泽报警。

宗泽笑道:"我们收复汴京后,招募了众多抗金义士,在汴京城外修筑了24座堡垒,沿护城河构筑了坚固的堡垒群,还制造了1 200辆决胜战车,足可与金军决一死战。眼下敌军来势汹汹,兵力上又远远超过我们,我们就应该避其锐气,以计谋来迷惑敌人,然后伺机击退他们。敌我尚未短兵相接,诸位就这样慌乱,士兵和百姓们该会怎样想呢?"

众僚属被宗泽说得面红耳赤。

按照宗泽的布置,僚属们一个个领命而去,于是,金军在列阵于汴京城外时,看到了上述反常现象。

金军按兵不动,派出间谍四处侦察,不待他们把情况摸清楚,到了第三天,驻扎在城外的一支宋军在统制官刘衍率领下,擂响战鼓,冲入了金营。金军没想到宋军竟敢首先发动进攻,急忙上马迎战。这时,城楼上的宗泽一面击鼓助威,一面向早已埋伏在金军后翼的宋军发出出击信号。金军遭到前后夹击,顿时大乱,抛下大量辎重和沿途掠夺来的财物,落荒向北逃去。

自此以后,金军在较长的一段时间里,不敢再犯汴京。

点评:

得一千军不如得一良将,良将攻守有方,百姓安居乐业,国有宁日。

第四章　知彼知己,百战不殆

提要:孙子提出了"知彼知己,百战不殆"的著名论断,揭示了指导战争的一般规律,至今仍是颠扑不破的真理。

投其所好　为友谊创造契机

背景:

哈密顿刚当上英国驻意大利候补外交官时,由于外交上的需要,须结识当时意大利大主教努基奥。哈密顿从前任外交官那里了解到:努基奥不爱交际,很难与他接近,其他英国外交官们虽做过各种努力,均告失败。

决断:

哈密顿经过细心观察,了解到大主教是个很讲究吃的人。他对各种菜肴有很深的研究,能准确地评价各种菜肴。于是,哈密顿就专心研究起意大利的烹调艺术,并结合英国的烹调工艺,掌握了一手能将意大利和英国烹调相结合的特殊本领。然后他请大主教品尝。努基奥从未吃过这样新颖别致的饭菜,赞不绝口。哈密顿借机说:"我们两国的友谊就像这烹调艺术一样,紧密结合,一定会产生丰硕的结果。"不久以后,哈密顿得到了努基奥的信任,他们成为非常要好的朋友。

点评:

不打无准备的仗,官场上亦是如此,多了解一些对方的喜好,人与人之间往往因为这些了解而接近,因为了解而产生了美好的友谊。"投其所好"也不完全是贬义词,有时也是很受用的。

投其所好　化敌为友

背景：

富兰克林在当费城印刷厂老板的时候，曾被选为宾夕法尼亚州的州务卿。正当他暗自欢喜之际，不料有位议员当众演说，发表不满富兰克林的言论，使富兰克林的名誉和自尊心受到很大伤害。富兰克林对于这个劲敌的意外出现，着实吃惊不小。他知道这个议员在宾夕法尼亚州的影响很大，一言一行都有很多人响应。这对富兰克林以后的政治生涯来说，是严重的障碍。

决断：

满足和维系对方的自尊，是极好的待人接物方法。它可以避免正面冲突，化敌为友。

富兰克林经多方了解，得知反对他的议员是古籍爱好者，在家里藏有多种非常珍贵的古书。该议员因有这些古书而自以为荣，而很多古书专家们对议员拥有的古书却不大感兴趣。于是，富兰克林就诚恳地向那个劲敌请求：让他鉴赏一下这些珍本书。议员为了显示自己是个拥有很多珍贵价值古书的人，马上就把书借给了富兰克林。一星期以后，富兰克林写了封感谢信，连同借来的书，遣人送还给他。在信中对古书的珍贵处做了充分的肯定，还提出了自己对古书的看法，并对议员拥有这些书表示祝贺。过了几天，在议会里彼此见面的时候，那个议员完全改变了对富兰克林的态度。以后他竟成了富兰克林的知交，帮助富兰克林渡过了许多难关。

点评：

与人为善，尤其是与敌人为善，不仅可以避免许多不必要的麻烦与正面冲突，更有可能化敌为友，化弊为利。这时候，满足和维系对方的自尊，就显得至关重要。

朱可夫决胜哈勒欣河

背景：

1936 年，日本军国主义为实现其独霸亚洲、占领前苏联远东地区的野心，企图以快速突击方式围歼哈勒欣河东岸全部苏蒙部队，夺取并扩大哈勒欣河西岸的广大地域，为以后的军事行动作准备。为此，日军将设在海拉尔的第六集团军全部调到哈勒欣。

决断：

斯大林识破了日军的企图。为确保远东的稳定，给日军以毁灭性的打击，斯大林经过慎重筛选，将这一重任交给了白俄罗斯军区副司令员朱可夫。

朱可夫是一位士兵出身的传奇式将军(后来晋升为苏军元帅、苏军最高统帅部副统帅、斯大林的第一副手)，他坚定地认为：战役战术的突然性是决定这次战役胜败的关键。为此，在精心拟定作战计划的同时，朱可夫还拟定了一整套迷惑敌人的计划：战略物质的运输、储存，作战部队的调动、集结，各兵种的演练、布防，等等，都在极其隐蔽的情况下进行；故意制造假情报传递给日军，如使用容易被破译的密码，有意识地让日军获取"重要情报"，朱可夫还印制了几千张传单和一批《苏联红军战士防御须知》发给战士，使日军错误地认为苏军只是在组织防御。

为保证进攻的突然性，朱可夫在发起进攻的十多天之前，运用各种音响器材逼真地模拟出飞机的轰鸣声、坦克的运行声、大部队的行进声，等等，令日军习以为常，思想麻痹。

朱可夫在日军毫无觉察的情况下，成功地把 35 个步兵营、20 个骑兵营、498 辆坦克调到了预定的位置。在战斗行动前 4 天至前 1 天，逐级向指挥官传达战役计划，在进攻前 3 个小时才向战士发布战斗命令。

日军计划在 8 月 24 日向苏军发起进攻。

朱可夫将进攻的时间提前了 4 天，定于 8 月 20 日的凌晨。

20 日凌晨 5 时 45 分，总攻击开始。苏军 150 架轰炸机和近 100 架歼击机牢牢控制了制空权，在开战后的一个半小时内，日军的炮火竟无力进行任何还击，战斗进行了整整 10 天，入侵蒙古边界的日军第 6 集团军全军覆灭，苏军伤亡 1

万人,日军伤亡为5.2万~5.5万人。

哈勒欣河战役使日本军国主义者对前苏联的实力有了一次重新认识,哈勒欣河地区从此平静下来,苏军最高统帅部的战略意图完全得以贯彻、实现,朱可夫也因此声誉大增。

点评:

朱可夫运用各种手段,周密地侦察和精确地核证日军的布防情况、武器装备和日军的战斗能力等敌情,真正地做到了知己知彼,所以能获胜。

知己知彼推销术

背景:

普莱茅斯汽车制造公司相对于美国福特汽车制造公司和雪佛兰汽车制造公司而言,只能算是个新生儿。然而,初生之犊不畏虎,普莱茅斯公司并不迷信名牌是坚不可摧的说法,何况在竞争激烈的市场中,风水本来就是轮流转的!

决断:

那么,怎样才能跻身于名牌车的行列呢?为此目的普莱茅斯公司投入了大量的人力、物力,进行了深入的市场调查,走访消费者,收集到了竞争对手所生产汽车的大量技术参数和有关信息,经过和自己生产的车对比,发现了一条激动人心的信息:普莱茅斯公司的汽车与福特公司和雪佛兰公司这两家大公司的汽车相比,质量丝毫不逊色,而且定价是3家中最低的!普莱茅斯公司简直是兴奋极了:既然有如此显著的优势,何愁消费者不来买我们的产品呢?

问题的关键是如何把这个信息传递给消费者呢?毕竟福特公司和雪佛兰公司已经在市场上享有很高的知名度,在销售中占有绝大的优势。俗话说:"不怕不识货,就怕货比货。"何不引导消费者自己把三家公司的产品比一比,看一看,自行评定呢?于是,普莱茅斯公司针对自己的汽车真正价廉物美的特点,推出了标题为"三家全看看!"的广告。在广告中,普莱茅斯公司指出:"有成千上万的人直到今天还在期待着去购买一辆新车……这一天你购买前务必请你货比三家,看看谁的车舒服,谁的车价格低……"

"三家全看看"!这一醒目的信息输出内容吸引了不少消费者的目光。而这则广告更巧妙的是让消费者以为物美价廉这一信息是自己得出的结论;并非制造商吹嘘的或强加给他们的。因此,更易于博取消费者的信任,其说服力也就更强了。消费者在再三对比后,终于口服心服,而且普莱茅斯公司在消费者心目中也树立了有信心的企业形象。当然,普莱茅斯公司也就如愿以偿,把不少的消费者从竞争对手那边争取了过来,销售额猛增。

点评:

风水轮流转,胜败乃兵家常事。但若深入调查市场,企业将长盛不衰。

肯德基进军"东方之珠"的历程

背景:

1973 年,赫赫有名的肯德基公司踌躇满志、大摇大摆地踏上了香港这个弹丸小岛。

在一次记者招待会上,肯德基公司主席夸下海口:要在香港开设 50 至 60 家分店。

这并非是信口雌黄。这种由贺兰迪斯上校在 1939 年以含有 11 种草本植物和香料的秘方首次制成的肯德基家乡鸡,由于工艺独特,香酥爽口,备受世界各地消费者的喜爱。到 20 世纪 70 年代,肯德基在世界各地区有快餐店数千家,形成了一个庞大的快餐店连锁网。于是,它又把目光瞄准了这颗"东方之珠"。

决断:

1973 年 6 月,第一家家乡鸡在美孚新村开业,其他分店亦很快接着开业。到 1974 年,数目已达到 11 家。

在肯德基家乡鸡店中,除了炸鸡之外,还供应其他杂类食品,包括菜丝色拉、马铃薯条、面包,以及各种饮料。鸡分 5 件装、10 件装、15 件装和 20 件装出售。此外还有套餐,例如售价 6.5 元的套餐,包括 2 件鸡、马铃薯条和面包。

肯德基家乡鸡首次在香港推出时,配合了声势浩大的宣传攻势。电视广告迅速引起了消费者的注意。电视和报刊、印刷品的主题,都采用了家乡鸡世界性的宣传口号:"好味到舔手指。"

声势浩大的宣传攻势,加上独特的烹调方法和配方,使得顾客们都很乐于一试,而且在家乡鸡进入香港以前,香港人很少尝试过所谓的美式快餐。虽然大家乐和美心快餐店均早于家乡鸡开业,但当时规模较小,未形成连锁店,不是肯德基的竞争对手。看来肯德基在香港前景光明。

（1）惨遭"滑铁卢"。

肯德基在香港并没有风光多久。

1974年9月，肯德基公司突然宣布多家餐店停业，只剩4家坚持营业。到1975年2月，首批进入香港的肯德基全军尽墨，全部关门停业。虽然家乡鸡公司的董事宣称，这是由于租金上困难而歇业的，但其失败已成定局。其失败原因也明显不仅是租金问题，而主要是没吸引住顾客。

当时的香港评论家曾大肆讨论此事，最后认为导致肯德基全盘停业原因，是鸡的味道和宣传服务上出了问题。

为了适应香港人的胃口，家乡鸡快餐店采用了本地产的土鸡品种，却仍采用以前喂养方式，即用鱼肉饲养。这样，便破坏了中国鸡特有的口味，甚是令香港人失望。

在广告上，家乡鸡采用了"好味到舔手指"的广告词，这在观念上也很难被香港居民所接受。而且，当时的香港人认为家乡鸡价格太昂贵，因而抑制了需求量。

在服务上，家乡鸡采用了美国式服务，在欧美的快餐店一般是外卖店，驾车到快餐店，买了食物回家吃。因此，店内通常不设座位。而香港的情况则不同，人们在买的地方进餐，通常是一群人或三三两两买了食品后坐在店内边吃边聊。家乡鸡不设座位的做法，等于是遣走了一批有机会成为顾客的人。因此，家乡鸡虽然广告规模较大，吸引了许多人前往尝试，但是回头客就不多了。

家乡鸡首次进入香港的失败，败在未对香港的环境文化作深入的了解。正如英国市场营销专家史狄尔先生所评价的："当年家乡鸡进入香港市场，是采用与美国一样的方式。然而，当地的情况，要求它必须修改全球性的战略来适应当地的需求。产品的用途和对产品的接受程度，受到当地的风土人情影响，食物和饮品类产品的选择亦取决于这一点。当年的鸡类产品不能满足香港人的要求，宣传的概念亦不适当。"

肯德基是大摇大摆地走进香港，又灰溜溜地离去。

（2）卷土重来。

一转眼8年过去了。

1985年，肯德基在马来西亚、新加坡、泰国和菲律宾已投资成功。这时，他们准备再度进军香港。

这次，家乡鸡重新进入香港，是由太古集团一家附属机构取得香港特许经营权,条件是不可分包合约,10 年合约期满时可重新续约。特许经营协议内容包括购买特许的设备、食具和向家乡鸡特许供应商购买烹调用香料。

首家新一代的家乡鸡店耗资 300 万元,于 1985 年 9 月在佐敦道开业,第二家于 1986 年在铜锣湾开业。

在 1985 年的时候,当时的香港快餐业已发生了许多新的变化,可以分成三大类——汉堡包一项,并且占据了整个快餐店市场的 2 成份额。一直以来,最大的市场是本地食品类,市场占有率接近 7 成。肯德基家乡鸡是新一类——"鸡专家"。

因此,随着竞争对手的增多,肯德基要想重新占据市场已比较困难。开业以前,公司的营销部门就进行了市场调查和预测,结果表现为前景乐观。

这一次肯德基开拓市场更为谨慎,在营销策略上按香港的情况进行了适当的变更。

首先,家乡鸡店进行了市场细分,明确了目标市场。新的家乡鸡店和旧的不同,现在它是一家高级"食堂"快餐厅,介于铺着白布的高级餐厅与自助快餐店之间。顾客对象介于 16 至 39 岁之间,主要是年轻的一群,包括写字楼职员和年轻的行政人员。

其次,在食品项目上,家乡鸡店进行了一些革新。品种上,以鸡为主,有鸡件、鸡组合装、杂项、甜品和饮品。杂项食品包括薯条、沙律和玉米。所有鸡都是以贺兰迪斯上校的配方烹制,大多数原料和鸡都从美国进口。食品是新鲜烹制的,炸鸡若在 45 分钟仍未售出便不会再售,以保证所有鸡件都是新鲜的。

在价格上,公司将家乡鸡以较高的溢价出售,而其他杂项商品如薯条、沙律和玉米等以较低的竞争价格出售。这是因为,如果家乡鸡价格太低,香港人会把它看成是一种低档快餐食品。而其他杂项食品以低价格出售,则是因为家乡鸡店周围有许多出售同类食品的快餐店与之竞争,降低杂项食品价格,能在竞争中取得一定的优势。

在广告上,家乡鸡把 1973 年的广告口号"好味到舔手指"改为"甘香鲜美好口味"。在地铁车站和报纸、杂志上都能看到新的广告词。很明显,新的广告词已带有浓厚的港味,因而很容易为香港人接受。

家乡鸡店第二次在香港登陆时,公司认为主攻方向是调整市场策略,以适应香港人的社会心理和需求。因而广告并不作为主攻方向。如:佐敦道分店开业时颇为低调,只在店外拉了横额和竖了一块广告牌。宣传方面也是采取低调的手法,只集中在店内和店外周围推广,广告宣传亦于开业数月后停止了。

（3）香港终于接受了它。

家乡鸡店重新开业后数月，公司进行了一次调查。调查者选择了知道有肯德基家乡鸡店的人为调查对象，询问他们对家乡鸡的印象，以及肯德基与其他快餐店相比，有何不及的地方。

64%尝试过家乡鸡的被访问者认为菜式的选择有限，21%的人认为食品价钱太贵，其他则觉得店铺位置不方便，大多数（92%）的被访问者都知道香港以前有过家乡鸡店。但同时也有71%的人表示将会在日后再次光顾家乡鸡店。

公司的营销人员对此次调查作出的结论是：1973年公司在香港的失败仍然严重影响着消费者对家乡鸡的看法，但随着时间的流逝以及家乡鸡影响的扩大，消费者的这种印象会逐渐淡化。

家乡鸡连锁店针对调查结果，对营销策略又进行了一些改变，如增开新店时，尽量开设在人流量较大的地方，以方便顾客，同时扩大营业面积，改变消费者拥挤的状况，以及增加菜类的种量等。

家乡鸡的营销策略的调整收到了良好的效果。香港成了肯德基的一个大市场，分店数目占肯德基在世界各地总店数的1/10强，肯德基也成为与麦当劳、汉堡包皇和必胜客薄饼并立的香港四大快餐食品之一。

肯德基终于被香港人接受了。

点评：

肯德基的遭遇及其成功均说明企业了解顾客、了解市场才能立足。

第四篇

（军形篇）

第一章 不可胜者，守也，可胜者，攻也

提要:"不可胜者,守也,可胜者,攻也"的作战原则,强调不打则已、打则必胜,不打无把握之仗。孙子认为战争的胜负可以从敌我双方有形的客观条件对比中预料到,但不能超越客观条件企求胜利。

事典

雨中歼灭"俾斯麦"

背景:

在1940~1941年冬季作战胜利的鼓舞下,德国海军在1941年5月决定再次出发,袭击英国在大西洋上的护航船队。因为他们手中有了一张王牌:刚刚服役的"俾斯麦"号战列舰。

"俾斯麦"号始建于1936年7月1日,1939年2月14日下水。它的标准排水量为41 637吨,满载排水量达49 136吨,比美国战列舰要多出1万多吨。在136 200马力的动力驱动下,航速达30.12节,以19节速度可航行9 500海里。"俾斯麦"号的火力十分强大,除了4座双联381毫米主炮之外,还配备了6座双联150毫米副炮、8座双联105毫米重型高炮、8座双联37毫米中型高炮及20门20毫米轻型高炮,可以说武装到了牙齿。"俾斯麦"号防护性能极好,全舰装甲重达16 650吨! 可以说,"俾斯麦"号是当时世界上最强大的战列舰,被希特勒称为德国海军的骄傲。

1941年5月19日晚,根据雷德尔制定的代号为"莱茵河演习"的作战计划,"俾斯麦"号在"欧根亲王"号巡洋舰的伴随下从格丁尼亚秘密启航,这支舰队的指挥官是被英国人称为"德国水面舰艇最优秀的指挥官"的吕特晏斯上将。德舰穿过卡特加特海峡及斯卡格拉克海峡后,驶抵挪威南部的卑尔根峡湾,5月21

日午夜，"俾斯麦"号和"欧根亲王"号悄悄离开了卑尔根，吕特晏斯企图借着大雾的掩护避开英军，神不知鬼不觉地穿越丹麦海峡，然后突然出现在大西洋上的英国运输船队面前。

可是，早在5月20日，"俾斯麦"号经过瑞典沿海时，便被英国情报人员发现了。21日上午8时，英国海军部接到了一份密电："俾斯麦"号出动了！当天下午，侦察机报告，德舰已抵达卑尔根。英国海军部的气氛顿时紧张了起来。每个人心里都十分清楚，"俾斯麦"号太强大了，任何一艘英国战舰均无力单独抗击它，而一旦它突入了大西洋，将给英国的海上生命线带来极其严重的威胁。唯一可行的办法就是调集一切可能调动的舰只，集中兵力拦截、包围，最终击沉"俾斯麦"号，根除这个心腹大患。

决断：

5月22日，不顾恶劣的天气，一架英军侦察机飞临卑尔根，发现德舰已经不在了。接到报告后，英国本土舰队司令托维海军上将立即下令战舰起锚出发，英舰纷纷从苏格兰、英格兰甚至直布罗陀的基地出发迎击德军。为了消灭"俾斯麦"号，英国海军调动了2艘航空母舰、5艘战列舰、3艘战列巡洋舰、8艘巡洋舰及24艘驱逐舰，共计42艘战舰。人们相信，凭此优势，一定能消灭它！

"俾斯麦"号进入丹麦海峡后，在漫天风雨中被英国"萨福克"号和"诺福克"号两艘重巡洋舰的远程雷达发现。接到巡洋舰的报告后，离丹麦海峡最近的两艘英国重型舰只立即赶往海峡南口截击"俾斯麦"号。这两艘英军战舰分别是"威尔士亲王"号战列舰和"胡德"号战列巡洋舰，由霍兰海军中将指挥。

5月24日凌晨，两支舰队迎面相遇。当时大雨滂沱，可见度很低，"胡德"号悄悄地迎了上去。5时52分，"胡德"号首先开火，"俾斯麦"号迅速还击，第一次齐射便命中英舰。很快，双方大小火炮均投入了战斗。英舰有8门381毫米炮和10门356毫米炮，而德军仅有8门381毫米炮和8门203毫米炮，英舰占很大优势。但开战仅5分钟，"胡德"号便中弹起火了，紧接着，"俾斯麦"号的1枚381毫米炮弹穿透了"胡德"号的装甲并引爆了弹药库，剧烈的爆炸瞬间便将"胡德"号炸裂，包括霍兰中将在内的1419名官兵阵亡，仅3人幸存。击沉"胡德"号之后，"俾斯麦"号立即同"欧根亲王"号一起猛轰"威尔士亲王"号，并在6分钟内命中该舰7弹，"威尔士亲王"号遭到重创，被迫逃走。

"胡德"号的沉没使英军丧失了1艘宝贵的战舰，但并未动摇他们消灭"俾斯麦"号的决心。丘吉尔坚信，一定能击沉"俾斯麦"号！而在德军一方，初战的胜利冲昏了吕特晏斯的头脑，他不顾"俾斯麦"号已受轻伤、燃油外溢、航速航程均受影响的情况,下令继续南下。这一决定注定了它的命运。

24 日晚,"俾斯麦"号同"欧根亲王"号分开,单独驶往法国的布勒斯特。为了在它进入德国空军作战半径前击沉它,必须减缓它的航速。当晚午夜前后,从"胜利"号航空母舰上起飞的 9 架飞机空袭了德舰,1 枚鱼雷命中目标,但"俾斯麦"号受损甚微。它趁着黑夜和大雨,逃脱了英国巡洋舰的雷达跟踪。差不多过了 30 个小时,正当希望开始破灭的时候,1 架远程侦察机发现了受伤的"俾斯麦"号!它离布勒斯特大约 1 200 公里,只需再航行 30 小时就可安然无恙了。这是抓住这条大鱼的最后机会了。15 架载有鱼雷的"剑鱼"式轰炸机从"皇家万舟"号航空母舰上起飞,对德舰发起了攻击,两只鱼雷命中,其中一枚击中了"俾斯麦"号舰尾,打坏了舰舵,这是它所遭受到的致命一击。为防止舱室进水,巨舰只能低速行驶,返回港口的希望破灭了。夜幕降临后,5 艘英军驱逐舰朝德舰猛扑了过来,试图发射鱼雷。"俾斯麦"号使尽了浑身解数,在雷达指引下拼命射击,终于击退了对手。但整整一夜,它都处于紧张的战斗中,每个人都疲惫到了极点,因为他们已几昼夜没有休息了。午夜,绝望的吕特晏斯给柏林发出了诀别电报称:"我们将战至最后一弹!"

5 月 27 日 8 时 47 分,"俾斯麦"号上昏昏欲睡的德国水兵们被震耳欲聋的炮声唤醒:两艘英国战列舰"罗德尼"号和"英王乔治五世"号正在向德舰开火,"俾斯麦"号的末日到了。开始,德舰还挣扎着还击,但很快便被英舰火力压住了。4 艘英国巡洋舰也加入了炮击,各种口径的炮弹雨点般飞向"俾斯麦"号。10 时 15 分,德国人的大炮完全沉寂了下来,"俾斯麦"号变成了一堆浓烟烈火中的废铁。尔后第 9 枚鱼雷击中这艘超级战列舰,10 时 36 分,"俾斯麦"号连同包括吕特晏斯在内的 1087 名官兵一同沉入了大西洋,仅 113 人被救。"俾斯麦"号被击沉的地方离它的目的地布勒斯特不到 700 公里。

点评:

这个海上霸王虽然武装到了牙齿,但并不代表正义,让英军包围了。对德国人来说,是必然要失败的!

郑成功死守海澄

背景:

清顺治三年(公元 1646 年),郑成功逃往南澳(今广东南澳县东),利用清军沿海兵力薄弱的形势,继续募兵抗清,进而形成以厦门为核心的抗清根据地。

决断:

顺治九年(公元 1652 年),郑成功在江东桥(福建漳州市东)伏歼了清军驻闽主力,合围漳洲(今福建漳州市)。清廷经过江东桥之战,重新估计了郑成功的力量,派万余八旗精骑入闽,增援漳州。清军吸取了前次失败教训,改变进攻策略,主力从大路进攻,另分一部由右翼小路经长泰(今福建长泰县)迂回包围郑军。郑成功得知这一消息,立即下令撤出漳州。十月初,清军向守在漳州东南的郑军发动了进攻。郑军初次与战斗力较强的八旗军作战,经不住骑兵的凶猛冲击,损兵折将,被迫退守海澄(今福建龙海县东南海澄镇)。海澄是厦门的门户,得之可为反攻大陆的滩头据点。失之则会使厦门暴露在清军威胁之下,后果不堪设想。郑军前有强敌,背临大海,处于兵家所说的"死地"。郑成功决心破釜沉舟,与清军决一死战,郑军一贯以攻为守,习于野战,郑成功认识到与八旗军骑兵进行野战对己不利,于是改变战法,以防御为主,伺机出击歼敌。顺治十年(公元 1653 年)五月,清军经过一段时间的休整,准备之后,开始对海澄发动进攻。郑成功手执隆武帝赋予的"招讨大将军印",当众宣誓,"宁为玉碎,不为瓦全",鼓励将士奋力死战,恢复明朝江山。还宣布:有冒死立功者,愿将此印转赠。清军得知郑军由野战改为据城固守,也暂时按兵不动,而以火力连日轰击海澄。一时间海澄城飞沙走石,木栅全部被毁,伤亡颇多。在这紧要关头,郑成功亲临前线一面激励将士,一面命令战士挖掘掩体,减少伤亡。这时,郑军派出的探子回报说,清军的弹药即将用完,近期无法补充。郑成功判断清军必将在近日寻求决战。郑成功下令:"神器营在半夜秘密将城内所有火药埋在城外外壕,把引信通过地道引至城内。同时召集众将布置方略:先把清军引入外壕,然后引爆炸药,全线出击。不出郑成功所料,在猛烈炮火的攻击后,清军于拂晓前匆忙对海澄发起攻击。郑军的前沿部队与清军短兵相接,战至天亮,郑军故意败退,把清军主力引向外壕。清军不知是计,步步进逼。郑成功见清军主力大部分进入外壕,而郑军退尽之后,下令点发火药。霎时间爆炸声震天动地,清军毫无防备,被炸得血肉横飞,死伤惨重。爆炸刚停,郑军全线出击,将过壕的清军全部消灭。郑军士气大振,乘势追击,清军一败涂地,只有部分残兵逃回。

点评:

海澄之役,郑成功审时度势,奋勇作战,终于击败八旗精骑,在"死地"获胜。

斯大林格勒战役

背景：

斯大林格勒战役是第二次世界大战的转折点。

斯大林格勒原名察里津，位于伏尔加河下游西岸，是前苏联内河航线的重要港口，又是苏联南方的铁路交通枢纽和重要工业城市。

决断：

希特勒在 1942 年 4 月签发的第 41 号作战指令中明确规定："无论如何，必须竭尽一切努力到达斯大林格勒市区。或者，至少使这座城市处于重炮射程之内，从而使它不能再成为工业中心和交通枢纽。"

对于这样一个战略要地，苏军最高统帅部当然不会掉以轻心。斯大林对他的将军们说："我们岂能坐等德寇首先攻击！必须在广阔的正面上先敌实施一系列突击和摸清敌人的准备情况。"

1942 年 5 月 12 日，苏西南方面军以 45 个师，从南、北两个方面向哈尔科夫地区的德军发起强大攻势，经过半个月的血战，苏军失利，24 万人被俘。

在这种情况下，苏军主动撤退，并建立了新的斯大林格勒方面军，由戈尔道夫中将任司令员。

8 月 23 日，德军成功地把斯大林格勒的防御分割为两部分，并逼近了伏尔加河。希特勒还命令空军把斯大林格勒炸成了一片废墟，情况十分危急。

但是，希特勒被胜利冲昏了头脑，他竟然企图同时拿下斯大林格勒和高加索两个战略要地。斯大林在这个关键时刻果断任命骁勇善战的朱可夫为最高统帅部副统帅，直接指挥斯大林格勒战役。

朱可夫以积极防御的战术造成德军的大量伤亡，想方设法滞缓德军的进攻，而自己则从各个地区征调部队增援斯大林格勒。

激战到 11 月，德军在伏尔加河、顿河和斯大林格勒的交战中损失了近 70 万人、1 000 辆坦克、2 000 门大炮和 1 400 架飞机，而苏军则集聚了 110 万军队，并配备了崭新的 T－34 型坦克和 1250 门"卡秋莎"火箭炮，形势变得对苏军有利。

1942 年 11 月 19 日晨，苏军向德军发起全面反攻，并将德军主力 30 万人压缩在一个包围圈中。德国援军推进到离被围德军只有 40 公里的地方，但德军的坦克因缺少燃料,失去了死里逃生的良机。

1943年2月2日,经过200天的激战,被围德军全部被歼或投降。

斯大林格勒战役敲响了德国法西斯的丧钟。

点评:

突击使苏军受损,但积极防御为苏军挽回了有利局面,这一点是攻守的很好表现。

驾驭风险　迎接挑战

背景:

壳牌公司是当今世界上最大的能源公司。它有100多年的生产和销售经验。壳牌公司的分公司遍布100多个国家。1990年壳牌公司的总收入为1 070亿美元,居世界第二,仅次于美国通用汽车公司。

决断:

对一家跨国经营的石油公司来讲,它所面临的风险是非常大的,远远超过其他行业。为此壳牌公司布置了三条防线。

第一条防线是地理分散。壳牌公司可以说是世界上所有石油能源公司中经营网络最广泛的。它在50多个国家中勘探石油和天然气,在34个国家中提炼石油,向100多个国家销售石油。这种生产和销售的地理分散,可以使某个地方不至于因政治或经济动乱,对公司产生致命的影响。

产品的多样化,是壳牌公司设置的第二条防线。壳牌公司除了石油外,还经营煤气、化工和有色金属。这样做是为了分散某种产品的市场风险。

第三道防线是快速反应。壳牌公司密切注意世界各地政治、经济形势变化会给石油市场和其他公司业务带来的影响,并充分准备对付一切不测。壳牌公司始终在公司上下保持一种"危机意识"。各地的公司每年都要举行4次石油突然中断供应的"演习"。由122艘油轮组成的壳牌船队会随时遇到突如其来的模拟"意外"。频繁的供应失衡学习,增强了地方公司对不测事件的反应能力。

善于处理风险给壳牌公司带来了很高的效益。据专家估计,在过去5年中,壳牌公司的找油成本为每桶2.9美元。大大低于4.6美元的世界平均水平。

点评:

由此案例可以看到,能承担一定风险和处理风险是可以带来很高效益的。

第二章 修道保法

提要:孙子提出必须根据兵力的众寡强弱决定进攻或防守,同时修明政治、确保法治、顺应人心,使自己立于不败之地,并依据战争形势的变化准确地把握时机、战胜敌人。

思前虑后 慎思慎行

背景:

明朝孝宗皇帝非常信赖刘大夏,一天他对刘大夏说:"我遇到不好处理的事,每次都想叫你来商量,但又因为不是你部里的事不便叫你。今后如果你发现了有应当实行或应当取消的事情,可以写个揭贴秘密地给我送来。"面对孝宗皇帝的信赖,刘大夏又是如何去做的呢?

决断:

听了孝宗皇帝的指示,刘大夏却对孝宗说:"我不敢这样做。"孝宗问:"这是为什么呢?"刘大夏说:"陛下行事,远法前代圣主,近效本期祖宗,是非公开,使群臣都能知道。外事交付各部处理,内政向阁臣咨询,这样很好。如果使用揭贴,时间久了,成为一种常规。万一不良之辈窃居要职,也以此行事,那祸害就大啦!这种方法大不可作为后世的准则,所以我不敢答应这样做。"孝宗听后深为赞许。

刘大夏不愧是位贤臣,他深刻地认识到做事不能仅看当时的情形,也许当时看来有理有利的事情,但随着时间的推移、形势的变化,很可能由有益变为有害。特别是制订制度要慎而又慎,不能因一时方便而留下大的漏洞。

"防患于未然"是刘大夏的出发点,当然他的目的是为了尽自己臣子的责任,同时也为个人留下退路。

点评:

高瞻远瞩,防患于未然,手握大权的从政者,不能违背这一原则。有防患于未然之心,工作上小心谨慎,方能不因一时方便而致大害,最终受到谴责。同时,这种做法也必能得到领导的加倍赏识。

穆巴拉克治国有方

背景:

1981 年 10 月 6 日,埃及总统萨达特在阅兵式上遇刺。10 月 13 日,原埃及副总统穆罕默德·胡斯尼·穆巴拉克继纳赛尔、萨达特之后当选为阿拉伯埃及共和国的第三任总统。纳赛尔、萨达特都是叱咤国际舞台的风云人物,穆巴拉克能否像他们一样,使埃及能取得更进一步的发展呢? 埃及人和国际上都在注视着。

决断:

穆巴拉克当然也在思谋着自己应该采取什么样的治国方略,对其个人、国家及至国际社会能够产生大的影响。他对纳赛尔、萨达特时期的治国政策进行思考。他发现纳赛尔总统在国内搞阿拉伯社会主义,国际上向前苏联一边倒,结果由于统治过严,使埃及的经济发展缓慢。国际上,由于受前苏联的政策影响和制约,使埃及在第三次中东战争中蒙受了奇耻大辱。萨达特总统在国内搞市场经济、实行资本主义,在国际上与美国、以色列和解,倒向西方国家一边。其结果,埃及的经济虽然有了很大发展,但是贪污盛行,人民怨声载道。在国际上,埃及同阿拉伯大多数国家断绝了外交关系,处于孤立无援的地位。两位总统的治国方略,纳赛尔"猛",萨达特则"宽",但两者都给埃及带来了不利。因此穆巴拉克决定吸取前两任的教训,以宽猛相济的政治谋略治理埃及。

穆巴拉克把政治稳定与经济发展定为新政府的首要任务,表示要沿前两任的道路走下去。但又强调:"我不是纳赛尔,我不是萨达特,我的名字叫胡斯尼·穆巴拉克。我将举起这两位伟大人物正确行动的旗帜,同时经常拨正航向避免消极因素。"在这种思想指导下,他在政治、经济、外交等方面采取了一系列措施。

在国内政治方面他注意了以下三方面因素:第一,强调法律的作用。他要求任何人都要守法,不论老少、贫富、穆斯林或基督教徒,或者反对派人士,在法律面前一律平等。对于刺杀萨达特总统的凶手,则严加惩罚。第二,采取"怀柔政策",决定大赦政治犯。他释放了前两任总统时期关押的一些伊斯兰原教旨主义说教者和领导人,使政局不断趋向稳定。第三,政治上走折衷的道路。既不过分强调政治、法律全面"伊斯兰化"原则,也不使政治过于无所作为,而是强调取信于民。这样穆巴拉克既避免了纳赛尔时期"全面伊斯兰化"的现象,又避免了萨达特时期政治混乱、松散的现象。

在经济方面,穆巴拉克吸取了纳赛尔和萨达特时期两种不同发展模式的教训,采取"混合经济"模式,强调协调中央与地方、部门与企业、国营与私营的关系,既不完全统死,又不完全放任。他坚决奉行对外开放,特别是向西方开放的经济政策,但又不时地进行调整,反对盲目引进,注意引进技术与埃及的现实相结合。他调整了萨达特的"自由开放经济"政策,改革国营企业,鼓励私人经济,使二者同时并存,共同发展。他还把外国资本和埃及私人资本纳入国家控制的轨道,改变埃及生产和消费比例失调的状况。这样经济政策既不像纳赛尔时期强调中央控制和国营经济,又不像萨达特时期放开控制、大肆鼓励私人经济。

在外交政策方面,穆巴拉克采取了更加灵活的政策。他继续保持了埃及同西方国家尤其是美国的关系,吸收西方的资金为埃及的经济发展服务,也保持同以色列的关系。与此同时他注意不使埃及过于靠西方,而是发展同阿拉伯国家间的关系,争取埃及早日重返阿拉伯世界。埃及还注意改善与前苏联的关系,表示前苏联不能被排除在解决中东问题之外。在外交上,穆巴拉克避免了前两任的"一边倒"政策。

穆巴拉克的宽猛相济治国方略,在埃及的政治、经济、外交方面都取得了很大收效。政治上,穆巴拉克上任初期的那种政治混乱局面消除了,政局日趋稳定,社会治安也有了明显好转。经济方面,萨达特后期的高消费情况得到了遏制,埃及的经济走上了正常发展的轨道。在外交上,埃及在继续保持同西方和以色列的友好关系的同时,也改善了同阿拉伯国家的关系。埃及不仅返回到了阿拉伯世界,而且阿拉伯联盟的总部也重新迁至开罗,埃及原外长马吉德于1991年5月当上了阿盟秘书长,埃及已经重新恢复了它在阿拉伯世界的重要地位。埃及同前苏联的关系也得到了很大改善。总之,埃及的外交处境也变得更好。这一系列政策使穆巴拉克早已树立起了他在埃及国内和国际社会的崇高形象,成为一个稳健的政治家。

点评:

 进行政治统御,宽严相济乃有效方略。过严,人民的积极性调动不起来;过宽,则政令不能发挥效力,社会难免混乱。穆巴拉克运用宽猛相济之策,收到良好效果。

朱元璋军纪严明统一中国

背景:

 元朝末年,天下大乱,农民起义军驰骋于江淮河汉。赤贫的农民朱元璋最初是皇觉寺中的小和尚,参加红巾军后,由九夫长升为大元帅,最后翦灭群雄,平定了陈友谅,消灭了张士诚,把元顺帝赶到了大漠深处,坐上了皇帝的宝座,成为大明王朝的开国君主,他的成功也是得力于英明正确的决策。

决断:

 朱元璋起义不久,安徽当涂的儒生陶安向他建议:元朝的军队和其他几支农民军队的军风军纪都很坏,烧杀抢劫,失掉民心,必然失败;如果你反其道而行之,不杀老百姓,不抢劫财物,不烧民房,就能取得成功。

 朱元璋从此非常注意军队的纪律,打镇江之前,与大将徐达串演了一幕苦肉计,假意要杀徐达,经众将求情,定出攻打镇江的注意事项,军队进入镇江秋毫无犯,老百姓和平时一样经商和务农。军纪严明,获得人民拥护是朱元璋取得成功的一个根本原因。

 朱元璋占领南京以后,他的东面、南面是元朝的军队,西面是陈友谅的部队,东南面是张士诚的部队,陈友谅与张士诚相约,东西夹攻,瓜分朱元璋的地盘。

 面对如此严峻的形势,何以自处? 主要谋士刘基(字伯温)为他出谋划策:张士诚是盐贩子出身,遇事斤斤计较,顾虑重重,胸无大志,只想保住自己的家当;我们如果攻打陈友谅,张士诚必定观望,不敢贸然出兵。陈友谅是洪湖渔民,武艺精良,野心勃勃,有冒险进取精神,他雄踞长江中游,拥有精兵巨舰,对

我们威胁极大;我们如果攻打张士诚,他必定要抄我们的后路。因此,我们必须集中兵力先打败陈友谅,再消灭张士诚,然后挥师北伐,全力对付元朝,则王业可成。

朱元璋平定了陈友谅、张士诚之后,召开了盛大的军事会议,全面总结经验教训。他说:"在几支农民军中,张士诚拥有江浙的鱼米之乡,非常富庶;陈友谅雄踞江汉,武力最强,在富和强这两方面,我都比不上他们。我所以能取得成功,在于不乱杀老百姓,军纪严明;再加上万众一心,上下同心协力;更重要的,是决策正确,部署得当。如果当时先打张士诚,陈友谅必定倾国而来,我腹背受敌,被迫两线作战,谁胜谁负,就很难说了。"

接着,如何北伐元朝,又面临新的决策,大将常遇春主张直捣大都(北京),刘伯温提出另外一种打法,他说:"北伐中原应采取伐树之法,砍伐一棵大树,必先去枝叶,再挖老根,北伐应先取山东,撤掉大都的屏风;再回师河南,翦断元朝的羽翼;接着进驻潼关,占领元朝的门户,然后进军大都,可不战而下。"

大将徐达按照这一设想,稳扎稳打,步步推进,出色地完成了这一战略决策。元顺帝在大军压境的情况下,穷途末路,放弃了大都,带着皇后、贵妃,先逃到上都(内蒙古多伦),然后逃往大漠深处(外蒙古)。

徽州老儒朱升送给朱元璋3句话、9个字:"高筑墙、广积粮、缓称王。"这是非常高明的谋略,"高筑墙"是据险自守,巩固地盘;"广积粮"是发展农业,增产粮食,手中有粮,心中不慌;"缓称王"是缩小目标,不急于当皇帝,树大招风,避免成为众矢之的。

公元1363年,朱元璋率领主力部队去援救被张士诚围困的小明王(当时,朱元璋在名义上还是小明王的部下),陈友谅带领60万大军,乘虚而入,攻打南昌,据守南昌的是朱元璋的侄儿朱文正和大将邓愈,在城墙屡遭破坏的情况下,一边战斗,一边筑城,始终保持城墙的完整,使敌军不能越雷池一步,死守了85天,迎来了朱元璋的援兵。南昌之战的胜利,充分显示出"高筑墙"的威力。

朱元璋选派大将康茂才为营田使,率领将士在江南水乡修筑堤防,兴修水利,屯田种粮,又召集流民开垦荒地。朱元璋以汉武帝、曹操为榜样,用屯田为手段达到强兵足食的目的。朱元璋在江南屯田、垦荒,发展了农业生产,增强了经济实力,保证了军需,巩固了后方,充分显示出"广积粮"的作用。

"缓称王"是极为明智的政治策略。朱元璋攻占南京以后,实际上已自成系统,只是当时群雄环伺,敌强我弱,朱元璋不敢轻举妄动,名义上仍然遥奉小明王为宗主。"缓称王"的策略使朱元璋这支力量并不十分强大的农民起义军,避免过早地成为其他各路人马的进攻目标,在不被人们过分注意的情况下养精蓄锐,由弱转强,最后一统天下。

点评:

"高筑墙、广积粮、缓称王"是朱元璋政治、经济、军事三方面的指导思想和大政方针,为朱元璋翦灭群雄,推翻元朝,最后统一全中国的宏图大业奠定了坚实的基础。

张释之以法治国

背景:

一次,汉文帝外出,经长安市中一座桥时,有人突然从桥下闯了过来。汉文帝的坐骑受惊,马的前蹄跃在半空,后腿直立,使汉文帝险些从马上坠落下来。左右侍卫立刻逮捕了这个人,把他拖到廷尉的府中,要求严惩。

决断:

廷尉张释之启奏皇帝:"按规定犯跸的人,只能罚以相应的罚金。"汉文帝不满地说:"此人扰乱行伍,惊吓马匹,害得朕都险些坠马丧命,怎么能处罚得如此轻呢?"张释之解释道:"启奏陛下,按照律令只能如此处置。如果按照陛下的心情定罪,会影响百姓对法律的信赖。廷尉的工作就是公正执法,如果廷尉失去公正立场,天下官吏群起仿效,执法将失去尺度,政治将失去民心,天下就会大乱。"汉文帝仔细考虑了一会,觉得言之有理,只得忍下心中的愤怒,按张释之的意见办理。

点评:

张释之以法治国,使政治稳定,不愧是一代名臣。

第三章　度、量、数、称、胜

提要：比较敌我双方实力强弱的五种要素："度"（即双方幅员大小）、"量"（物产多少）、"数"（兵员的多少）、"称"（双方力量对比的轻重强弱）、"胜"（基于物质力量的对比而作出的胜负判断）。通过对这些要素的比较和估计来准确地判断敌情我情。

事典

点评：

脑袋转一转，水坑变宝盆，正确认识和利用度、量、数、称、胜的关系定能取得好的成就。

东帝士集团迅速崛起的奥妙

背景：

台湾的东帝士集团算不上世界性大企业，但它善于分析市场，相机而动。十年间，它从台湾一家地方性的织布厂，迅速发展成为包括纤维、成衣、建筑、零售以至旅游的企业集团，且向海外扩张。

决断：

东帝士集团首脑善于观察和分析社会需求趋势，掌握供求矛盾和价格起落的原因，从而抓住契机，大胆出击。20 世纪 80 年代初，台湾建筑业正处于低潮，他们认为，建筑业不景气是由于没有大公司且经营不善造成的，是假象。实质是，台湾土地有限，大批人口不断涌入城市，房地产上涨的指数一直超过通货膨胀指数。他们一改过去建筑商要预先收款，交房时不合质量要求，甚至卷款出走的陋习，而做到保证质量，按期交付使用。这样迅速提高了东帝士的信誉。几年过去了，建筑业成了东帝士集团获利最大、发展最快的部门。

随着台湾廉价劳动力逐步消失，环保成本迅速上升，新台币升值等不利因素的影响，东帝士又瞅准契机，开始大搞零售业、服务业。开设超级市场、百货公司、大饭店，委托岛内外厂商生产家用电器而印上东帝士集团的牌子出售，进口或代理出售外国名牌汽车，办理汽车保养、修理业务等等。他们认为，经营零售业不仅因为利润较高，而且和建筑业也是相辅相成的，因为零售业需要繁荣的地区和场所，而这样的环境又可提高建筑物的附加价值，造成地产增值。

早在新首脑上任之初，东帝士即着眼向海外发展业务。此时更是加倍努力，避开如美国对台湾纺织品的配额限制，到没有限制的印尼、泰国和中南美设厂经销纺织品和服装。还向加拿大投资，生产石化产品。还准备在旧金山开办观光大饭店，使之成为东帝士的国际连锁店。他们认为，经营国际化至少有三个好处：一是降低成本，扩大市场。例如到泰国办化纤厂，当地劳动力比台湾便宜，市场比台湾更旺，成品售价高于台湾 30%，还省了运费。二是就地取料，迅速便宜。三是分摊研究费用，扩大经营规模。

点评：

正因为他们时机把握得准，并且一旦看准时机便毫不犹豫地全力投入，才有了令人敬佩的成功。

乳胶厂不分析市场终失败

背景：

鲜为人知的乳胶手套生产，随着世界上一些国家艾滋病的蔓延，突然在我国"热"了起来。一天，浙江某县化工厂厂长在外贸部门联系业务时，听说乳胶手套出口很旺，利润很高，十分振奋，便急忙带着这条十分刺激人的信息赶回厂里。

决断：

厂里的职工们听说厂长给他们抱回个"金娃娃"，便倾全力支持厂长转产乳胶手套的决策。于是，厂长带着一帮人张罗起来，经过上上下下多方疏通之后，终于以巨资从香港引进了一条乳胶手套生产线。从决策到生产出第一只乳胶手套，仅用半年多时间，可算是神速了。投产后的最初 3 个月，还真的让他们狠狠地赚了一笔。正当全厂职工为他们厂长的英明果断大声喝彩的时候，厄运来了。外贸部门和商业部门逐月降低了收购数量，半年之后，干脆就把厂里的产品完全拒之门外。精明的厂长早已注意到这个问题，多次与外贸、商业部门周旋，无奈回天乏术，形势恶化一发不可收拾，看着仓库里一天天积压的产品，看着全力开动的生产线逐渐放慢速度，最后竟完全停下来，职工们才大梦初醒。贷款的偿还，资金的周转，职工的工资及各项开支，这些都变成了一箱箱堆放在厂里各个角落的乳胶手套。真是叫天天不应，喊地地不灵。情急之中，红了眼的厂长只好破釜沉舟，号召全厂职工外出推销，并硬性规定，乳胶手套就是职工的工资，推销出多少，就发多少工资。做了这项决策后，厂长以身作则，亲自外出推销。谁知，街头巷尾，摆卖手套的地摊比比皆是，卖手套的吆喝声随处可闻。转了一圈，竟卖不完一箱手套。落魄的厂长回来后，思考再三，只好向全厂职工请罪，并宣布工厂倒闭。

这个厂的遭遇，只是我国近年来一场"乳胶手套"大战的一个镜头。1985年全国注册的乳胶厂仅有73家，生产规模都很小。到1987年竟平地冒出300多家生产厂，遍布全国各地各行各业。到1989年，全国乳胶手套生产线已达700多条，耗资上亿美元，生产能力可达120亿只，已等于国际市场需求的总量。我国本来乳胶资源贫乏，每年生产需要的乳胶原料，据统计是25万吨，国内仅能提供5万吨，其余全部依赖进口。虽然我国的产品质量好，但因成本高，在国际市场竞争中并不占优势。因此，现在国际销售市场和原料市场的严峻局面已使我国乳胶手套生产行业处于严重困难境地。

点评：

俗话说："人无远虑，必有近忧。"上面所提到的化工厂，没有做好市场分析，只看到眼前的"热"，没预测到"热"是短暂的，盲目上马，结果导致工厂倒闭。

定价的风险

背景：

产品定价是一项重要、困难而又有风险的工作。每个企业在推出一种新产品时，都会遇到是以高价推出，还是低价推出？是以低单位利润的大量销售方式获利，还是相反？在短期经营和长期经营中，价格会对销售的利润有什么影响，这是一项既担风险，又需要企业家在竞争中做出正确抉择的问题，稍有不慎，就可能导致全军覆没的局面。

决断：

美国德克萨斯仪器公司1975年准备投产电子数字手表，为造声势，将邀有关刊物广泛宣传。由于该公司设备先进，技术力量雄厚，很多观察家预测，德克萨斯仪器公司运用它在工业产品和个人计算机方面的经验，可使美国成为世界钟表工业的中心，在确定以什么价格推出新产品时，德克萨斯仪器公司决定采用渗透价格法。渗透定价法就是以新产品迅速向市场渗透为主要目的，它是指一种新产品在刚刚进入市场阶段，企业采用较低价格投放市场的策略，以便在短期内吸引顾客，打开销路。德克萨斯仪器公司掌握了当时每块电子表的价格为25美元的市场信息，他们认为降低价格必然会使需求量增加，而大规模生产则可保证公司不断降低产品成本，采用渗透价格法会获得成功的，因此决定以大大低于该市场价格的售价出售其产品。

这种效果在刚开始销售时，确实带来了极大的效果。1976年该公司的数字手表以每块20美元的价格出售，几个月后又降低了10美元，是当时市场价最低的手表。人们看到这种手表走时准，价格低，都争相购买，一时间公司的销售额飞速增长。可是到了1977年，销售额就不再增长，而是持平。到了1979年该公司数字手表的生产竟出现了1千万美元的亏损，失去了数字手表在手表中的领先地位。为了补亏，公司还不得不把卖出去的手表的一半再买回来，经营陷入了亏损的地步。

点评：

德克萨斯仪器公司在手表工业中的失败，重要原因之一就是定价的失败。开始时以低价推出新产品，以吸引顾客，占领市场是正确的。但手表除显示数字外，还有表现消费者身份、地位、炫耀的性质，戴高档手表乃是高贵奢华的象征。为此人们宁愿多花几个钱，而买一只高档表以满足高贵的心理，而廉价的电子数字手表不能体现消费者炫耀自我的心理需求。因此该公司推出的价格并不是理想的价格，该公司应该采取稳中求长的价格策略，即开始时先以可靠的质量，以低价位行销市场，然后慢慢造成差异化，将产品质量提高，价格也相应提高。

第四章　优兵制胜

提要: 孙子兵法指出进攻时必须集中绝对优势的力量,像决于千仞高山之上的积水一样直泻而下、不可阻挡,以雷霆万钧之势战胜敌人。

林则徐积极备战胜英军

背景:

　　清朝道光十九年(公元1839年)9月3日,林则徐在虎门销毁鸦片一百一十多万千克,这一壮举震惊了全世界。林则徐深知英国人绝不会就此善罢甘休,一定会借助军事上的优势威逼清朝政府,于是加紧进行抵御英军的准备工作。

决断:

　　林则徐派人去葡萄牙人盘踞的澳门购买报纸,了解国外最新情况;招募在外国教会读书的学生,翻译有关世界政治、历史、地理方面的资料;购进一批西洋大船,改装一些渔船,充实水军;新建炮台,秘密购买大炮,增强虎门的防御力量;在虎门外海布下铁链和木排,阻止英船进入内海;招募5 000壮丁、渔民,加紧进行水战训练……

　　1840年4月,英军以女王外戚伯麦为统帅,率领30艘战船侵入广东沿海,肆意开枪开炮,轰击渔船,屠杀居民。林则徐指挥清军水师,夜袭英船,将11艘英船焚毁,英军官兵仓皇逃窜,多被大火烧死和落水溺死。此后,林则徐又以“火船”,乘风而进,向停泊在金门星、老万山外的10余艘英船发起攻击,“烧”得英军狼狈而逃。

　　由于林则徐率广东军民积极防御、勇猛作战,在他离开广州前,英军始终未能侵入广东沿海。

点评：

林则徐集中一切可利用资源，包括人才、设备来对付英军，可谓用心良苦，最终成功地守卫了广东，真谓一代英雄。

苏空降部队惨败布克林

背景：

1943 年 9 月，苏军为扩大德涅伯右岸布克林的登陆场，阻止德军预备队的开进，临时组建了一支空降兵军，计划在 9 月 24 日夜间实施空降。

决断：

德军发现了苏军的企图后，紧急抽调了一个步兵师、一个摩托化步兵师和一个坦克师增援布克林，并增加了高射火器和探照灯，准备一举消灭苏军空降部队。

苏军并不知道德军已在布克林严阵以待，他们费了九牛二虎之力才集中了第三、第五两个伞兵旅（原计划还有第一伞兵旅），在运输力量不足的情况下，于 9 月 24 日仓促实施原作战计划。17 时 30 分，运载第三伞兵旅的飞机起飞，这一天晚上，苏军共出动运输机 296 架次，向布克林地区空投了 4 575 人和 666 个投物袋。由于空降着陆过于分散，旅长又没有配备大型电台，无法与苏军主力取得联系，也无法与所属各团、营、连取得联系，第三伞兵旅在布克林成了一支"孤军"——就伞兵旅内部而言，全旅通信中断，上下级互不沟通，在德军的猛烈攻击下，被分割的小伞兵群，一面艰难作战，一面竭力聚拢，企图合并成较大的伞兵群。

第五伞兵旅的情况更糟。运输机到达预定集结地后，机场缺少足够的加油车为它们加油，致使运输机只能单机起飞，整整一个夜晚才空降了两个营，约一千余人，其空降兵的命运与第三伞兵旅完全一样。

苏军空降兵着陆后，东躲西藏，昼伏夜出，只能充当"游击队员"的角色，完全未能实现预定的战役目的。空降的"游击队员"们一直坚持了两个多月的顽强战斗，直至 11 月 28 日才与苏军渡河部队会合，这是苏军空降部队最糟糕的一次空降作战。

点评：

苏军出动，但没有充分准备，运输力量也不足，导致不能集中优势力量攻城，最终以失败告终。

智取一江山岛

背景：

由于各种原因，到了1954年，我国福建、浙江沿海还有一些岛屿为国民党军队所盘踞。根据中央军委的指示，经过反复研究，决定先攻占浙江沿海大陈列岛中的一江山岛。这个岛虽然不很大，全是光山，没有居民，但是位于战略要地，岛上驻有蒋军的一江山地区司令部，兵1 000余人，各种碉堡，火力点密如蛛网，易守难攻。

在前线指挥这个战役的是当时的华东军区参谋长张爱萍。张爱萍将军如何端掉这一鼠窝呢？

决断：

这时已不是解放战争的年代，敌我双方都有很大变化。从敌方来说，虽然盘踞的岛屿不大，但毕竟是在海中称霸，又经多年苦心经营，没有海陆空的联合作战攻击是拿不下来的。而这时的我军，不但陆军更加强大，而且有一支初具规模的空军和海军。海陆空联合作战，既是取得一江山岛战斗胜利的现实需要，也是对付外来入侵者的未来需要。

于是，一江山岛战役的指导思想就是海陆空联合作战。这是我国大陆解放后的首次海陆空联合作战。

经过周密的准备，1955年1月18日下午战役开始。先是空军出动机群不断轰炸，同时军舰和海岸炮也不断怒吼，在一江山岛敌人阵地遭到大量摧毁之后，无数的登陆艇冲向目的地，战士无畏地扑向滩头刚岩，只经过两个多小时的激烈战斗，就把守敌一锅端，红旗插上一江山岛的高峰。

点评：

为将之道在于敌变我变，针锋相对，善于调动协同自己的各方力量，以强大的气势征服政策。一江山岛的大捷，就是在现代条件下对这种取胜之道的发展。

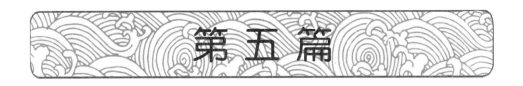

第五篇

（兵势篇）

第一章 分数、形名、奇正、虚实

提要:孙子提出了四个范畴:"分数"(组织编制)、"形名"(阵形排列)、"奇正"(变换战术、灵活用兵)、"虚实"(避实击虚)。他认为,要取得作战胜利,首先军队要有严密的组织体系,其次要有一个严正整齐、训练有素、善于机动的合理兵阵,再次要有精通战术变化的将领指挥作战,最后是正确地选择主攻方向,从而把胜利的可能性化为现实。在本篇中,孙子着重论述如何正确地变换战术和灵活使用兵力。

事典

"名将之花"凋谢太行山

背景:

"名将之花"是日本军界对以"蒙疆驻屯军"司令官身份兼任日军第2独立混成旅团长阿部规秀的赞誉。

阿部规秀有"山地战专家"之称,因战功显赫于1939年10月被擢升为中将,出任北线进攻晋察冀边区总指挥。不久,日军辻村宪吉大队在所谓的"冬季大扫荡"中被聂荣臻司令员领导的晋察冀抗日根据地军民歼灭。阿部规秀恼羞成怒,亲率1 500余名日军精锐,杀气腾腾地扑向我边区根据地。出发前,阿部规秀给他的子女写了一封信:"……爸爸从今天起去南方战斗!回来的日子是十一月十四日,虽然不是什么大战斗,但也将是一场相当的战斗。八时三十分乘汽车向涞源城出发了,我们打仗的时候是最悠闲而且最有趣的,支那已经逐渐衰弱下去,再使一把劲就会投降了……"

何等的骄狂!

11 月 7 日,在一片烟雨迷蒙之中,日军进入黄土岭地区。狡猾的阿部规秀命令先头部队抢占了路侧小高地,然后才命令大部队跟进。阿部规秀担心黄土岭中会有埋伏,但直到花费了数小时走出黄土岭也没有遇到一名八路军战士,阿部规秀放心了,命令部队继续前进。

决断:

阿部规秀上当了。聂荣臻司令员在歼灭辻村宪吉大佐后就准备激怒日军,把日军引入黄土岭一带的险山恶谷中,再打一个漂亮的伏击战。聂荣臻把他的部队埋伏在黄土岭附近的一条长长的狭谷中。

阿部规秀的部队进入埋伏圈后,军分区司令员杨成武指挥 1 团、2 团、3 团、25 团和特务团从西、南、北三个方面同时发起攻击,百余挺轻重机枪伴着猛烈的炮火把日军压缩在山沟中。日军凭借武器优势拼死杀出重围,返回黄土岭,妄图逃回涞源城。日军退至上庄子村,我军抢占了制高点,将全村控制于我军火力之下。激战中,1 团团长陈正湘从望远镜中发现邻近的教场村山根部有一群日军军官出没,其中有几个军官正举着望远镜在观察我军阵地。陈正湘立刻意识到这是日军的观察所或指挥部,他急忙把炮兵连长杨九秤调来,一连向日军观察所(指挥部)发射了四颗炮弹。

陈正湘的判断完全正确——那里正是阿部规秀的指挥所。"阿部中将……在这座房子的前院下达作战命令的一瞬间,敌人的一颗迫击炮弹飞来,在距中将几步远的地方落下爆炸。转瞬之间,炮弹碎片给中将的左腹部和双腿以数十处致命的重伤……大陆战场之花凋谢了(日本陆军省发布的《阿部规秀阵亡公告》)。"

日军将领们惊呼:"'名将之花'凋谢在太行山上!"

黄土岭战斗以歼敌 900 余人,击毙日酋阿部规秀的辉煌战绩永载史册。

点评:

阿部规秀以轻敌之心,深涉险地,受挫又无以得当战术以应对,死则是其唯一出路了。

第二章　奇正相生

提要:用人们日常熟悉的声、色、味的调和变化作比喻,要求指挥作战的将领掌握"奇正相生"的原则,善于出奇制胜,善于采用灵活多变的战略战术。

恐惧诉求

背景:

恐惧,是人们失去安全感时的一种心理状态。安全需求,在马斯洛的人类需求五层次中处于第二层次,是基础性的人类需求。而恐惧,则可看成是安全需求的反面表达。因此,恐惧针对人们普遍存在的害怕、担忧心理,常常被广告人拿来作为基本的诉求主题。

决断:

美国广告人常常用恐惧手法来劝说人们注意安全,改变抽烟、酗酒、吸毒、滥交等不良行为。一个劝说人们开车要系安全带的广告中,玩具木轮小车装着两枚鸡蛋从斜坡冲下来,遇障而猛然停下。结果,系了安全带的蛋完好无损,没系的蛋却弹出车外打得稀烂。这支广告片家喻户晓,深受好评。

恐惧诉求作得最具震撼力的,恐怕要数伯恩巴克的"采花姑娘"。这是为约翰逊竞选美国总统时攻击对手戈德华特而作的电视广告之一。广告一开始,一位天真可爱的小姑娘哼着歌谣在野外采野花。蓝天碧草,令人神往。但是,突兀而入的刺耳音乐把人们平和的心境搅得粉碎。接着出现男子深沉的倒数数的声音,令人想起导弹发射的情景。小姑娘一点没有感觉到这些变化,仍然专心地数着她手中采到的野花,小姑娘的顺数与男子的倒数交相吻合。当倒数到"1"时,一声惊天动地的巨响,整个画面被一团蘑菇云吞没,姑娘、鲜花、蓝天、碧草,顿时灰飞烟灭。

这个广告片震动了全美国。人们第一次对核战争有了非常具体的认识,为核战争摧毁人类的恐怖景象而颤栗。因此,鼓吹核威慑的戈德华特被选民所唾弃。

在恐惧诉求方面,华人也有上乘之作。奥美广告公司(台湾)创意总监孙大伟先生为美商保德信人寿保险公司所作的"智子篇"就是一例。广告的巨大震撼力,为它赢得了台湾"时报"第15届广告金像奖的最佳杂志广告奖像。

广告是依据一份空难遗书而设计的。画面很简洁,左边1/3是文案,右边2/3是一片沉重底色上的遇难者的模拟遗书手稿,有很强的视觉冲击力。广告标题是"智子,请好好照顾我们的孩子!"即遇难者谷口先生遗书的全部内容。文案类似新闻报道,平实中透着巨大的震撼力。兹录于下:

"日航123航次波音747班机,在东京羽田机场跑道升空,开往大阪。时间是1985年8月18日下午6点15分。机上载着524位机员、乘客以及他们家人的未来"。

"45分钟后,这班飞机在群马县的偏远山区坠毁,仅有4人生还。其余520人,成为空难记录里的统计数字……"

"在空难现场的一个沾有血迹的袋子里,智子女士发现了一张令人心酸的纸条,在别人惊慌失措、呼天抢地的机舱里,为人父、为人夫的谷口先生,写下给妻子的最后叮咛'智子,请好好照顾我们的孩子',就像他要远行一样。"

"你为谷口先生难过吗?还是你为人生的无常而感叹?免除后顾之忧,坦然地面对人生、享受人生。这就是保德信117年前成立的原因。走在人生的道路上,没有恐惧,永远安心——如果你有保德信与你同行。"

据说,在审稿会上人们听孙大伟念了这篇文案后,都惊呆了。这则广告,浅易中见精深,平实中显崎岖,恐惧中蕴含着脉脉温情,堪称无技巧之技巧——最高境界的技巧。

恐惧诉求,常常引发关于广告伦理乃至广告法规的话题,且不乏诟病之议。"采花姑娘"播出后,美国人既为之震撼又为之不满,认为不该在电视上播放如此惨无人道的景象。台湾舆论界也有人指责"智子篇"不道德,"违反人性"。因此,有些广告主生怕引起观众反感,对恐惧诉求不免有点谨小慎微。

其实,恐惧与幽默或者欢娱一样,都是正常的广告表现手法,只要心正,不妨大胆运用。研究表明:在各种诉诸人们感情的劝服力量中,恐惧最容易促使对象改变其行为而不涉及改变对象观念这些问题。改变一个人的观念是极困难的。恐惧这一劝服力量则恰好可以把一个人的观念与行为分隔开来。一个人可以在观念上坚信自己行为的正确性，而在恐惧的影响下却很容易在实际上接受与自己观念不符的行为。"智子篇"就是例证。一些人原本认为自己身体健壮，行为谨慎，没有必要去买人寿保险。当看过广告之后，害怕如果遇上空难之类主观力量不可抗拒的灾难，将给家人生活造成巨大的困难。于是，就不是为自己而是为了家人去买人寿保险了。美国的一个劝人戒烟的广告也用了相似的诉求方法。瘾君子顽固地认为吸烟对自己无害或害之甚微。但是，他们虽不在乎自己的健康却关心子女的前途和健康。广告就以吸烟对子女前途和健康的巨大影响来劝诫吸烟者。一些瘾君子看到子女仿效父母吸烟及间接"吸烟"的危害后，果真戒烟了。

就吸烟而言，恐惧诉求好比"风月宝鉴"的反面，而"万宝路"之类的"潇洒"、"温馨"则恰好似"风月宝鉴"的正面。看来，对执迷不悟者吓一吓，是很有必要的。台湾著名广告学教授颜伯勤亦考证指出，在台湾各种类型形形色色的减肥广告中，最有效的减肥广告莫过于采用恐吓诉求的广告。

当然，恐惧诉求也不能滥用。国内有一种抑制螨虫的护肤霜广告，宣扬90%多的人都有螨虫，而且在显微镜下显现螨虫的可憎样子。够吓人，也够贪心，竟想网罗90%的人用这种产品。有人买来试用，也不见有什么特别之处，反而对其吓人战术失去信任。凡事都不能做过头，运用恐惧诉求也一样。

点评：

人人都有恐惧心理，利用恐惧心理进行诉求，通常能达到惊人心魄的效果，打动人们的理智并且付诸行动，不过，利用恐惧心理也要度其量而行，过犹不及受损失的还是商家自己。

欲望诉求

背景：

可口可乐百年广告史，蔚为大观，足以写成一部巨著。自1886年～1993年，可口可乐32次变换主题，用过94条广告口号，曾有过强调美味、有身份的人喝的、饮用时机、场合以及气氛情境等不同角度的着眼点。但是，尽管它五彩纷呈，令人眼花缭乱,却始终贯穿着一条主线——用一种"世界性语言"与不同国家、不同种族、不同文化背景的消费者沟通。

"口渴的感觉使四海成一家"(A TOUCH OF THIRST MAKES THE WHOLE WORLD KIN),这一口号是可口可乐贯穿全球广告宣传的灵魂。人,可以七日不食,却不可七日不饮。口渴,比饥饿还难以忍受。抓住了"口渴",就抓住了人类的一种最基本的需求,而为之建立一种解渴的方式,对广告人来说,既是一种挑战,也是施展雄才大略的机会。

决断:

人与人很不相同,解渴的方式也千差万别,要让全世界的人都用可口可乐来解渴,岂只简单地说个"渴"字了得? 但是,可口可乐欧洲太平洋集团公司总裁约翰·W·乔戈斯对 UNILEVER 公司董事长的话深信不疑:"食物习惯带有传播性,我们可以像对待肥皂那样对待食物,并据此创造出全球名牌。"乔戈斯认为,可口可乐的成功在于为消费者提供了一个牌子而不是产品。他提请人们记住:一罐可乐,不只是饮料,它还是一个朋友。他在"第三世界广告大会"中说:"你不会发现一个成功的全球名牌,它不表达或不包括一种基本的人类情感。"

乔戈斯的活可算肺腑之言。撩开可口可乐广告狂歌劲舞的面纱,就可以看到,它始终如一地往牌子里灌注"人类的"情感,以拟人化的手法不懈地塑造牌子性格——青春活力,尽情、尽畅、尽我。

这种情感的传播,经由美国传至全球,悠悠百年,可口可乐都致力于对美国人这种情感的辨识、聚焦和表达。在美国人心中,可口可乐成了美国生活方式的象征。第二次世界大战期间,美国士兵征战到哪里,可口可乐就跟随到哪里。这使它传播到世界各地,同时又为它涂上了一层与美国同生死、共患难的神圣色彩。战后,这些士兵及其后代"战后婴儿潮群",自然成为可口可乐的忠实顾客。每当他们饮用可口可乐时,不仅感受到清凉,似乎还把整个的美国精神灌进了体内。就像美国编辑威廉·怀特所说的那样:"可口可乐代表着美国所有的精华……可乐瓶中装的是美国人的梦。"

发了战争财的美国,战后成为西方世界的上帝,美国文化也成为西方文化的象征。凝聚着这种文化的可口可乐,透过广告符码的强化而传播到世界各地。广告营造的强烈美式风格,把原为美国青少年热爱的摇滚乐、铜鼓乐、街舞等文化风潮扩散到世界每一个角落。尤其是不发达的第三世界的青少年,向往、崇拜美国生活方式,把喝可乐当成时髦、新潮。这已成为一种次文化。这种现象表明,与其说可口可乐表达了"基本的人类情感",还不如说它表达的是美国人的

一种基本情感。这种情感在世界各地蔓延，不仅引起了第三世界的忧虑，连欧洲的发达国家也感到有些毛骨悚然。法国官方就认为，可口可乐、麦当劳和迪斯尼乐园，三位一体构成了美国的一整套生活方式。美国人在这方面的利益超过了经济利益。这竟然使西欧喊出了"反对美国文化帝国主义"的口号。

虽说可口可乐广告在寻找美国情感的"表达式"方面曾经殚精竭虑，它那不断复制青春活力的影像符码、滚烫的流行音乐、火暴的霹雳劲舞、快节奏的画面剪接、强调视觉语言的冲击力以及扣人心弦的广告口号，曾开一代广告创作的新纪元，使亿万消费者为之心旌震荡。但是，"江山代有才人出"，可口可乐的表达方式，今日已觉不新鲜。1993 年，可口可乐以其"有史以来最大手笔的广告"参加坎城广告大奖的角逐而不能入围，就是创意乏力的明证。可口可乐广告的过人之处，在于对美国文化符码的把握。它把美国精神、美国生活方式揉进了品牌，并长期不懈地强化这些东西，以无与伦比的传播力度让这些东西从美国本土向全世界渗透。并不是可口可乐这种"糖水"有多么好，而是附着在它上面的"美国梦"具有强大的诱惑力。

当可口可乐面对百事可乐的严峻挑战时，曾产生过心理眩惑。它以为，百事可乐的崛起，是口味比可口可乐甜一些。于是，在 20 世纪 80 年代初期，可口可乐公司试图打破百年不变的旧例，花几百万美元去改变老配方，研制新口味，并巴望以新口味为"旗舰"去与百事可乐一决高低。结果,受到美国消费者的强烈抵制。人们甚至游行示威,抗议可口可乐公司侵犯了他们饮用"正宗"可乐的权利。可口可乐花几百万美元和两年多的心血,落得个折戟沉沙的下场。

可见,当一个品牌成为某种文化的象征时,它的传播力、影响力和销售力是难于估量的。而且当一个品牌与某种文化相互依存时,这品牌就将与它所表征的文化共沉浮。可口可乐通过广告符码所强调的美国生活方式,虽然曾风靡百年,但随着社会的发展,人类理性的回归,那过度奢华、浪费的美国生活方式正受到越来越强烈的批评。20世纪90年代以来,返璞归真,回归自然的消费观念日渐流行。各种天然饮料正在不断地挤占以可口可乐为代表的碳酸饮料市场。1993年,我国台湾省包括可口、百事可乐在内的碳酸饮料销售量占整个饮料市场的31%,而茶饮料则异军突起,占到了25.7%的市场份额。就连可口可乐的故乡,美国也日渐时兴茶饮料。这是转瞬即逝的时髦,还是不可抗拒的历史趋势?

点评:

可口可乐的广告策略常是人们做广告时的座上谈,一种品牌从广告中诞生,潮起潮落,永不褪色,值得我们为之鼓掌,中国的企业、商家是否该沉思品味一番其中滋味呢?

感情诉求

背景:

提到运动饮料,中国消费者必然想起"健力宝",而在日本,最出名的运动饮料是"宝矿力"(POCARI)。20世纪80年代以来,"宝矿力"推出的系列广告,展现出大策划、大手笔的特别魅力,值得我们借鉴。

以"点滴"药闻名全球的日本大家制药公司,破门而出,推出了"宝矿力"运动饮料(原理与"点滴"相近),并成为日本同类饮料市场的第一品牌。成功的重要因素之一,是它那一以贯之的品牌形象加特定功能的广告策略和上乘的广告表现。

决断:

运动饮料广告,大多卯着运动来"创意"。肌肉扩张,大汗淋漓,是这类广告的"标准件"。"宝矿力"一反运动饮料广告的思维定势,在优雅、温馨的氛围中,以"美"取代"紧张",在美的形象境界中不着痕迹地传递商品的功能信息。这是20世纪80年代以来"宝矿力"广告的最鲜明的一个特征。

由法国著名影星佛朗姬丝担纲演出的三部广告片——《油漆篇》《邮差篇》《清晨篇》,在女歌星雷蒙·朵丽轻歌曼唱的主题歌烘托下,绵绵不绝地流淌出悠闲、温馨与高雅的情调。

《油漆篇》,在我们面前展现了这样的画面:蓝蓝的天,蓝蓝的海,白色的云,白色的墙,明丽的阳光下,穿蓝色服装的油漆工脸上沁着汗珠。佛朗姬丝体贴地递给梯子上的油漆工一罐"宝矿力"。充满人情味的画面,同时无言地传播着运动饮料的功能——补充体液。最后的长镜头中,蓝色的海、白色的墙,恰到好处地与"宝矿力"的蓝、白标准色相呼应。

《邮差篇》,同样没有蹬车、跋涉之类的激烈运动,只以邮差脸上挂着的汗珠,便充分地交待了工作的辛苦。佛朗姬丝满怀喜悦地接过信,并递给邮差一罐"宝矿力"。接着是一句具有功能性的旁白:"流汗后的身体特别需要碱离子。碱离子宝矿力。"

《清晨篇》中,宿酒后的佛朗姬丝在如梦如诗的晨曦和背景音乐中醒来,美美地喝着"宝矿力"。不着一字,就提示了商品的新用途——补充因醉酒而失去的体液。

三部短短的广告片,把情与景,形象与商品功能,感觉与承诺,了无痕迹地融合在一起,颇具匠心。

审时度势,因应市场的变化而同步调整策略,是"宝矿力"广告的又一鲜明特征。

两年后,有关法令规定该运动饮料应改称"等渗性饮料",而不能称为"碱离子"饮料。消费者对运动饮料的认识,也因此模糊。"宝矿力"随即敏感地对广告进行了调整。新广告,分为春夏和冬季两时段。

春夏广告,改请玛格·海明威主演,仍然走"佛朗姬丝系列"的形象路线。秋冬广告,则推出由演员石原玛丽子和井系重理为商品代言人的"对话"系列,由《球赛篇》《摆头篇》《金鱼篇》《吟诗篇》《插花篇》等丰富多彩的广告影片组成。

"对话"系列,在延续形象路线的同时,更多地注意了商品功能信息的传播,于轻松有趣中,化解了消费者对运动饮料的疑问。其中的《吟诗篇》,在宣传商品功能的同时,还宣告"宝矿力"每罐只售100日元,起到了很好的促销作用。

因为当时日本饮料每罐平均价 120 日元,如果从自动售货机购货,每次就要准备好一个 100 元及两个 10 元的硬币,很不方便。"宝矿力"推出 100 元的价格,自然大受欢迎。

"对话"系列,镜头语言惜墨如金,简练而明快。就说《摆头篇》,画面是男女演员坐在看台上观赏网球赛。但是,却没有演员与运动员之间的镜头转换,只是通过演员头部的左右摆动及同步出现的击球音响,让人一看就明白是在观看网球赛。广告的时间和空间,全部都留给商品的代言人了。手法何等地经济!

"对话"系列,具有浓郁的日本文化色彩。这个特点,从《插花篇》中可见一斑——

女:我了解水对花的重要。

男:人体也不可以缺乏等张压水。

女:宝矿力?

男:你出师了。

插花师傅和学生之间毕恭毕敬地一对一答,完全是原汁原味的日本风味。广告展现出"宝矿力"和日本文化的亲和力,又借题发挥地宣传了"宝矿力"的功能。

5 年后,"宝矿力"根据称为"影像的一代"的日本年轻人的文化心态,对"宝矿力"进行新的"文化快餐"式的包装,推出由宫泽理惠主演的活泼、有劲的系列广告。这个系列,不仅给"宝矿力"灌注了新的活力,而且把宫泽理惠捧成了大红大紫的明星。

奥格威说:"一个厂商要是能在自己的广告宣传上,在一段时间里保持前后协调的风格,那将是何等的奇迹!"

"宝矿力"就在创造这样的奇迹。

点评:

感情诉求式的广告,要有章法、有耐性,在随机应变之中,诉求产品的形象和功能,对感情的连续性,在源源不断的广告话题之中,向观众的躯体中植下立即行动的因子。

决断先机　大鹏展翅

背景：

1982 年,在美国《幸福》杂志上所列的全美 500 家大企业的名单上,赫然跃出了一名新秀——苹果计算机公司。这家名列第 411 位的大公司,年仅五岁,是美国 500 家大公司中最年轻的公司。

一年之后,奇迹再次发生。当美国《幸福》杂志再次公布全美 500 家最大公司的排位时,人们惊奇地发现,年轻的苹果计算机公司青云直上,一举跃到第 29位,营业额达 9.8 亿美元,职工人数为 4 600 人。美国企业界开始对它刮目相看。

苹果计算机公司的确令人感到惊奇,它的发展速度太快了。在它第一次跻身于《幸福》杂志 500 家大企业红榜的 5 年前,还是一个只有两人的汽车房厂家。这两位年轻人分别是 21 岁的史蒂夫·乔布斯和 26 岁的斯蒂芬·沃兹奈克。

决断：

当时,美国的许多计算机生产厂家,都把研制和生产的重点放在大型计算机上。被誉为"巨人"的国际商用机器公司 IBM 是世界上最大的电子计算机及其外围设备制造厂商,也是最大的电脑生产厂商。它的业务范围是发展各种信息处理设备以及提供有关的服务,涉及政府、商业、国防、科学、宇航、教育、医学和日常生活的各个领域。1983 年,IBM 公司的总资产达 372 亿美元,年销售额为402 亿美元,其产品销往世界 128 个国家和地区。可是,这么一个久负盛名的大公司,直到 1981 年,竟然没有一台个人电脑上市。虽然当时微型电脑已在美国市场上出现,但大多是供工程师、科学家和电脑程序设计师使用,还没有普及,普通家庭很少购买。

1974 年,乔布斯和沃兹奈克就已研制出了个人计算机。他们瞄准机会,在大家都忙着搞大型计算机的时候,将注意力集中到了个人计算机上,决定开辟一条新路。创业伊始,困难重重,既缺乏资金又没有工作场所。他们卖掉了自己心爱的汽车和计算机,在汽车库里工作。他们弄来廉价零件,利用业余时间苦干,终于在 1976 年研制成功一台家用电脑,命名为"苹果 1 号"。当他们把这台电脑拿到俱乐部去展示时,立刻吸引了不少电脑迷。这些电脑迷们一下子订购了 50

台。为了生产这 50 台电脑，他们跟几家电子供应商谈妥，以 30 天的期限向电子供应商们赊了 2.5 万美元零件，结果在 29 天之内就装配了 100 台家用电脑。他们用 50 台电脑换了现金，偿还了供应商的借款。

从此，他们的订单源源不断地飞来。于是，他们想成立一家公司，专门生产个人计算机。这个想法得到了投资家马古拉的支持，他愿意投资 9.1 万美元。美国商业银行也贷给了他们 25 万美元的资金。这样，1977 年，"苹果计算机公司"正式宣告成立。

公司成立后，他们又开始网罗各方面的人才，进一步研制和改良家用电脑，陆续向市场推出"苹果二号"、"苹果三号"和"里萨"等个人电脑新产品。苹果电脑公司的产品问世后，迎合了美国大众的需要，销路非常好。人们迫不及待地想买一部苹果牌电子计算机，造成了苹果计算机销量与日俱增的大好形势。

1981 年，苹果计算机公司生产的个人计算机占据了美国市场上个人电脑总销售量的 41%。畅销书《硅谷热》对苹果计算机公司发迹和崛起的速度极为赞叹，说："一家公司只用了 5 年时间就有资格进入美国最大的 500 家企业公司之列，这还是有史以来的第一次。"

当时，全球闻名的大计算机公司 IBM 对苹果公司不屑一顾。这正好给苹果计算机公司创造了良好的发展机遇。后来，苹果计算机公司的发展出乎 IBM 的意料。它又向市场推出了个人电脑网络系统，这种系统可以把众多个人计算机及其外围设备联接起来，互相交换信息。直到此时，IBM 才如梦方醒，不敢对这个计算机界的后起之秀等闲视之。

但是良机已失，IBM 公司虽然财大气粗，资金和技术雄厚，力图后发制人。而此时的苹果计算机公司也已今非昔比，羽毛丰满，毫无畏惧地积极应战，始终在微电脑市场上保持了 26% 的份额。

苹果计算机公司能迅速崛起的秘诀在于"抓住稍纵即逝的发展良机，瞄准其他计算机公司遗漏的'盲区'，闪电般地向市场推出个人电脑，从而大获其利"。

点评：

商场谋金，贵在速战速胜，旷日持久的商业竞争会使商家疲惫，锐气受挫。所以挽危局于胜之中，讲求速胜是根本。

冰墙阻逃敌

背景：

明洪武十八年冬天，明军占据辽东。负隅顽抗的纳哈出率兵进犯金州，一时间搞得那里人慌马乱，鸡犬不宁。太祖朱元璋闻讯，遂命叶旺、马云二将军为都指挥使，率部队前往金州增援。

待叶、马带援军马不停蹄地赶到那儿时得知，进犯的敌人已被英勇的守军击退。

"不能让这股敌人逃回辽东！"二人不约而同地说道。他们研究了敌人逃跑的路线，发现盖城南十里柞河是敌人败逃的必由之路，一个筑冰墙阻逃敌的计划遂形成了。他们是怎么样阻挡逃敌的呢？

决断：

叶旺、马云二人带着部下先至柞河边。他们连续奋战，刨冰挖河，将沿河从连云岛到窟驼寨的十余里长地带垒成一道冰墙后，浇上河水。冬日的北方，天寒地冷，滴水成冰。一夜之间，十里长的冰墙宛如一条坚不可破的银带横在河岸。

冰墙屏障制好，叶旺将部队分成两部分，在冰墙两端挖掘大片陷阱，井中布满锋利的钉板，在敌人的退路上设下了天罗地网。一切准备完毕，他命令部队埋伏在敌人必由之路上，只等冰墙陷阱发挥威力后，冲上前去收拾残局。

再说纳哈出带着败兵残将，慌慌如惊弓之鸟，忙忙如落网之鱼地逃至此地，忽见眼前一道银光，一望无边的冰墙横在眼前。前有屏障，后有追兵。乱作一团的纳哈出士兵们别无选择，只好匆匆奔向冰墙两端，试图绕道而过。岂料这正中了明军的埋伏，跌入早已为他们准备好的陷阱中。一片惨叫声还没断，叶旺、马云又带人马从两边杀来。纳哈出见状，只得抛弃他的人马，只身逃了出去。明将叶旺、马云取得了这次歼敌的彻底胜利。

点评：

古语有云：兵无常势，水无常形，善战者必善于借助战场上一切有利条件，为己所用。

毒水破金兵

背景：

宋绍兴十年(公元1140年)，金军统帅兀术率大军南犯。当他得知他的先头部队在顺昌屡次被宋将刘锜所挫时，大为恼火，遂亲自率领十万精兵向顺昌进发，扬言要把顺昌踏为平地。

刘锜得知兀术兵进顺昌的消息，便想利用金兀术的狂妄轻敌，设计打击他。于是他派人给金兀术下了一道战书，说："如果你敢率军过颍河与我交战，我愿为你架设五座桥，迎接你过河。"如此相激，兀术看罢战书，怒发冲冠。他立即给刘锜回书，答应来日渡河应战。按兵家规律，守卫的一方隔河相恃是很有利的，但刘锜却反其道而行之，弃己之长，这是什么缘故呢？

决断：

兀术回书的第二天，刘锜果然如约在颖河上架起了五座浮桥，同时又派人在颖河上游和金军作战的地方撒放毒药。金军过河后即摆开阵势，准备决一死战。刘锜却高垒深沟，拒不出战。刚刚远道赶来准备战斗的金兵后续部队，早已疲惫不堪，但又不敢卸下盔甲休息。当时正烈日炎炎天气酷热，金兵人马饥渴，争相去颖河喝水，马匹往河边吃草，结果俱因中毒困乏不支，到了交战时都已精疲力竭。刘锜见时机已到，即派出几百人马从西门突然冲出，杀向金兵。当金军的注意力在西门时，从南门又杀出数千宋军。金兵措手不及，顾此失彼，死伤惨重。金兀术屡遭宋军痛击，却硬不认输，并拉出其"王牌军"——"铁浮图"、"拐子马"亲自出阵督战。可是因为王牌军也中了毒，战斗力大减，加上刘锜发明了破金兵王牌军的武器，结果金兵上阵后一败涂地。金兀术自知难以挽救败局，只得撤军而去。

点评：

兵家讲究的是随势而变，地形地貌改变了，战术打法也应改变，充分利用有利地形，或周围战场环境，给敌人设置更大的障碍，可以一当百，以逸待劳。

巧设悬念

背景：

梅派京剧艺术的创始人梅兰芳在北京唱戏红透了京城，上海丹桂戏院的老板觉得把梅兰芳请到上海来，让上海人一睹梅兰芳的"芳"容和一"聆"梅兰芳的金嗓，自己绝不会有亏吃。老板向梅兰芳发出了邀请，梅兰芳欣然应允。这时候，戏院老板才突然想起上海人对梅兰芳几乎是一无所知，于是苦思良策。

决断：

几天后，上海一家大报纸头版的整个广告牌面登出了广告的全部内容——仅三个赫然大字："梅兰芳"，而且一连三天都是这样。

一石激起千层浪。上海人被这三个字吸引住了——"梅兰芳？是个'女人'？什么样的'女人'？为什么要登这么大的广告？"人们议论纷纷，大街小巷、酒馆茶馆，到处都听到有人在询问、在议论。登广告的那家报馆更是忙得不亦乐乎，询问电话一个跟着一个，不少人还登门造访，但报馆的答复是："无可奉告！"

人们把目光再一次聚集到报纸上。果然，到了第四天，还是那家报纸，还是头版版面，在人们已熟悉的"梅兰芳"三个大字下面出现了几行清晰的小字"京剧名旦，假座丹桂第一大戏院演出《彩楼配》《玉堂春》《武家坡》。"三天来的疑团刚刚融解，一个新的疑团又涌上心头："梅兰芳到底是个什么样的人？"于是，上海人争先恐后地涌至丹桂大戏院。

首场演出：爆满。

丹桂大戏院的老板就是以这种方式把梅兰芳介绍给上海人的。

梅兰芳的高超演技令上海人称绝！此后，大戏院场场爆满，梅兰芳名扬上海，戏院老板也乐得合不拢嘴。

点评：

以设置悬念而达到自己的目的，此即以奇制胜之道。

第三章 出其不意,攻其不备

提要:孙子强调兵贵神速,出其不意,攻其不备,隐蔽地接近敌人到最短距离,突然而猛烈地攻击敌人。这种战术原则,至今仍然可资借鉴。

故布疑兵 实设奇兵

背景:

楚令尹斗越椒因庄王分了他的权,便起兵谋反。斗越椒有万夫莫挡之勇,而又善射。他使用的箭比普通箭长一半,坚利非常,令楚军个个咋舌。庄王见不可硬取,便设计诈败,将斗越椒引到清河桥,待他一过,便拆桥断了他的后路。斗越椒下令隔河放箭。时楚东伯军中一名小军官挺身而出,叫道:"河这么宽,箭哪里射得到?不如咱俩比一比射箭,站在桥头上各射三箭,生死听命!"这个人就是精于射艺的养繇基,人称"神箭养叔"。斗越椒不把这个无名小辈放在眼里,要求先射三箭。养叔满口答应。这个"无名小卒"怎么敢在"万夫莫当"的斗越椒面前夸下海口呢?

决断:

斗越椒见对方满口答应,心想,我一箭便射死了你。斗越椒射出一箭,被养叔用弓梢轻轻一拨便落入河中;第二箭被养叔身子一蹲便躲过了。斗越椒喊道:"不能躲闪!否则就不是大丈夫!"养叔说:"好,这一箭一定不躲。"箭来时,他只将口一张,咬住箭镞。斗越椒有些着慌,虚张声势叫快射。养叔大喊一声"看箭!"斗越椒听到弓响,往左一闪,谁知这是虚拽弓弦,并未放箭。养叔笑道:"箭还在我手上呢。说过'躲闪的不算好汉',为何又躲?"说着又虚拉一弓,斗越椒又往右一闪。养叔趁他一闪,一箭射来,斗越椒不知箭到,躲闪不及,正中脑门,倒地而死。叛军一见主帅中箭,四散奔走,逃的逃、降的降。这场谋反便被平息了。

点评:

楚军先用计堵住叛军的退路,再出奇兵,让无名小卒跟对方将领比箭,而实际上确是有了必胜的把握,叛军狂妄自大,被楚军小兵击败射死这就是故布疑阵,实设奇兵的谋略。在商战中人们也常常利用对手的轻敌之心,故布疑阵,实施冷箭,进而大获全胜。

交替照射　以奇补短

背景:

1939年9月,德军横扫波兰,希特勒的"闪电"战术频频奏效。然而在9月8日这一天,当德国第10集团军推进到波兰的伊日尔河时,却意外地遭到了波兰军队的猛烈反击。第10集团军只好全线撤退。撤退中,德军的高炮部队被波兰步兵团团围住,突围已不可能,只有顽强抵抗,等待援兵。德军上校列普列勒判断:波兰军队一定会趁夜色发起进攻。如何打退波军的进攻呢?因为他们是高炮部队,很少配备便于地面作战的长短武器。列普列勒沉思片刻,决定以奇补短,打击波军。他是怎么以奇补短呢?

决断:

夜幕伴随着最后一抹余晖悄悄地降临了,上校命令探照灯连队进入前沿阵地,将探照灯悄悄地配备到阵地两侧有利地形上,命令各炮手做好平射准备。

当地时间23时30分,在离前沿阵地不远的地方,果然传来了波军的脚步声。列普列勒估算着距离,70米、60米、50米,列普列勒突然命令打开左侧的探照灯。波军面对突如其来的强光,惊慌失措,一个个迅速地趴在地上,德军高炮乘机猛扫。三秒钟后,左侧的探照灯突然灭了。又等了三秒钟,右侧的探照灯猛然间照射,高炮手还是趁机一顿扫射。没等波军反应过来,左侧的探照灯又亮了,不等波军瞄准,探照灯就灭了。探照灯不断变换位置,开灯就打,灭灯就转移。波兰军队遭到很大伤亡。德军就是利用这种方法,打退了波兰军队的数次进攻,最终坚持到援军到达。

点评:

针对敌人的特点和自己的客观情况,出其不意地用奇补短,克敌之长,这样或许反而会转变战局,获得胜利。商场上也一样,不在自己薄弱的环节与对手硬拼,而是靠出奇制胜,这样就能站稳脚跟,获得市场。

茅台酒香溢万国会

背景:

1915 年,巴拿马万国博览会。

人涌如潮。

但是,在中国展室驻足的人却不多——也难怪,在那个时代,在西方人眼中,中国不过是个"东亚病夫",能有什么可以"博览"的呢?

一连几天过去,情况都无甚改变。

中国商人们都在暗暗叫苦,特别是来自贵州的那位穿着长马褂、头戴圆帽的商人——他是来万国博览会展销茅台酒的,更是焦灼无比——几天来,那些红眼珠、蓝眼珠的外国人连看都不愿意看他的"茅台"一眼,也许是它的包装过于古朴?也许是外国人对它一无所知?也许是外国人有成见?贵州商人在苦苦思索着。

决断:

茅台酒是产于贵州省仁怀县茅台镇的一种烈性白酒,造酒用的水取自发源于云南镇雄的芒部、穿越崇山峻岭、流经茅台镇的茅台河,茅台河水无色、无味、透明微甜爽口,用它酿出的茅台酒纯净透明、香味浓郁,在中国久享盛名。

又一群外国人从邻近的展室涌了出来。

贵州商人灵机一动，捧起一瓶酒，故作失手，"哎呀！"一声惊叫，"茅台"坠落在地，陶瓷酒瓶摔碎了。

刹时，一股特殊的芳香悠悠飘起，沁向四周……

"好香！"

"好极了！什么酒？"

"OK！从来没想到过会有这样的酒！"

在一片惊异的赞叹声中，外国酒商们也纷纷涌来。

尽管被打碎的陶瓷酒瓶很快被收拾起来，尽管地面很快就被擦干了，但是，数天过后，中国展室内外依然留香的中国茅台酒一鸣惊人，从此走向了世界。

点评：

一筹莫展的时候，往往是锻炼人的时刻。头脑灵活，从反方向入手，就会收到意想不到的效果。

灵感的价值

背景：

1958年，一个名叫雅克·博雷尔的矮个子法国人在参观庞培废墟时忽发灵感。他走进奴隶餐厅，猛然抬头，眼前的景象竟使他惊愕得张大了嘴巴："唔，好一个自助餐厅！"他认定这种快餐厅，必将风行。

决断：

回到巴黎后，博雷尔就开起了快餐店。他把快餐店设计得和庞培古城的奴隶餐厅一个样，吃惯了大菜的法国人很快被吸引到这个"奴隶餐厅"里来。

于是，博雷尔的快餐店连珠般发展，连锁店成串，生意兴隆得很。然后，博雷尔又把他的自助餐厅推到公司里去。他对一家保险公司说："贵公司雇员的午餐由我包了。"15年过后，他的公司餐厅已达800家。不久，他又发现有的公司太小，连个餐厅也容纳不下，就向他们提出使用午餐券的办法，用这种餐券，公司的人可到他在邻近的餐馆进餐。这样一来，公司的雇员花钱少吃得好，雇主的开销减少，博雷尔的生意进一步扩大，真可谓皆大欢喜。

不久，他又瞄上了汉堡包。汉堡包是德国货，法国人会喜欢它吗？许多人认为他做汉堡包生意等于自杀。但事实上法国人不但吃了，而且吃得津津有味。20世纪60年代末，博雷尔又产生了经营汽车快餐馆的想法。于是在法国、意大利和西班牙等国的密如蛛网的公路边上，就星星点点地出现了博雷尔的汽车快餐馆。

点评：

做别人想不到的事，干别人想不到的生意，出其不意，才能独树一帜，以自己独特的风格赢得顾客的青睐，博雷尔恰恰做到了"出其所不趋，趋其所不意"。他的成功是必然的。

出敌不意　李靖显"奇""快"

背景：

唐朝名将李靖向高祖献了十条灭萧铣的计策，高祖非常满意，就以李靖为行军总管，向萧铣展开了攻势。行军长史李孝恭对行军布阵之事一窍不通，李靖就代替他统领全军。

李靖把军队在夔州集中起来，经过训练整顿后准备出发，这时正值深秋，萧铣又在江南，李靖要攻打他就必须渡江过三峡，所以萧铣就认为李靖这时过不了江，因为江水泛涨，三峡道路险峻，李靖的队伍肯定不会前进，由于他很有把握地这么认为，就让军队休息，不做一点防备，而众将领到了三峡后，也认为只有等水退了才能渡江作战，而李靖呢，却另有打算。

决断：

李靖认为，兵贵神速，机不可失，趁水涨时，突然进军，打到城下，以迅雷不及掩耳之势打萧铣一个措手不及，纵使他们发现了，再征集军队，也会为时过晚。李孝恭听从了李靖的话，把军队推进到夷陵，大获全胜。

萧铣的将领文士弘将精兵数万人屯扎在清江一带，李孝恭想攻打他。李靖分析说，文士弘是萧铣的一员虎将，他们又刚刚失掉荆门，全军出战，恐怕不是他们的对手。他建议把军队停在南岸，不与他们相争，等他们士气衰落了，再奋起打击，一定能取胜。李孝恭不听，把李靖留下守营，自己率师与文士弘大战，没有几个回合,李孝恭果然大败,奔逃到南岸。文士弘的军队胜利后,不是乘胜追击,而是大肆掠夺财物,军纪混乱。李靖看到文士弘的队伍军纪涣散,士气不振,就乘机发兵攻打他们,李靖调集兵力,趁敌不备,迅速出击,文士弘军队没有料想敌人刚吃败仗又敢来攻,所以全军溃散。结果李靖大获全胜,获取舟舰四百余艘,斩杀敌人万余人。

点评:

行军打仗贵在出敌不意,要敢于打破常规,逆敌人的意料而动,把握住机会,然后迅速出击,给敌人造成恐慌,这中间有两个重要环节,一个是奇,一个是快,奇要奇在常人难以预料,难以防备;快是要快在出乎意料的速度上。这两个环节都抓住了,就能收到奇效。

第四章　声东击西　以实击虚

提要：孙子指出,指挥作战的将领要善于用假象迷惑敌人,使敌人产生错觉;同时又善于以利诱敌,使敌人被我调动,然后趁敌立足未稳而击破之。这些方法或手段对于"出奇制胜"来说同样是必需的。

范旭东的经营战略

背景：

　　范旭东先生是中国近代著名的企业家,为民族化学工业作出过突出贡献。毛泽东称赞他为"工业先导,功在中华"的民族资本家。他原来从事盐业生产。第一次世界大战爆发后,输入中国的"洋碱"大幅度减少,中国的碱市场出现了异常稀缺的状况。于是他抓住难得的机会,创建了中国第一家制碱企业——永利制碱公司。

　　当时,英国卜内门公司一直垄断着中国碱市场。第一次世界大战结束后,它卷土重来,见到中国自己的制碱企业诞生了,便恼羞成怒地向永利制碱公司发起猛烈进攻,但是没能成功。卜内门公司不甘心与永利制碱公司共享中国市场,便又调来了一大批纯碱,以低于原价的40%在中国市场上倾销,企图以此挤垮永利制碱公司。

　　永利制碱公司老板范旭东见自己公司与卜内门公司实力相差悬殊,无法与其正面抗衡,如果永利制碱公司也降价销售产品,用不了多久,实力就会损失殆尽;如果不降价销售,产品卖不出去,资金无法回收,再生产也无法进行,用不了多久,永利制碱公司照样得破产。

决断：

在这个生死存亡的紧要关头，范旭东想起了自己年轻时因参加"戊戌变法"失败后逃亡日本的情形。触景生情，他想：自己当年因为躲避清政府的拘捕不得不东渡扶桑，现在为什么就不能暂避卜内门公司的锋芒而在日本发展呢？

主意既定，范旭东先生立即着手市场调查分析及计划的实施。日本是卜内门公司在远东的大市场。战争刚刚结束，百废待兴，卜内门公司的产量有限，能运到远东来的碱不会太多。卜内门公司现在在中国市场上倾销这么多的碱，那么运到日本的数量一定不会多，日本碱市场肯定缺货。

经过仔细调查和分析，范旭东发现，当时日本的两大财团"三菱"和"三井"在争夺商界霸主地位，两者竞争十分激烈。三菱公司有自己的碱厂，三井物产公司没有，依靠进口，这不是天赐良机么？

范旭东立即与三井物产公司取得联系，委托它为日本总经销，以低于卜内门公司的价格销售永利制碱公司的红三角牌纯碱。三井物产公司欣然应允，因为代销不占用资金，又有利可图，还解决了自己的燃眉之急。这样，双方很快就达成了协议。

永利制碱公司的红三角牌纯碱，虽然在日本的销量只有卜内门公司产品的1/10。却如一支从天而降的轻骑兵，依靠三井财团遍布日本的网状销售点，向卜内门在日本的碱市场发起了突袭。红三角牌纯碱跟卜内门公司产品的质量相同，价格却便宜很多，于是很快就造成了日本碱市场的大跌价，卜内门公司产品也不得不随之降价。

日本工业发达，碱需求量大，卜内门公司在日本市场的碱销售量远比在中国的销售量大。这么一降价，损失相当惨重。而永利制碱公司产品在日本的销量只有卜内门公司的1/10，价格比卜内门公司在中国的降低价还要高一些，所以损失较小。

卜内门公司在日本市场上手忙脚乱，疲于应付，被永利制碱公司的红三角牌纯碱搅得团团转。最后，卜内门公司为了保住日本大市场，不得不主动求和，表示它愿意停止在中国市场进攻永利制碱公司，同时也希望永利制碱公司能在日本停止挑战行动。范旭东见自己的"围魏救赵"战略已取得胜利，就乘机提出条件：停战可以，但卜内门公司今后在中国市场上变动碱的价格时，必须先征求永利制碱公司的意见，得到同意后方能行动。卜内门公司别无选择，只好同意了。

点评：

弱者与强者的竞争中，以卵击石，无异于自取灭亡。此时，应沉着应对，冷静而慎重地辨明其虚实,乘其不备,力击其虚弱的要害部位,避实击虚,才能既保存己方实力,又重击敌方力量,使其手忙脚乱,从而转败为胜。

佯伤痹敌

背景:

第二次世界大战期间,澳大利亚有名的巡洋舰"悉尼"号被德国战舰"卢兹"号利用欺诈的手段击沉,成为第二次世界大战中"兵不厌诈"的有名战例。德军战舰怎么靠欺诈的手段把澳大利亚军舰击沉的呢?

决断:

1944 年 11 月 19 日晚,德国"卢兹"号战舰与澳大利亚"悉尼"号战舰在近海相遇,"卢兹"号舰长道麦深知,"卢兹"号火力远远不及"悉尼"号射程远,一旦被发现,只有挨打的份儿。他认为,摆脱这种命运的办法只有设法靠近"悉尼"号,以全部火力突袭。于是,道麦拿出事先准备好的挪威国旗,并向空中发出信号,警告本海域出现可疑船只,使"悉尼"号舰长误以为敌舰在他处。接着,"卢兹"号又佯装起火,发出了"SOS"失事信号,使"悉尼"号相信这艘挂有挪威国旗的商船已航行困难,需要帮助。"悉尼"号舰长巴尼特下令让"卢兹"号向自己靠拢,并关掉发动机,准备实施营救。这时,"受伤的商船"突然向"悉尼"号发射了两枚鱼雷,接着,用全部大炮和机关枪扫射。"悉尼"号舵轮被炸飞,尾舱中弹起火,船上飞机被炸碎。此时,"悉尼"号才知中计,可是为时已晚,"悉尼"号被"卢兹"号第三枚鱼雷击中,舰上 645 名官兵全部葬身大海。

点评:

在两军对垒之时,切不可草率行事,危险随时都潜伏在身边,稍微大意就可能遭至灭顶之灾。

随波逐流，稳固势力

背景：

我国南宋时期，由于奸臣把持朝政，贪污腐败横行，国势日见衰微。在南宋末期的理宗、度宗两朝，又出现了一个奸臣贾似道，他把持朝政15年，最后使南宋为元朝所灭。在贾似道当权时，不乏阿谀奉承、谄媚讨好的人，方回就是其中的一个。

方回是我国宋末元初的文学家，有《桐江诗集》65卷。他在理宗时中进士，当时以诗文为人们所称道。方回的诗写得很好，其中有不少反映现实生活之作。他的《路傍草》描写战争中土地荒芜，房屋倒塌，一派凄凉景象："间或遇茅舍，呻吟遗稚老。常恐马蹄响，无罪被抢讨。逃奔山谷中，又惧虎狼咬。一朝稍苏息，追胥复纷扰。"抒发了穷苦百姓生活的艰难，还不如路边的小草的哀叹。他的《彭湖道中杂书》五首中的"每逢田野老，定胜市廛人。虽复语言拙，终然怀抱真。如何官府吏，专欲困农民"对农民倾注了同情，对扰民、害民的官吏，发出了不平的谴责。

方回既有同情农民、哀叹劳苦百姓生活艰难的诗歌；也有粉饰太平向权贵献殷勤、求富贵的诗歌，这也是方回在人品上的不足之处。

决断：

方回中进士后，惟恐当不上官，向奸臣贾似道献《梅花百咏》诗，奉承贾似道和表示自己的忠心。以后方回见贾似道将要倒台，又见风使舵，向皇帝上贾似道十可斩的奏疏，因而未被治罪，反被任命为严州（今属浙江）知府。方回在人品上更不足取的，是他的"唱高调"。南宋末年，元兵大举进攻南宋，元兵将至之时，方回高唱死守城池、与城池同亡的论调，等元兵一到，赶快望风迎降，毫无民族气节。以后方回曾任元朝建德路总管，但好景不长，不久就被罢官。

点评：

在乱世，见风使舵的人随处可见，为了保证自己的利益，他们只和势力大的一方站在一起。无论之后出现什么样的情况，这种都选择可以保自己一时无忧。

沙漠猎"狐"

背景:

1941 年 2 月,希特勒派隆美尔到北非统帅非洲兵团。隆美尔灵活多变的指挥,战胜了数倍于己的英军,因而获得了"沙漠之狐"的称号,德军在他的率领下士气高昂,屡战屡胜。

1942 年夏,英军的处境岌岌可危。6 月中旬,英军据险固守的贾扎拉防线被德军突破。接着,托卜鲁克要塞竟于一天之内就被敌人攻占了。7 月 1 日,一直遭受隆美尔非洲军团攻击的英国第 8 集团军,自北非沙漠撤到距尼罗河三角洲 100 公里的阿拉曼一线,并面临全线溃败的危险。

在这一危险的局势下,丘吉尔重新任命了中东战场的指挥官,并在英国总参谋长布鲁克将军的极力推荐下,任命蒙哥马利担任第 8 集团军司令。蒙哥马利临危受命,他有什么办法制服隆美尔呢?

决断:

蒙哥马利一上任就巡视全军,以其对战局敏锐的洞察力、杰出的辩才和高昂的情绪,激励了屡遭挫折的将士,使其恢复了自信,心中重新燃起了一股战胜敌人的热情和希望。接着,蒙哥马利又抓紧时间整顿军队,解除了一些作战不力的军官的职务,分析敌情,研究沙漠地区装甲战的特点。他发现以狡诈闻名,被称为"沙漠之狐"的德军名将隆美尔的惯用战法是诱惑盟军的坦克先去攻击,而他则把自己的坦克部署在一道战防炮掩护幕的后面,利用战防炮击毁盟军的坦克。这样,德军的坦克便能主宰战场了。蒙哥马利决定以其人之道还治其人之身。他一方面命令部队加强防御工事;另一方面积极准备空中力量,打击和破坏德军的装甲部队,并且有针对性地布设了阵地。

8 月 31 日,德军隆美尔的部队补足了油料之后,即对盟军进行出其不意的攻击。蒙哥马利早料到这一手,在德军装甲纵队预定出发前两小时,派英国皇家空军夜航轰炸机对德军集结起来的战斗车辆群实施破坏性攻击。战斗开始后,英空军又专门对付行进中的德军坦克。一开始,就使德军遭到重大伤亡。经过两天激战,隆美尔的非洲军反被包围,并无力重新发动进攻,于是蒙哥马利决定由防御转入进攻。这次防御战的胜利大大提高了英军的士气和蒙哥马利的威信。

为了牵制住德军主力，蒙哥马利较长时间没有发动进攻。他集中精力改进军队的指挥和组织，进一步提高部队的士气，他准备在 10 月下旬月圆时对隆美尔进行决定性的打击。在这期间，蒙哥马利施展了一系列惑敌行动，使隆美尔错误地判断了局势。蒙哥马利在阿拉曼战线南部后方，设置了伪装辎重卡车、军火站和输油管，并在那里频繁地使用电台，故意向敌人透露英军将于 11 月初在战线南部发起主攻的信息。大量的英军则利用夜暗进入战线北部的进攻出发地域。运输车辆和火炮都进行了严格的伪装。航空兵进行了有效的掩护，使敌侦察机无法在目标上空活动。隆美尔以为英军要从南部发起突击，于是将德军调往南部阵地。然而蒙哥马利决定分三路同时出击，主攻部位选在德军北部阵地。蒙哥马利命令第 30 军担任主攻任务，目的是突破敌军防线，打开两条通道。南部有两路进攻地点，由 13 军担任佯攻，诱使德军把强大的装甲部队派往南面增援。除此之外，蒙哥马利还改变了派遣步兵排除敌人地雷的老办法，使用了一种新的排雷装置，那是英军新试制成功的一种坦克，这种坦克前方装有一具旋转的连枷式的铁链，铁链拍打地面时，地雷就爆炸，他还要求空军密切配合，在开始进攻时，对德军机场进行闪电式地轰击，以消灭敌人的空中力量。

阿拉曼战役终于在 10 月 23 日开始了，晚上 9 时 40 分，英军 1 000 多门大炮暴风雨般地狂轰了非洲军团阵地 15 分钟。之后，步兵发起猛攻。德军事先已经料到英军将发动进攻，但是进攻的时间与炮火的猛烈程度，都大大地出乎德军的意料。此时，隆美尔由于在北非战场染疾正在国内疗养。回国前他已经预料到英军将要进攻，所以在临行前亲自部署了防御的准备工作，他通过侦察机的侦察，认为英军的兵力有限，进攻的时间估计最早也得在 10 月的最后几天，因此，他进行了一番部署以后，觉得万无一失，便放心大胆地回国了。

然而，蒙哥马利却出其不意地提前突然进攻，而且炮火的猛烈与兵力的强大，使敌军陷于措手不及的境地。这一点，应当归功于蒙哥马利一系列的伪装、惑敌的手法。英军的 1 000 多门大炮同时向德军炮兵阵地开火，在短短的 15 分钟之内，重创了德军的炮群。接着，英军的炮火又转而集中轰击敌军前沿阵地，在此同时英军第 13 军和第 30 军在炮火的掩护下冲向敌军阵地。

蒙哥马利除了在北部发起强大的正面攻击外，又采用了一种新的沙漠战术，即"粉碎性打击"。进攻初期，先从空中和地面发起大规模的轰炸和炮击，以此打垮德军炮兵阵地，继而再打击步兵部队阵地，最后投入强大的装甲群，将德军装甲部队与非装甲部队切断，分而歼之。

25 日黎明时分,英军虽然在进攻中付出了沉重的代价,但已经在多处突破了敌军阵地。这时,隆美尔应希特勒的要求,匆匆返回战场。他马上组织力量,竭力进行反攻。战场上烟尘滚滚,炮火连天,英国的沙漠航空队在空中穿梭来往,把炸弹倾泻在凶猛冲击的德军坦克群中,双方步兵处于犬牙交错的胶着状态,盟军奋力进攻,非洲军团拼死顽抗。隆美尔已经意识到毫无希望了,因为他没有士兵、坦克和汽油的后备力量,同时德国空军已完全失去了制空权。

经过 12 天的激战,轴心国部队终于全线溃退了。轴心国部队伤亡 2 万人,被俘 3 万人,毁坏坦克 450 辆,还有 75 辆因缺油而被遗弃,1 000 门大炮被摧毁。阿拉曼之战将驰骋北非,横行一时的隆美尔非洲军团彻底击垮,为将轴心国最后赶出非洲奠定了基础,蒙哥马利也因此晋升为上将,成为传奇人物。

点评:

隐真示假,在关键时刻突施冷箭,这种战术往往能起到奇兵的效果,对敌军的震撼力很强。在商战中,人们也常常采用这种策略,收敛自己的锋芒,在合适的时刻使用出来,迅速出击,占领市场,这就是所谓兵不厌诈。

第五章 "择人"与"造势"

提要：孙子认为，灵活的战法能否巧妙地运用，既要"择人"（选择优秀的将领），又要"任势"（也称"造势"，即造成有利的战场态势）。两者都具备了，才能使部队的战斗力得到充分发挥。

马歇尔选拔艾森豪威尔

背景：

1939 年，马歇尔出任美国陆军参谋长以后，就以很大的精力为陆军选拔人才。

决断：

1941 年 7 月，身为上校的艾森豪威尔被调到得克萨斯州的第三集团军任司令部参谋长。他在一次大规模的模拟演习中受到了司令克鲁格将军的赏识。正是这次演习结束后，马歇尔要求克鲁格推荐一名适合任陆军作战计划处处长的人选。克鲁格当即推荐了艾森豪威尔，并且作了很高的评价。马歇尔把艾森豪威尔的名字记了下来。

艾森豪威尔的仕途上还有一层障碍。他长期跟随麦克阿瑟，被人们看作是麦克阿瑟的人，而马歇尔与麦克阿瑟是有隔阂的。尽管如此，马歇尔仍然认为，个人的恩怨不应影响对艾森豪威尔的使用。

回到华盛顿以后，马歇尔把助手克拉克将军召来，请他也推荐 10 名作战计划处处长的人选。克拉克说："我很乐意做这件事。但我想推荐的只有一人。如果非要 10 个不可，我只能在此人的名字下面标上 9 个'同上'"。"那么，这个人是谁呢？"马歇尔追问说。"艾森豪威尔"。不久以后，马歇尔便任命了艾森豪威尔为作战计划处副处长。

马歇尔对艾森豪威尔不了解,因此想亲自考察一下。在艾森豪威尔报到的那一天,马歇尔简明扼要地向他介绍了西太平洋上的军事形势,然后问道:"我们的行动方针应该是什么?"艾森豪威尔沉默了一会儿说:"请让我考虑几小时。"几小时后,他把结论告诉了马歇尔。这一结论正和马歇尔自己的结论是一致的。从此,马歇尔便十分信任艾森豪威尔了。不久,马歇尔又提升他为作战计划处处长。

艾森豪威尔任处长期间十分称职,而且解决了许多以前未能解决的问题。1942年6月,在马歇尔的提议下,艾森豪威尔越过了陆军中许多高级将领,成为欧洲战区司令。同年11月,又由于马歇尔的提议,艾森豪威尔被任命为进攻北非的盟军统帅。

艾森豪威尔的私生活不够检点,他在欧洲任战区司令时,曾从伦敦选了一名美貌迷人的女司机。她名义上为艾森豪威尔开车,实际上成了艾森豪威尔的情妇。这一切都没影响马歇尔对他的信任。1943年12月,在马歇尔的支持下,艾森豪威尔又成为盟军最高统帅。

战后,美国陆军部长史汀生十分钦佩马歇尔慧眼识人的本领,曾对马歇尔说:"将军,胜利的首功应该归于您,因为是您选择了艾森豪威尔。"

点评:

慧眼识人对一项事业的成功是十分重要的。如果是人才,则应不拘一格地提拔。

"蜜蜂军团"帮助松下渡难关

背景:

"蜜蜂军团"是日本国松下集团所属年轻研究技术团的别称。"军团"由22名年轻技术干部组成,他们都是大学毕业,且有担任五六年主任级工作职务的经验。

任何一个企业的成功都是在不断地扫除前进道路上的障碍后取得的。松下集团也不例外。随着企业的不断扩大,松下也一度陷入机构庞大、人浮于事、指挥不灵的困境,"蜜蜂军团"就是为了克服上述问题而应运诞生的。

决断：

"蜜蜂军团"是联系松下集团生产总部和事业部的枢纽。其具体作法是：军团成员每两个人组成一个小组，下到松下集团公司内的160个事业现场参与直接生产。蜜蜂军团的成员既与事业部长联系，又与工人、技术人员打成一片，他们把在实际生产中发现的问题与事业部长共同研讨，制定出改革措施，写明各项改革的步骤和达到的效果，经事业部长签名后付诸实施，事业部长必须严格执行各项改革措施，并将工作进展情况及时上报公司的生产部，生产部则根据公司的具体情况向事业部下达指示。"蜜蜂军团"的二人小组在完成了在该事业部的任务后则转向另一个事业部。这样，松下集团的160个事业部，各自的特点、优秀的管理方法、技术进步水平，就通过"蜜蜂"的作用，相互交流，融会贯通。

点评：

"蜜蜂军团"还定期向生产总部汇报各事业部的生产、销售情况以及干部、员工的思想动态，使松下集团的决策人能随时了解全集团公司的状况，便于作宏观的控制、指挥。松下发展到今天，"蜜蜂军团"功不可没。

唐太宗知人善任

背景：

唐太宗李世民是个有雄才大略的皇帝，他在人才思想及实践方面均有重要的建树。

唐太宗总结了历史上人才得失决定事业兴亡的深刻教训，提出了"以铜为鉴，可以正衣冠；以古为鉴，可以知兴替；以人为鉴，可以明得失"的著名观点，作出了"为政之要，惟在得人"的论断。

唐太宗李世民即皇帝位以后，原先的老部属纷纷向他伸手要官。为此，他公开申明："用人事关重大，必须大公无私，以德才为标准，不能按关系的亲疏和资格的新旧来确定官职的大小。""我的用人标准不是任人惟亲、惟故，而是任人唯贤、惟才。"

决断：

唐太宗用人不拘一格，不讲出身，不分亲疏和新旧，只要确有突出才干，即使是原先的仇敌，也要极力争取过来，为我所用。如魏征、王挂，都是李建成集团中的知名人物，他不计前嫌，抛弃旧怨，放手使用；曾为王世充部下的戴胄，也被任命为户部尚书，参与朝政；曾给谋反被杀的李密披麻戴孝、收葬尸骨的徐懋功，也同样受到重用。

唐太宗还十分注意把那些出身寒门庶族的杰出人才提拔到中央政府里来，开辟了官资浅、门户低的人担任宰相的途径。在他的朝廷大臣中，有出身于农民而官至刑部尚书的张亮，有打铁匠出身而任右武侯大将军的尉迟敬德，有白布衣而为卿相的马周，还有来自少数民族的黑齿常之、契苾何力等等。

唐太宗坚信："官在得人，不在员多。"他任用官员，宁可少而精，不可多而滥。他对各级政府机构、官员数额均作出明确规定。他下令"省官"，把中央各官府的官员从2 000多人压缩到600多人。唐律对乱置机构、私设官员的人，规定了惩罚条款。

唐太宗非常注意求贤择善，借以保证官员的质量。他要求宰相不要不分轻重缓急，把大量的时间都消磨在鸡毛蒜皮的小事上，而要"广开耳目，求访贤哲"，把主要注意力放在发现人才、使用人才这样的大事上来。

对于地方官吏的选拔和任用，唐太宗也十分重视。各州刺史都由他亲自选拔，各县县令也要有五品以上的官员向他保举。他还把全国各地都督、刺史的名字都写在寝室的屏风上，随时将他们的政绩和过失记录在上面，作为提升和贬降的参考。他再三强调说："都督、刺史各掌管一个地区的军、政大权，他们的好坏直接关系到一个地方的治与乱，尤其需要委派称职的人，丝毫也不能掉以轻心。"他经常派出黜陟使到各地考察地方官员，有时还亲自下去考察。

唐太宗大力提倡和鼓励年迈体衰的老臣去职休息，以便年富力强的人才上来。贞观八年，开国元勋李靖自感年事已高，向唐太宗提出了告老归第的请求。唐太宗赞扬他说："自古到今，身居富贵而能知足的人很少。不少人缺乏自知之明，能力虽然不够，也要勉强占着官位，纵然年迈多病，也不肯逊位让贤。您能顾大局、识大体，实在难能可贵。我满足您的要求，不仅仅是为了成全您的雅志，更重要的是想把您树立为一代楷模啊。"

点评：

由于唐太宗能够知人善任，在他统治的贞观时期，出现了人才济济、群星灿烂的局面。太宗依靠这些人，使唐帝国富强昌盛，成为我国历代封建王朝中最强盛的一个朝代。

错用赵括，一败涂地

背景：

公元前260年4月至8月，秦国的军队和赵国的军队在长平（今山西高平县）形成对峙。秦王利用离间计，使赵王认为统帅赵国大军的老将廉颇胆怯，于是派将军赵括去替代他。

决断：

赵括是大将赵奢的儿子。赵括的母亲听说赵王要派赵括去取代老将廉颇，急忙上朝见赵王，对赵王说："他父亲在世时，坚决反对让他带兵打仗，说他只会'纸上谈兵'，不懂实战，如果派他为将，赵军必败。请大王能照他父亲的意见办，不要派他带兵。"赵王拒绝了赵母的建议。赵母于是请求赵王："俗话说，知子莫若父。赵括此去必然要打败仗，请大王看在他父亲的面上，治罪的时候，不要连累我这个老太婆和其他亲属。"赵王答应了。

赵括到达长平后，立即废弃了廉颇固守的策略，企图一举击败秦军。秦军正为廉颇固守不战而一筹莫展，听说赵括来了，一个个欢天喜地，赵军一出击，秦军就佯装败退，把赵军完全引出廉颇所苦心营造的壁垒，然后以25 000人切断了赵军退路，又派5 000骑兵把赵军断为两截，赵括只好下令就地筑垒防御，派人向赵王求兵增援。

秦昭王得知秦军包围了赵军，下令征发全国15岁以上的青年全部开往长平，完全断绝了赵括的援军和粮道。在这生死存亡的时刻，赵括却还只知道死死抱住"书本"不放，机械地分四路突围，结果，不但没有突围出去，赵括本人都被秦军一箭射死。赵军失去主将，全部投降，秦军将40多万赵军就地坑杀，只有240个小孩被活着释放回赵国。

点评：

长平一战之后，赵国再也没有兵力与秦军抗衡了。最后被秦国灭亡。

人才就是资本

背景：

美国惠普电子仪器公司在吸收人才、智力投资方面，历来具有高瞻远瞩、大刀阔斧的气魄。人才就是他们的基础和最有力的商场资本。

决断：

惠普公司同斯坦福大学定有协议，公司的技术干部、管理干部可在业余时间到该校有关专业旁听，以进行知识更新。他们规定，公司几万名职工每周必须至少拿出20小时时间学习业务知识。每年，惠普公司有25%的职工可参加各种培训班学习、深造。培养人才所花费的资金占公司总销售额的1/10，所花费的人力占公司人力的1/10。这个公司还有专职研究人员700余人。关于企业与人才的关系，惠普公司有两个有趣的公式。

其一是：人才＝资本＋知识＝财富。惠普公司认为这一公式的思想，可表现在如下一些结论中："人才就是资本"、"知识就是财富"、"人才是知识的载体"、"知识是人才的内涵，知识是企业的无形财富"、"人才是企业无法估量的资本"等等。他们认识到，当今的时代是信息时代，电子仪器公司不同于传统工业，是应用最新科学技术最多最快的工业部门。这样的企业对知识的渴求，远远大于其他企业。因此，只有知识密集型企业，才能在激烈竞争中处于不败之地，只有通过人才竞争，知识才可以发挥作用，产生威力。用惠普公司经理的话来讲就是："本公司发展的主要经验之一，是寻求最佳人选。正是这种指导思想，才使得惠普公司在几十年时间里有了长足的发展。"

惠普公司的另一个公式是：博士＋汽车库＝公司。这个有趣的公式颇有一番来历：20世纪30年代斯坦福大学有一位颇有远见的教授，叫特曼，他为自己的博士研究生休利特·帕卡德指出了一条成才方向——把自己培养成"企业家型"人才。他借给他一笔资金作为创业原始资本，又找了一个厂房——就是惠普公司开业时的538元资本和那个汽车库。教授还为学生们确定了一个具有广阔前途的产品方向——生产电子管频振荡器。到20世纪60年代后期，美国从工业社会向信息社会过渡，惠普公司的产品方向及其办企业的指导思想，被证明是极有预见性的。到了20世纪70年代，惠普公司得到了极大的发展，已有40

个分公司遍及全球,成为一个国际性大企业。

点评:

优兵制胜是一条重要的定律。它适用于军事、经济等各个领域。惠普公司的两个人才公式表明,在当今知识爆炸、技术进步日新月异的时代,人才的作用显得更为重要。要办好一个企业,人才比什么都重要,这是中外企业家都必须遵循的一条规律,更是企业处理好内部公共关系的一项重要原则。

变幻莫测的马尔博罗

背景:

西班牙王位继承战争进行到 1711 年,交战双方都已精疲力尽,但由于双方对和谈的条件不能达成一致,战争在短暂的休隔之后再次爆发。

法国国王路易十四命维拉尔统帅 12 万大军迎战联盟军队。这年冬天,维拉尔从海边经阿拉斯要塞和布香要塞到桑布尔河畔的莫伯日修筑了一条由许多工事组成的复杂防线,称之为"铜墙铁壁"。他本人在他的机动部队前面诱敌进攻。这时马尔博罗手下只有 9 万人马,他想突破这条坚固的防线,摧毁法国的军事力量,但强攻的兵力显然不足。于是,他使用了一个巧妙的战术,首先通过狡诈的手段和战略措施迷惑敌人,使维拉尔确信他要在阿拉斯以南发动正面进攻。

决断:

马尔博罗甚至对盟国军队的官兵们也隐瞒了真正的战略意图。因此,当两军对垒,摆开厮杀阵势时,盟国的将军们意志消沉。他们认为,马尔博罗的决定将使他们受到敌人的无情杀戮。8 月 4 日,马尔博罗带着大批军官到前线观察地形。他标出要配备大炮的地方,用手指着他选择的法军阵地突破点。军官们觉得他对战斗计划谈得如此露骨是很不理智的,只是因为他享有崇高的威望,军官们才不敢直言抗议。当天晚上,维拉尔满怀希望,把所有的机动部队和大炮都调到马尔博罗预定的突破点,但是,谁也没有料到马尔博罗已在靠近前线的地方悄悄地调动部队。夜幕降临后,马尔博罗密令全军向左运动,他们越过维米里奇到阿拉斯之间地区,于 5 日清晨到达维特里附近。直到这时,马尔博罗才派他的副官和参谋到队伍中向各团官兵解释他的意图和目前的形势,并要求部队急行军,赶在法国人前面渡过桑塞厄河。英军很快穿越法军的防线,在敌人的后面筑起了阵地。这时维拉尔的队伍零散地赶来,但无力发动进攻。马尔博罗虽然处于以逸待劳的优势,但他还是不愿进攻,而是迅速挥军向左前进,渡过斯凯尔特河,将布香要塞团团围住。

点评:

维拉尔为了解救布香,不顾一切地发动猛攻。马尔博罗在布香周围修筑了一道壁垒,狙击援军。这时正是他等待的战斗时机,因此,他全力以赴地亲自指挥围城和打援两场战斗,不分昼夜地在迷宫般的工事里走来走去。在马尔博罗轰击布香的时候,维拉尔也在轰击他。这是在包围圈内进行的包围战。围战者时刻可能同外面的敌人发生敌众我寡的战斗,也随时有遭受内外夹击的危险。但是,这次围城最能反映马尔博罗军事艺术的地方,就是他能避害趋利,巧妙地捕捉战机,把围城和打援结合得恰到好处,最后,成功地迫使布香城守军在9月初缴械投降,同时也在打援中消耗了维拉尔的有生力量。因此,后人认为,马尔博罗突破"铜墙铁壁"防线以及包围并攻克布香要塞是军事艺术的杰作。

【国学精粹珍藏版】

李志敏⊙编著

◎尽览中国古典文化的博大精深 ◎读传世典籍，赢智慧人生——受益终生的传世经典

孙子兵法

卷三

民主与建设出版社
·北京·

第六篇

（虚实篇）

第一章　善战者，致人而不致于人

提要："善战者，致人而不致于人"，即善于用兵打仗的人，必须懂得争取主动、摆脱被动。这句话是全篇的灵魂，揭示了一切战争中的普遍性规律。

韩世忠奇兵袭刘军

背景：

南宋时候，名将韩世忠奉命前去讨伐占据蕲阳白面山的刘忠。韩世忠军到白面山下，却不急于发起攻击，而是先饮酒下棋，坚壁清野，表面无战事，暗地里却派出密探四处侦察，掌握了敌人的大量情报。

在掌握了敌军情报后，韩世忠便打算以奇取胜，出敌不意地部署兵力，那他是怎样部署兵力的呢？

决断：

一天夜里，韩世忠埋伏精兵两千人于白面山下，约定第二天官兵大部队与刘军交战时，冲击敌人中军，夺取敌瞭望台。第二天天刚亮，韩世忠即引全军向刘忠发起总攻击。由于事前没有一点儿迹象表明官军要发动进攻，突然间的袭击，使刘忠像热锅上的蚂蚁，将其全部人马拉出对付韩世忠。这时，千载难逢的机会到了，伏兵见刘忠后方空虚，立即攻入了中军，迅速控制了瞭望台，换上官军的旗帜并齐声呐喊。与官军正战得激烈的刘忠部队，听到瞭望台上官军的喊叫，知道大势已去，遂无心恋战，纷纷夺路而逃，刘军大败，刘忠自己也投奔了刘豫。

点评：

这次的奇是奇在突然性上，第一个突然是攻击时间的突然，没有丝毫预兆，第二个突然是伏兵突然攻打敌人中军,给敌人以莫大的威慑。

反其道而行　鼓停而攻

背景:

宋代名将狄青曾担任过泾源路副都总管,经略招讨副使。在他任内,有一次西夏兵大举进攻,而狄青所部迎战的军队为数甚少,敌强我弱,且悬殊较大,如何能退敌?

决断:

狄青认为在敌强我弱的情况下只有出奇谋才能取胜,于是命令部下尽弃弓弩,全部配以短兵器。同时,一反常规,改变了钲鼓的信号,规定听到钲鼓一响就停止前进,再响则严阵以待,然后又佯为退却,钲鼓一停,则立即返身杀向敌军。两军接触之后,西夏兵见到宋朝军队不像往常那样闻鼓而进,反而闻鼓退却,以为是狄青和宋军吓破了胆,都放声大笑,不作丝毫戒备。当宋军在钲鼓声停止以后,突然返身冲锋,一时间杀声震天,西夏兵顿时惊愕,手忙脚乱,士兵们互相践踏,死伤者不计其数。狄青以奇谋取得了以少胜多的战绩。

点评:

一反常规,闻鼓而退,鼓停而攻,这种计策造成了敌人的不知所措,西夏兵败就败在对敌人出于常规的考虑,没有警惕之上。

站在科技前沿的西门子

背景:

从 1847 年到今天,150 多年过去了。在世界经济的大舞台上,有多少企业骤然崛起,又有多少企业悄然隐去。市场无情,优胜劣汰。西门子公司虽几经沉浮,但依靠科技进步,最终在激烈的竞争中脱颖而出,成为世界著名的巨型企业。

在西门子公司的发明册上,可以看到一系列欧洲和世界第一:第一部电话自动交换机,第一部长途电话,第一部电动机,第一辆电力机车,第一台电子显微镜,第一部电传机……在德国电气技术方面的全部专利中,西门子独占 1/4 以上。公司每年用于研究开发的经费,占德国电气工业全部科研经费的 1/3 左右。据统计,在西门子十余万种产品中,问世不到 4 年的占 92%(其中包括对原有传统产品的改进和革新)。正是注重科研开发工作,并不断把最新成果转化为现实生产力,才使西门子公司有了今天的规模和实力。

决断:

回顾成就固然令人欣慰,然而西门子人更清醒地认识到:"在高技术不断发展的年代,一切都将很快成为过去。只有把握未来,才有希望。关键在于企业要具有良好的素质"。尽管西门子公司在电气工业领域具有相当实力,但在电子工业这一新技术领域,正面临着美日公司的严峻挑战。在来自欧洲各国的 60 名微电子专家共同制定的预计耗资 80 亿马克研制微电子技术的关键部位——芯片(要求 1993 年必须研制出 16 兆位芯片,1996 年研制出 64 兆位芯片,它可以在大拇指大小的面积上储存 4 000 页打字纸的信息)的规划中,西门子也承担了其中的重要任务,并于 1990 年在实验室中研制出 16 兆位芯片样品,除此之外,西门子还把人工智能、核聚变、空间技术、超高速列车、太阳能利用、光通信技术等课题作为科研攻关重点,力争尽快取得新的突破,使公司在新技术产业中牢牢占据主动地位。

新技术产业的发展需要大量科研开发投入,只有形成大规模生产能力才能保证经济效益。因此,进一步拓展海外市场便成为西门子面向未来的重要战略选择。为适应这一需要,西门子进一步加强了海外投资,预计在今后 10 年中,公司海外销售额所占比重,将从目前的 50% 左右增至 75% 上下,届时,西门子将成为具国际影响的大型跨国公司。150 多年,西门子走过了漫长而曲折的路程,为人们留下了许许多多可资借鉴的经验。

点评:

西门子的成功,归结为一句话,那就是——时刻站在科技发展的前沿。

神机妙算渡金沙

背景:

金沙江,位于长江上游,其两岸悬崖峭壁,形势异常险要。1935 年 4 月下旬,红军分三路从贵州向云南进军,一路留在乌江北岸牵制敌人的九军团,他们胜利完成后进入云南,占领宣威、合泽渡过了金沙江。另外两路是红军的主力,沿路翻山涉水,攻城拔寨,直逼昆明,准备渡过金沙江,以便摆脱后边的敌人。

决断:

毛泽东、周恩来亲自领导和组织了红军的渡江行动。为了保证渡江的胜利,毛泽东、周恩来仔细分析了形势,红军直逼昆明,云南军阀龙云一下子慌了手脚,因为他的主力部队全部东调增援贵阳,深怕红军乘机抄了他的老家,他一面向蒋介石呼救求援,一面调动各地民团增援昆明,此时的蒋介石则一面急忙调军队增援昆明,并亲自赶到昆明督战,一面派飞机在金沙江一线侦察红军的行踪。毛、周两人经过深思熟虑,认为此时敌人的兵力已被调动,敌人也已被迷惑,云南境内兵力空虚,我们渡江的时机已经成熟。于是,两人下令红军向西北方向的金沙江急进,准备过江。

周恩来是渡江的总指挥,他一方面协助毛泽东制定红军进军、渡江的路线,一方面派遣突击队,抢占绞车渡渡口。当突击队过江后,他又派出一支部队沿金沙江北岸西进,迅速到达龙街渡口,阻击沿昆明经川康大道向北追击的敌人,掩护大部队过江,同时下令一军团火速赶到绞车渡渡江。

在当地群众的帮助下,红军在渡口附近找到七只小船,因为船小水急,加上时间紧迫,红军渡江日夜不停。夜晚,两岸燃起照明的熊熊火光,把江面映得通红。红军就靠这七条小船,经七天七夜,全部安全地渡过了金沙江。过江后,便把江边的渡船全部烧毁。当敌人发现赶到时,红军早已远走高飞。

从此,红军跳出了几十万敌人围追堵截的圈子,取得了战略转移中具有决定意义的胜利。

点评:

由于毛泽东的神机妙算,红军终于转危为安,变被动为主动,为胜利完成二万五千里长征奠定了基础,战场也离不开神机妙算。

第二章 形人而我无形

提要： 集中兵力、避实击虚，没有巧妙的欺骗和伪装是不可能实现的。本段提出用"形人而我无形"的方法，造成敌人错觉，我在暗处，敌在明处，诱使敌人分散兵力，使我军转为优势，这样就能达到以众击寡、以实击虚的目的。

曹操施计破袁绍

背景：

汉献帝建安五年(公元200年)，袁绍派兵围攻白马，直引军至黎阳，将渡黄河南下，进攻曹操，历史上有名的官渡之战拉开了序幕。在这场战役中，曹操以少于袁绍几倍的兵力却出人意料地战胜了袁绍，其间用计奇巧，波澜起伏，引人遐思。

开始袁绍派人攻打白马，本欲分散曹操兵力，以各个击破。曹操本来也想先解白马之围，谋士荀彧却另有他计。

然而，形势依旧是袁绍兵多粮足，曹操的兵力相比很少，死守白马显然是死路一条，袁绍不会让曹操有机会和他对峙的，在这一形势之下，曹操应该怎么办呢？

曹操致书荀彧问计，荀彧给曹操指明了道路。

决断一：

荀攸献计说："我军兵少，不可力战。只能设法分散袁绍的兵力，才能以少取胜。您可以引兵到延津，作出要渡河袭击敌人背后的样子，待袁绍引兵应对时，您可以用轻兵突袭白马，出其不意，攻其不备。"曹操听从了荀彧的计策，袁绍果然中计,曹操以很少的代价解了白马之围。官渡之战曹操旗开得胜。

决断二:

曹操冷静地分析形势后,主动放弃了白马,引军沿黄河西上。袁绍渡河追赶。到延津地区,曹操突然驻扎下来。等袁绍追兵愈来愈多。曹操命部下把辎重物资置于大道中间,袁绍军队以贪财好利闻名,看到物资,自相抢夺起来,不战自乱。曹操遂命600名骑兵出击,大破袁军。曹操抓住袁军的弱点,促成了两场战斗的胜利。

两战胜利后,曹操进军官渡,袁绍进军阳武,相互对峙起来。曹军毕竟势小力弱,士兵们有些怯战。

决断三:

荀彧说:"袁绍兵力全部汇集官渡,与您决战。如果您不战而逃,袁绍必定尾随追杀,那时的损失可想而知。"曹操认为他的看法正确,决计和袁绍打下去。时值袁绍手下的一个谋臣许攸不满袁绍吝啬,愿意归降曹操,并给曹操出了一条抢夺袁绍军粮的计谋,曹操冒险一试,带军攻打护粮官淳于琼的大营,在袁军救兵来到之前攻下此营。高览等人得知大营已被攻破,率军来降。袁绍领残兵败将渡河而去。官渡之战,改变了袁绍与曹操的力量对比,曹军终于成为中原一带势力最大的军队。

点评:

这是一出良谋迭出的好戏!曹操始终没有和袁绍硬碰硬地打,而是处处设计,因为面对兵力胜出自己十几倍的敌人,曹操和他对峙只会遭到毁灭性打击。于是他针对形势的变化,抓住敌人的软肋,奋力一击,终于取得了官渡之战的胜利。

后晋示弱胜后梁

背景:

朱温建立后梁的第二年,即公元908年正月,李克用病死,他的嫡长子,年仅24岁的李存勖即晋王位。

在李存勖即位之前,晋梁双方相持于晋东南地区,晋地潞州已被后梁大军围困一年之久。后梁围城将士得知李克用病故,李存勖又很年轻,以为潞州指日可待,于是全军松散地前进,没有把李存勖放在眼里。

决断:

李存勖利用他们的轻敌心理,准备出兵袭击后梁,以解潞州之围。他对部将说:"朱温知道我有丧事,肯定不能出兵,而且他认为我年轻新登王位,又不熟悉军事,因此他此时必然防备松懈。而我此时出兵,正好出其不意,定能取胜。成就霸业,在此一举!"

于是,这年4月,李存勖率大军从晋阳出发,进入潞州东北黄碾村,然后埋伏在三垂冈。第二天早晨,恰好大雾弥漫,咫尺不辨。李存勖乘机率军直抵潞州城外后梁兵修筑的夹寨。此时,后梁兵马松懈懒惰,毫无防范。晋军分几路冲入夹寨,后梁大营一片混乱。夹寨一战,不仅解除了潞州之围,而且歼灭了后梁军队万余人,缴获军粮、兵器无数。这一仗,使晋军士气大振,从而逐渐扭转了晋弱梁强的局面。

点评:

轻敌之心不可有,这是兵家常告诫的一条,然而梁军正好犯了这一毛病,于是晋军很好地利用了这一弱点,突然袭击,获得胜利。

不动声色　善"捕"善用

背景:

日本国土狭窄,资源匮乏,主要靠进口原料进行加工制造,再将成品出口赚取外汇。因而他们对国际市场的形势变化十分关注,随时注意搜集世界各国的信息情报。

决断:

20世纪60年代初期,日本人首先从我国《人民日报》上刊登的北京公共汽车上不带有"大煤气包"的照片,分析出中国可能找到了大油田。不久,他们又从《人民日报》上登出的铁人王进喜身穿大皮袄,扛着钻井部件行进在风雪中的照片,以及照片上依稀可见的火车站站名"萨克图",准确地推知大庆油田在东北松嫩平原人迹罕至的地方。

后来,日本人又在《人民日报》上看到一幅钻塔照片,根据这张照片上钻台手柄的长度和架式算出了中国大庆油田的油井直径,并根据我国国务院的工作报告,估算出了大庆油田的实际生产能力。考虑到中国还没有生产油田专用设备的技术,他们推断,不久后中国肯定要向国际招标,根据这些材料,日本石油化工设备公司立即组织人力、物力悄悄地进行精心设计。

1966 年,王进喜进京参加了全国人民代表大会,日本人推断中国大庆油田一定出油了,因为在一个向来以成败论英雄的国家里,不出油就不会当上人大代表。于是,日本人做好了一切准备,就等中国向国外招标了。

正如日本人所料,我国大庆油田出油后,向世界各国征求设计方案和油田专用设备,英、美等国虽然技术力量雄厚,但因毫无准备,被日本人抢先一步,把这笔大生意给夺走了。

点评:

形人而我无形,不仅适用于军事上,也同样适用于当今的经济场中。可以说这也是韬光养晦,避免竞争,确保自我优势的一种策略。日本人悄悄捕捉信息的精明确实让人吃惊,他们对局势的分析方法和对信息的钻研精神值得新世纪的企业家们学习和借鉴,正是有了对信息的严密、细致的分析,日本人才抓住了一个个做生意的好机会,一步步走上了经济强国的地位。

第三章　胜可为也

提要:"胜可为也",是指通过军事将领正确的指挥,通过对敌人的欺骗、诱惑和调动,使敌人陷入疲于奔命、首尾难顾、"无所不寡"的窘境,这样就可以使胜利的可能性化为现实了。

晋厉公果断出击获战机

背景:

公元前580年,晋厉公与秦桓公签订了结盟文书,但墨迹未干,秦军就背弃誓言,向晋国发起攻击。晋厉公认为秦军无德无义,于是宣布与秦绝交,并发表了"伐秦宣言",联宋、齐等八个盟国的军队伐秦。

决断:

战前,晋厉公与诸将和谋臣作了精密的策划,一致认为:晋国虽然能联合八个盟国出兵,但这种联合是松散、暂时的;楚国与秦国是盟友,如果不是为了对付吴国,它很可能会出兵帮助秦国。鉴于这种情况,战争应该速战速决,一次打击就应成功,否则,难免会夜长梦多。

这一年的5月,晋厉公集本国大军和盟军共12万人,直逼秦境,在泾水东岸的麻隧列下阵来,决心乘秦军东渡泾水,立足未稳之机,给秦军以毁灭性的攻击。

秦桓公见晋军逼近国境,急忙调集各路人马约7万余人匆匆东渡泾水。晋厉公见秦军陆续登岸,乱哄哄地准备布阵,正是实施打击的好时机,立即擂鼓进军,以排山倒海之势向秦军发起强攻。秦军慌忙应战,乱作一团,短兵相接,即刻大败。秦军背靠泾水,败兵争先跳入泾水逃命,溺死无数。晋军以泰山击卵之势将泾水以东的秦军全部歼灭。

点评:

战斗迅速结束——晋国的一些盟军将士尚未投入实战。晋秦麻隧之战是春秋战争史上双方投入兵力最多而又结束战斗最快的一战。

以弱胜强俄军绝处逢生

背景:

1769 年,俄国杰出的军事家鲁缅采夫任前线总司令,带领俄军与土耳其人作战。1770 年 7 月,鲁缅采夫取得了拉尔加河口大捷,以自己 1 倍的伤亡换取敌人 10 倍的损失。接着,他继续发动攻势。

决断:

但是情况突然发生了重大逆转。土耳其统帅哈利利亲自率领援军赶来,在卡古耳与原驻这里的土军主力会合,土耳其军队人数一下增至 15 万人,火炮达到 150 门。哈利利气势汹汹,准备以优势兵力一举全歼鲁缅采夫,以雪拉尔加河口战役之恨。同时,土耳其盟国克里木的 8 万大军正在鲁缅采夫军队的后面,威胁着他的后方交通线。而此时,鲁缅采夫部队的兵力只有 3.7 万人,是土军总数的 1/5,处于绝对劣势。更可怕的是,俄军所携的粮食已消耗殆尽,无法补充,而后援部队远在天边,无依无靠。鲁缅采夫进退维谷,似乎只能是死路一条,没有任何生的希望。

面对这种严峻的形势,鲁缅采夫仍然十分镇定。他将 1 万兵力调守自己后方的交通线,准备一旦失利,不致没有后撤的退路。这样俄军能用于对敌进攻的兵力只剩下 2.7 万人。鲁缅采夫坚持认为,在自己目前这种处境下,只有抓住时机,主动、突然地发起进攻,才有可能绝处逢生;如果坐守或退逃,则无异于自杀。

土耳其军队仗其绝对优势,并不把鲁缅采夫放在眼里。统帅哈利利对驻扎的营地选择毫不在意。他选的营地,背靠特拉场壁障,这是一处古罗马帝国工事遗址;营地西边是卡古耳河,东边是一个谷地。卡古耳河与谷地之间最宽处约 8 公里,南面最窄段为 1 公里。15 万大军杂乱无章地拥挤在如此狭窄不便机动的地域内扎营,实在是兵家的大忌。然而哈利利则认为反正俄军已临绝境,自己如何扎寨都无关大局。

一直时刻注视着土军情况的鲁缅采夫看到这一状况,知道死里求生的机会来到了。他非常明白,这是唯一的一个机会,如果错过那就再无希望了。就在这时他又得知了哈利利预定8月1日进攻俄军的情报。他一秒钟也没有迟疑,当机立断:立即主动突袭、抢先下手。俄军在7月31日夜间秘密出动,8月1日凌晨5时开始翻越壁障,然后突如其来地杀入土耳其阵地。土耳其军队莫名其妙,丝毫没有料到奄奄待毙的俄军会抢先杀来,只好仓促应战。糟糕的地形使土军完全陷于被动,俄军以炮火尽情轰击,杀伤密密地挤在一起的土军部队。上午10时,土军队丢弃阵地狼狈溃逃。这一仗,土耳其军队死伤2万人,扔下138门火炮和大批辎重。而俄军却仅仅损失1 000人。

点评:

当己方处于绝对劣势之时,消极防守或胆怯逃跑,无异于坐以待毙。这时如果抓住时机,在看到敌人哪怕一瞬间的破绽时,当机立断,坚决、主动地发起突然攻击,就有可能绝境逢生。这样的时刻最能考验一个指挥员的意志和胆略。

开门揖盗

背景:

公元前666年,楚国的令尹子元率领600辆战车突然进攻郑国,打到郑国国都远郊的大门外。大军压境,郑国上下一片恐慌。郑文公召集大臣商讨对策,有的主张求和,有的主张弃城而逃,有的主张关紧城门等待援军,有的主张决一死战。这些计策都不太好,怎么办呢?

决断:

正在大家七嘴八舌,各抒己见的时候,大臣叔詹提出一个谁也没有想到的办法:藏好兵力,打开城门,用这个办法来吓退楚军。叔詹阐述他的理由:楚国大军奔袭,力求必胜,可是,他们也害怕失利,因而势必谨慎从事。如果看到我们国门大开,势必怀疑有诈,不但不敢轻易入城,而且可能下令退兵,以免腹背受敌。

郑文公听叔詹言之有理,比之其他办法都棋高一着,只好依从。接着按照叔詹的意见具体部署。

话说楚国子元率军来到郑国城下,只见外城大门洞开,里城护城河上的木桥还吊着没有放下。从城外高处往里看,街上商店正在做买卖,百姓安详地往来,军旗在空中飘动。这种景象把子元看傻了。大战在即,郑国都城竟然如此安静,如果不是诱敌之举,还能作什么解释呢? 他不禁感叹地说:"郑国真有人才啊!"正在这时,探马来报,附近几国救援郑国的军队赶来,和楚军后卫干上了。子元更加感到庆幸,没有入城,于是赶紧下令撤军。

郑国总算度过一次亡国的危机。

点评:

从此以后,空城计常被使用,当然使用者都是面临危境,不得已而为之,但使用得当,确都起了作用。罗贯中写《三国演义》,为诸葛亮安排一场空城计,既能体现诸葛亮的智慧超人,又符合当时魏蜀争斗的历史发展,因此大家都能接受,拍手叫好,就在情理之中了。

第四章　兵无常势,水无常形

提要:"兵无常势,水无常形"是指因敌制胜的作战原则。军事、敌情总在变化,要不断察知敌情,计算敌人作战计划的优劣、分析敌人的行动规律、侦察敌方的地形道路及兵力部署,然后采取灵活的战略战术,这样才能用兵如神。

拓跋焘引蛇出洞

背景:

大夏赫连勃勃病死后,太子赫连昌即位。北魏太武帝拓跋焘听说大夏内部政权不稳,就亲率大军攻打统万城,但统万城城池坚固,攻城未能奏效。

公元427年,魏帝率领三万骑兵,日夜兼程,准备第二次攻打统万城。文武大臣们见拓跋焘只是轻装前进,都劝他不如带着步兵和攻城器械一同前进,万一攻城不破,后退时也好有一些支援。拓跋焘却认为,用兵之道,攻城是下策,如果带着攻城的器械,敌人必定坚守城池,不出战,这样天长日久,粮食吃完了,士兵们都被拖得疲惫不堪,那时就进退两难了。现在敌人看到只有骑兵而没有步兵来,一定会放松警惕,如果能引诱他们出城,就可以战胜他们。因为魏帝的士兵离家都有两千多里地,又隔着黄河,退路已被截断,这就是所说的置之死地而后生,用这样的军队打仗,决战可以取胜,攻城就不行了。拓跋焘让大部分骑兵埋伏在深谷中,只带少数人马来到统万城下。这时赫连昌的一名将领狄子玉投降了拓跋焘,并报告了一个重要情况:赫连昌听说魏帝要二次攻打统万城,就派人去长安向他弟弟赫连定求助,赫连定让兄长守好统万城,等他捉住了北魏大将奚斤,再回师统万城,内外夹击,一举取胜,拓跋焘得知赫连昌无意出城迎战,自己的计划有可能落空,不免有些担心,如果赫连昌据城不出,自己的粮草不足,就不得不撤军了,所以拓跋焘便只有用计把赫连昌引出城来了。

决断:

拓跋焘为了引出赫连昌,就把军队全部撤到城北,装出一副疲弱的样子,等待赫连昌出城攻打。

正巧这时魏军有几个军士因犯军法逃到了统万城内,他们告诉赫连昌魏军粮食已吃完,现在只有用野菜充饥,辎重、步兵都拖在后面,如果出击,必会取胜。赫连昌马上改变了守城的计划,带着骑兵、步兵三万人冲出城来。北魏的司徒长孙翰劝拓跋焘暂时回避,先不要迎战,等待步兵,拓跋焘坚持原来的战术思想,带队假装向北逃跑。赫连昌一看,以为魏军真的败退,便兵分两路,包抄上来。这时吹起了东南风,黄沙蔽日,拓跋焘近前的一个宦者又劝他暂避一时,明日再战;北魏一个大臣却认为千里征战,不应仓促之间改变作战计划,应趁敌人前后脱离,首尾不能相顾时,分路出击,打他个措手不及。拓跋焘点头称是,就吩咐骑兵分路出击夏军,拓跋焘身中流箭,仍奋勇当先,大夏的军队全线崩溃,魏军终于攻占了统万城。

点评:

引蛇出洞,是欲与敌人决战,而敌人却不与我军交战时用的计谋,往往是先制造一些假象,引诱敌军前来攻打,然后我军后发制人,战胜对手。

吃小亏 迷惑敌军

背景:

法国在沦陷后,欧洲就剩下英伦三岛在抵抗德国的攻击了,纳粹德国为了降服英国,开始了强大的进攻。

从1940年7月10日,英德两国的空军在英伦三岛的上空展开激烈的空战,经过一个月的战斗,占有空中优势的戈林空军却遭受了严重的损失,被击落了296架飞机,而英国空军仅损失148架,双方损失比例为2:1。英国空军之所以能够取得如此辉煌的战果,除了英国人拥有千里眼——雷达之外,更重要的是它还能破译德军的无线电通讯的密码,皇家空军能够在德国飞机起飞之前就知道他们的进攻目标和参战飞机的数量、种类。这一切都归功于英国外交部密码分析局破密专家艾尔弗雷德·诺克斯及其助手们。1939 年年底,欧洲战争爆发后不久,诺克斯等人就在波兰同行的帮助下研制成功了可破译德国密码的数据处理机"万能机器",英国人称其为"超级机密"。有了"超级机密",英国人可以轻松地破译出德国人自认为无法破译的"埃尼格马"密码。从此,"超级机密"成为丘吉尔及其盟国在整个第二次世界大战中的一张秘密王牌。

"超级机密"在英伦三岛空战中发挥出巨大的威力,它像一只无形的巨手支撑着势单力薄的皇家空军。

1940 年 11 月,德国空军将对英轰炸目标转移到英国飞机生产基地。英国历史文化名城考文垂是英国飞机生产基地之一,也被德军列入轰炸目标。11 月 12 日,英国译电专家准确地破译了德国空军将要轰炸考文垂的密码。情报很快摆到了丘吉尔首相的面前,根据这份情报英国皇家空军完全有能力保护考文垂不被德机轰炸,在适当的地点狙击德机编队,但这样一来就可能使疑心颇重的德国人发现密码被破译,有可能重新编制密码,那么英国将很难在短期内掌握德国人的核心机密,为了确保"超级机密"发挥更大作用,丘吉尔就必须作出巨大的牺牲,那就是……

决断:

丘吉尔忍痛下令对考文垂不采取任何保护措施,也不向市民发出防空和撤离的命令,以迷惑德国人使其确信英国人尚未破译出密码,这样考文垂这座历史名城最先在丘吉尔手中毁灭了。

德军这次轰炸行动的代号是"月光奏鸣曲",其主要目的是使考文垂从英国版图上消失。为此,德军将出动著名的第 100 战斗机大队作为先导,而轰炸机将分别从法国、比利时、荷兰等地起飞,计划在考文垂投下约 15 万枚燃烧弹、1 400 枚高爆炸弹和 130 个降落伞地雷。

1940 年 11 月 14 日、15 日夜间,德国轰炸机编队飞临考文垂上空,各种炸弹雨点般落下,猛烈的空袭持续了近 10 小时,考文垂市区化为一片废墟,400 余人被炸死,50 749 所房屋被摧毁,其中包括历史悠久的圣迈克尔大教堂。一位德国随机记者是这样描述大轰炸情景的:"大地好像崩裂了,大量熔岩喷向空中,烈火夹着烟云四处扩散,照得满天通红。恐怕是人类空战史上最大规模和最令人难忘的空袭。"丘吉尔也不无痛楚地说:"从总体看,这是我们遭到的最饱受蹂躏的空袭。"

考文垂被人们称为"殉难的城市",的确,考文垂为保护"超级机密"而成为殉难品了。

德国人对轰炸效果颇为满意,称其为"考文垂化",恫吓英国人民。同时,通过这次轰炸的成功,德国人确信自己的"埃尼格马"密码系统是无法破译的,消除了原先心中的疑虑,未对密码系统加以改变。

丘吉尔通过出卖考文垂确保了"超级机密",为英国及其盟国最终战胜纳粹德国创造了有利的条件,"超级机密"在此后的战争进程中发挥出越来越大的威力,无数价值巨大的绝密情报,使英国及其盟国牢牢掌握着希特勒德国的脉搏。

点评:

有时候欺诈也是要付出代价的,为了瞒过对手牺牲局部的利益,在战略上来说是值得的,也是需要的,在商战中亦如此,为了获得更大的商机,暂时或局部地放弃一些既得利益无疑是值得的。

压迫策略

背景:

美国摩托罗拉公司是生产电子产品的国际性公司。早在 1959 年,它就在日本东京设立了分公司,逐渐渗透到日本电子产业之中,日本通产省对此一直耿耿于怀,曾授意几家电子公司,要不惜一切力量,设法将它挤出日本。怎奈当时日本的经济实力还不能使它为所欲为,要想赶走摩托罗拉公司,必须耐心等待时机。

1973 年,摩托罗拉公司打算将生产的彩色电视机出口日本,为此与日本一家小公司接洽。这无疑使通产省更加惶恐不安。它认为允许摩托罗拉这样的美国大企业涉足受到政府保护的日本市场,必将危及国内的彩电高价格政策,而且还会影响日本对美国低价倾销彩电的一系列步骤。为了制止摩托罗拉的这一行动,通产省命令松下公司直接与摩托罗拉谈判,争取购买其彩电制造权。

决断:

松下公司用计,一面与摩托罗拉公司谈判,一面派人到美国政府秘密游说。它故意透露出日本政府的决心:如果摩托罗拉一意孤行,那么日本将对其进口彩电课以重税;试图通过美国政府出面,迫使摩托罗拉就范。此时,美国政府正忙于应付中东危机,无意与日本在此问题上过多纠缠,同时也考虑到美国在欧洲的长远利益,于是希望摩托罗拉做出让步。摩托罗拉公司受到两方面的压力,看到出口日本的彩电利润微薄,得不偿失,只得与松下达成协议,将在日本的彩电制造权出让,同时停止美国国内和台湾厂家彩电的生产;但要求松下公司必须在其他产品的制造技术上与摩托罗拉合作。作为条件,松下公司满口答应了摩托罗拉的要求,并为此付出了一亿日元的转让金。

就这样,松下公司双管齐下,在通产省的大力资助下,把在日本唯一具有竞争力的美国企业彻底赶出了日本市场。

点评:

竞争的手段是要按实际情况来确立的,在产品质量及成本上都弱于对手时,该怎么办?那就使用非正式手段——压迫!对对手施以政治性压力,迫使其让步。

马其诺防线不攻自破

背景:

第一次世界大战后不久,德国重新崛起。法国又面临着德国侵略的威胁。

决断:

鉴于大战期间马恩河和索姆河防线的经验,法国军界的贝当和甘末林认为:防御可以赢得时间,以改变法国经济和军事上的劣势。在这种思想指导下,法国开始修筑马其诺防线。这是一个庞大而复杂的防御系统,其设计之周密,工程之浩大,配备之齐全,不能不令人惊叹。它南起与瑞士北部边境城市巴塞尔相对的法国地界,沿莱茵河左岸朝正北方向延伸,在法德两国莱茵河天然边界的北部尽头折向西北。一直延伸到法比交界的阿登山区以南的梅蒙迪。1930年防线开工以后,数以万计的技术工人和军事工程师昼夜奋战,到 1937 年竣工时,先后挖土 1 200 万立方米,耗资 2 000 亿法郎,相当于法国 1919 年到 1939 年全部国防经费的二分之一。

第二次世界大战爆发后,希特勒德国以强大的坦克、飞机组成的高度机动化部队,迅速击溃和占领了波兰、丹麦和挪威。1940 年 4 ~ 5 月,比利时和法国已面临德国的重兵压境,西欧危如累卵。然而,此时的法国统帅部认为,德军攻击重点将是马其诺防线,因此将兵力着重部署在该防线和色当以西到海峡的法比边境上。法国防线的中央部分是森林密布、道路难行的山区,法国视此为"天险"。法国统帅部认为,有了马其诺防线,再加上阿登山区天险,法国的边防可谓固若金汤,无须担忧了。因此,大战爆发后,几十万法军按兵不动,整天吃喝玩乐,一片升平景象。

然而,希特勒并没有按照法国统帅部的预想行事。1940 年 5 月 10 日凌晨,希特勒调集 136 个师,分 A、B、C 三个军团,对荷兰、比利时、卢森堡发动大规模进攻。德军 A 军团 45 个师从左翼发动主攻;B 军团 29 个师越过荷兰和比利时,作为右翼插入法国,仅以 C 军团 19 个师部署在法、卢边界到瑞士巴塞尔的一条 350 公里长的防线上,虚张声势地对马其诺防线作钳制性进攻,迷惑和牵制了法军。德军的坦克部队在施图卡式俯冲轰炸机的配合下,猛攻从亚琛到摩泽尔河一线宽 170 公里的阿登山区。3 天后,德军突破了阿登山区的天然防线,进逼马斯河。一星期内占领了色当要塞,向西一直推进到英吉利海峡。40 万英法联军丢盔弃甲,溃不成军,被压缩到敦刻尔克,前临大海,后有追兵,狼狈不堪。马其诺防线被德军迂回绕过,没有发挥一点作用,徒费了大量人力物力。

点评:

水无常形,兵无定式,战争中有进攻,也有防御。但消极防守绝非良策,它限制了自己的自由,捆住了自己的手脚,反而使敌人有了回旋之地。法国军界的错误决策,使法国遭致亡国的悲惨命运。而马其诺防线则成为世界战争史上的笑料。

灵活机动制越军

背景:

越南北部山高坡陡、林密草深,越军采取分散潜伏,几个人或几个班守一个要点,一个人配备几种武器,远近射程都有,隐蔽在有利地形上,据险防守,同时还筑有工事,设有障碍,叫你坦克上不去、大炮打不到。如果你以密集队形攻击,他就居高临下,集中向你射击,等你消耗很大力量攻上去时,他早已转移走了,花了很大代价扑个空。因而,纵使你有大部队,你有优良武器,常常也奈何他不得。对越自卫作战开始后,有的部队采取一般的山地攻击队形,集中兵力成一路或二路向上攻击,结果造成大的伤亡,形成添油战术。

决断:

针对越军山岳丛林地区防御正面宽、间隙大、兵力小、兵器多等特点,许多部队都逐步改变战术,采取多路攻击,就是根据作战任务把兵力分散成若干战斗群,通常以连、排、班为单位,加上较多的兵器,使其具有独立作战的能力,依据敌情、地形,同时出动三路、四路,甚至更多路,在统一指挥下,从不同方向实施有重点的向心攻击,使敌人在同一时间里,四面受敌,顾此失彼,防不胜防。于是戳着了越军的痛处,发挥了我军的长处,打了不少漂亮仗。这种攻击队形优点在于:首先,可以增强攻击的突然性,打敌措手不及,兵分几路,从几个方向迅速秘密接敌,由于人员少、装备轻、目标小,越野、穿林、攀岩能力强,不知不觉绕到敌人侧后,摸到敌人跟前,甚至钻进敌人窝里,敌人尚不知晓。然后前后左右一齐动作,突然开火,使敌四面招架,懵头转向,慌成一团,听凭我将其消灭。

其次,可以分散敌人的火力,减少对我攻击分队的压力。越军将其兵力兵器用来控制我军必经之山垭口、隘路。我若成一路或二路由此仰攻,必然队形密集,运动速度慢,恰好便于越军倾其全力来对付我这一路或两路,使我增大伤亡,难以迫近,敌则收一夫当关万夫莫开之效。改成多路攻击,那么敌阻击的火力密度则大大减少,从而减轻攻击分队的压力,一战而胜。

其三,越军山岳丛林地区防御间隙大,死角多,便于我多路攻击分队插入敌阵,将敌分割成一小块一小块,形成围歼的对内正面和阻击缓敌的对外正面,使敌前后不能相顾,左右难于支援,兵力无法机动,火力难以集中,陷于顾此失彼、难于招架、四面楚歌、欲逃不能的境地,然后攻而歼之。

点评:

无变无以应敌,不能按照眼前实际的情况加以辩证的应用不同的对敌方法,则无以取胜。

第七篇

（军争篇）

第一章　以迂为直，后发先至

提要：孙子提出"以迂为直，以患为利"的命题。"迂"，就是迂回曲折。这句话的意思是军队开进时，如果能变迂回远路为直达，变患害为有利，就可以先敌占领有利地形。孙子强调发挥战场指挥官的主观能动性，努力化不利因素为有利因素。

　　孙子还论述了怎样化不利因素为有利因素，提出了"兵以诈立，以利动，以分合为变"的重要原则，他认为可以采取迂回之法迷惑敌人，用区区小利引诱和迟滞敌人，这样便可调动敌人，从容开进。同时还必须充分掌握诸侯的意图，察知行军地形、利用向导引路，从而达到"后人发，先人至"的预期目的。孙子还用形象生动的语言指明了争夺先机的军队所须具备的行动特征：有利可图时，行动"其疾如风"；无利可夺时，"其徐如林"；进攻时，"侵掠如火"；防御时，"不动如山"；隐蔽时，"难知如阴"；冲锋时，"动如雷震"。

吕不韦的丞相之路

背景：

　　吕不韦是战国时韩国阳翟地方的大商人，他在赵国都城邯郸做买卖时遇到了在赵国做人质的秦国王孙子楚。

决断：

　　吕不韦认为子楚不但是他发财的"摇钱树"，还可以使他得到许多政治上的好处，于是找到子楚，说："你是秦国的王孙，可是处境太艰难了，我可以助你一臂之力,光大你的门庭。"子楚苦笑道:"先生,有话请讲。"吕不韦道:"我听说你祖父已立你父亲安国君为太子,你父亲将来就是国君,难道你就不想做太子吗?"子楚说:"我们兄弟二十多人,我是最不得父亲和祖父喜欢的,所以才被派到赵国来做人质,即使是父亲做了国君,那也轮不到我做太子啊。"吕不韦说:"你父亲安国君最宠爱华阳夫人,但是华阳夫人却没有儿子,所以直到现在你父亲也没有确立自己的继承人。我们不能直接找你父亲安国君,却可以走华阳夫人那条路啊!"子楚心领神会,对吕不韦说:"果然有这么一天,我愿与您同享秦国的天下。"

吕不韦当即拿出500两金子,交给子楚,让他在赵国广交朋友,壮大势力,随后亲自拿着500两黄金到秦国为子楚活动。吕不韦先用珍宝买通了华阳夫人的姐姐,然后托华阳夫人的姐姐将一大批奇珍异宝以子楚的名义送给华阳夫人,并说子楚在赵国日日夜夜不忘华阳夫人,视华阳夫人为自己的亲生母亲。华阳夫人得到这么多的礼物,又听到子楚惦念自己,心里当然很高兴,她的姐姐乘机就把吕不韦教给她的话跟华阳夫人说了一遍:"妹妹现在年轻又漂亮,得到安国君的宠爱,可是你不能生育,连个儿子也没有,将来老了怎么办?"华阳夫人被说中了心事,顿时不安起来,问:"照姐姐的意思该怎么办?"华阳夫人的姐姐说:"不如趁早认一个儿子,让安国君立他为太子,到那时候,太子感恩图报,妹妹就没有后顾之忧了。照我看,子楚又孝顺又贤德,妹妹认子楚做儿子就可以。"

华阳夫人认为姐姐的话有道理,于是找了个机会对安国君说:"我得到您的宠爱,真是三生有幸,可是我没有儿子啊,万一您有个好歹,我怎么办?您的儿子之中,子楚最为贤明,我想认他做儿子,并请您立子楚为太子,将来我老了也好有个依靠。"安国君对华阳夫人百依百顺,立刻答应了华阳夫人的请求,立子楚为自己的继承人。

点评:

几年后,子楚的祖父秦昭王死了,安国君做了国君,史称秦孝文王。子楚在吕不韦的帮助下,偷偷从赵国回到秦国,做了太子。秦孝文王在位仅一年多就死了,子楚于是即位做了国君,史称秦庄襄王。秦庄襄王为了感激吕不韦,封吕不韦做丞相。吕不韦的发财、做官之梦完全实现了。

孙知县断"争妻"案

背景：

清朝时，合肥县县民刘某之女小娇先后许给三家：一个武官的儿子、一个商人、一个小财主。三家人为娶小娇，互不相让，告到了县衙。

决断：

合肥县知县大人姓孙，受理"争妻"案后，思索再三，方才理出一个头绪，宣布开庭审案。

武官的儿子申诉说："小娇是自幼由父母作主许配我的，理应我娶。"

商人说："你一走十多年，没有音讯，小娇的父亲死了，小娇的母亲才把小娇许配给我，理应我娶。"

小财主说："你去经商，一走二年，连个话也没捎回来，小娇已一十八岁，不能在家久等，我已送了聘礼，理应我娶小娇。"

孙知县对小娇说："你一个姑娘不能嫁给三个男人，本官又不能偏袒任何一方，你愿意嫁给谁，可挑选一个。"

众目睽睽之下，一个女孩子怎么好张嘴"选"丈夫呢！小娇含羞低头，一言不发。

孙知县连连催问，小娇只是不说话。孙知县问得火起，喝道："此案本是荒唐，你又不肯开口，说！你到底想要如何？"

小娇又羞又恨，被逼问得无话可答，一气之下，喊道："我想死！"

孙知县："此话可是当真？"

小娇羞愤已极，心想："事已至此，不管嫁给谁，另外两个人都不会罢休，如今在公堂之上，出了这么大的丑，以后还如何做人？不如一死了之。"于是毅然喊道："我只愿马上就死！"

孙知县一拍惊堂木，道："一女嫁三夫，古来未有，看来此案只有如此，方可了结！来人！拿毒酒来！"

一个差役应声走到孙知县面前，孙知县写下一张字据，命差役去库房中取毒酒。差役接过字据，转身离去，不一会儿捧回来一瓶"毒酒"，放到小娇面前。小娇一狠心，含泪捧起毒酒，咕噜噜喝下肚去，痛苦地捧着肚子，在地上翻了几个滚,直挺挺地躺倒在地。差役走上前,摸摸小娇的鼻子,对知县说:"死了!"

孙知县对堂下的三个男人说:"你们谁要此女,就把她拉走!"三个男人你看我,我看你,都不开口。

孙知县对小财主说:"你已送下聘礼,此女归你,你可速速背走!"

小财主说:"我的轿子怎能坐一个死人!"

孙知县又让商人背走,商人也一口回绝。

武官的儿子见状,走上前说:"我奉父亲之命娶小娇为妻,小娇虽死,也是我的妻子,我要用夫妻之礼埋葬她!"说罢,背起地上的"死尸",大步走出公堂。

武官的儿子背着小娇回到客店,忽然发现小娇还有一口气,于是把小娇放在床上,守候在床边。当天晚上,小娇醒来,恢复如初,两人遂结为夫妻。

点评:

原来,孙知县在字据上写的几个字是:取麻药酒。孙知县以此"迂回"之计,使这一棘手的"争妻"案得以完美解决。

瞿萨旦那国王巧"窃"蚕籽桑种

背景:

西汉时期,西域的瞿萨旦那国国王对中原的丝绸思之若渴,千方百计想得到汉族人的养蚕种桑技术,以便能织出丝绸来。为此,瞿萨旦那国王派出使者携带奇珍异宝向汉皇室求婚,意图通过这种方法将蚕籽桑种"窃"到西域。汉皇不知道瞿萨旦那国王的这种企图,为笼络西域各国,于是答应了这桩婚事。

瞿萨旦那国王的使者所带领的求亲队伍中有四名经过精心挑选的侍女,她们的真正使命是说服公主把蚕籽桑种及蚕桑技术带到西域。使者对汉皇说,瞿萨旦那国王准备完全按照公主的生活习惯来安排公主在西域的生活,请允许四名侍女进宫和公主生活在一起,以熟悉公主的生活习惯。汉皇认为使者的话有道理,答应了使者的请求。

决断:

四名侍女进入宫中,朝夕与公主在一起,天长日久,无所不谈。一天,一名侍女故意对公主说:"公主,我们西域无所不有,就是不产丝绸,因此穿的都是粗布衣裳。"公主一听,急了,说:"我从小到大,穿的都是绫罗绸缎,粗布衣裳可怎么穿啊?"侍女狡黠地一笑,道:"是啊,公主总不能穿从宫中带去的衣裙啊。"公主问道:"那你说怎么办?"侍女说:"除非把大量蚕籽桑种带去。""那……父皇不会答应的。"公主知道父皇的厉害,也知道父皇绝不允许蚕桑技术外流他邦。"我们可以想想办法啊。"侍女说,"譬如,把蚕籽和桑种夹在您的凤冠中的棉絮里。""对! 就这么办。"公主为侍女的好主意感到高兴。

到了迎亲的日子,公主与侍女们一起,早已把蚕籽桑种藏匿好了。瞿萨旦那国王的使者迎护公主,欢天喜地地出了京城,向边关走去。就在这时,有人得知公主携带蚕籽桑种出国的消息,禀报了汉皇,汉皇立即密令边关守将严加搜查。公主到了边关,见守关将军要检查她的"嫁妆",大动肝火,摘下凤冠,命侍女送给边关守将。边关将领哪里敢动凤冠,因为凤冠是皇权的象征啊,但是,守将又不敢不遵从汉王的诏令,于是,下令打开公主的陪嫁箱笼,草草检查一遍就放行了。

点评:

瞿萨旦那国王在西域迎来了汉朝公主,也迎到了汉族人的蚕籽桑种,得到养蚕种桑的技术。从那以后,西域开始养蚕种桑,也能织出薄如蝉翼的丝绸了。

魏、蜀争夺汉中

背景:

赤壁之战后,刘备占据了荆州、益州,与占据黄河流域的曹操、占据江南的孙权形成了三足鼎立的形势。

公元 215 年,曹操消灭了西北马超、韩遂势力后,便亲率大军进攻汉中的张鲁,以占据汉中。

张鲁是东汉时期"五斗米道"的道教传教人,被东汉统治者封为镇民中郎将后,领汉宁太守,成为封建统治者。张鲁得知曹操进攻汉中,自思以汉中一隅之地,不足与曹操对抗,想投降曹操,但他的弟弟张卫不同意。张卫在曹军到达平阳关(今陕西勉县西北)时,率领一万多人拒关坚守,平阳关最终还是被曹操攻破,张鲁及巴中地区的賨人首领均投降了曹操。因此,曹操基本上控制了汉中及巴中地区。

刘备对于曹操势力进入汉中,而且深入巴中地区十分担心。他派部将黄权出兵击败了曹军在巴中地区的势力,控制了这一地区。

这时曹操的军队驻扎在汉中。他部下司马懿曾向他建议,要他抓住时机进攻益州。曹操鉴于西蜀守备不易攻破,且自己后方还不稳定,因而没有采取军事行动。不久,他把原驻守在长安的大将夏侯渊调来驻守汉中,自己领兵回到了中原。

汉中的地理位置对于刘备、曹操来说都是十分重要的。它是四川东北的门户,曹操占据汉中,可以使益州北方无险可守,这对占据四川不久的刘备无疑形成了极大的威胁;而汉中如果被刘备占据,那么刘备则进可以攻关中,退可以守益州。因此,刘备决心将汉中夺回自己的手中。

决断:

建安二十二年(公元217年),刘备亲率主力进攻汉中,留诸葛亮守成都,负责军需供应。刘备大军屯驻阳平关,想攻下这一战略要点。刘备选精兵万余轮番攻阳平关,始终没能得手。双方在阳平关相峙一年有余。

建安二十四年(公元219年)正月,刘备经充分的准备与策划,决定采取行动以改变这种长期相持的局面。刘备率军避开地势险要、防守严密的阳平关,南渡汉水,沿南岸山地东进,一举抢占了军事要地定军山。定军山是汉中西面的门户,地势险要,刘备占领了定军山,就打开了通向汉中的道路,并且威胁着阳平关曹军侧翼的安全。夏侯渊被迫将防守阳平关的兵力东移,与刘备争夺定军山。为防止刘备进军和北上,曹军在汉水南岸和定军山东侧建营垒,修围寨,设鹿角(一种栅栏式的防御工事)。刘备军夜攻曹营,火烧南围鹿角。夏侯渊命张郃守东围,自率轻骑往救南围。刘备军又急攻东围,并派黄忠率精兵埋伏在东、南围之间的险要地段。张郃不支,夏侯渊又急忙率军回援东围。黄忠居高临下,以逸待劳,突然攻击行进中的夏侯渊,夏侯渊毫无防备溃逃。夏侯渊本人也被黄忠斩杀,张郃率军退守阳平关。

夏侯渊死后,曹军由张郃统领,曹操得知汉中战场失利,亲率主力从长安出斜谷,迅速赶赴阳平前线救援汉中。这时,蜀军士气旺盛,刘备通过定军山争夺战改变了以前的被动局面,也信心十足。他对随从的部将说:“曹操虽然再来,也将是无能为力了,汉中必然归我所有。”待曹操以达汉中后,刘备利用有利地形,拒守险要之处而不与曹操决战。同时,刘备遣游击扰袭曹军后方,劫其粮草,断其交通。曹军攻险不胜,求战不得,粮食缺乏,军心恐慌,兵无斗志,士卒逃亡者不少。一个多月后,曹操不得不放弃汉中,全部撤回了关中。刘备如愿占据了汉中,不久,他派刘封、孟达等攻取了汉中郡东部的房陵(今湖北房县)、上庸(今湖北竹山西南)等地,势力得到了扩大与巩固。

点评:

不与其正面交锋,在周旋中歼灭敌军的有生力量以达到挫敌的目的。在汉中之争开始时,刘备在争夺战中处于不利的地位,但由于刘备用"知迂直之计",善于将不利因素化为有利因素,成功地抢占了军事要地——定军山,从而争得了这场战争的制胜权,最终占据了汉中,迫使曹军退出四川,取得了这场战争的胜利,也巩固了自己在四川的统治权。

纳尔逊炮击哥本哈根

背景:

1800 年年底,俄国、瑞典和丹麦等国在拿破仑的诱劝和威逼下,组成了武装中立同盟,以共同对付英国。为了击破和瓦解对方的武装中立,翌年 3 月,英国政府派出一支分舰队驶入厄勒海峡。纳尔逊担任舰队的副司令。英舰队抵达厄勒海峡后,首先派出代表与丹麦谈判,但未达到预期结果。于是,纳尔逊决定兵戎相见,用"舰炮来解决问题"。

这是一场充满了艰难险阻的战斗。当时的厄勒海峡,浅滩和岛屿星罗棋布。海峡中部突出水面的沙洲又把水道一分为二,自然形成了国王水道和外水道。国王水道北口设有坚固的特勒克隆纳要塞,保护着通往哥本哈根的入口;要塞的前面驻有水上防卫队;国王水道中停泊着丹麦舰队,直接保护着哥本哈根。

决断:

经过冷静运筹,纳尔逊决定从南面进攻,以避开特勒克隆纳要塞,先集中兵力把丹麦舰队打垮。4 月 1 日夜间,纳尔逊率领着自己的支队,悄悄穿过曲折复杂的外水道,在中部沙洲的东南方隐蔽待机,静候南风的到来。纳尔逊的支队辖有 12 艘战列舰、5 艘快速帆船和 9 艘其他船只。

4 月 2 日上午,风向变了,纳尔逊率领战舰立即发起了猛烈的攻势。丹麦人预料会遭到攻击并做了准备,但没有想到英舰队会绕过外水道从南面进攻,舰队慌忙组织抗击。炮战中有 3 艘英舰先后负伤,舰队司令帕克将军命令撤出战斗。但是,纳尔逊没有理睬,而是继续指挥战斗。他认为,激战中出现伤亡是不可避免的,关键时刻"坚持尤为重要"。到了下午 3 时,丹麦人果然顶不住了。15 艘丹麦战舰相继损失,整个舰队几乎全军覆没,舰队司令只好宣布投降。这时,纳尔逊又率领战舰直驶瑞典海面,瑞典舰队吓得赶紧逃进了港湾。接着,纳尔逊又要求乘胜攻击停在芬兰湾内的俄国舰队。然而这一要求遭到了帕克将军的断然拒绝,俄国舰队也乘机逃遁了。

哥本哈根的隆隆炮声,不仅使丹麦舰队消逝殆尽,武装中立同盟也很快荡然无存了。纳尔逊因战功卓著,得到了子爵的高位,帕克的职务也旋即被他取代了。

点评：

纳尔逊机智对敌,绕开设防严密的对手,迂回而进,给了敌人以措手不及的打击,从而取得了预想的战果。这体现了"以迂为直"的谋略,也是"攻占之法,从易者始"这一谋略的运用。

"孩之宝"欲擒故纵

背景：

今天,当您带着孩子走进任何一家百货商店的儿童玩具柜台,那造型各异、变化多端的变形金刚都会引得孩子们流连忘返。变形金刚是由美国玩具巨头"孩之宝"跨国公司生产的儿童玩具。由于它新奇可爱,1988 年一投放中国市场,就受到孩子们空前的喜爱,随即在中国大地上刮起了一股变形金刚热的旋风。变形金刚能迅速闯入中国大市场,采用的就是欲擒先纵的销售谋略。

决断：

20 世纪 80 年代初,"孩之宝"投放美国市场后,一下就赢得了孩子们的喜爱,成为美国玩具市场的畅销产品。"孩之宝"公司也因此发了财。可是好景不长,到了 1986 年"孩儿宝"变形金刚刚在美国赚了 1 万美元之后开始滞销。公司决定开发新的产品市场。几经研究,选中了拥有 3 亿儿童的中国市场作为主攻目标。在确定推销策略前,他们派要员到中国进行市场调查,时间长达一年之久。在调查中,他们发现中国家庭对子女倍加疼爱,舍得各种投资,特别是舍得智力投资。"变形金刚"尽管价格高点,但中国改革开放后,人们收入日益提高,变形金刚又是一种智力型玩具,所以大中城市拥有广阔的市场。目标市场确定之后,"孩之宝"公司就开始实施一系列推销战术。他们先将美国自拍的"变形金刚"动画片无偿赠送给我国的上海、北京、广州、武汉等城市电视台播放。每晚6:30分准时播出,数以万计的小朋友们坐在电视机前,欣赏着那奇型怪异、变化多端的变形金刚画面。变形金刚的动作成了孩子们模仿的对象,系列连续剧在孩子们的头脑中留下了深刻的印象。变形金刚成了孩子们的好朋友。"孩之宝"公司看到时机已经成熟,就让变形金刚从屏幕上走了下来,将大量的多姿多彩,活灵活现的变形金刚投放到中国市场。这时的系列连续剧可成了免费广告,孩子们看到画面上曾让他们如痴如醉的变形金刚走到了他们的生活中,就摆在商店的柜台里,简直像着了迷似的涌向商场。变形金刚一举打入中国玩具市场,几年来一直畅销不衰。

点评:

"孩之宝"故意施展迂回战术,先产生市场悬念,然后突然出现时,则达到了如上的效果。

威尔逊反弹琵琶

背景:

第二次世界大战后,美国一家小工厂的厂长威尔逊在市场调查和预测中,看准了飞速发展的各类信息事业对新技术的要求。他适应这一趋势的要求,经过精心策划,又特请了一位慕尼黑工业大学毕业的德国青年进行研究,很快制成了新式复印机。这种机器能很快印出干燥的文件,成本也不高。威尔逊获得了专利权,由塞克逻斯公司进行生产。当时正值第二次世界大战的硝烟刚过,科学技术迅猛发展,新式复印机的问世,加快了信息资料的传递速度。人们迫切需要这种新式产品。威尔逊完全可以靠出售这种复印机致富。

决断:

然而,令人疑虑不解的是,威尔逊在给产品定价时,把成本只有2 400美元的复印机定价为2.95万美元,价格之高,令人咋舌。高出成本2.71万美元,利润收入超出了美国法律的许可范围,复印机终被禁止出售。人们不会想到,这个结果正是威尔逊所期望的。在人们纷纷责问他为何定这样高的价格时,威尔逊说:"我知道这样高的定价可能使一台机器也卖不出去。但是这正合我的本意所在,我的意思不是卖产品,而是开展复印服务!"威尔逊这样说是有道理的。

在当时,这种产品的性能独一无二,开展复印机的出租服务,也就大受特受人们的欢迎了。威尔逊在各地开设了复印出租服务部门,既承揽复印业务,也出租复印机,生意非常兴隆,这种出租服务获得了极大成功。

商品推销中,有时需要制造一些假相。假相的制造,要以促成真实目的的实现为原则。威尔逊给复印机定高价是假象,以此扩大复印机的出租和服务才是真实目的。他所制造的假象,促成了真实目的的实现,这是商战中的反弹琵琶,值得我们借鉴。

点评:

直中见曲,曲中见直。反弹琵琶是曲中见直的营销谋略。威尔逊给复印机定高价是"曲",以此扩大复印机的出租和服务才是"直",他所制造的曲,促成了真实目的的实现,高明的企业家要在竞争中取胜,可在表面上走迂回曲折的道路,而实际上为更有效地获利创造条件。《孙子》所说的"先知迂直之计者胜"正是这个意思。

靠"绿化"带活旅店

背景:

日本浅草下村有家旅店,背靠荒山秃岭。尽管店主很能干,把客店收拾得十分干净,饭菜也很讲究且价格适中,但因地理位置不好,尤其是背后的秃山,使旅店很乏味,所以顾客总是稀稀落落。老板很是着急。移居他地?这是祖上的基业,再说,好地方地皮贵得吓人。整治后山,种植花草树木,一来工人难雇,二来耗资巨大,这小本生意没那么大的力量。怎么办呢?老板苦无良策。

决断:

一天,老板望着荒山秃岭,忽生一念,喜不自胜,马上伏案疾书。几日后,一则消息见诸报端:"下村旅店的后面有一片山地,宽敞又幽静,被专门辟为植树纪念地。客居本店者,可亲手种植一棵小树苗(本店特备),本店将派专人为您拍照留念,并立碑刻上您的大名及种植日期。日后您若再次光临,将会发现绿树成荫,具有极好的纪念性。"

老板的这一招,抓住了平时为公害所苦的都市人特别珍视绿化环境的心理。消息一发出,立竿见影。大批游客接踵而来,那些新婚夫妇更是争先恐后,荒山秃岭很快变成绿化宝地。游客们在此植树时兴高采烈,大多都表示:待日后树大参天,还要再来回味一番。

结果是勤劳的游客既为旅店栽下了"摇钱树",又为旅店老板增加了营业收入,同时,老板也为自己树立起了爱护环境的商家形象。

点评:

城市人渴望绿色,如同沙漠之洲渴望泉水一样值得同情,巧借这种心理,商家也能大发一笔,因为,人毕竟是大自然的一部分,离开了大自然,人总是感到失去了生机和底蕴。老板给"上帝"种植"摇钱树",真是秋天的石榴——满肚子红点子。

突出重围

背景:

法国白兰地享有很高的声誉,在欧洲各国十分畅销。可是,20 世纪 50 年代以前在美国市场上,法国的白兰地并不很出名。

20 世纪 50 年代,法国的酿酒行业开始把目光投向美国这个巨大的酒市场。他们没有贸然采用常规的推销手段,而是邀请了几位公共关系专家,慎重地研讨营销方案。

决断:

这些专家搜集了美国民众饮酒的风俗、法美关系的发展、年内有影响的节假日和庆典活动、艾森豪威尔总统在美国新闻界的影响等大量信息。经过周密策划,他们决定抓住法美两国人民的友谊作文章,体现礼轻情义重的主题,即借美国总统艾森豪威尔 67 岁寿辰之际,赠送窖藏达 67 年之久的白兰地酒作为贺礼。他们还特邀法国著名艺术家设计制作专用的酒桶,届时派专机送往美国,在总统寿辰之日举行隆重的赠送仪式。

他们把这一消息通过新闻媒介传播给美国大众。一时间,关于这两桶酒的传说成了美国公众的热门话题。酒未到,人已醉,千百万人都在翘首盼望着这一天的来临。

总统寿辰之日,为了观看赠酒仪式,华盛顿万人空巷,有不少人从各地赶来一睹盛况。美酒驾到的新闻报道、专题特写、新闻照片挤满了当天各报版面,人群、车辆纷纷拥向白宫。

当两桶白兰地美酒由 4 名英俊的法国青年抬进白宫亮相时,群情沸腾,欢声四起,有人甚至大声唱起了法国国歌《马赛曲》。就这样,法国名酒白兰地在热烈的气氛中昂首阔步走上了美国国宴和家庭餐桌。

没有采用价格战、推销战等常规竞争手段,也没有与美国国内生产酒的厂家直接交锋,法国白兰地却取得了在美国酒市场上的辉煌胜利,这应归功于法国厂商对国际公共关系的巧妙利用。

要打开美国市场,首先要树立白兰地酒的良好形象。而利用美国人关注的事件进行宣传,将会收到事半功倍的效果。把精制的美酒赠送给美国人十分敬重的艾森豪威尔总统,既达到了提高白兰地的声誉的目的,又赢得了美国民众的喜爱,避免了借机做广告的嫌疑,真是一举两得。

点评:

营销不仅是一种技巧,还是一种文化,营销模式的背后是谋者胜的常势,化常势为攻势,尤为困难,也是商家值得深思的老问题。

第二章　军争为利,军争为害

提要:孙子指出"军争为利,军争为害",也就是说军队在"军争"过程中既有有利的一面,也有有害的一面,其关系是辨证的。不知军争之害,就不知军争之利。由于抢夺先机时军队的行动必须迅速,因而往往会在后勤供应上出现问题,导致全军陷于不利的境地。

赵襄子灭智伯

背景:

晋国是战国初期的大国,但掌握国家大权的却不是晋王,而是智伯、赵襄子、魏桓子和韩康子四个人。智、赵、魏、韩四家统治晋国,其中智伯的势力最大,但智伯并不满足,时刻想灭亡赵、魏、韩,独霸晋国。

公元前455年,智伯以晋王的名义要求赵、魏、韩三家各拿出100里土地和户口送归公家,表面上是为公,实际上是为了削弱赵、魏、韩三家的力量。魏桓子和韩康子惧怕智伯,只好忍痛交出土地和户口,赵襄子一口回绝道:"土地是祖先传下来的,我不能随便送给别人!"

智伯闻报大怒,召集魏桓子和韩康子来到自己府中,对他们说:"赵襄子竟敢违抗国君的命令,不可不伐。灭掉赵襄子,我们三家平分赵襄子的土地、户口。"

魏桓子和韩康子不敢不听从智伯的话,又见可以分得一份好处,便各自率领一队人马随智伯去进攻赵襄子。赵襄子情知不敌智、魏、韩三家联军,急忙退到先主赵简子的封地晋阳(今山西太原市西南),依靠坚固的城墙、丰足的粮食和百姓的拥戴,以守为攻。

智伯指挥智、魏、韩三家人马把晋阳城围得水泄不通,赵襄子率城内百姓同仇敌忾,激烈的战斗一直打了两年多,智伯仍在晋阳城外,赵襄子仍在晋阳城头,双方难以决出胜负。智伯劳民伤财,又恐日久人心生变,千方百计想要尽快结束这场战争。一天,智伯望见晋水远道而来,绕晋城而去,立刻有了主意。他命令士兵们在晋水上游筑起一个巨大的蓄水池,再挖一条河通向晋阳城,又在自己部队的营地外筑起一道拦水坝,以防水淹晋阳城时也淹了自己的人马。蓄水池筑好后,雨季到来。智伯待蓄水池蓄满水后,命人挖开堤坝,汹涌的大水即沿着河道扑向晋阳城,将晋阳全城泡在水中。但是,全城军民爬上房顶和登上仅剩6尺未淹的城墙上坚持守护,宁死也不投降。智伯得意忘形,大笑道:"我今天才知道水可以用来灭亡别人的国家!"

决断:

赵襄子对家臣张孟谈说:"情况已十分危急了,我看魏、韩两家并非真心帮助智伯,我们今天灭亡了,明天就会轮到他们,你去找魏桓子和韩康子吧!"

张孟谈连夜出城找到魏桓子和韩康子,对他们说:"智伯今天用晋水灌晋阳,明天就会用汾水灌安邑(魏都)、用绛水灌平阳(韩都),我们为什么不联合起来消灭智伯,平分智伯的土地呢!"

魏桓子和韩康子正在担心自己会落得与赵襄子一样的下场,于是和张孟谈定下除掉智伯的计策。两天后的晚上,赵襄子与魏桓子、韩康子共同行动,杀掉守堤的士兵,挖开护营的堤坝,咆哮的晋水顿时涌入智伯的营中。智伯从梦中惊醒,慌忙涉水逃命,但前有赵襄子,左有魏桓子,右有韩康子,智伯被杀死,智伯的军队也全部葬身大水之中。

点评:

智伯灭亡后,晋国的大权旁落在赵、魏、韩三家之中,这就是后来的赵国、魏国和韩国。而之所以如此,则在于赵襄子能精明机智地分析其不义之徒和不义之争的危害,从而扭转情形。

邓艾奇兵渡阴平

背景：

三国后期，司马昭分兵多路南征蜀国。蜀将姜维在剑阁凭借天险，与魏国镇西大将军钟会苦苦对峙，一时高下难分。

魏国的另一镇西大将军邓艾对钟会说："将军何不派遣一支队伍，偷渡阴平小路，奇袭成都，出其不意，攻其不备，料想姜维必回兵救援，将军可乘机夺取剑阁。"

决断：

钟会大笑，连称："妙计！妙计！"并说邓艾是最佳人选，请邓艾早日起兵。待邓艾走后，钟会不屑地说："盛名之下，其实难符，邓艾不过是个庸才罢了！"

原来这阴平小路都是高山峻岭，地形极其险要。如果从阴平偷渡，西蜀只要用100人扼住险要，再派兵阻断进犯者的归路，进犯者就非冻死、饿死在山里不可。难怪钟会对邓艾做出这样的评价。

邓艾深信从阴平小路奇袭西蜀定能成功。他派自己的儿子邓忠带精兵5 000充当先锋，在前面凿山开路，搭梯架桥；又选出精兵3万，带足干粮绳索，跟在先锋后面向前进发，每走100多里，就留下3 000人安营扎寨，以防万一。

邓艾率军在悬崖深谷中，披荆斩棘，行军20多天，行程700里，未见人烟。当他们来到摩天岭时，被摩天岭天险挡住。邓忠对父亲说："摩天岭西侧是陡壁悬崖，无法开凿，我们前功尽弃了。"邓艾观看了摩天岭地形，对众人说："过了摩天岭，就是西蜀的江油城。'不入虎穴，焉得虎子'？"说罢，用毡子裹住自己的身体，滚下摩天岭。

副将们见主将率先滚下山岭，一个个跟着用毡子裹住身体滚了下去，那些没有毡子的人，用绳子束住腰，攀着树枝，一个跟着一个往下滚。就这样，开山壮士及2 000兵士都过了摩天岭。

邓艾率领魏军突然出现在江油城下，守将马邈不知魏军是如何到来的，吓得魂不附体，不战而降。邓艾将阴平小路沿途军队接到江油，然后挥军直奔绵竹、成都。蜀国皇帝刘禅是个废物，尽管城中还有数万兵马，还是开城投降了。

点评：

至此，西蜀灭亡，而蜀将姜维仍在剑阁与钟会打得难解难分。实属可悲，可叹！

郑成功力夺鹿耳门

背景：

顺治17年(公元1660年)5月，安南将军达素率大军围攻郑成功于厦门，突入岛上的清军全部被歼，达素败泉州。

厦门一仗虽然获胜，但郑成功意识到已经难再与清兵对抗，于是决心收复1624年被荷兰殖民主义者侵占的台湾。为此，郑成功一面积极招募人员，修整船只，备造军器，并且招聘了300名熟悉台湾海港、地形情况的领航员，做好东征准备；一面派人送信给在台湾的荷兰总督揆一，重申对荷兰国之善意，麻痹对方。由于郑成功在大陆战事的失利，荷兰国正以为郑成功将进攻台湾，派巴达维亚(今印尼首都雅加达)樊特郎率领一支12艘船的舰队，运载1453人增防台湾。揆一看了郑成功的信后，以为郑成功不可能进攻台湾，于是只留下3艘战舰、600名士兵和一些军需物资，其余又返航回巴达维亚去了。郑成功得到这一消息，觉得时机已经成熟。是年3月，率战船数百艘，共2.5万人的舰队，由料罗湾出发，开始渡海东征。

荷军在台兵力约2 000余人，主力防守在本岛西侧的鲲身岛，小部分兵力约200余人防守在本岛上的普罗文查城。由外海进入台湾的水道，主要是大港，不仅水深，大船可以通行无阻，而且距离近。但有荷军主力防守，航道全在荷军炮火控制之下。其次是鹿耳门港，但沙石淤浅，航程远，退潮时只能通行小船。但荷军在此只派一名伍长6名士兵驻守。

决断：

根据情况，郑成功决定由敌人意料不到的鹿耳门港进入台江，在敌人没有防备的禾寮港登上本岛，直插赤嵌城(今台南市)，然后再各个击破敌人。4月2日晨，郑率舰队抵达鹿耳门外，轻而易举地抢占北线尾岛，于午后涨潮时驶抵禾寮港，主力开始登陆。早已联络好的接应人员和台湾人民纷纷前来接应，不到两小时，郑军全部上岸。部队登陆之后，首先抢占了赤嵌街的粮食仓库，同时包围了普罗文查城。

荷军对郑军突然在鹿耳门登陆一无所知,十分惊慌,急忙出动四艘战舰向郑军舰队攻击。荷军一向傲慢,甚至认为中国人受不了火药味和枪炮的声音。想不到郑军集中炮火,一举击沉荷主舰"赫克脱"号,"斯·格拉弗兰"号和"白鹭"号仓皇败逃日本,快艇"马利亚"号逃往巴达维亚。荷舰队彻底瓦解。在海战的同时,荷军又派出阿尔多普上尉率领200多名士兵增援赤嵌,在郑军的截击下,遭重创。不久,又由贝德尔上尉率领240名荷军,企图夺回北线尾岛恢复鹿耳门港的控制权。在郑军的夹击下,遭到歼灭性打击,与此同时,苦难深重的台湾人民也掀起了反对荷兰殖民统治的高潮。淡水、基隆、新岸等地郑军尚未到达地区的人民,都自发起来捣毁荷兰教堂和统治机构。

粉碎荷军反扑后,4月6日,郑军集中兵力围攻赤嵌城,荷军司令描难实叮举起白旗投降。4月7日,郑军水陆两路强攻台湾城(今台南市安平镇),未克,伤亡较大。郑成功随即改为长期围困,将主力抽往各地建立政权和屯垦,迅速站稳了脚跟。这年底,困守孤城的荷军见大势已去,被迫投降。

点评:

郑成功在后有追兵、前有强敌的情况下,采取攻其无备,顺利收复了台湾,捍卫了祖国的领土完整,表现了他的大智大勇。

第三章　避其锐气　击其惰归

提要：精神因素的好坏、体力状况的强弱和作战部署的优劣,在战机问题上占有举足轻重的位置。为此,孙子提出了"四治战法"：治气（在全军士气上压倒敌人）、治心（即攻心战,使敌将在心理上先输一筹）、治力（养精蓄锐,以逸待劳）、治变（临机应变,因敌制胜）。其中的核心内容是"避其锐气,击其惰归",这句名言早已为后代兵家所推崇。

背景：

公元前684年,齐国军队侵犯鲁国。鲁庄公决心抵抗,两军在长勺这个地方摆开阵势,准备打一场恶仗。

在这国家危亡之秋,鲁国的曹刿自告奋勇地去求见鲁庄公。经他和鲁庄公的一番交谈,曹刿觉得鲁庄公是个不错的君主,决心好好帮他一把,便要求和鲁庄公一起到前线去。鲁庄公见曹刿很有见地,自然一口应允。曹刿有什么能力指挥鲁军打败强大的齐军呢？

决断：

当齐鲁两军相遇的时候,鲁庄公便想擂鼓下令向齐军冲锋,曹刿马上制止,说："不好,还不是时候哩！"当齐军发动过三次进攻,都没有成功,齐兵士气大减的时候,曹刿及时对鲁庄公说："现在是向齐军发动冲锋的时候了！"鲁庄公赶紧擂鼓下令。鲁军如猛虎出山,势不可挡,一下子把齐军打垮了,齐军溃不成军,抱头鼠窜。眼见这大好形势,鲁庄公想马上下达追击令,曹刿又加以制止。他跳下战车,察看齐军溃逃时的战地车辙的情况,尔后又登上战车眺望远去的齐军,然后对鲁庄公说:"你下令吧!"鲁庄公下达了军令,取得了大胜。

战后,鲁庄公向曹刿请教他为什么那么指挥。曹刿说:"打仗凭的是士气。第一次击鼓冲锋时士气最旺盛,第二次击鼓时士气就差了,到第三次击鼓时已经没有劲了。当敌军士气衰竭时,我军的士气正旺盛,这时候向敌军出击自然容易成功。再说追击时机的掌握。齐国是大国,他的退却会不会有诈,前方会不会有伏兵,这很难说,要仔细观察。我下车看到敌方退却时车辙混乱,不像是有秩序地撤退,再看远逃的敌军,指挥旗也倒了,这证明他们是真的被打败逃跑了,没有埋伏,所以我们才可以去追击。"

这一番话,使鲁庄公茅塞顿开。

点评:

所谓敌竭宜攻,敌乱宜追,带兵打仗很讲究振作士气,削弱对方,不宜硬碰硬,而且在战斗中也应处处提防,小心陷阱,不可鲁莽从事。商场中也是如此,要想发展自己就要先学会削弱别人。

虚势避敌

背景:

1935 年冬,红军一、四方面军在四川懋功会合后,决定分左右两路过草地,然后继续北上。左路军由朱总司令和张国焘率领,右路军由毛泽东、周副主席率领。左路军行至四川阿坝地区,机会主义路线的头子张国焘竟公然叛党,企图分裂党、分裂红军,要把队伍拉到川康边境去,另立中央,遭到朱总司令和刘伯承总参谋长的坚决反对。张国焘见其阴谋不能得逞,竟在一个漆黑的夜晚带人包围了司令部,扣押了朱总司令和刘伯承同志,威逼朱总司令公开"谴责"毛主席、"谴责"中央北上抗日的决议和断绝与毛主席的一切关系,并威胁说:"你如果拒绝,就枪毙你!"面对张国焘荷枪实弹的恐吓,朱总司令镇定自若,毫不屈服。因为朱总司令在全党全军中有崇高的威望,张国焘不敢轻易下手,却采取了种种卑鄙的手段,无理地剥夺了朱总司令的兵权,撤掉了朱总司令的警卫部队,让朱总司令和少数红军战士单独露宿在茫茫的草地和荒凉的大山上,随时都有可能遭受敌人和土匪袭击的危险。朱总司令知道这是张国焘的借刀杀人之计,但是朱总司令有着卓越的军事才能,又极善于用兵,所以多次以极少的兵力击退了敌人和土匪的袭击,粉碎了张国焘的阴谋。朱总司令的军事才能是有目共睹的,但他这次却只有百十来人,怎么跟敌人的大军抗衡的呢?

决断:

有一天夜晚,朱总司令身边只有百十来人和一些伤病员,突然有一股敌人前来偷袭,情况十分危急。朱总司令沉着镇定,迅速地把战士和轻伤病员、司号员组织起来,将重伤病员撤到一个山冈后面,命令他们听到冲锋号以后,只许高喊"冲啊!""杀啊!"不准出击。当敌人临近时,朱总司令站在一个小土堆上高声喊道:"红军战士们! 消灭敌人的时候到了,冲啊!"这时从几个方面吹起的冲锋号声划破了宁静的长空,四处响彻着震撼人心的喊杀声,红军分路向敌人发起了进攻,敌人被这突如其来的强大声势吓慌了,队形大乱,纷纷掉头逃窜,不少人应着枪声倒下,很多人乖乖地跪地举枪投降,不到半小时,战斗就胜利结束了。这一仗打死打伤敌人300多人,俘虏100多人。在审问一个俘虏时,他说:"我们长官说你们没有多少人,哪知有这么多部队,光听冲锋号,起码也有 5 个团,山冈那边还有那么多部队没有动呢,我们受骗上当了。"红军战士听了暗自好笑,愚蠢的敌人不知道,这是朱总司令巧设的"空城计"。

点评:

聪明的将领都是临危不惧,能急中生智的,其实在发生突然情况时,最重要的就是要镇定,不能自乱阵脚,否则,就会给敌人可乘之机。

以静制动 不战而胜

背景:

安氏公司和吉远公司是香港两家著名的房地产开发公司。两家本为一体。吉远公司的老板陆吉远精通房地产业,在银行的支持下,从安氏公司中独立出来，并抢走了安氏公司的一些项目。因此，两家公司的关系一直很紧张。安氏公司视吉远公司为"叛逆"，一直想以雄厚的实力和丰富的经验挤垮吉远公司。可是吉远公司的老板陆吉远在房地产业中混了多年，经营有方，而且还有银行的支持，所以它非但没有被挤垮，反而一天天壮大起来。

安氏公司虽然暂时失利，但公司老板安邦并没有灰心。他苦心经营着公司内外事务，等待时机东山再起。

决断：

中国实行改革开放后，安邦凭着他敏锐的商业意识，觉得这是发展安氏公司的大好时机。于是，他赴大陆考察，不久就揽下了几个大项目。就在安氏公司想在大陆大展宏图时，情况发生了变化。

就在安邦准备到大陆签合同的前一天，电视新闻中播出了一则消息："建筑业新霸主陆吉远，为求迅速发展，将于近期展开攻势，收购其'老家'安氏公司。陆先生称，他正调集足够资金，准备从明天起大规模收购安氏公司股票。社会上零散的安氏股票很多，如果收购顺利，不愁做不了'安氏'的最大股东。金融界认为，陆先生此举定会引起股市的波动。"

安邦听完这条新闻报道后，大吃一惊，心想：吉远公司这几年发展迅速，又有银行的支持，如果他这次收购成功的话，自己大半生的辛劳岂不是白费了吗？不行，不能让他得手。他想收购，我就来个反收购！

但是，当安邦把吉远公司的全部资料找来，从头到尾仔仔细细地看完一遍后，心中顿起疑窦。资料表明，吉远公司尚不具备收购安氏公司的实力。安氏公司如果组织反收购，吉远公司不仅不会成功，而且还会积压不少资金。陆吉远不可能干这样的蠢事，银行也不会同意做傻事。再说，即使他真想收购安氏公司股票，又怎么可能把消息透露给兴风作浪的新闻机构呢？其中必定有诈。安邦想到这里，已经猜到了八九分。陆吉远"醉翁之意不在酒"，他是想借此破坏我在大陆的投资计划。

想到这里，安邦冷笑几声，找来助手，交待了对策，然后就到大陆签订合同去了。

新闻播出后，第二天股市一开盘，吉远公司果然开始大量收购安氏公司股票，"安氏"股票价格直线上升。持股市民争相抛售。吉远公司的收购工作非常顺利。下午，安氏公司开始出来回收股票，但只收购了一会儿就停止了。第三天早上，"安氏"股票价格进一步攀升，吉远公司照旧大规模收购，有多少吃多少。安氏公司却没有在股市上露面。新闻媒体纷纷报道："吉远公司攻势凌厉，安氏公司无招架之力,不敢应战。'安氏'可望易姓。"

又一天过去了,安氏公司的股票持续大幅度上升,吉远公司开始力不从心,宣布停止收购。当天晚报刊出一条消息:"'安氏'老板在大陆签订大宗工程合同,'安氏'安然无恙"。到了第4天,"安氏"股票价格大幅度下跌,安氏公司开始低价回收本公司股票。吉远公司收购安氏公司的阴谋不攻自破了。

原来,当吉远公司第一天开始大规模收购"安氏"股票时,安邦的助手在股市秘密抛售了部分股票,下午又故作姿态回收少量股票后就撤出了,造成"无力反收购"的假象,刺激股价持续上升。吉远公司本来就无心收购安氏公司的股票,只不过想激怒安氏公司来进行反收购,借此破坏对手去大陆签约的计划。谁知安邦并没有上钩,吉远公司自讨没趣,又没钱继续高价收购,只好急忙停止收购。吉远公司高价购进股票,股价下跌使它赔了一大笔钱,而安氏公司利用吉远公司收购"安氏"股票的时间,去大陆谈成了几笔大生意。回港后,又趁着股价下跌,大规模低价收购了自己公司的股票,又赚了一大笔。

安氏公司在这场收购战中,采取了以静制动的战术,凭自己雄厚的实力,置吉远公司的进攻于不顾,在大陆谈成了大生意。等吉远公司精疲力尽撤退后,安氏公司乘机大举反攻,不但自己未损一根毫毛,而且获利不少,同时还重创了吉远公司,可谓"一箭三雕"。如果安氏公司轻信吉远公司的谣言,进行反收购,那么它非但失去了进军大陆的大好机会,而且还会损失一大笔宝贵的资金。

点评:

冷静分析眼前形势,避敌于锐不可挡之时,以静制动,然后乘其懈怠,坐收其利,一举将之击破,必能不战而屈敌之兵。

周亚夫大破七国兵

背景:

汉景帝即位不久,吴王刘濞勾结早已蓄谋造反的6个诸侯王,统率20万大军,势如破竹地杀向京城。汉景帝任命太尉周亚夫为前军统帅,火速赶往前线,挡住刘濞。

周亚夫情知战事险危,只带了少数亲兵,驾着快马轻车,匆匆向洛阳赶去。行至灞上,周亚夫得到密报:刘濞收买了许多亡命之徒,在自京城至洛阳的崤渑之间设下埋伏,准备袭击朝廷派往前线的大将。

决断:

周亚夫果断避开崤渑险地,绕道平安到达洛阳,进兵睢阳,占领了睢阳以北的昌邑城,深挖沟,高筑墙,断绝了刘濞北进的道路。随后,又攻占淮泗口,断绝了刘濞的粮道。

刘濞的军队在北进受阻之后,掉头倾全力攻打睢阳城,但睢阳城十分坚固,而且城内有足够的粮食和武器。守将刘武因为得到了周亚夫的配合,率汉军拼死守城,刘濞在睢阳城下碰得头破血流后,又转而去攻打昌邑,以求一逞。

周亚夫为了消耗刘濞的锐气,坚守壁垒,拒不出战,刘濞无可奈何。

渐渐地,刘濞因粮道被断,粮食日见紧张,军心也开始动摇。刘濞害怕了,他调集全部精锐,孤注一掷,向周亚夫坚守的壁垒发起了大规模的强攻,战斗异常激烈。

刘濞在强攻中采取了声东击西的战略,他表面上是以大批部队进攻汉军壁垒的东南角,实际上将最精锐的军队埋伏下来准备攻击壁垒的西北角。但是,周亚夫棋高一着,识破了刘濞的计策,当坚守东南角的汉军连连告急请派援兵时,周亚夫不但不增兵东南角,反而把自己的主力调到西北角。果然,刘濞在金鼓齐鸣之中,突然一摆令旗,倾其精锐,以排山倒海之势向壁垒西北角发起猛攻,而且一次比一次更猛烈。

激战从白天一直打到夜晚,刘濞的军队在壁垒前损失惨重,勇气和信心丧失殆尽,加之粮食已经吃光,只好准备撤退。周亚夫哪肯放过这一大好时机,他命令部队发起全面进攻,只一仗就把刘濞打得落花流水。刘濞见大势已去,带着儿子和几千亲兵逃往江南,不久就被东越国王设计杀死。周亚夫乘胜进兵,把其余6国打得一败涂地。楚王、胶西王、胶东王、淄川王、济南王和越王先后自杀身亡,一场惊天动地的"七国之乱"就这样被平息了。

点评:

周亚夫在国家处于死生存亡的关键时刻,以其大智大勇,力挽狂澜,保住了汉朝的江山。

第四章　用兵八戒

提要:孙子提出"用兵八戒",即初战中需要认真对待、慎重处理的八个问题。对于其中的一些原则,如"归师勿遏,围师必阙,穷寇勿迫"等要具体分析,不可当作教条。

利令智昏　移花接木

背景:

　　春申君黄歇在楚国做了二十二年的令尹(相当于宰相),楚考烈王因黄歇不能击退秦军,有些不信任他。君臣之间越来越疏远。

　　黄歇的门客朱英进言,认为根据秦楚之间的形势,秦强楚弱,楚国应迁都寿春(今安徽寿县)以避秦国锋芒。朱英同时告诫春申君,应马上回到自己的封地吴县(今江苏苏州)去,在那里兼行令尹之事,方可免祸。春申君采纳了他的意见,一方面迁都,一方面回自己的封地,果然无事。

　　当时楚考烈王没有儿子,春申君非常忧虑。他为楚王物色了许多善于生育的女子,可是仍然没能生出儿子来。

　　说来也巧,当时赵国有个叫李园的人,他的妹妹长得很漂亮。李园想把她献给楚王,可又听说楚王不能生育,怕时间长了要失去楚王的宠爱,就想了个诡计。他假装投到春申君黄歇的门下做家臣。不久,李园请假回家,又故意迟归。春申君问他为何迟归,李园说:"齐王派使者来聘我的妹妹,我陪使者饮酒,所以来迟了,请相君恕罪。"春申君想,被齐王求婚的女子长得肯定很娇美,就随口问道:"订婚了没有?"李园回答:"还没有。"春申君一些动心,便对李园说:"你能将她带来让我看看吗?"李园忙说:"完全可以。"

过了几天,李园便将妹妹带来拜见春申君。春申君一见,果然姿色不凡,立即将她收为侍妾,不久就怀孕了。李园和他妹妹密谋,制定下一步行动计划。一天晚上,李园的妹妹找个机会对春申君说:"楚王非常宠爱你,就是对他的兄弟也没有待你这么好。现在你做楚相二十多年,但大王无子,一旦去世,继位的必然是他的兄弟。新君自然会重用他所喜欢的人,这样你就不得宠了。再说,你长期掌权,对楚王的兄弟们多有得罪,他们若继位,你还会有杀身之祸呢。"这一番话,正中春申君的心病。李园的妹妹看了看他的脸色后,大胆地接着说:"我现在已经怀上了你的孩子了。因为时间还不长久,外面的人还看不出来。你将我献给楚王,大王他必定宠爱我,若有幸生的是男孩,那你的儿子就是未来的国君,整个楚国都是你的了。"

决断:

春申君利令智昏,认为这个办法很妙,就把她推荐给楚王。楚王把她召去同房,后来果真生了个儿子,被立为太子,楚王就封她为王后,并重用李园。李园的权力越来越大。

李园怕春申君泄漏秘密,就在暗中收养勇士,想杀春申君灭口。当时,有很多人都知道这个形势,只有春申君蒙在鼓里。

又过了几年,楚考烈王生了重病。朱英对春申君说:"人生在世有不期而至的幸福,也有不期而至的灾祸。现在你处在不期而至的世上,人生又有不期而至的喜怒,你怎么能没有不期而至的人帮助呢?"这番颇似拗口令的话令春申君不知所云。春申君就问道:"什么是不期而至的幸福?"

朱英回答说:"你在楚国当了二十多年宰相,名义上是相国,实际上就是楚王。现在大王病重,早晚就要死去,你辅佐幼主,代替国君执掌国家大权,等到国君年长之后再将政权交给他,或者就干脆自立为国君,称孤道寡也成。这不就是不期而至的幸福吗?"

春申君又问:"什么是不期而至的灾祸?"

朱英说:"李园不能治理国家,却是你的仇人;不会领兵打仗,却收养勇士。楚王死后,他必定先进宫夺取政权,并杀你灭口,这就是不期而至的灾祸。"

春申君又问:"什么是不期而至的人呢?"

朱英说:"您推荐我当郎中(执掌王宫护卫)。楚王死后,李园必定先来,我替你杀死李园,这就是不期而至的人。"

春申君不相信李园会背叛自己,就对朱英说:"你歇着去吧!李园是一个软弱无能的家伙,何况我对他有恩,他怎会干出这种事。"朱英见黄歇执迷不悟不听劝告,惧怕灾祸牵连上自己,就逃跑了。

朱英走后十七天,楚王病故。李园果真先入宫廷,在宫门之内埋伏好勇士,令春申君入宫议事。春申君刚入宫门,就被那些勇士夹住刺死。李园下令将黄歇的头砍下来扔到宫门外,接着又下令把春申君全家杀尽灭绝,然后立春申君的儿子为王,就是楚幽王。

点评:

不明祸福,不信忠言,却又利令智昏,做出不明之举,必会自招祸患。

不问是非　见风使舵

背景:

唐玄宗天宝年间,李林甫、杨国忠、安禄山这三个乱世奸雄相继登台表演。他们之间为了争权夺利而大打出手、相互倾轧。一些卑劣小人乘时而出,因缘竟时,在三奸勾心斗角的混战中推波助澜,从而加剧了大唐统治集团内部矛盾的日趋尖锐和政局的日益混乱。吉温正是这些卑劣小人当中表演最为充分、也最为丑恶的一个。

决断:

吉温早“以严毒闻”,是个“性禁害,果于推劾”、手辣心狠的酷吏,而这又与他贪图功名且急于求成的品性有直接的关系。正是由于他的功名之心太切、权势之欲强,所以他才会沦落成为一个不顾一切,不择手段往上爬的官迷,成为一个不问是非、不计亲疏、见风使舵的小人。

吉温一向有着“谄附贵宦,若子姓奉父兄”的臭名声。天宝初年(公元742年),吉温担任了万年县尉,大宦官高力士的私宅就在其辖境之内。当时高力士经常留居禁中,很少出宫还家,但每次只要他回到家里,吉温必然要亲往其府拜谒探望,极尽殷勤。高力士对他十分喜欢,两人“言谑甚洽,握手呼行第”,又“爱若亲戚”。吉温靠着高力士的关系,不仅化解了与顶头上司、京兆伊萧炅的旧怨,而且还被萧炅“引为曹官,荐之于林甫”。

吉温依附李林甫之时,正是李林甫一手遮天的阶段。他和罗希奭一起,扮演着李林甫的心腹亲信与打手的角色。当时李林甫“屡起大狱,诛逐贵臣,收张其势”,吉、罗二人治狱案,“皆随林甫所欲深浅,锻炼成狱,无能自脱者。时人谓之

'罗钳吉网'"。靠了这样的努力，李林甫很快就提拔他做户部郎中兼侍御史，对他"倚以爪牙"。

吉温曾向李林甫表白忠心说："若遇知己，南山白额虎不足缚也。"他以为，只要抱紧了李林甫的粗腿，出将入相乃是指日可待之事，但他鞍前马后辛苦了几年却官职依旧，他既对李林甫不肯"超擢"自己而深怀怨恨，更为自己升迁太慢而忧心如焚。情急之下，便生出改换门庭、另寻靠山的念头。当时杨、李二人"交恶若仇敌"，相对虎视，已成水火难容之势，吉温见杨国忠日益贵幸，步步高升，便毫不犹豫地"去林甫而附之"，成为杨国忠手下的一员战将。吉温反水之后，立刻就竭尽全力去为杨国忠建功立业。他一面"教其取恩"，借玄宗之力压迫李林甫，一面协助杨国忠四处搜寻证据，接连把萧炅、宋浑等人治罪贬官，赶出京城，使李林甫丧失了心腹亲信，元气大伤。他还出面游说安禄山，让安氏与杨国忠联手，诬告李林甫谋反。他的这一番活动，很快就使李林甫陷入被动境地，在忧懑恐惧之中死去。由此，吉温就成为杨国忠跟前的大红人。

不过，吉温这次投靠杨国忠可与上次依附李林甫不同。从一开始，他就一边与杨国忠打得火热，一边又对安禄山频送秋波，与安氏"约为兄弟"，呼之为"三兄"。天宝十年（公元751年），安禄山又加任河东节度使，吉温曾与他密谋说："若三兄奏温为相，即奏兄堪大任，挤出林甫，是两人必为相矣。"此计后来虽然因故未行，但两人的感情和关系却由此更加密切起来。安禄山因此奏请玄宗，委任吉温为河东节度副使、知留后，"河东事悉以委之"。

吉温脚踩两只船，本是出于狡兔三窟的考虑。他同时受宠于杨、安二主，也曾经自以为得计，高兴一时。但在李林甫死后，杨国忠与安禄山之间的矛盾日益加剧，又成不能两立之势。杨国忠为了笼住吉温，便将他召回京师，委以御史中丞的重任。但吉温却不领情。他以为安禄山是杨贵妃的干儿，在玄宗面前又很受宠，加上重兵在握，将来一定能取代杨国忠。所以，他虽然表面上与杨国忠虚与委蛇，实际上却是身在曹营心在汉，成为安禄山安插在朝廷中的耳目和坐探，"朝廷动静，辄报禄山，信宿而达"。天宝十三年（公元754年）正月，反心已决的安禄山入朝，为了能更好地发挥吉温的内应作用，他又奏请玄宗任命吉温为武部侍郎、兼御史中丞及四副使。杨国忠由此而知吉温已经叛他而去，又恼又恨。安禄山离京师不久，杨国忠就借故将吉温罢官，贬出京师。天宝十四年（公元755年）正月九日，吉温被杨国忠杖杀于狱中。这个一生都在梦想高官显位的投机分子、跳梁小丑，最终也没有实现他出将入相的愿望。

点评：

是非不分，反复无常，每每见风使舵，老虎头上四处跳舞，最终导致杀身之祸，亦是意料之事。

不听忠告　妄自尊大

背景：

春秋时期，干戈纷争，弓马追逐。中原地区成了齐、晋、秦、楚等国称霸争雄的舞台。到了春秋末期，在中国偏远的东南地区，一直默默无闻的吴国突然崛起。到了吴王夫差初期，吴国更是国力强盛。它南伐越国，使越王勾践称奴于宫中，北进中原，胜齐于艾陵，国力不可一世。就在吴王夫差踌躇满志、飞扬跋扈的时候，勾践从背后一剑，使这个不可一世的强国遭到彻底覆灭的下场，吴王夫差衔恨自刎，扮演了一个不光彩的亡国之君的角色。

决断：

公元前496年，吴王阖闾与越王勾践领兵会战于檇李（今浙江嘉兴南），勾践击败吴军，阖闾受了刀伤，死在回军的路上。吴王阖闾死后，其子夫差继承了王位，他安排足智多谋的老将伍子胥当相国，老臣伯嚭为太宰，加紧操练兵马。他打定主意，要用两年的时间做准备，然后伐越，报杀父之仇。

两年之后，夫差倾国内全部精兵，走水道直攻越国。越王勾践骄傲轻敌，结果被吴军打得大败，而他自己也不得不做了阶下之囚。幸好大夫范蠡献计，与吴王求和，暗中请吴国太宰伯嚭充当说客，才得以保全身首，为此后的灭吴打下了基础。

吴王夫差围困越王勾践于会稽山上后，本该一举灭越，以除后患，可他听信太宰伯嚭的谗言，允许越国求和，而视自己的前途于不顾，只想的是越国的美女、财宝。伍子胥苦口相谏，明以利害，夫差只是不听。

越王勾践夫妇及大夫范蠡到了吴国后，被安排在夫差其父阖闾坟旁的石屋里看马。勾践身穿破服，蓬头垢面。整日不停地干着，没有一句怨言，不露一丝怨恨。夫差看在眼里，喜在心上，认为越王早已断绝了回乡之念，磨灭了复国之志，久而久之，他就把勾践夫妇与一般奴隶不一样看待了。渐渐地，夫差对勾践等人产生了怜悯之心，加上伯嚭在一旁怂恿，就想放他们回国，经伍子胥上谏才停止下来。但不久，夫差闹一场病，吃了药，可病没有什么好的起色，勾践知后托伯嚭传话，想去看望夫差，以尽孝道。夫差同意后，勾践到了夫差内房，恰赶上夫差大便，勾践亲自送夫差大解，且把夫差的大便放在嘴内咂了几咂，然后给夫差叩头道喜，说他不日即会康复。没几天，夫差果真病好。这下感动了夫差，决定送勾践回国。吴王夫差五年（公元前491年），夫差亲自送勾践一行离吴返国，临行依依恋恋，竟不知是放虎归山。

勾践归国后，立即着手政治改革，采取了一系列富国的措施，卧薪尝胆，以激励不忘在吴时受的苦楚，同时继续给夫差送美女迷惑对方。

吴王夫差得到美女西施后，整天花天酒地不理朝政，而且自认为国富兵强，天下无敌，时时想北进中原，做一代霸主。夫差十二年（公元前484年），决定伐齐。伍子胥知道后，数次进谏，夫差都不听。他感到吴国已到了存亡的紧要关头，决心强谏夫差先灭越国，再图别的打算。

这天，伍子胥硬闯吴宫，对夫差谏道："越国才是我们的心腹大患，今天大王不灭越国而去伐齐，这不是舍近患于不顾，而千里劳师去治那些微不足道的小毛病吗？"接着伍子胥又指出，若不赶快灭越，"吴国迟早要为越国所灭"，夫差根本听不进伍子胥的规劝，发兵攻齐，战于艾陵，以败齐而结束，吴国也受到很大损失。

一天，吴王夫差在姑苏台摆庆功宴，伍子胥未到，夫差命人去召来。伍子胥到宴后，只是冷冷地站在一旁，夫差很是生气，以话相讥，伍子胥还口说："夫差独断专行，这是吴国要亡的先兆。"夫差被伍的这种不吉利的话激怒，指责伍对不起先王的嘱托，伍子胥大义凛然地说他当初不该扶持夫差即王位，致使吴国江山毁在夫差手里。夫差气得脸色煞白，从侍卫那要过一把剑扔到伍子胥跟前，令其自绝。伍子胥接剑在手，对天呼道："昏君不听谏，反赐老臣自尽，恐怕吴就要灭亡了。我死之后，你们可以把我的双眼剜下，挂在城门上，我要亲眼看着越人是怎样杀进吴都的。你们等着吧，用不上三年，吴国就要完了！"说完以剑加颈，壮烈自刎。夫差就

这样把一个忠良给杀害了。

伍子胥死后不久，吴王夫差又倾全国兵力北上黄池，强迫几个小国同意他做"盟主"。就在这时，经过二十年准备的越国，趁机杀进吴国，吴都危在旦夕。

消息传到黄池，夫差星夜赶回吴国，国内已被越军洗劫一空，积蓄的军备物资丧失殆尽。夫差只好放下盟主的架子和越国求和，而越也还无灭吴的力量，正好趁机向吴国勒索大量财物。

三年后，吴国遭到一次严重旱灾，赤地全国，饿殍遍野，府库、私仓都空空如也。越王勾践认为灭吴的时机已成熟，决定集全国力量同吴决战。

吴王夫差十八年（公元前478年），两军会于笠泽（今江苏苏州市南）。越王勾践采用分兵之计，调开吴军主力，然后大军直扑夫差中央阵地，一战成功，夫差逃脱，固守都城姑苏。吴王夫差二十一年（公元前475年），姑苏被围。而夫差仍整日寻欢作乐，以烈酒浇愁，以女色解闷，以杀人泄愤。然而最终还是被越国所灭。

点评：

不可一世的夫差，不听忠臣伍子胥的忠告，妄自尊大，最终扮演了亡国之君的悲惨角色。

意见分歧　独断专行

背景：

"台风计划"是希特勒德国进攻莫斯科战役的代号，其作为非正义战争是必定要失败的，但在具体的历史事实中，导致这个计划破产还有一个重要的原因。

1941年7月下旬，也就是"台风计划"实施以前，德军最高统帅之间发生了严重分歧。以布劳希奇和哈尔德为首的陆军总司令部坚决主张全力进攻莫斯科，希特勒则对此持反对意见，他认为当时势态有利于歼灭仍在坚守中的基辅东面、第聂伯河东岸的苏军，并且他也希望打下北面的列宁格勒，与芬兰军队会师，而莫斯科可以等一等再说。希特勒在一项指令中，对那些反对他的意见的陆军元帅和将军们进行了严厉批评，并在一项"反备忘录"中骂他们是一批"脑袋已被过时理论弄得陈腐不堪"的人。

于是，在希特勒粗暴而武断的命令下，德军从中路进攻莫斯科的部队中抽调了大批部队增援北路和南路,尽管希特勒攻陷了基辅,并取得了俘获 60 余万红军的重大胜利,然而他的一些将领对此战役在战略上的重大意义却更加怀疑了。因为在中路,德军没有坦克部队的集团军两个月来一直按兵不动。秋雨季节快来了,到时候前苏联的道路将是一片泥泞,随之而来的又将是冰天雪地的严冬。事实证明,这种天气的因素在很大程度上导致了"台风计划"的失败。

到 1941 年 9 月 30 日,希特勒发动"台风计划"时,雨季随之来临,汽车、大炮被陷在烂泥之中,德军不得不把正在打仗的坦克撤下来,去拖拽它们,而空军飞机也不能运送其他军需品,只能去空投拖拽所用的一捆捆绳子。最后,连坦克也陷在烂泥之中动弹不得了。这样,德军不仅要与越来越顽强的红军作战,而且还要与烂泥搏斗,大大削弱了德军的战斗力,最后,在朱可夫的大反攻中,宣告了"台风计划"的最后失败。

决断:

在这个历史事实中,希特勒作为德军的最高统帅,不仅不听取他的军事参谋们的意见,而且还对他们采取粗暴、不信任和专断的态度,而使得像布劳希奇元帅和哈尔德元帅不敢与之据理力争,伦斯特元帅则只有"纵声大笑",根本不屑于提出反对意见。由此看来,希特勒的粗暴、不信任和专断导致了自己最后的失败。

领导者的粗暴、不信任和专断,最直接的后果是对咨询顾问心理上造成不良影响。

第一,面对领导者的行为,咨询顾问的意见得不到尊重,这肯定就会影响到他们工作的积极性,那么就会导致两个结果,一是咨询顾问无所作为,形同虚设;二是咨询顾问愤然离去。希特勒手下许多有才干的元帅和将军就是这样辞职不干的。其实,这样的后果,其受害者还是领导者自己,不管是咨询顾问无所作为,还是愤然而去,都造成领导者在决策过程中的一言堂,不能获得客观的咨询意见,不能获得决策所需的各方面的必要信息,从而不能作出正确的决策。希特勒作为一个独裁者就必然导致了自己的失败。

第二,领导者的不信任和专断作法,否认了咨询顾问独立存在的人格,实际上是将本应分开的决策与咨询又合二为一,咨询顾问起不到应有的作用。领导者的不信任可能导致咨询顾问离开的结果,也可能导致咨询顾问的不良动机,即为了取得领导者的信任而不惜牺牲咨询建议的客观性,去迎合领导者的意图。

点评:

从希特勒"台风计划"失败之例中,领导者的粗暴、不信任和专断是其不能获得客观的咨询建议的主观因素,而这种主观因素比起种种客观因素来要容易克服得多,如果因为领导者的上述主观因素而导致不客观的咨询建议,那实在是十分可惜的。

哗众取宠　征战未回

背景:

1990 年 3 月,山东省潍坊市临朐县秦池酒厂注册成立。在成立之初的 3 年左右时间里,它只是山东无数个不景气的小酒厂之一,每年白酒产量 1 万吨左右,产品从来没出过潍坊地区。

1996 年,秦池的销售额从前一年的 2.3 亿元猛增至 9.5 亿元,被评为中国明星企业。同年 11 月 8 日,在中央电视台的第三届广告段位招标会上,秦池以 3.2 亿元的天价夺得标王,这一数字相当于 1996 年秦池全年利润的 6.4 倍,比竞标的第二位整整高出 1 亿元。

1997 年 1 月,秦池被评为"中国企业形象最佳单位"。同月,北京《经济参考报》的一则关于"秦池白酒是用川酒勾兑"的系列新闻报道被国内无数家报刊转载。当年,秦池的销售额下滑至 6.5 亿元。下一年,更下滑到 3 亿元,从此一蹶不振,最终从传媒的视野中消逝了。

决断:

以今视之,秦池之败,在某种意义上,是其传媒整合策略的紊乱所导致的。

首先,秦池在传媒面前始终展现的是"强者"的形象,似乎惟有这样才可以与其标王身份相符。岂料,中国传媒历来有同情弱者、钦佩思想者的传统,对于强者,大抵是畏而不敬。即便在鼎盛之时,也会有记者以"掏大粪"的不懈勇气来冒犯至尊,赢取新闻轰动,更何况企业自曝弱点,不被传媒穷追猛打,便是怪事了。所以,秦池在日后的新闻危机中几乎没有获得一点同情分,这自然与其一贯的传媒形象有关。

其次,在勇夺标王、掀起新闻热浪之后,秦池患上了"炒作依赖症",以为只要通过一轮又一轮的新闻炒作,便自然能够诱发一波又一波的热销高潮。因此,企业长久处在新闻的焦点中心,最终引起了公众的反感,一旦出现舆论反弹,其新闻波便对企业自身造成了致命的杀伤。纵观"倒秦运动"的全过程,没有主角,没有预谋,没有策划,只是各种小道新闻和言论如潮水般汹涌而至,一下子就把不知所措的秦池给"淹没"了,用一种形象的语言,秦池是被"目杀"的。秦池事件发生后,曾有评论人士戏言,"传媒如小人,近之则逊,远之则怨"。其言刻薄,却并非全无道理。在"倒秦运动"中,连那些在标王制造"运动"中稳收其利的人们,也站在了秦池的对面,扮演起反思和评判者的角色。一手"培育"了标王现象的谭希松在接受访问谈到秦池时称,一家企业发生危机,不能仅从表面现象看,就像一个人脸上长了一个斑,有可能是内分泌失调造成的。秦池第一年夺标,效果非常好,但第二年夺标就不是这样的。她还披露了一个细节:秦池在防伪标志上使用的是劣质产品,一下子丢了60%的市场份额。

其实,能够夺得标王的企业,顶多算是中国最有勇气的企业,而并非是中国最有实力的企业。在这一基本判断和自我认识上,秦池并没有保持应有的冷静。在二夺标王之后,秦池便应当一战而退,从舆论的聚焦中全身淡出,把更多的精力投入到营销网络的编织和产品的开发推广当中,惟有这样方可能将已有的广告效益真正地"沉淀"为经济效益。如果还一味陶醉在传媒的围捧之中,企图依靠广告效应的惯性来推动产品的经销,那么势必走入歧途。秦池的没落已无可避免,无非是方式不同,时间不同而已。

点评:

中国社会的现状,造就以秦池为代表的一批靠造名迅速崛起的企业,产生了巨大的经济效应。但秦池的衰退不能不让我们深思。秦池是由过度造名所扼杀的,不致力产品的质量提高,而致力于创造某种经营概念会对消费者造成灾难,对企业构成陷阱。秦池以几亿元去争标王,全是哗众取宠之作,是急功近利的心态,产生了巨大的内耗,却得不偿失,征战未回。

误策盲动 名牌丢命

背景:

1993年以后,随着万家乐的崛起,顺德市一夜之间冒出无数燃气具生产企业,仅政府批准领有"身份证"的企业就多达30家,而招之即来、挥之即去的地下工厂更是无法统计。万家乐在这些有形无形的竞争对手的夹击下,虽然苦苦保持住了国内市场1/3份额的"大哥"级地位,但经营成本则始终无法降下来。

而与此同时,由于竞争企业的急剧增多,热水器以平均 30% 的售价下降,也让万家乐难以提高主营业务的利润水平。

决断:

"万家乐,乐万家",这曾是一句风靡全中国,数次被评为中国十大广告创意的广告词。万家乐公司于 1988 年诞生于顺德市,曾一度被视为"新粤货"的代表企业,在1997 年的"顺德"名优产品博览会上,它为人们展示了一组惊人的数字:电风扇产量占全国 1/3,微波炉占 1/3,电饭锅占 1/2,冰箱占 1/8,热水器占 1/2。不过这些数字的背后却掩藏着一个令人担忧的事实:产业严重重复,盲目投资趋多。20 世纪 90 年代中期以来,国内热水器市场逐渐出现电热水器走俏的趋势。然而,作为业界老大,万家乐出现了判断上的重大失误。决策层始终顽固坚持燃气热水器的发展思路,在 1997 年的统计数字中,万家乐电热水器产量只有 6.5 万台,是燃气热水器产量的 1/8。失去战机等于失去生机,万家乐由此逐渐失去市场主导权。

万家乐是中国热水器行业第一家上市公司,无可比拟的融资空间却并没有给企业带来应有的发展效益。早在 1995 年,公司决策层发现燃气具市场的疲软信号,他们因此认为该市场已无所作为,由此开始探索多元化发展道路,其中两个主导投资项目分别为空调压缩机和大型电话程控交换机。

以电话程控交换机为例,这是一个和加拿大北方电讯公司及中国邮电部联合投资的项目,总金额高达 1.28 亿美元,万家乐股份有限公司占有 26% 的股权,按照原计划,该项目应于 1996 年下半年正式投产。根据当时的乐观估计,年利润会达到 4 789 万美元。但是不久之后,万家乐方面便发现"项目庞大、技术水平高、组织和协调工作难度大"的问题。正是这个项目,令万家乐 1996 年的年终账面上出现了 3 740 万元的亏损。

经营策略上的失误还表现在股份公司在万家乐品牌的使用上出现了左右摇摆的紊乱。一方面,公司对万家乐品牌十分珍惜,认为不是百分之百成功的产品决不能用这一商标,另一方面则"创"出了一大堆子品牌,股份公司一度拥有 23 家子公司和关联企业,生产从缝纫机到化妆品的多类产品,且不说其多元化所带来的种种经营错乱,单是品牌管理一项便漏洞百出。

1998 年,不堪亏损的万家乐突然宣布,以 3.2 亿元的价格将其29.8% 的法人股出让给同城一家知名度不高的企业——新力集团,由此退居第二大股东并交出了品牌经营权。

点评：

    万家乐公司的夭折给处于成长期的企业上了一堂生动的课。发展的盲目性及过高的期望值，使万家乐的投资决策和品牌经营频频失误，致使这家新兴企业在刚刚度过十周年生日之际就被迫踏上被收购的悲泣之路。充满理性的投资抉择和经营理念才能使企业在竞争激烈的商海中充满生命力。

贪多轻信　自走绝路

背景：

    1997年9月18日，日本零售业的巨头八佰伴日本公司，向公司所在地的日本静冈县地方法院提出公司更生法的申请。这一行动，实际上等于向社会宣布了该公司的破产。八佰伴日本公司主管八佰伴集团的日本国内事业以及在欧美、东南亚等地区的海外投资，拥有26家店铺，由八佰伴集团董事长、现任八佰伴国际流通集团总裁的和田一夫的第四个儿子和田光正担任总经理。八佰伴日本公司宣布破产前的总负债额为1 613亿日元(折合13亿多美元)。在东京证券交易所第一市场上市的超级市场破产，这在战后的日本还是第一次。同时，它也是日本百货业界最大的一次破产事件，因而震撼了日本和亚洲。

决断：

    八佰伴日本公司总经理和田光正在接受《经济界》杂志记者采访时表示，公司破产的原因是先行投资过多。和田光正说："当时我认为投资计划是绝对没有错误的。从结果来看，我想是因为公司对日本和海外的经济形势及对自己企业的能力过于乐观了。"然而，事实上，八佰伴在海外并没有详细周密的投资计划。20世纪80年代后期和90年代初，"八佰伴日本"为了快速扩展国际事业，趁着日本泡沫经济的时机，在债券市场大量发行可转换公司债券。这种筹资方法，虽然摆脱了从银行取得资金的限制，却也失去有效的财务监督，极易陷入债务膨胀的危机。事实上，自1996年11月以来，八佰伴日本公司的经营状况就已经开始恶化。此外，八佰伴日本公司把公司利润以及通过发行公司债券这种"炼金术"聚集的大量资金投到了海外市场。然而这些资金的回收情况却不尽如人意。加之在此期间又出现了泡沫经济，业绩欠佳导致股价下跌。曾通过可转换公司债券筹资600亿日元的八佰伴，从1998年12月起到2001年，每年要偿还100亿日元。假如筹措不到偿还资金,公司的信誉自然就要面临危机。当"八佰伴日本"资金流通不畅,而发行的公司债券却到了必须偿还的时候,那些曾经担当"八佰伴日本"主力银行角色的往来银行——东海银行、住友信托银行、日本长期信用银行却采取了袖手旁观的姿态。总经理和田光正承认,银行不支持也是造成公司破产的一个因素。董事长和田一夫曾向身边的亲信说过:"公司是被银行挤垮的。"八佰伴破产的事实从一个侧面表明了过于追求浪漫的垄断经营者的专横的经营方式的失败。

点评:

八佰伴日本公司的破产是多种因素造成的,但主要原因还是其经营战略的失败。综合性超市之所以经营不好,其原因在于眉毛胡子一把抓,把摊子铺得很大,贪多却嚼不烂,又过于乐观,便导致了这种专横的经营方式的失败。在资金不畅时,又没银行的帮助,这更促成了八佰伴腹中无物,破产解体。

大冒风险　疏于防范

背景:

1996年4月上市的郑百文,前身为郑州市百货文化用品公司,于1987年6月在郑州市百货公司和郑州市钟表文化用品公司合并的基础上组建成立。到1997年,郑百文一年销售收入达76亿元,净利润为8 100万元。

然而由于资金等方面原因,2000年3月29日上午"ST郑百文"突然停牌,发布了一个让市场震惊的消息:其债权人中国信达资产管理公司已向郑州市中级人民法院提出申请,请求对"ST郑百文"实施破产清算,此次申请的债权共计人民币2.1亿元。郑百文1999年底的总资产14亿元,总负债22.28亿元,资不抵债。

这是中国证券市场首次出现上市公司被申请破产的事件。

决断:

郑百文曾经以经销家电而闻名。长期以来,郑百文都是以厂商和零售商中间人的身份出现的。销售长虹彩电,对当年郑百文的快速崛起起到了相当重要的作用。1997年,郑百文、长虹、建行结成了"三角信用关系",其"经营模式"深受各界瞩目。春风得意的董事长曾经把郑百文比做一个高速旋转的大转盘。据称,郑百文控制着40多个全国性的家电营销网络,每个网络可带动50个以上的大中型批发网点,其强大的营销能力曾使四川长虹一度攻克了广东省这个云集着它的最多也是最大的竞争对手的市场。郑百文一年销售的长虹彩电占长虹总销量的1/3,相当于一个中等以上规模厂家一年的产量。

然而,1998年这个大转盘突然停转了。表面上的原因,一是四川长虹"过河拆桥"。它将如此之大的市场份额交给郑百文独家经营,毕竟存在着巨大的市场风险。进入1998年没多久,四川长虹即对销售策略作出重大调整,放弃单纯依靠大批发商的营销体制。郑百文销售长虹彩电的数量急剧下降,以至于1998年全部销售收入总额只有33.55亿元,不足上年的1/2。二是建设银行釜底抽薪。说穿了,郑百文本属遗留问题股,1996年上市时并未募集到资金,它的大转盘完全是以银行贷款为轴心才得以高速运转起来的。从1996年开始,建行郑州分行和郑百文、四川长虹建立了三角信用关系,郑百文购进四川长虹产品,无须支付现金,而是银行开具6个月承兑汇票,由银行按汇票日期将款项划给四川长虹,而郑百文则在售出四川长虹产品以后,才还款于银行。1998年春节过后,建行郑州分行发现因开给郑百文承兑汇票而形成的一笔巨额债权有一定的回收难度,于是开始停止发放新的汇票。郑百文的大转盘顷刻失衡。

其实,在这之前,郑百文已经受到资金短缺的严重制约。经营者不顾企业的基础和发展条件,在1996年到1998年间,冒着单一经营的风险,投入上亿元资金建立营销网络,把1998年配股资金几乎提前用完。当1998年3月11日郑百文董事会研究修订配股方案以及6月5日发表配股公告时,实际上当时公司与四川长虹的经销合作关系已经瓦解,利用配股资金组建异地配售中心已毫无必要,然而公司钱已花了,如果将真相和盘托出,那么这次配股就会鸡飞蛋打一场空。原来企业发展顺利的时候,一切问题都被充裕的资金和利润掩盖着,现在没有了期票结算这种形式,马达变小了,盘子转不动了。可是,由于惯性的作用,一切耗费却没有减少,有的开支还在增加。加上销售方面失去了大批发商的优势,有时不得不削价到亏本销售才能收回一些资金。因此,尽管1998年实施配股没多久,年底时郑百文手头可以调动的头寸已几乎为零。

在1998年年报中,郑百文破天荒地以每股亏损2.5元亮了相。净亏损总额达到5亿元,即使把上市头两年的净利润总额加起来,才不过1.3亿元,不足弥补亏损额的1/3。郑百文理所当然地沦为败将。但是,更为严重的是,1999年中期,仅仅半年时间,公司就又发生净亏损5.3亿元,比1998年全年还多,每股亏损达2.7元,成为第一家被注册会计师出具"拒绝表示意见"审计报告的上市公司。

郑百文从绩优股蜕变成 ST 股票，原因是多方面的，除了宏观经济环境变化的影响外，内部管理不善是其致命伤。该公司在年报中也承认："重经营，轻管理；重商品销售，轻战略经营；重资本经营，轻金融风险防范；重网络硬件建设，轻网络软件完善；重人才引进，轻人员监管和培训。"为扩大销售额，郑百文大量采用赊销方式，因此其债务负担非常沉重。这一问题在以前显得并不很严重，可到了 1998 年，因为东南亚金融危机的影响，银行防范风险意识大大加强，郑百文仅因逾期承兑利息一项，财务费用较上一年上涨了 1434%，对利润的直接影响达1.2 亿元。

点评：

郑百文失败的教训是深刻的。在市场经济的激烈竞争中敢闯、敢冒风险是必要的，但绝不可冲动式地冒风险。冒风险就要担风险，我们要对内外环境深入分析，尽量采取措施防范风险，以免在风险到来时给你致命一棍。严于防范事前控制，才能将损失减至最小。

勇歼敌　活捉张辉瓒

背景：

1930 年 10 月，蒋介石纠集了 8 个师，10 万人马，向我中央苏区进行"围剿"，当时红军不到 4 万人，装备也差，面临这种形势怎么办？当时有人主张打出去，去攻打敌人的大城市，如南昌、九江等，以转移敌人的目标。其实这是一个馊主意，是拿鸡蛋去碰石头。毛泽东则坚决主张利用苏区的群众基础和有利的地形，采用诱敌深入，聚而歼之的战略。怎样布置军队来诱导敌军继而设伏歼敌呢？

决断：

根据毛泽东的这个战略，11 月 5 日，红军主力部队急剧地向根据地腹地退却，只留红十二军第 35 师担任诱敌任务。35 师且战且退，有时我军占据着非常有利的地势，敌人完全处在我火力的俯射之下，战士们也正想打个痛快，可是，突然一声令下："撤！"弄得战士们很不理解。有一次部队连续撤退了几天，大伙儿又累又饿，这天伙房做了雪白的大米饭，一盆一盆摆在树荫下，风一吹，香喷喷的美味阵阵往鼻子里钻，馋得大伙儿真想吞它几碗，可开饭前连政委偏要集合讲话，等大伙儿刚捧起饭碗，后面枪声又响了，敌人又追来了，连长一声令下："快撤！"眼看这顿美餐就要喂敌人了，直气得有的战士一脚把菜盆踢老远，队伍一口气撤退了10多里。紧追上来的敌人是张辉瓒的十八师。这些天，敌人来到苏区，家家坚壁清野，户户锁门闭户，几百里下来连个人影儿也见不着，吃没吃的，用没用的。敌人也带来一些稻谷，可是磨盘、舂碓找不到一个，都被老百姓沉到水里去了。饥饿的敌人，见到白花花的大米饭，又有香喷喷的萝卜烧肉，就不顾一切，抓上就吃，后来者也一拥而上，你争我夺，大家打成了一团，扭成了一堆，队伍就全乱了套。这样敌军官抽出皮鞭就打，有的当兵的挨着鞭子还在吃。敌军官急了，怕长官来看见有失体统，朝天放了一枪。这时敌师长张辉瓒真的坐轿子来了，伸出头一看，只见士兵有的满脸米饭，有的泼了一头肉汤，正要发火，突然瞧见地下的饭菜，不觉又转怒为喜，于是大声嚷道："弟兄们，你们看这些饭菜，这就证明了共军已'闻风丧胆'，'狼狈逃窜了'，大家快给我追，剿灭了共军，我要杀猪宰羊，犒赏你们7天，弟兄们给我冲啊！"敌军官立即又挥动鞭子，驱赶着士兵们冲锋。

为了诱敌追赶，红军指挥员命令战士们轻装前进，这时一路上丢下了不少东西，什么破枪、背包、水壶、大刀、皮带、草鞋等等，真像一支惨败的部队狼狈逃走的景况。就这样，牵着敌人的牛鼻子，经过长途跋涉，终于走进了根据地的腹地——龙冈、小布一带，而红军的主力3万多人已在此等待多时，并控制了周围所有的战略要地、制高点，像一个张开的大口袋。

12月29日7时半，战斗终于打响了，先是张辉瓒的先头部队戴岳的52旅，被红三军七师所消灭，接着是张辉瓒的后续部队王俊捷的53旅，又被我红十二军所歼，十二军是完成诱敌任务之后，又迂回到万功山打伏击的。这时张辉瓒才真的感到大事不好，急忙向友师谭道源发电求救，哪知谭道源回电说："我们也寸步难行，增援已不可能了。"约下午3点，我红四军和红三军团，奉红军总部总攻击令，以排山倒海之势，分别从龙冈东北和西北方向，压向张辉瓒的师部，战斗不到1个小时，张辉瓒的师部便全面崩溃。张辉瓒见势不妙，只身潜逃，躲藏在万功山的荒草之中，终于被活捉。这样，张辉瓒18师的两个旅和师部共9 000余人，或死、或伤、或降，无一漏网。张师被歼以后，红军旋即攻打谭道源师。谭师本来也可装进口袋与张师一齐被歼，只因有一个叛逃的反革命分子，泄漏了军机，谭道源才没有钻进口袋，即使这样，谭道源在仓皇溃逃时，还是被我军吃掉了一半。其他各师闻讯，也都逃之夭夭。蒋介石发动的所谓第一次"围剿"，就这样，在毛泽东的"诱敌深入"的战略下，终以失败而告终。

点评：

敌强我弱是自古以来将领们要考虑的一个问题,在这种情势下,不能硬撄其锋,而要巧设伏兵,引狼入"室",争取全部歼灭。

假意求和

背景：

1942年4月6日,美国联邦调查局收到了驻马德里领事馆的报告:有一个叫艾伯特·范洛普的荷兰人要求领事馆发给他和他妻子去美国的签证,并说,他是德国情报机关派往美国的间谍,奉命去刺探有关美国军队和战时工业的情报,同时,受命去美国建立一座秘密电台,定期向汉堡发报。但是,范洛普说,他痛恨纳粹,愿意为盟国服务。如果让他去美国,他愿意充当双重间谍,表面上为纳粹效劳,实际上为盟军服务。报告说,范洛普为了表白自己的真诚,交出了随身携带的微型发报机、密码以及美元现钞和支票。联邦调查局立即着手研究有关范洛普的资料。在总部的档案中发现了有关他的记录,从中得知,范洛普是一名职业间谍,在一次大战中曾在德军情报部门工作过。从档案中无法证实范洛普是否可靠。最后,联邦调查局决定:将计就计,接受他的请求,允许他来美国,监视他的行动并设法利用他为盟军服务。范洛普一家获准经葡萄牙乘船到达美国。在入境的例行询问调查中,调查人员戳穿了他的一些谎言,从这些谎言中看出,这个小个子荷兰人在有意掩饰自己过去的一些丑行。这使调查人员不能不对他的"诚意"表示怀疑,但仍认为他有可利用价值,于是,在严密监视的条件下,对他和他的全家做了妥善的安排。

决断：

联邦调查局确定了利用范洛普的计划,决定建立一座电台,用范洛普的名义同德国人建立联系。实施这一计划是要冒一定风险的。德国人对于他们自己的间谍发报的手法非常熟悉,通过分析手法就可判断发报人是谁,据说德国有一个电报专家,只要同谁用无线电联络一次,就能辨别出他发报手法的特点,而他对范洛普的手法是非常熟悉的。联邦特工人员首先要做的就是掌握范洛普发报的手法。为此,他们把范洛普发的电报用留声机的唱片记录下来,然后,派三个特工人员练习模仿他的手法直到完全达到乱真的程度,同时,他们还研究了范洛普发报时所使用语言的特点——一个荷兰人使用德语所特有的表达方式。

经过充分准备后,1943 年 2 月 7 日,设在长岛的一个无线电台第一次同德国人取得了联系,联邦特工人员告诉德国人:"收发报工作已准备就绪,眼下我甚感安全,将在 1 900 听你回答。"电报发出后,是长长的、令人焦急不安的等待。终于在第六天汉堡来电:"叔叔感到十分高兴,他向你表示欣赏和良好祝愿。"联邦特工们这才松了一口气。为了使德国人对范洛普深信不疑,特工人员向德人提供了一些情报,诸如:天气报告、美国口岸停泊船只的名字、正在修理中的海军舰艇以及新闻报道中关于政府拨款建造新船或购置军火的消息等。还报告德国人:范洛普已在海军码头上发展了两个成员,他们定期向他报告情况。这样,随着时间的推移,范洛普在德国最高司令部的地位越来越高。

"范洛普"与德国情报机关的联系一直保持到 1945 年 4 月 27 日。这一天,汉堡给他发来一份电报:"考虑到目前的处境,我们必须中断同你的联系,但每周可以联系信号一次。叔叔会一如既往保护你将来的利益。"这是最后一份电报,以后信号始终没有来过,因为德国人很快就垮台了。

从 1942 年 4 月到 1945 年 5 月,在三年多的时间里,范洛普这个"双重间谍"始终同联邦调查局配合得很好,尽管这种配合经常是在用手枪逼住后背的情况下进行的——联邦调查局始终没有相信这个矮个子的荷兰珠宝商向盟军表白的忠诚。

点评:

间谍与反间谍自古至今都是间谍战中的一对矛盾,在这场明争暗斗中,人们似乎发现:两面手比单面手更难对付,危险程度更大,因为你始终得提防他反咬一口,范洛普就反咬了德国人一口。

第八篇

（九变篇）

第一章 死地则战

提要："九变"中所讲的五种地形,可与《地形篇》中的六种地形和《九地篇》中的九类地区等相互参照,都是我国古代军事学中"兵要地理"的萌芽。其中有不少杰出的命题,如"围地则谋"、"死地则战"等等。

真正的买一送一

背景：

买一送一的做法,由来已久了。但一般的做法是免费赠送一些小额的商品。如买电视机,送一个小玩具;买电须刀,送一支剃须膏;买录像机,送一盒录像带等。这种施以顾客一点小恩惠的推销方式,确实起到很大的促销作用。但是,慢慢的,这种方式不大起作用了。特别是在美国这个社会,商业广告充斥每个角落,不管书刊杂志或是橱窗路旁,五花八门的广告比比皆是,它成为人们生活的一个组成部分。推销商品方法之多,范围之广,已使人们有点视而不见或麻木不仁了。

美国康涅狄格州有一家叫雪佛莱和奥兹莫比尔的汽车厂,它的生意曾长期不振,工厂面临倒闭的局面。在这一艰难时候,工厂主有什么营销策略挽救呢?

决断：

该厂的总裁对本厂经营和生产进行了反思,总结出自己企业经营失败的原因是推销方式不灵活。他针对本企业存在的问题,对竞争者及其他商品的推销术进行了认真的比较,最后策划出一种大胆的推销方式,即真正的"买一送一"。

该厂新的推销手法是这样开始的:它积压了一批轿车型号是1986年的,由于未能及时脱手,导致资金不能回笼,仓租利息负担沉重。该厂决定在全国主要报纸刊登一则特别广告:谁买一辆托罗纳多牌轿车,就可以免费获得一辆"南方"牌轿车。

雪佛莱和奥兹莫比尔汽车厂以买一辆轿车赠送一辆轿车的超群出众的办法,一鸣惊人,使很多对广告习以为常的人也刮目相看,并相互转告。许多人看了广告以后,不辞远途而来看个究竟。该厂的经销部原来是门前冷清,一下子则门庭若市了。过去无人问津的积压轿车果真以 21 500 美元一辆被人买走了,该厂亦一一兑现广告所承诺的,凡是买一辆托罗纳多牌轿车者,则免费赠送一辆崭新的"南方"牌轿车。如买主不要赠送的轿车,可给 4 000 美元的回扣。

奥兹莫比尔汽车厂实施这一招,虽然致使每辆轿车少收入约 5 000 美元,但却使积压的车一售而空。事实上,这些车如果积压一年卖不出去,每辆车损失的利息和仓租、保养费也接近这个数了。更重要的是,这一举动给工厂带来了源源不断的生意。它不但使"托罗纳多"牌轿车名声四扬,提高了知名度,增加了市场占有率,同时也弄出了一个新牌子——南方牌。这种低档轿车开始时以"赠品"作为托罗纳多牌轿车的陪嫁品,随着赠送多了,它慢慢地也有名气了。它确实是一种较实惠的轻便小车,造型小巧玲珑,价格便宜,很适合低收入阶层。这样,雪佛莱和奥兹莫比尔汽车厂起死回生了,生意从此兴隆发达起来。

奥兹莫比尔汽车厂的成功推销术,实属一种"将变就变、活水行舟"术。世上所有事物都处在变化之中,市场也是如此。产品和市场是经营活动的中心,市场的变异始终处于动态之中,产品依存于市场是个动态过程。经营之道在于将灵活性变于市场动态,正如活水行舟,经营者要善于借得东风活水流,使企业乘风破浪抵达彼岸。它生产的汽车卖不出去,追根问底是没有适应当今市场竞争激烈的动态情况。日本生产的小轿车以轻巧价廉和耗油量低而攻进美国市场;而美国本国生产的汽车以售前售后服务周到而赢得顾客。如果自己以不变应万变,拘泥于一种产品或墨守成规的推销方法,势必自寻绝路。为此,只有拥有了灵活多样的、出奇制胜的经营之术,才能在竞争的商品经济中冲过万重山。"买一送一"就是一条杀出千军万马重围的回生之道。

点评:

广告的作用有时是起着置之死地而后生的效应,灵活大胆的营销方式将不仅带给商家当前的利益,而且能创造出永久的价值,具有战略上的作用。

奋力拼搏

背景:

1975 年,盖茨和伙伴保罗·艾伦雇人编出的第一个产品是用于微机的 BAS-

IC 语言。1975 年 7 月下旬,他们与 MITS 公司签署了期限十年的协议,允许 MITS 在全世界范围内使用和转让 BASIC 及源代码,盖茨获得了 18 万美元的第一笔资金。20 世纪 80 年代末,微软 MS－DOS 超过 CP/MDOS,成为操作系统的领导者,微软的电子表格、文字处理等应用软件开始起步,1988 年微软超过莲花公司,第一次成为最大的独立软件公司。就是这个时候,盖茨时代开始了,1991 年 Windows3.1 发布,微软帝国浮出水面,一个新型的垄断巨头诞生了。1998 年 9 月 14 日是微软划时代的时刻,这一天市场价值达到 2 612 亿美元,首次超过通用电气的市价 1 574 亿元,成为全球最有价值的公司。微软的营销领域除了 PC 操作系统和办公软件外,还涉及个人财务软件、教育及游戏软件、网络操作系统、商用电子邮件、数据库及工具软件、内部网服务器软件、手持设备软件、网络浏览器、网络电视、上网服务及近 20 个不同的万维网站,销售软件的造神运动达到顶峰,许多国家都开始将软件业作为自己的强国之梦。20 世纪 90 年代,软件业开始超过硬件,成为计算机的主导产业,盖茨颇为得意于他所捕获的商机,他坦言:机会从来不会缺乏,但是眼前的机会不会重复,因为我们已经做过了,所谓营销的商机就是大胆地尝试着去做新的,以自己创造的模式去做别人没有做过的事。可惜的是,许多人做的只是重复微软做过的一切。

当世界还没有意识到微软给整个软件业造成障碍而大发横财时,微软已经登上了财富之巅,1999 年 1 月 31 日,全美软件业市场价值达到 6 700 亿美元左右,而微软一家公司就占了将近 4 000 亿美元,达到 60% 之多。在 1999 年 6 月 30 日结束的财年中,微软总收入 197 亿美元,其中操作系统占 85 亿美元,所有互联网收入及其他各种软件只剩下 24 亿美元。而这两个产品的收入占到 85% 以上的市场份额。

决断:

互联网、自由软件和美国司法部是微软面对的主要杀手。1995 年,比尔·盖茨发布向互联网进军的总动员,人们以"珍珠港事件"作比喻,当时,几乎人人都认为称霸互联网市场的必将是微软无疑。尤其是网景节节败退之际。但今天,大家(包括比尔·盖茨)才猛然发现,互联网的地域远比预想的要博大辽阔,凶猛的微软并没有扑到正点,浏览器只是一个软件而已。如今不是网景,而是微软目标之外的 AOL、YAHOO、ZO(S)NEBay 等成了互联网领域的主角。虽然微软在互联网浪费的钱最多(也只有微软能浪费得起),犯的错误最多(也只有微软犯得起);虽然互联网带动了基础软件的销售,微软的利润还在看涨;虽然在互联网领域,微软凭着手中的"金弹",近乎狂轰滥炸,而其他公司只能认真瞄准,开好一枪一炮。今年以来,除首席技术官外,还有 6 名副总裁级人物离开,低层的更不计其数。大多微软老兵怀揣着微软的钱,操着微软学到的食肉性竞争手段,一头扎进了互联网的大潮中,瓦解微软的力量,也寻找个人的新价值。1999 年伊始,盖茨就出台重组计划,重新划分部门,确立一切以服务为导向,以用户为中心的新策略。但显然这是一场伤筋动骨的变革,必须改造微软的整个企业文化,使其与互联网的精神(多元化、开放性、多样性)相一致。但他们能否在华尔街觉察之前,及时修补公司的漏洞,还是一个巨大的悬念。

9 月 27 日,《商业周刊》评出互联网上最具影响力的 25 人,盖茨居然落榜。9 月,美国最大证券商美林公司评出十大最有潜力的高科技股,微软不幸落选。最近,《时代周刊》评选 20 世纪 100 位最重要人物。根据读者投票,盖茨列在第 17 位,而自由软件 Linux 之父 LinusTovvalds 居然坐上第 15 把交椅。

微软和盖茨无法回避另一个可能更加可怕的杀手就是:司法部的反垄断官司。1990 年,美国联邦贸易委员会开始调查微软的市场行为,主要是针对操作系统与应用软件一起捆绑销售的方式,这种搭售方法正是反垄断法"专政"的对象之一。不过,微软习惯了法律对它网开一面的照顾。

1993 年,司法部接管调查工作,才使微软有点紧张起来。1994 年,司法部对微软的市场行为做限制性裁决。尤其是当微软准备购并财务软件市场的领头羊——Intuit 公司时,司法部挺身而出,指控这起兼并为非法。微软不得不放弃了这个烫手的山芋。

杰克逊的裁决并不是偶然,因为微软的问题在于它的整个企业文化和整套市场策略。因此,微软受到的挑战不仅仅是在美国,而是全球性的。日本和许多欧盟国家也纷纷展开对微软的反垄断调整。比尔·盖茨在中国发动的维纳斯计划遭到全面质疑。中国公司总经理吴士宏辞职,并对微软产品价格、打击盗版策略、企业运作方式、Windows 密钥等提出严厉指责。无独有偶,微软总裁鲍尔默在韩国发动 7 700 万美元软件捐赠的"校园行动",也遭受韩国民众的广泛指责,最终也流产,微软韩国公司总经理被迫辞职。最近,微软日本公司高层也因市场受挫而出现大动荡。

1999 年,美国东部时间 11 月 5 日 18 时 30 分,美联邦地区法院法官托马斯·杰克逊宣布,美联邦政府联合 19 个州共同控告微软违反托拉斯法一案经过长达一年调查取证后,认定了微软垄断的事实,并通过垄断打击竞争对手,损害消费者利益。裁定书中罗列的"牺牲品"包括原网景、Sun、Apple、Be、IBM、Oracle、AOL、Compaq、Intel、RealNetWorks 等公司。这一裁定如同飓风一般席卷全球,成为各大媒体的头版新闻。

消息传来,硅谷更是一片欢呼。最兴奋的当然是受微软打击最惨的原网景公司员工,他们在总部开起了庆祝会。网景前 CEO 巴克斯代尔说:这一天,对整个业界来说是一个值得庆祝的日子。自由软件 Linux 社区也一片欢呼。Linux 最大的发行商红帽子(RedHat)公司的 CEO 杨说:"微软垄断桌面操作系统给业内每一个人都造成了极大的痛苦。现在我们的合作厂商不必再害怕微软的报复和施压。"Linux 头号理论家雷蒙德表示:"如果最后的判罚可能是使微软开放 Windows 的源代码,那可太糟糕了,那是一堆蝗虫,并没有人想得到它。"微软也迅速作出反应,召开记者发布会,主席比尔·盖茨为自己的公司辩护说:"微软的产品受欢迎,是因为我们关注我们的消费者,并不断创新以满足他们的需求。在这个产业内,没有一家公司拥有了万无一失的地位,微软取得了成功,是因为我们一直遵循美国最基本的价值观,即创新、正直、为消费者服务、合作、重质量和奉献社会。我们全力但公平地进行竞争。"同时,他还发表致用户、股东和合作伙伴的公开信,以寻求广泛支持。微软全球范围的"危机公关"也迅速行动起来,一天之内发出数份新闻稿件,以求舆论上支持。至此。这场历时 18 个月的世纪诉讼,其主要战场由法庭转向媒体,舆论大战将成为未来一段时间的主战场。过去一年,微软院外游说、政治捐献和购买舆论方面的投入急剧增加,也是为必要时的防守打下坚实基础。

为避免刺激股市,消息选在周五临近股市收盘时宣布,因此没有时间让微软的股票做出充分的表现,只是最后时刻下挫 4 个百分点,公司市场价值损失 150 亿美元。经过一个周末的消化,大家都翘首以待,看投资者的心态究竟有多坚强。据分析,如此重压下微软股票必然下挫,但微软股票的弹性和韧性也非同一般。今后此案判罚、双方谈判还有多个回合,如果庭外调解不成,微软必然反抗到底,最终上诉至最高法院,可能要到 2001 年方能了结。因此考验投资者眼光和忍耐力的时刻到了。同时由于彼消此长,微软竞争对手的股票纷纷大幅上扬。11 月 4 日,《华盛顿邮报》发表题为《微软为什么应该输》的文章:"微软既没有像对手描绘的种种邪恶,也没有支持者吹捧的那么美好。不过这家公司的确应该受到一定的惩罚,以便为高科技领域的竞争确定必要的行为规则。"《纽约时报》认为:"现在该是微软认输的时候了,微软应该根据法律争取自己的权利,但它也应该承认政府的胜利是理所当然的。"

点评:

在当今这个营销文化的世界里,企业管理者成功的首要因素不是专业知识和技能,而是包括情感在内的个人特征及企业家个性,感情智慧是最富价值的知识财富。

诺贝尔的活广告

背景：

19 世纪,诺贝尔是闻名于欧洲的大实业家,在许多关于他创业的故事中,透露出他的聪明才智。他曾做过一次出色的宣传,使他发明的甘油炸药在人们心中的印象大为改观。

在诺贝尔之前,人们一直使用普通的黑色炸药,这种炸药性能稳定,比较安全,但它的爆炸力小,越来越不能满足日益发展的工业需要。

1863 年,诺贝尔取得硝化甘油制品的专利权。他发明的这种新型炸药,是用硝化甘油引爆黑色炸药,能产生超出普通黑色炸药许多倍的破坏力。这种混合炸药问世以来,深受工业界欢迎,销路极好。诺贝尔生产这种炸药的工厂也因此大大赢利,并且逐步控制了欧洲各国的市场,形成一个颇具规模的"工业王国"。

但是不久,问题接踵而至。由于硝化甘油以液体形式存在时,在一定条件下会自行爆炸,从而导致了运输和生产过程中一系列爆炸事件的出现,带来很大伤亡,也使硝化甘油的名声大大受损。鉴于这种情况,许多国家政府,准备对这种新型炸药的生产加以控制或禁止。

各种爆炸事件的出现使诺贝尔工厂的市场大为缩减,一旦再遭禁止则意味着他初显规模的那个"工业王国"完全崩溃。事实上,在生产和运输过程中,如果操作人员掌握了熟练的操作技能或遵守操作规定而不掉以轻心,硝化甘油并不会在正常情况下出现爆炸现象,一系列的事故多半是因工作人员掉以轻心所致。

决断：

为了挽救企业,也为了给甘油炸药这一新型产品正名,诺贝尔采取了一个新颖而富有成效的计划。

他来到工业发达的英国,首先在报纸上登出声明,表示要亲自在公众面前表演甘油炸药的操作和试验,以证明甘油炸药的安全可靠。许多人知道了著名的炸药大王诺贝尔要亲自试验的消息,人们好奇地等候着试验的结果。

然后,诺贝尔遍访那些财力雄厚的矿场主和铁路建设者,让他们相信,硝化甘油只要使用得当,绝对不会带来任何危险,而它的效能却能为企业带来机会和财富。他还邀请他们去观看他的试验,眼见为实。

一切准备就绪。在表演的那天,围观的人们众多,大家对这场试验仍充满恐惧,对诺贝尔可能遭受的悲惨事故猜测纷纷。

诺贝尔带着试验用的一箱箱材料出现了,他把人们安排到一个安全的地点,而这个地点又能看清他的所有动作。在人们提心吊胆的心情下和议论纷纷的声音中,诺贝尔开始了他的表演。

首先,他取出一些硝化甘油和火药的混合物,在人们的惊叫声中把这混合物点燃,有些人转过脸不敢看,以为会出现爆炸场面,但是,爆炸没有发生。

然后,他又将满满一箱的硝化甘油和火药的混合物,放在燃烧的柴堆上。爆炸依然没有发生。

接着,他的助手提着同样的一箱材料,走到一处 60 英尺高的岩石上,他们将箱子投下去。诺贝尔站在岩石下,箱子落到他的身边,在人们的惊呼声中,他纹丝不动地站着并微笑着。爆炸依然未如人们料想的那样发生。

诺贝尔宣布检验甘油炸药安全性能的这三个试验结束了,围观的人们终于松了口气,纷纷夸赞新型炸药并不是如传说中那样可怕。

但是,诺贝尔的表演并未结束,现在是他向人们展示新型炸药威力的时候了。

他把那些试验过的材料分别放在一根橡木上、一块大石块上和一个大铁桶上,然后分别引爆。围观者刚刚松弛的心情又再次紧张了,在人们目瞪口呆的神情里,诺贝尔轻松镇静地完成所有程序,退到一边。在震天动地的爆炸声后,人们再去找寻那三样东西,除了零碎破烂的一些残骸外,什么都没有了。这样强大的爆炸力,让人们惊呆了。

一切还未结束。诺贝尔和助手们又在一个石坑里钻进十几英尺深,然后填上十几磅炸药并用雷管引爆。在惊天动地的一声爆炸后,一个巨大的坑呈现在人们面前,所有的原貌都没有了,那些坚硬的岩石碎如粉末。

所有在场的矿场主和铁路建设者,在爆炸声后先是惊讶,而后便是狂喜:多么有用的炸药,这不正是他们在开矿、通路时渴望的东西吗?谁都明白,这种新型炸药将会给自己带来多少巨大的财富。

而此时的诺贝尔,他什么都不用再说了,这一切早已证明他的炸药的价值。

在这样一次影响巨大的表演之后,再没有人对甘油炸药提出异议了,这样安全而有效的甘油炸药怎么可能被拒绝呢?甘油炸药的广泛运用使筑路和开矿进入了一个新的时代,而诺贝尔的"工业王国"更向前迈开了一大步。

点评:

诺贝尔进行表演性的爆炸试验,名为一次释疑的表演,实为一次绝妙的宣传。在现代经济战中,这种规模巨大、给人强烈感觉刺激的广告方式,屡见不鲜,它以种种名义作借口,实质只在于给人留下深刻印象。

第二章　临机处置　相机而行

提要：对于五种情况的临机处置，其中最著名的命题是"君命有所不受"，强调战场指挥官必须有随机应变的权力。

昭帝临机有定见

背景：

汉朝时，霍光受命托孤后，忠心耿耿地辅佐汉昭帝，把国家大事处理得井井有条，因此威望日益增高。但是霍光为人耿直，做事不讲情面，因此而得罪了另二位大臣和盖长公主等人。这些人本来就嫉恨霍光，这时因为自己的私欲没有得到满足，更是恨透了他。正好当时汉王刘旦因为自己没有做成皇帝，也对霍光极为不满，上官桀等人就和刘旦勾结起来，设法除掉霍光。

汉昭帝14岁那年，上官桀等趁着朝廷让霍光休假，伪造了一封刘旦的书信，派人冒充刘旦的使者，把信送到了汉昭帝手里。汉昭帝接到信一看，上面说："大将军霍光出去检阅林军，擅自摆上皇上专用的仪仗，吃皇上才能享用的饭菜，不守法度，耀武扬威。他还不经皇上批准，擅自往大将军府增调武官，这简直是独断专行，没把皇上放在眼里！我担心他有阴谋，对皇上不利。我愿辞去王位，到宫里保卫皇上，提防奸臣作乱。"信送出之后，上官桀、桑弘羊等人只等汉昭帝一声令下，就把霍光逮起来。然而，信到昭帝手中，如石沉大海没有动静。

休完假之后，霍光去上朝，听说了这件事，就在偏殿中等候发落。

决断：

汉昭帝上朝后，巡视众臣，不见霍光，问道："大将军在哪儿？"上官桀回答："大将军因为被燕王告发，所以不敢进来。"霍光进去，自己摘掉帽子，跪下磕头请罪。汉昭帝说："大将军只管戴上帽子。我知道那封信是假的，你没有罪。"霍光问:"皇上怎么知道的?"汉昭帝说:"大将军检阅林军就是最近的事,增调校尉到现在也不到 10 天,燕王远在北方,他怎能这么快就知道? 再说,将军如果要作乱,也不必依靠校尉呀。"上官桀等人和文武百官听了都大吃一惊,觉得这小皇帝年纪不大,却真不简单呢。

汉昭帝又说:"这事只问送信人就可以弄明白,不过要是其中有鬼,他肯定逃跑了。"左右侍卫连忙去找送信人,果然不见踪影。汉昭帝马上下令捉拿,还连连催问捉到了没有。上官桀等人列于朝中两股战战,无法挪步。劝汉昭帝:"这小事一桩,皇上就不必追究了。"汉昭帝说:"这事还小吗?"从此他对霍光更加信任。

上官桀他们又在汉昭帝面前屡进谗言说霍光的坏话,汉昭帝十分生气了,说:"大将军是位忠臣,先帝嘱咐他辅佐我,谁敢再诬蔑大将军,我就办谁的罪!"上官桀他们看这法子行不通,就商量着让盖长公主出面请霍光喝酒,埋伏下士兵把霍光杀了,然后废了汉昭帝,立燕王刘旦为帝。这阴谋还没来得及施行,就被汉昭帝和霍光发觉了。上官桀等人全被斩首示众,以效儆尤,燕王刘旦和盖长公主也只好自杀了。

点评:

身为领导,随时都可能遇到下属进谗陷害他人之事,此时,能保持清醒的头脑,冷静剖析事理,不偏听偏信,轻易为他人左右的领导,才是自己英明的领导,而要做到这一点,平时就必须对自己多加锻炼,慢慢培养起自己处理问题的能力。

斯大林遇变不惊

背景:

1945 年 7 月 17 日到 8 月 2 日,苏、美、英三国首脑聚集在柏林附近,举行波茨坦会议。那时美国总统罗斯福已经去世,由杜鲁门继任。就在会议前夕,美国在新墨西哥州爆炸了第一颗原子弹。杜鲁门在听了美国军方关于原子弹爆炸试验成功的汇报以后,趾高气扬地走进会场。与会的英国首相丘吉尔悄悄向人说:"杜鲁门好像变了一个人,以强硬坚定的姿态,坚持了反对俄国人的立场。"

杜鲁门还是那个杜鲁门,可是为什么一夜之间竟变成另一个杜鲁门了呢?

原因很简单,他以为既然美国有了核武器,他这个美国总统也就可以目空一切、横行无阻了。

决断:

然而,事情并不那么简单。杜鲁门想在波茨坦会议上使用这张王牌,试探一下斯大林的反应,试一试美国核讹诈政策的"威力"。结果如何呢?据杜鲁门自己回忆,1945年7月24日,当他在会场上故意向斯大林提到"一种破坏力特别巨大的新武器"时,他和丘吉尔两人密切注视了斯大林的表情,结果是大失所望:"俄国部长会议主席并没有表示异乎寻常的兴趣。"斯大林当时在这一点上处理得很聪明。他那淡然处之的态度,使他在这场小小的斗法中略胜一筹。事实上斯大林对这件事极为重视。从会场返回住所后,立即把这件事告诉了外交部长莫洛托夫,指示国内加快第一颗原子弹的试验工作。4年之后,前苏联也有了这种"新武器"。

点评:

斯大林镇定自若,遇变不惊,真是领袖风度。

陆逊从容退江东

背景:

三国时期,诸葛亮在五出祁山前联合东吴同时攻魏。孙权派荆州牧陆逊和大将军诸葛瑾率水军向襄阳进攻,自己亲率10万大军进至合肥南边的巢湖口。魏明帝曹睿一面派兵迎击西蜀的军队,一面率大军突袭巢湖口,射杀吴军大将孙泰,击溃吴军。

诸葛瑾在途中听说孙权已经退兵,急忙派使者给陆逊送去信件,建议陆逊退兵。使者很快返回,告诉诸葛瑾:陆逊正在与部将下围棋,读罢信后,只把信件放在一边,又继续下棋去了。诸葛瑾又问陆逊部队的情况,使者回答说:陆逊的士兵们都在两岸忙着种豆种菜,对魏军的逼近并不在意。

决断:

诸葛瑾不放心,亲自坐船去见陆逊,对陆逊说:"如今主公已经撤军,魏军必然全力以赴地来进攻我们,将军不知有何妙计?"

陆逊道:"如今魏军占有绝对优势,又是挟大胜之威,我军出战,绝难取胜,自然只有撤退一条路可走了。"

诸葛瑾道:"既然要撤,为何还按兵不动?"

陆逊回答:"敌强我弱,我军一退,敌人势必掩杀过来,那种混乱局面,不是我、你能控制了的。我的想法是这样……"陆逊摒退左右,悄声说出了一条计策,诸葛瑾听后,赞叹不已。

诸葛瑾辞别后,陆逊从容地命令军队离船上岸,向襄阳进发,并大肆宣扬:不攻下襄阳,誓不回兵。

魏军听说陆逊已弃船上岸,向襄阳开来,立刻调集人马,准备在襄阳城外迎战吴军。一些将领对陆逊是否真的进攻提出质疑,但魏军统帅早已接到密探的报告,说陆逊的部队在两岸种豆种菜,毫无撤退之意,魏军因而统一了认识,全力备战,以给陆逊毁灭性的打击。

陆逊率大队人马向襄阳挺进,行至中途,突然下令停止前进,并改后队为前队,疾速向诸葛瑾的水军驻地撤退。诸葛瑾离开陆逊回到水军大营后,早已把撤退的船只准备妥当,陆逊的将士一登上船,一艘艘战船就满载将士们扬帆驶返江东。

魏军久等陆逊,不见陆逊的影子,待发觉上当,挥师急追时,陆逊全部人马已平安撤走,魏军追至江边,只好望"江"兴叹。

点评:

能否根据敌情灵活应变,直接关系到胜负成败。

卡洛斯沉着冷静平息哗变

背景:

1981年2月23日下午6时许,当西班牙众议院正在议会大厦举行会议时,200名荷枪实弹的民防军官兵突然包围了大厦,中校特赫罗·莫利纳率领20名士兵冲入会场,将全体阁员及各党派主要领导人300人扣为人质。与此同时,军内极右分子遥相呼应,巴伦西亚地区的第三军区司令米兰斯·德尔博什中将宣布戒严,并且派军队战领了电台等部门。全国处于混乱之中。

决断:

在这严峻的局势下,作为国家稳定和民族团结象征的卡洛斯国王以其过人的胆识沉着应变。24 日凌晨,国王亲自出面向全国发表电视讲话,以稳定人心,并以武装部队最高统帅的身份命令参谋长联席会议采取紧急措施平息哗变。此后,军队迅速进驻首都,把电台、电视台及军事要地保护起来。同时,宪兵及武装警察部队对政变分子实行反包围。国王还命令各部副大臣成立临时机构,会同军警领导人共同制止议会大厦内事态的发展。一切反政变措施进行得有条不紊、富有成效。

这些措施果然很快奏效,形势发生了巨大变化。军方宣布效忠国王,各大军区也纷纷致电国王,表示尊重宪法,维护民主。首都各界人士举行了声势浩大的示威游行反对政变,在这种情况下,米兰斯·德尔博什中将不得不撤消了戒严令。叛军大势已去,只得在重兵围困下宣布投降。

这场由军内极右翼分子预谋策划的政变仅持续 18 小时就破产了。两天之内,参与策划、指挥的 20 多名军人全部被捕并送交军事法庭。国王亲自主持了国防委员会特别会议,以处理善后事宜。在此之后,国王声望大增,民主势力得以加强。

点评:

大凡发动政变者,其主要策略就是争取在尽可能短的时间内造成局势的动荡,以浑水摸鱼、乱中夺权。因而当权者首先应该做到临变不惊,遇险不慌,沉着应变,稳定局势,断绝对手乱中取胜的可能,然后采取迅速而周密的措施扭转不利局势,不给对手留有喘息和反扑的机会,并安排好善后事宜,以治待乱,以静待哗。

杜尔奈的机智

背景:

1939 年,龙金尼·杜尔奈收购了长岛郊区一家只有五六个人的小得可怜的电线号牌制造厂,起名为"北岸名牌公司"。

在接办工厂的初期,杜尔奈几乎寸步不离厂房,因为 4 部机器中只要有 1 部停车,生意就要亏本。这时,他深深地感到了电线号牌生意的难做:成本高,同行竞争激烈,特别是由于大厂都采取自动化生产,小厂根本无法与之竞争,半年下来,工厂虽没亏本,但加上购买工厂时借款的利息,账面上已出现了赤字。

严峻的问题摆在面前:换自动化设备换不起,卖掉工厂又没人要,拖下去又会越陷越深,此时一位在厂里起决定作用的领班又提出辞职。杜尔奈简直有些绝望了。

最后,他向全厂宣布:从今天起,我们停工了,但希望各位今天都不要离开工厂,工资照发,请大家把智慧献出来,看这个工厂还有没有救。说罢,他给职工送上纸和笔。

此时,工厂像死一般的沉寂,杜尔奈仿佛置身于坟墓之中。

杜尔奈很快拆阅完了员工们留给他的十几封信,当他拿起最后一封信时,他已陶醉在员工们的一片安慰之中。

这最后一封信是刚来不久的一小学徒写的。信中有这样几句话:"任何问题,决不止一种解决方法,问题在于哪一种对自己有利,自己又能办到的。"又说:"更新设备这条路是绝对走不通的,可是你是否想到了其他解决的方法?例如,用的材料如果变更,是不是可以达到降低成本的目的?我只是根据'现有的,不一定都是好的'这句名言提出我的看法。"

决断:

"变更材料"!杜尔奈握着信,激动地站了起来。这是唯一可以试行的办法,当时电线号牌都是铝制的,价格比较贵,如果能找到一种便宜的材料,能防水防火就行。于是杜尔奈一天到晚,四处去寻找这样的材料,最初选中一种特制油纸,具有防火性能,价格也便宜,只是硬度不够,他便买来进行加工研究。经过试验,硬度够了,防火性能也不错,就是容易变形。他又重新加工,不想脆度又太大,容易折断,最后,他舍弃油纸,改用一种韧性强的白皮纸,刷上一层透明胶,终于使价格比铝制号牌便宜2/3的纸制号牌问世了。

杜尔奈把他的新产品拿去申请专利,获得了5年专利权。在5年专利期满前,杜尔奈的工厂扩大了两倍,而且全部采用了自动化设备,财产达到1亿美元以上。

点评:

一个小小的建议,竟使这个只念完小学的平庸无奇的人走上了坦途。从两手空空发展成为一个拥有亿万资财的企业家,这是龙金尼·杜尔奈所始料不及的。其实际上,完全是取决于他的灵活与沉着。

罗斯福装"糊涂"

背景：

第二次世界大战之中，日本海军企图在中途岛与美国海军展开决战，将美军逐出太平洋，并拟定了作战计划。但是，美军情报机关截获并破译了日军的密码，然后，针锋相对地制定了歼灭日本海军的行动计划。正当日、美海军都在紧锣密鼓地进行战争部署时，美国芝加哥的一家报纸不知通过什么途径获得了美国海军的行动计划，并把它当做独家新闻刊发在报纸上。

决断：

美国情报机关和日本情报机关都大吃一惊，随后，立即把这一情报报告给各自的首脑。

罗斯福也大吃一惊，如此严重的泄密，其后果不堪设想。但是，罗斯福在惊诧之后又立刻冷静下来，他认为：如果对这家报纸兴师问罪，必然会惊动日本人，日本人立刻就会取消中途岛的作战计划，更加严重的是，日本人会警觉起来，对他们自己的"密码"的可靠性发生怀疑，倘若日本人"更新"他们的"密码"，美国情报机关又只好从零开始……

罗斯福采取的对策是：听之任之，故装"不知"。

罗斯福一装"糊涂"，日军首脑则真的"糊涂"起来，他们得出的结论是：美国人是在讹诈，其实，他们根本没有破译日本的密码。因此，日军不但没有终止中途岛大战的计划，而且连密码也没有更换。

中途岛一战，日本海军撞入美军精心设下的陷阱中，损失惨重。中途岛大战后，日本海军永远地失去了它在海上的优势。罗斯福总统处变不惊，大智若愚，使美国海军从此掌握了海上作战的主动权。

点评：

在军事泄秘的情况下，罗斯福听之任之，假装不知铤而走险，真不愧总统风范。

第三章　权衡变通

提要：统兵将领在指挥作战时必须权衡利害、善于变通、因势利导，尽量造成对本军有利的态势，而使敌军陷于不利的境地，这样才能做到有备无患、有恃无恐。中心是说明将帅的主观作用对于战争结局的重大影响。

"尿布大王"的诀窍

背景：

举世闻名的"尿布大王"——多川博先生是日本尼西奇公司的董事长。

尼西奇公司原来并不经营"尿布"，在经营"尿布"之前，尼西奇公司虽经多方努力，但生意平平。一天，多川博闲着没事，信手拿起一份报纸来看——他拿起的是一份日本人口普查报告，这份报告介绍说：日本每年大约有250万婴儿出生。

决断：

"250万！天啊，这么多？"多川博吓了一跳，因为他从来没思考过个问题，"不过，这可是一个好市场，也许，还是一个难得的机遇！"

多川博不愧是一个天才的商人，他的头脑如同一台高效能的电子计算机，立即飞速地运转起来。

"婴儿，婴儿……"多川博满脑袋全是与婴儿有关的事物，"婴儿需要牛奶、需要糖，婴儿需要精巧、舒适的衣服，婴儿需要奶瓶、奶嘴，需要小手推车……"

多川博想了一个又一个，一个又一个地被他推翻：什么牛奶、糖、衣服、奶瓶、奶嘴、小手推车……这些传统的婴儿用物早就有人生产、经营了，跟在人家屁股后面跑，要超过人家谈何容易！

"应该找一个别人没有生产的东西来经营。"多川博自言自语道，"对！只有开发别人没有生产过的东西才能独领风骚！"

多川博想到了"尿布"。"尿布！哪个婴儿能离得开尿布呢！"多川博兴奋起来，"如果每个婴儿使用两条尿布——这是最保守的数字了，一年就是 500 万条！如果每个婴儿使用 4 条，那就是 1000 万条！如果把市场扩展到国外去……"

多川博是个说干就干的人。他立即集中人力、财力进行尿布的研究、开发，并把尼西奇变为尿布专业公司。尼西奇的"尿布"上市后，大受欢迎。多川博没有止步，他组织一批精干的技术人员，不断地研制新型材料，开发新品种，创立名牌，令一个又一个"后来者"望尘莫及。

点评：

善于抓住不易察觉的商机用长远的目光预见市场并果断决策，大胆出击，这是多川博成功的关键所在。

雍正权变评李卫

背景：

李卫，字又玠，江苏铜山人。康熙五十六年（公元 1717 年）以捐纳入仕，为兵部员外郎。两年后，调户部郎中。雍正登基后始用外任，历任道员、布政使、巡抚、总督。

李卫的个性极强，他的优点和缺点也都十分突出。他敢作敢为，办事一向以国事为重，雷厉风行，所到之地，都能顿见成效。但是，他生性骄纵，对上官粗率无礼，对属下极为刻薄，有时还接受他人的馈赠。

决断：

对这样一个优缺点都十分明显的人，雍正帝正是看中了他的好处而委以重任，同时对他的缺点不断加以批评教育。李卫曾任浙江巡抚，调任后仍干预浙江事务，为后任程元章密参。雍正帝就此批道："李卫之粗率狂纵，人所共知者，何必介意。朕取其操守廉洁，勇敢任事，以挽回瞻顾因循，视国政如膜外之颓风耳。除此他无足称。"这段话基本上反映了雍正帝对李卫的看法，也表明了重用李卫的原因。一方赞扬他勇于任事，大节好，同时也批评他粗率狂纵，不注意小节。而重用李卫的原因，是要以他为榜样，教育那些尸位素餐，无所事事者，以改变

"视国政为膜外"的颓废风气。

点评：

作为领导，在人事安排上，要学会扬长避短，同时向下属作出警示，扬弃恶处，这才更能称得上是尽心称职的好领导。而人若勤于政事，昭显其长，无疑往往能收到用一人而正天下之风的效果。

迂回自保　谨防暗箭

背景：

伯嚭是春秋时吴国的太宰即宰相。伍子胥在伯嚭厄难之时帮助过他，而且救过他的性命。但是，他为了图取个人的荣毕富贵，竟不念伍子胥的厚情，甚至对伍子胥进行诬害，致使伍子胥被吴王夫差赐死。

当吴王夫差对越王勾践的征伐取得胜利以后，伯嚭由于接受了勾践的贿赂，就在如何处理和对待越国的问题上与伍子胥发生了尖锐的矛盾和冲突，矛盾冲突的根本问题是前者暗中维护越国，后者是极力维护吴国利益。

决断：

在勾践困守会稽、派文种向吴国表示投降求和时，夫差听取了伯嚭的意见，答应了勾践投降求和请求。伍子胥得到这个消息之后，立即去见夫差进行谏阻，劝夫差拒和灭越。他首先向夫差讲了个夏少康怎样从危难中求生存，后来发展壮大，终于灭掉政敌寒浞，使夏族中兴的故事。然后又分析吴、越两国同处三江之地，不能并存，吴不灭越，越必灭吴的形势，接着又讲了灭掉越国对吴国有利，如果吴国灭掉秦、晋等国，占其地而不能居，得其车不能乘；灭掉越国，则其地可居，其舟可乘，因此不可失掉这个机会。最后又提醒夫差，越国有杀先君之仇，不灭越不足以报庭前之誓。而且勾践是个有作为的国君，加上有文种、范蠡的辅佐，就有可能发愤图强，这将是吴国的长期之患。

夫差听伍子胥讲了这些拒和灭越的道理后，心里也有所动，对勾践的求降要求犹疑起来了。

伯嚭看到这个情况，急忙发言。他先是反驳伍子胥拒和灭越的理论，进而对伍子胥提出质问：如果先王的大仇一定不能赦越国之罪，那么伍员对楚国的仇恨更深,为什么不灭掉楚国,而让楚复国呢?最后竟攻击伍子胥复楚是自行忠厚,不让越求和是诚心要使吴王居薄之名,这是忠臣不应当做的事。

夫差听了伯嚭之言,连说有理,立即答应了勾践的投降求和要求,气得伍子胥连声叹息。他感到夫差允许勾践求和,吴国必将受越之制,因此很有感慨地说:"越国十年生聚,再加十年教训,不过二十年,吴国将成为沼泽废墟了!"言下之意,二十年后,吴国将为越所灭。

当勾践到了吴国以后,伍子胥想劝夫差乘机杀掉勾践,为此又与伯嚭发生了一场冲突。

夫差允许勾践投降求和以后,勾践夫妇即入吴为夫差当奴仆。他到了吴国,首先去向夫差谢罪谢恩,对夫差说了些恭维的话。此时,伍子胥对夫差说:"勾践为人阴险,今到了吴国,如釜中之鱼,性命置于庖人之手。他所以诌词令色,目的是求免于刑,一旦得志,就如放虎归山,纵鲸入海,再也不能牵制他了,不如乘此机会,把他诛杀。"

伯嚭听到伍子胥的话,暗暗吃惊,赶紧对夫差说:"子胥只明于一时之计,不知安国之道,赦勾践之罪,这是仁者之所为也。"

于是,夫差又赞同伯嚭之言,不杀勾践。伍子胥见夫差只听伯嚭佞言,不用其谏,毫无办法,只得愤愤而退。

当夫差决定放勾践回国,设宴为他饯行时,伍子胥忿其忘敌待仇,不肯入席就座。这时,伯嚭乘机在夫差面前诋毁伍子胥,说:"大王以仁者之心,赦仁者之过,是同声相应,同气相求,今日之座,仁者宜留,不仁者宜去。相国刚勇之夫,他不入座,是自感羞愧!"

勾践回国后,暗中图吴,以雪会稽之耻。他为了把吴国积存在仓库里的粮食抽空,造成吴国的粮食困难,借越国饥荒之名,向吴国借贷粮食,夫差认为越已臣服于吴,越国的困难,即吴国的困难,答应贷给粮食。这时,伍子胥又谏夫差不要把粮拿借给勾践。他说:"越国并不是真正发生饥荒,而是想把吴国的积粮抽空。勾践回国之后,致力于恤民养士,志在图吴,把粮食借给他,等于自取灭亡。"夫差对伍子胥的话,并不相信。说:"勾践已经称臣于吴,哪有臣伐君的道理?"伍子胥乃援引汤伐桀、武王伐纣都是臣伐君的例子,进一步说服夫差。

这时,伯嚭竟借题发挥,攻击伍子胥把夫差与夏桀、商纣类比是太过分了。并对夫差说:"借粮给越,无损于吴,而且有德于越,何乐而不为呢!"

夫差受伯嚭的怂恿支持,借给了勾践一万石粮食,结果上了大当。第二年,勾践把蒸熟了的粮食如数归还给吴国,夫差还认为勾践真守信义,并把勾践归还的粮食作为种子,分给农民播种,农民播种后不生不长,造成吴国歉收,夫差还以为是因水土不同而造成的结果呢!

伍子胥为了吴国的利益,对伯嚭的祸国之心所作的斗争,由于夫差偏信伯嚭而连连受挫,同时,他又看到这位奸臣得势,因此对吴国的前途已悲观绝望,不得不考虑自己的后路。

其时,夫差正一心想图霸中原。他先后伐陈、伐蔡、伐齐,企图北上进取中原。夫差十年(公元前484年),夫差又联合鲁国伐齐,勾践为了怂恿夫差北进,以削弱吴国的力量,特派使臣去向夫差祝贺,并表示愿意发兵3000助吴伐齐。夫差对此十分高兴,伍子胥则心情沉重,他又劝夫差说:"越国是吴国的心腹之患,今信人之浮辞诈伪而贪齐,即使破了齐国,也不过是块石田,不能种植庄稼。希望君王放弃伐齐而先伐越,不然后悔莫及。"

就在这时,夫差对伍子胥没完没了的谏劝已感到厌烦和恼火,伯嚭即乘机为夫差出了个主意,叫他派伍子胥出使齐国,假手于齐,杀掉子胥。

夫差觉得这个主意不错,乃写了一封责齐侯欺鲁慢吴之罪的信,叫伍子胥送往齐国,借此激怒齐侯,杀死伍子胥。伍子胥自料吴国必亡,乃乘出使齐国之使,把儿子伍封带到齐国,托寄在朋友鲍氏家中。齐侯知伍子胥是一位忠臣,与伯嚭有矛盾,不但不杀他,而且以礼相待,把伍子胥送回吴,目的是使他与伯嚭可以忠奸相攻。

伍子胥完全没有预料到这事对自己造成的危险。当夫差伐齐取得胜利以后,伯嚭即抓住这件事对他进行陷害。他对夫差说:"前日王欲伐齐,子胥以为不可,王卒伐之有功。子胥耻其计谋不用,乃反怨望。且使人微伺之,他出使齐国,属其子于齐之鲍氏。夫为人臣,内不得志,外倚诸侯,自以为先王之谋臣,今不见用,常怏怏于怀,愿王早图之。"夫差听了伯嚭的话,正合心意,说:"微子之言,吾亦疑之。"于是乃使人赐伍子胥"属镂"之剑,让他自刎。

伍子胥接剑在手,悲愤交集,仰天长叹,他痛惜夫差听信伯嚭谗言,也痛惜吴国必将覆灭。临死之前对舍人说:"我死之后,请把我一双眼睛挂在姑苏城的东门上,让我总有一天看见越国军队从这个城门进来,灭掉吴国。"在含恨中自刎而亡。

点评:

明枪暗箭,屡进谗言,通过这种方法将同事逼走乃至逼上绝路这一招可谓又狠又绝,同事之间涉及矛盾冲突时,往往会有一方使出这一招来,正直之士不可不防。有时可不与之针锋相对,而是采取迂回自保的战术,也许可免为其所言。

"小西六"为何更名柯尼卡公司

背景：

在 1986 年以前，提到"樱花"照相胶卷，"优美"复印机，几乎人人皆知，但要提到小西六公司，恐怕就很少有人知道了。实际上，"樱花"胶卷和"优美"复印机都是小西六公司的产品。

决断：

小西六公司的前身，是 1873 年开设的一家专门经营照相器材和石版器材的小商店。在 20 世纪初，小西六聘请法国技师开发出"樱花"照相胶卷和相纸。第二次世界大战后，小西六公司从市场需要出发，相继推出"可摄佳"照相机，"优美"复印机，"马克拿库斯"音响器材和录像带等，后来还把业务扩展到传真机，电脑的辅助器材等领域。但在小西六公司的发展过程中，始终有一个难题困扰着它，即产品牌号和公司名称不统一，小西六公司本身的名字也不够响亮，外国人不容易发音。人们买胶卷，知道"樱花"质量不错；买相机，知道"可摄佳"不错，但很少能把它们与小西六公司联系起来。以至公司每推出一种新产品，都要花大力气去闯牌子，不像"松下"、"索尼"等公司那样，只要顾客听说是这些公司的新产品，就会放心去买。1973 年，在小西六公司成立百年之际，公司高层领导最终下定决心，改变小西六公司产品和公司名称相脱离的困境，并认为这是事关公司发展的最重要的任务。虽然决心下了，计划也拿了出来，但实际执行起来，却发现问题要比事前估计的复杂得多。有些产品，如"樱花"胶卷等，在国际上已有相当大的名气，忽然变更牌子，顾客不会马上接受，可能导致销路下降，丢掉一些市场。另外，推销商坚持订购某种牌子的产品，不接受新牌子的产品怎么办？思前想后，公司的决策者们决定退一步，调整原定计划，走一条折衷的道路，把"小西六照相器材股份有限公司"简化为"小西六"；各种产品都统一使用新的商标标志——两个相对的月亮。这次调整，效果甚微。到了 1986 年时，小西六公司总结经验，权衡得失，再下决心，采取第二次行动，把公司的名称改为"柯尼卡公司"，所有产品都统一使用"柯尼卡"牌子。启用"柯尼卡"作为公司的名称和所生产的产品牌子有两点考虑，一是"柯尼卡"与世界上最大的照相器材公司柯达发音十分相近，顾客容易把两者联系起来。二是"柯尼卡"容易发音，使用任何一种语言的人都容易接受。下定决心以后，小西六公司开始全力以赴进行新招牌的宣传工作，这次活动究竟花了多少钱，外界无人得知，但从这次活动的规模来看，是出了血本的。原小西六公司在各种传播媒介上大登广告，使用一艘巨大的飞船，昼夜在东京上空和其他大城市上空飞行，巨大的"Konic"标志用9万个发光二极管构成，不停的变色，闪光。原小西六公司还在东京、大阪等地街头上，向行人白送"柯尼卡"彩色胶卷，同时还登门赠送。那些日子里，公司电话铃声不断，大都是询问哪里有"柯尼卡"胶卷。通过这次活动，"柯尼卡"逐渐被人们所熟悉，柯尼卡公司的知名度也大大提高，这些都给柯尼卡公司带来了巨大利益，1991年，柯尼卡公司的销售额达到了35.7亿美元。按销售额排列，柯尼卡公司名列世界最大500家企业的384位。

点评：

善于权衡利弊，做到两害相权择其轻是柯尼卡公司成功的根源。

"长岛铁路"巧用新闻媒介

背景：

美国纽约长岛铁路公司，由于和乘客关系紧张，一度声誉大降。旅客对公司的服务强烈不满，写来的抱怨信，每周就有200多封。报界也认为长岛铁路公司确实乏善可陈。新上任的公司总经理决心"洗面革心"，重建声誉。为此，该公司开展了一系列的公关活动。

决断：

首先，公司将400多辆旧车的车箱整修一新，并增加了200多辆空气调节车。将100多处车站重新油漆，还采取各种措施来改善行车时间，使该公司的火车不误点记录达到98%。公司提出"诚实是最好的办法"的口号，决心以诚实的态度来取得顾客的谅解，以缓解双方之间的矛盾。火车误点，公司马上查明原因，尽快通知乘客。一次，因罢工造成交通阻塞、火车不能正点运行，在每节车箱的座位上都出现了一张小纸条，上边写着："星期五夜里乘车有诸多不便，原因是……"在铁路营运过程中，无论何时出了差错，公司都会在新闻记者没来询问之前，先将实情告诉他们。

其次，他们努力使长岛铁路公司富有人情味，以缓解公司和乘客之间的关系,创造融洽、和谐的工作气氛。在重新油漆车站时,他们让沿途各社区的公众投票挑选颜色,并邀请社区主管人员、商会理事及工商人士等和公司领导一起,身穿工作服,头戴油漆帽,对油漆工作进行现场指挥,特邀记者在现场拍照采访。第二天,几家报纸均以醒目的标题和版面报道了此事,还刊登了照片,这在读者中产生了良好的反响。他们认为长岛铁路公司的"洗面革心"是确有诚意的。

此外,长岛铁路公司还充分利用各种机会方便顾客,以赢得顾客的好感。他们定期地接受乘客轮流与司机同坐的申请;他们将无人认领的雨伞借租给乘客使用,并让公关人员将此事写成新闻稿件,等到四月份时投寄给报纸,以应"四月天,阴雨天"的民谚。在庆祝公司 125 岁生日之际,他们广邀乘客、社区居民、新闻媒介和社会知名人士,前来参加庆典。新闻媒介将此事作了大张旗鼓的宣传,把长岛铁路公司重建声誉活动推向了高潮。

就这样,仅用了一年多的时间,长岛铁路公司就在乘客中恢复了声誉,客运业务蒸蒸日上,利润额成倍增长。为此,长岛铁路公司还荣获了《公共关系新闻》杂志颁发的"年度成就奖"。

长岛铁路公司巧借新闻媒介恢复了公司在乘客中的声誉一例,说明了新闻媒介在企业开展公关活动中的重要作用。企业妥善处理好与新闻媒介的关系,是企业公关部门面临的重要任务之一。因为新闻媒介公众具有不容忽视的特性,它既是"公众",又是"中介",传递信息快,传播范围广,威望度高,影响力强,是引导民意的主要力量。在西方的一些国家,人们把新闻媒介看成是继立法、司法和行政三大权力之外的"第四权力"或"第四阶级",这都表明了新闻媒介的重要作用。企业若能与新闻媒介公众建立良好的关系,使之为你去作"免费"宣传,其效果和影响是其他方法无可相比的。当然,这样的机会不会主动给你送上门来,而必须靠企业的公关人员努力争取。长岛铁路公司在短短的一年内就恢复了声誉,关键就在于他们以诚实的态度赢得了新闻单位的信任和支持,否则,如果没有新闻媒介的宣传和"扶持",长岛铁路公司就是做得再好,也不会在这么短的时间内就得到这么多公众的认可。

点评:

可见,新闻媒介的力量是多么的强大无比,真是"得之者,锦上添花,失之者,声誉扫地"呀。

借空钻空

背景：

胡雪岩在生意场就是很有灵活性。

钱庄做的本来就是以钱生钱的生意。不用说，胡雪岩与张胖子筹划吸收太平军逃亡兵将的私财，向得补升迁的官员和逃难到上海的乡绅放款的"买卖"，的确是一桩无本万利的好买卖。得来的存款不需付利息，而放出去的款子却一定会有进账，岂不就是无本万利？

决断：

张胖子不敢做吸收太平军私财生意，张胖子有自己的道理，他认为，按胡雪岩的做法，虽不害人，却违法，因为太平军兵将的私财，按朝廷的说法无论如何应该算是"逆产"，本来在朝廷追缴之列，接受"逆产"代为隐匿，可不就是公然违法？

然而胡雪岩不这样看。胡雪岩也有胡雪岩的道理。在他看来，犯法的事情自然是不能做的，但做生意要知道灵活变通，要能在可以利用的地方待机腾挪。比如朝廷的王法本来是有板有眼的东西，朝廷律例怎么说，我就怎么做，不越雷池一步，这就是守法。而朝廷律例没有说的，我也可以按我的意思去做，王法上没有规定我不能做。我做了也不能算我违法。他的意思很清楚，不能替"逆贼"隐匿私产，自然有律例定规，做了就是违法，但太平军逃亡兵将决不会明目张胆以真名实姓来存款，必然是化名存款的。朝廷律例并没有规定钱庄不能接受别人的化名存款。太平军逃亡兵将额头上又没有刺字，既然是化名存款，谁又能知道他的身份？既然不知道他的身份，又哪里谈得上违法不违法呢？

胡雪岩的说法很有些为我所用的诡辩，但也确实透出他头脑的灵活和手段的不凡。胡雪岩的说法和做法，用我们今天的一种说法，也就是所谓打"擦边球"。在市场还处在由无序向有序发展的时候，有魄力有头脑的经商者，往往能够借助打"擦边球"的手段，使自己在激烈的商战中保持主动和领先的地位。

点评：

随着我国有关经济运作法规的健全和完善，企业商家打"擦边球"的机会可以说越来越少了，但企业商家要敢于挖空档，敢于打"擦边球"，还要在运营和运作中有个"度"的把握。

第四章　覆军杀将　必以五危

提要：孙子认为，如果统兵将领有勇无谋、贪生怕死、刚怒偏急、高傲自恃或心存妇人之仁（即文中所讲的"五危"），则必然招致全军覆灭、将帅受戮的灾难性后果，因而必须高度警惕。从反面说明将帅性格上的缺陷和品质上的恶劣对战争的严重危害。

僧格林沁亡命高楼寨

背景：

僧格林沁是清朝科尔沁博多勒噶台亲王，由于多次打败过太平军和捻军，遂不把捻军放在眼里。

决断：

1860 年 8 月，太平天国遵王赖文光率一部分太平军与张宗禹率领的捻军相结合，捻军的力量得到了加强。僧格林沁漠视这一现实，对捻军制定了"跟踪穷追"的方针，妄图一举消灭捻军。僧格林沁的部将劝僧格林沁"穷兵勿追"，僧格林沁竟狂妄地说："怕什么？我骑马的时候，他们还不知道马有几条腿呢！"

僧格林沁的"僧军"有 12 000 人，多为骑兵。1865 年 1 月，捻军将僧军诱入河南鲁山，击毙僧格林沁心腹将领恒龄、舒伦保。僧格林沁恼羞成怒，发誓要消灭捻军为恒、舒报仇，于是跟踪捻军，穷追不舍。捻军觉察了僧格林沁的阴谋，觉得自己的实力远不如僧格林沁，硬拼难以取胜，决心将计就计，在河南、江苏、山东境内与僧格林沁周旋，寻找战机，消灭僧格林沁。

自 1865 年 1 月至 5 月，捻军在河南、江苏、山东三省昼夜行军，忽东忽西；僧军紧随其后，也日夜追踪，马不停蹄。在疲惫不堪的"追剿"行军中，僧军经常是"夜不入馆，衣不解带，席地而寝"，数百僧兵死于非命，僧格林沁本人也累得连握缰绳的力气也没有了。清廷察觉了僧格林沁孤军穷追的危险,劝他"择平原休养士马",警告他"勿轻临敌",但僧格林沁却错误地认为捻军也已疲惫不堪,只需"一击",即可获胜,仍穷追不止。

5月16日,捻军急行军到达山东曹州府城西的高楼寨。高楼寨北是一条条防黄河泛滥的河堰,河堰上下是一片片茂密的柳树林,既适合于埋伏千军万马,又有利于步兵作战。捻军觉得这里正是扬己之长,歼灭僧格林沁骑兵的好地方。于是将主力埋伏在高楼寨,以小股部队迎击紧追而至的僧军。僧格林沁穷追多日,难得与捻军一战,双方交手后,僧格林沁恨不得一下子把捻军全部杀光,所以当捻军后退时,僧格林沁毫不怀疑地驱马追赶,一直到钻入捻军精心设下的口袋。

捻军首先消灭了僧军的左、右两路军,逼迫僧格林沁率中军退入一座多年无人居住的空圩子——荒庄。赖文光和张宗禹率捻军主力将僧格林沁层层包围住,又围绕荒庄筑起重重营垒。僧格林沁率少数兵马乘夜色突围,但刚刚逃出荒庄,又落入埋伏在柳林中的捻军陷阱。僧格林沁孤身出逃,被捻军小将张皮绠追上,一刀砍下脑袋。

高楼寨一仗,僧格林沁及其骄悍一时的僧军全部覆灭。

点评:

骄傲轻敌,置兵家最忌讳的险林危地于不顾,这是僧格林沁全军覆灭的根本所在。

第九篇

（行军篇）

第一章 "处军"原则

提要:"处军",包括在特殊地形条件下部队的行军和战斗方法以及部队宿营的原则和方法。孙子主要谈了四种地形情况:一是山地,二是江河,三是盐碱沼泽,四是平地。统兵将帅必须根据这些不同的地形条件,确定最佳的行军宿营和迎敌战斗的方法。同时,孙子还提出了六种危险的地形(即"六害之地"),强调要尽量避开凶险之地,而使敌人陷于不利。

马援平叛参狼羌

背景:

建武十三年(公元37年),东汉将领马援为陇西太守时,参狼羌(羌族的一个部落)叛汉,他们与塞外的其他部族一起杀掠边民,给当地治安和人民生活带来威胁,马援率军4 000余人前往平叛。马援是如何平定叛乱的呢?

决断:

汉军从陇西南下进至氐道县(今甘肃礼县西北)境内,发现羌兵驻扎在山上。马援立即指挥部队占领了水草丰盛且地势险要的谷地,采取围而不打的战法,迫使羌兵陷于困境,最后,除羌兵首领率部分羌人逃往塞外外,其余部族万余人全都向汉军投降。

点评:

羌兵"不知依谷之利",竟把兵力全部集中于山上,失去了赖以生存和作战的水草,是失败的一个重要原因。

平型关大捷

背景：

1937 年"八·一三"淞沪会战后，日军长驱直入。八路军 115 师、120 师、129 师在国民党军节节败退的情况下开赴华北敌后战场对日作战。

决断：

115 师下辖第 343 旅第 685 团和 686 团、第 344 旅第 687 团和 688 团及独立团等五个支队，共 1.5 万余人。1937 年 9 月 14 日，师长林彪率先头部队进抵大营镇，迅速查明了平型关地区的情况。

平型关是古长城的一处关隘，它北接恒山余脉，南连五台山，又有一条峡谷山道东至冀北，西达雁门，地势异常险要。特别是从平型关山口至灵丘县东河南镇的古道，沟深路窄，两侧的高地很利于隐蔽部队。

9 月 24 日，部队在突然来临的暴风雨中，冲过水势汹涌的山洪，进入伏击地域。整个部署是：堵住两头，实施中间突击，分割歼敌。

向平型关阵地进攻的日军部队是板垣征四郎中将率领的日军第 5 师团 21 旅两个联队，共 2 000 多人。板垣征四郎以骁勇善战闻名，其师团的武士道精神在日军中享有盛名，进入华北以来，板垣征四郎势如破竹，因此，根本没把中国军队放在眼中。

破晓时分，日军乘坐百余辆汽车缓慢地驶入山沟，其后是骡马炮队，压后阵的是少量骑兵部队。刚下过暴雨，路面狭窄，又十分泥泞，日军行至兴庄至老爷庙一带时，你挤我拥，混乱不堪。日军已全部进入埋伏圈后，我方下达了攻击命令。

115 师居高临下，手榴弹、迫击炮弹三五成群地落入日军的汽车上、骡马炮队和敌群之中。训练有素的日军在短时间的惊惶之后，立即凭借汽车、大炮和一切可利用的地形进行了顽强的抵抗，并率先抢占了制高点老爷庙。343 旅旅长李天佑命令第 3 营不惜代价地夺取了老爷庙，日寇向老爷庙发起了一次次反扑，均遭失败，战斗空前的激烈、残酷。

板垣为解救被围困的日军，急调蔚县、涞源的日军火速增援平型关，被杨成武率的独立团和骑兵营阻截在腰站。

激战至下午 1 时,我军 687 团投入战斗,向日寇的后卫部队发起猛攻,日军慌作一团。各部队按预定计划将日军分割、围歼。

下午 4 时,平型关大战胜利结束。115 师毙敌 1 300 余人,缴获步枪 1 000 余支、机枪 20 余挺,击毁汽车 100 余辆,缴获马车 200 余辆及大量其他的战利品。

平型关战役是八路军东渡黄河后的首次大胜仗,打破了日军"不可战胜"的神话,对鼓舞全国军民打败日本侵略者有着深远的影响。平型关战役也是中国军队抗战以来令全世界刮目相看的第一次大胜仗。

点评:

在此战役中,我军利用特殊地形地势,和雨后道路泥泞的有利条件,使敌人的汽车、炮队失去用武之地,故而大胜。

麦克阿瑟大胆决策仁川登陆

背景:

1950 年 9 月,朝鲜战争进入前期的关键时刻,朝鲜人民军把韩国军队和部分美国军队紧紧地压缩在釜山周围地区。怎样才能解除人民军对釜山的围困并实施反攻呢?

决断:

以美国为首的联合国军总部形成了比较一致的意见,即一方面固守釜山防御圈,另一方面在人民军后方实施登陆。但是究竟在什么地方实施登陆为宜却分歧严重。联合国军司令麦克阿瑟主张在朝鲜半岛腰部的仁川港登陆,进而收复汉城,切断围困釜山的人民军的后勤供应。海军则认为,登陆点应在朝鲜南部同釜山遥相呼应的群山港,以解釜山的燃眉之急。海军的意见似乎是有充足理由的。根据他们掌握的水文地质资料,仁川港对登陆极为不利。仁川港潮水涨落的平均差高达 20.7 英尺,最高可达到 30 英尺,涨潮和退潮时,潮水冲击海港的水道——飞鱼海峡时,速度可达每小时 60 英里。从地理上讲,飞鱼海峡既狭窄又弯曲,容易被对方的炮火和水雷封锁,而且海岸是长期冲积形成的软泥滩,对登陆也造成极大的不利。另外,海军还认为仁川离釜山过于遥远,即使登陆成功,也不能造成南北合围的态势,很可能被对方各个击破。因此必须选择更有利、成功把握更大的群山港登陆。面对海军的科学论证,麦克阿瑟不为所动。他坚信,有关仁川登陆不能实施的种种理由,恰恰是保证战役出奇制胜的因素。群山港登陆虽然可以及早排除釜山周围的危险性,但这只能是一次侧翼运动;而仁川登陆如果成功,那将在汉城切断整个南部战区的补给线,不仅仅能解除釜山之围,而且将结束整个朝鲜战争。

麦克阿瑟力排众议,决定在仁川实施登陆。果然,美军没有遇到什么强有力的抵抗,便迅速占领了仁川,并攻克了汉城,然后登陆的部队不是南下而是北上攻占平壤和元山,造成了朝鲜人民军极为惨重的损失。

点评:

战争也充满着辩证法,危险越大,获胜的可能性也许就越大,在必要的情况下,冒险成功的可能性哪怕只有百分之一,但只要你抓住了这百分之一的机会,你就可以突破困境,获得成功。

第二章　相敌方法

提要: "相敌",即根据不同的征候判断敌情。文中列举了三十多种不同的现象,这些现象都可以从古今战例中找到印证。孙子之所以不厌其烦地罗列这数十种"相敌"的征候,目的在于告诫将领在行军打仗时必须谨慎从事,以免落入敌人圈套。

东乡独具慧眼

背景:

中日甲午战争前夕,日本军国主义对朝鲜加紧侵略和扩张,妄图把朝鲜置于日本的控制之下。但中国的清王朝也不想放弃原来对朝鲜的宗主关系,这样,中日两国关系逐渐紧张。当时清朝派遣号称世界第一流的大型战舰"定远"号访问日本。虽然访问也有一些友好的成分,但很大程度上是对日本进行恫吓。所以当时被邀请参观"定远"号的日本高级官吏和军人,都为其雄伟、先进而惊叹不已,认为如果为了朝鲜同中国开战,那是极大的冒险。且不说中国地大物博,人口众多,单是这些世界一流的战舰,也是日本当时所无法匹敌的。随后,号称日本海军灵魂的东乡平八郎另择日期,仔细观察了"平远"号,发现"平远"号战舰确实称得上世界一流,但当他走到主炮炮塔前,看到炮管上晾晒着衣物,另外看到清朝海军的士气并不很高,便看破了清朝海军的实力。

决断:

他回去对其他日本军官说:"看了清舰'定远'号后,我认为不必害怕清朝海军。他们是'金玉其外,败絮其中'。"在后来的战争中,虽然大清王朝拥有邓世昌等一批英勇善战的舰队官兵,但是由于清朝政府的腐败无能,另外还有不少海军官兵战前不认真备战,战争中临阵脱逃,结果装备比较精良的北洋舰队仍然不能免于全军覆没的命运。

中日甲午战争后,日本夺得了对朝鲜的殖民统治权。为了进而夺取中国的东北三省,同怀有相同动机的沙皇俄国发生了冲突,日俄战争也是迟早的问题。

当时日本是刚兴起的帝国主义国家,而沙皇俄国是老牌帝国主义强国,日本的海军实力也非俄国的对手。当时很多日本海军官兵对俄国也惧怕三分,认为打败清朝并不难,而要同俄国开战,那简直是拿国运作赌注。一旦失败,那将亡国灭种。但海军司令东乡平八郎并不相信一些数字的比较和表面的现象。他决定亲眼去观察俄国舰队的情况。1900年,中国义和团运动兴起,八国联军以此为借口,扩大对中国的侵略,英、美、俄、法、德、意、日、奥的军舰集结在天津大沽口。东乡认为机会来了,他借这次机会,暗中留心观察俄国舰队的一举一动。当时有人问他:"你认为俄国舰队怎么样?"东乡说:"并不像人们想象的那样可怕。""此话怎讲?"提问的人及很多在场的军官都竖起了耳朵,想听听他的高见。他说:"我眺望了俄国舰队,很难说他们的军纪严整,训练有素。他们用军舰运送步兵和军需品,更是不可宽恕的。这证明他们轻视军舰的本来职能。用军舰代替运输船使用,必然消耗他们的本职精力,使他们的训练荒疏,这样一旦发生海战,舰只就不能充分发挥战斗力,这是一方面。另一方面也暴露了他们的海上运输能力的不足,如果(日俄)发生海战,一定在日本周围海域进行,更对他们不利。由此可见,俄国出兵准备不充分,我们不必害怕俄国。"在场的人都对东乡的分析点头赞许。后来的日俄战争,虽然俄国的太平洋舰队和波罗的海舰队的吨位是日本舰队的一倍左右,但最后这两个舰队均被日军全歼。

点评:

东乡平八郎虽然是反动的军国主义者,但在战争以前,不被对方的表面现象所迷惑,实地观察,看出表面现象背后的实质,确实有高人之处。

东西魏沙苑、渭曲之战

背景:

东晋时期,刘裕北伐灭南燕、后秦之后,于晋元熙二年(公元420年)6月迫晋恭帝让位,自立为帝,国号为宋,史称刘宋。刘宋政权占领了中国黄河以南的大部分地区,而北方则被鲜卑族拓跋氏建立的北魏政权所占领,形成南北对立的两个政权。而后,刘宋经历了齐、梁、陈等朝代的更迭;北魏则分裂为东、西魏,后变为北齐、北周。沙苑、渭曲之战即发生在北魏分裂后的东、西魏之间。

东魏武定元年(公元543年),统一了我国北方的北魏分裂为东魏和西魏两个政权。西魏建都长安(今陕西西安),政权为丞相宇文泰所把持。东魏建都邺(今河北临漳南),政权为丞相高欢所把持。双方政权为吞并对方,进行过多次的战争,发生于公元537年的沙苑、渭曲之战只是其中的一次。在这次战争中,东魏出动20万大军进攻西魏,西魏军则以7 000精骑迎战。由于西魏军统帅宇文泰在处军相敌方面高出东魏高欢一等,因而西魏军能够以弱胜强,赢得了这场战争的胜利。

决断:

北魏永熙三年(公元534年),北魏分裂为东、西魏后,东魏依仗地广人多,军事上占有相对的优势,便出动军队企图占领西魏重要关口潼关,但被西魏击退。此后,东魏二次出军攻战潼关未成。宇文泰对于高欢多次袭击西魏要地愤愤不平,便于西魏大统三年(公元537年)8月率军东进,攻占了东魏的军事要地恒农(今河南三门峡市西)。没过多久,东魏高欢就命大将高敖曹领兵3万人,由洛阳向西反击恒农;同时自率主力20万人,由太原、临汾南下,从蒲坂(今山西永济西)西渡黄河,进袭关中,从而拉开了沙苑、渭曲之战的序幕。

从高欢行动的趋向看,他是想分二路向长安方向推进。一路由高敖曹军从洛阳至恒农,夺回恒农后向潼关、渭南方向推进;另一路由高欢亲自带领,从蒲坂西渡黄河,占领军事要道华州,然后向前推进,争取与高敖曹军会合。

西魏宇文泰得知高欢西进的消息,决定尽全力阻止敌军西进。他一面命大将王熊坚守华州(今陕西大荔),阻止魏军西进;一面派人到各地征调兵马,并从恒农抽调出近万人回救关中。东魏高敖曹趁势包围了恒农;高欢军渡过黄河后,即攻华州城,然而华州城坚难攻,于是高欢命军队在距华州北30余里的许原屯驻。

宇文泰军回到渭南后,便欲进击高欢。部将们认为,各地征调的兵马还未赶到,敌我兵力悬殊较大,还是暂不迎战为好。宇文泰坚持己见。他解释说:现在东魏军远道而来,首攻华州不下,便屯兵许原观望,说明他们军队人数虽多,但没战斗力,也没有苦战克敌的精神,我们趁他立足未稳,地理不熟,趁机迎击。如果让其站稳脚根,继续西进,逼近长安,那就会动摇人心,形势对西魏将更为不利。宇文泰的解释打消了部将的疑虑。西魏军抓紧做好北渡渭水的准备。

9月底,西魏军在渭水上搭好浮桥。宇文泰亲率轻骑7 000,携带3天的粮秣,北渡渭水。10月1日,宇文泰军进至距东魏军60里处的沙苑(今陕西大荔南)驻扎下来。

宇文泰驻军在沙苑扎营后,立刻派人化装成许原一带的居民,潜入东魏兵营附近活动,侦察高欢军队的情况。经过侦察,宇文泰证实了自己的判断。在人数对比上,宇文泰认识到敌军确实强于自己,但东魏军战斗力不强,而且骄傲轻敌。这时,宇文泰部将李弼建议利用十里渭曲(渭河弯曲部分)沙丘起伏、沼泽纵横、芦苇丛生的有利地形,采取预先埋伏,布设口袋,诱敌深入的伏击之计,一举消灭敌人。这个建议正符合宇文泰出奇制胜的想法,于是,宇文泰欣然采纳此建议,决定利用谓曲复杂的地形环境打一场歼灭战。

高欢听说西魏军已进至沙苑,便决定寻找宇文泰所率的西魏军决战。高欢取胜心切,在未作认真部署的情况下便从许原率兵前来交战。西魏军见敌军出动,便依照先前的谋划在渭曲布设了埋伏,并规定伏兵以击鼓为号,以突然袭击的战法,围歼东魏军于既设阵地。高欢军行进至渭曲附近,大将解律羌举见到渭曲沼泽,沙丘伏起,茂密的芦苇纵横于沼泽地深处,觉得这苇深泥泞的地形不利野战,便向高欢建议留下部分兵力在沙苑与宇文泰军相持,然后另以精骑西袭长安。高欢急于寻找宇文泰军决战,没有同意他的意见。高欢提出放火烧芦苇,以火攻的办法攻击西魏军。但是他的部将侯景提出异议说:"我们应当活捉宇文泰以示百姓,如果火烧芦苇,把他一起烧死,尸体不好辨认,谁能相信呢?"高欢的另一部将彭乐也附和说:"以我军的兵力,几乎是以一百个对他们一个,还怕打不赢吗?"在下属盲目乐观与自信面前,高欢利令智昏,放弃了火烧芦苇的主张,下令挥军前进,进入沼泽沙丘搜索宇文泰军。东魏军自恃兵多势众,混乱竞进深入沼泽地,而且毫无战斗队形。宇文泰待东魏军进入伏击圈后,擂鼓出击。西魏军从左右两翼猛烈冲击东魏军,将其截为数段。东魏军遭到突然袭击,本来乱糟糟的队形更加乱成几团,在陌生而又复杂的地形中无法展开。东魏军穷于应战,自相践踏;西魏军趁势拼死奋战,杀东魏军6 000余人,俘敌8万人,东魏军大败溃散,高欢逃至蒲津,渡

河东撤。沙苑、渭曲之战以西魏的胜利与东魏的大败宣告结束。

沙苑、渭曲之战在东、西魏众多的交战中算不上是大的战役,但我们仍可从这一次战役中窥视出东、西魏军在复杂地形条件下行军作战、处军相敌方面的长短优劣。从战争的全过程中可以看出,西魏宇文泰在军事部署及"处军"、"相敌"方面,均深得兵法要领。孙武在《孙子兵法·行军篇》中提出,处军的要领在于善于利用地形将军队处置好,地形的选择应于已有利而于敌不利;相敌的要领则在于正确地分析断判敌情,在于善于透过敌军活动的现象看到其本质。沙苑、渭曲之战决战前夕,宇文泰不为东魏的兵势所吓倒,还从高欢攻华州不下而屯兵许原的现象中,分析、断判出东魏军人多势众却无战斗力的事实,制订了伏击制敌的计划;为了更准确地了解敌情,将敌军引入伏击圈,宇文泰将军队驻扎在许原敌营附近,并派人化装侦察,摸清了敌军的基本情况,最后歼灭敌人于事先布好的伏击圈中,一举击败敌军。

点评:

东魏军的失败,一方面是由于骄傲轻敌,另一方面也在于他们的特众冒然轻进。临战前,高欢及部将明知地形不利,易遭伏击,然主帅决策时听不进正确意见,反依错误建议行事,违背孙子所说的处军、相敌原则,最终导致了失败。

借波斯猫巧破敌军

背景:

第二次世界大战期间,德、法两军形成对峙,双方都企图找到对方的指挥所,给以毁灭性的打击,以夺取作战的主动权。

一天,一名德军作战参谋用望远镜搜索法军阵地,企图能发现些什么。作战参谋缓缓地把望远镜对准了一片坟地,忽然发现一个坟头上蹲着一只可爱的波斯猫,懒洋洋地在坟头上晒太阳。参谋欣喜若狂,但他只是将狂喜埋在心底,仍然一动不动地观察着波斯猫,一直到波斯猫消失。

一连四天,作战参谋不动声色地用望远镜对准着那片坟地。他发现:波斯猫每天都在8~9时出现在坟地上晒太阳,过了9时,波斯猫就消失得无影无踪。

作战参谋得出结论:坟地附近的地下隐蔽着法军的指挥部。

决断：

参谋的理由是：(1)这只可爱的波斯猫绝非一般村民家中的宠物,它的主人必定不是等闲之辈。很可能是一位高级军官,因为中、下级军官是不允许、也不可能携带这一类宠物的;(2)坟地附近没有村庄,波斯猫能到哪里去呢? 只能是去地下隐蔽部,它的主人就在那里。

作战参谋将他的发现和判断报告给了指挥部,德军指挥部立刻集中了6个炮兵营向坟地一带进行了地毯式轰击——德军参谋的判断完全正确,法军的旅指挥部正设在那里。在铺天盖地的炮火下,法军旅指挥部的高级指挥官和士兵还不待查明是怎么回事儿,就全部葬身弹火之中。

点评：

善于抓住相敌时机,是孙子兵法所推崇的,也是此则中德军取胜的关键。

"水鬼"与尤利亚湖

背景：

第二次世界大战时期,挪威北方海峡有一处德国潜艇秘密基地。由于该基地远离苏军飞机场,苏联的轰炸机飞不到那里,所以德国潜艇四处出没,横行一时。苏联空军十分恼火,在经过周密的侦察后,他们发现距德军潜艇基地不很远的地方有一个位于森林和悬崖之间的湖泊,此湖名叫尤利亚湖。隆冬季节,尤利亚湖结了一层厚厚的冰,完全可以充当一个临时机场。苏军在尤利亚湖建立了一个指挥部,准备把轰炸机停泊在尤利亚湖的冰面上,补充汽油后再起飞去轰炸德军潜艇基地。为了做到万无一失,苏联空军请来一位军事工程师对尤利亚湖做安全系数测定。

决断：

军事工程师对尤利亚湖作了综合测定,结论是:没有任何问题。工程师完成了任务,乘坐一架由一名女飞行员驾驶的联络机飞返大本营。途中,暴风雪来临了,女飞行员只好驾机返回尤利亚湖苏军指挥部。由于能见度很差,女飞行员在尤利亚湖的一个角落着陆了,她向指挥部发了一颗信号弹,但很久很久过去,仍无人来接应,女飞行员和工程师只好走出飞机去寻找指挥部。

暴风雪中,女飞行员和工程师神差鬼使般地走入了一座磨坊之中,磨坊中只有一个双目失明的老人和一个姑娘。当老人弄清楚女飞行员和工程师是俄国人时,他情不自禁地说道:"这么说来,皮利湖上的嗡嗡声是你们的飞机了?"

女飞行员大吃一惊:"上帝!这不是尤利亚湖,一错就是10公里!"

皮利湖与尤利亚湖是相邻的两个湖,中间有一处相连接,湖水相通。

老人告诉两位客人,他是一位民歌手,专门收集各地的民歌,说着、说着,便从墙上摘下一把芬兰琴,调好弦,用略带嘶哑却又热情亲切的声音唱了起来。老人唱的是一个有关皮利和尤利亚的民间故事,大意是:"皮利湖和尤利亚湖住着两个水鬼,一个叫皮利,一个叫尤利亚。在漫漫严冬中,两个水鬼无事可做就用扑克牌赌博解闷,赌注是两个湖中的鱼。尤利亚运气不好,输光了所有的鱼,但刺儿鱼不肯到皮利那里去,都躲入湖底。皮利一怒之下喝光了尤利亚湖的湖水,胀破了肚皮,死了。尤利亚坐在空空如也的湖底放声大哭,一只被魔鬼附体的兔子在冰面上乱蹦乱跳,湖面崩蹋,把尤利亚压死在冰块中。

老人的歌声忽而高亢,忽而低沉,女飞行员和工程师听入了迷。突然,老人的五指在琴弦上划过,芬兰琴发出刺耳的"嗡"的一声,把飞行员和工程师吓了一跳,老人随后用异样的声调唱道:"水鬼啊水鬼,赌博是祸水。听歌的人啊,动脑要学会,太阳也会消失,冰面也会开裂……"

老人唱到这里,老人的"孙女"突然打断歌唱,用芬兰话喊了一通,然后又若无其事地哈哈大笑开来。

工程师和女飞行员忽然醒悟:老人是不是在暗示湖面有危险?万一冰面开裂……女飞行员向屋外看了一眼,惊异地发现皮利湖的出水口向着悬崖,如果打开水闸,皮利湖和尤利亚湖的湖水水位就会迅速降低,湖水的冰面就会形成半悬空的状况……

屋中只有一副女人用的滑雪板。女飞行员把工程师留下来,"借"了滑雪板飞驰而去。当尤利亚湖指挥部的苏军官兵根据女飞行员的指引赶到磨坊时,盲老人和他的"孙女"已不知去向,工程师背上挨了一刀,倒在雪地中。

水闸已被人打开,白哗哗的湖水向外狂涌……

德军的意图是:等苏军飞机在尤利亚湖湖面上停泊后,放掉湖水,毁掉机群。

苏军及时关闭了水闸。此后,轰炸机群从尤利亚湖湖面起飞,摧毁了德军的潜艇基地。

点评:

从旁人的暗示中获取敌军情况,这也是一种相敌之策。

邮票引发的祸端

背景：

第二次世界大战期间，法国抵抗部队的炮兵排长腓里对新婚不久的妻子瑞拉十分眷恋，每天都要给妻子写上一封思意绵绵的信。但是，腓里告诫妻子：千万不要把他的行踪告诉给别人，因为敌人的间谍是无孔不入的。

瑞拉有一位女友，名叫妮莎。腓里随部队出发后，妮莎一有空就来陪伴瑞拉，俩人形如亲姐妹，天南海北，无所不谈。瑞拉把腓里的话记在心中，即使是谈起腓里来也从不吐露腓里的行踪。

决断：

妮莎是位集邮爱好者，她把自己积攒的邮票带到瑞拉家中，请瑞拉品评。瑞拉从未见到过那么多形形色色的漂亮邮票，赞不绝口。妮莎是个善解人意的人，见瑞拉喜欢，就送给了瑞拉一些邮票，渐渐地，瑞拉也开始喜欢起集邮来。她把腓里寄来的信一封封找出来，小心地裁下信封上的邮票，一张张地放好在集邮册中。妮莎观看后，着实夸奖了瑞拉一番。

从此，瑞拉对丈夫的来信更加期盼，因为丈夫的来信不但送来温情蜜意的问候，还给她的集邮册增加了一枚邮票。但是，突然间，腓里的信中断了，一连好多天，一封信也没有来，令瑞拉难过的是，妮莎也不再来看望她、陪伴她了。瑞拉好不孤独。

终于，有一天，腓里又来信了。瑞拉急忙撕开信封——那是一封没有写完的信，而且，信纸上还带有斑斑血迹。信上写道：

"真是活见鬼了，最近半个月以来，不论我们转移到什么地方，德国人的炮弹就像长了眼睛似的能够找到我们。我们的损失很大，我也负了重伤，现在……"

瑞拉被突然来到的打击击倒了。不知过了多久，她从昏厥中醒来，一眼又看到了掉在地上的信、信封、信封上的邮票。

瑞拉猛地坐起来，拾起信封，失声惊叫："上帝啊！……"

信封的邮票上清楚地印着腓里发出信时所在地邮局的邮戳。

瑞拉一切都明白了。

点评：

忽略小事情，使敌人有可乘之机，这是瑞拉的失败所在。

第三章　兵非贵益多

提要：孙子认为打仗不在兵多，只要正确地掌握了"处军"和"相敌"的原则和方法，就可立于不败之地。相反，如果不动脑筋、盲目轻敌，则必然招致失败、成为俘虏。

辛弃疾五百轻骑千里袭擒叛徒

背景：

爱国志士辛弃疾在21岁时投奔了农民领袖耿京领导的抗金起义军。为了与南宋朝廷取得联系，耿京派辛弃疾带一支队伍南下去建康朝见宋高宗。宋高宗接见了辛弃疾，让辛弃疾转告耿京把队伍带到南方来，可是，当辛弃疾回到海州（今江苏海连）时，忽然得知一个噩耗：耿京已被叛徒张安国杀死，张安国率义军投降了金军。

决断：

辛弃疾悲愤地说："我们与耿大哥生死与共共同抗金，如今耿大哥被贼人杀害，不为耿大哥报仇，还有何面目活在人世间！"

随辛弃疾同行的统制王世隆和义军领袖马全福说："我们是奉皇上诏令见耿元帅，请耿元帅把队伍带到南方的，如今队伍已散，只有擒住张安国，方可向皇上复命。"

但是，张安国已随金国大军北撤。辛弃疾身边不过千余人马，要想从金国的千军万马中活活擒住张安国，再带出金营，谈何容易！

辛弃疾道："兵贵勇，不贵多。我们挑选一支精兵，千里奔袭，追上张安国。张安国在金军大营中肯定不会有任何戒备，金军也绝对不会料到竟会有人深入他们的腹地发起奇袭。这样，定可一举成功！"

王世隆、马全福及义军将领齐声赞同。

辛弃疾立刻挑选轻骑500,备足干粮,日夜兼程,终于在济州(今山东巨野县)赶上了金军大队。时值夜幕降临,金军营中一派安宁景象,张安国与金军主将正在大帐中饮酒作乐。辛弃疾带领500轻骑疾风般地冲入金军大营,杀入大帐中,金军主将见势不妙,慌忙扔下张安国,溜出大帐,张安国则吓得浑身发抖,不知所措,被辛弃疾一脚踢翻在地。轻骑队员们迅速把张安国捆绑上马。辛弃疾一马当先,杀开一条血路,率领500轻骑,追云逐电般地冲出金军大营,消失在茫茫原野中。待金军主将集合好人马,气势汹汹地冲出大营时,连辛弃疾等人的影子也看不到了。

辛弃疾与500轻骑押着张安国,回到建康,将张安国交给朝廷,并向宋高宗禀报了耿京遇害经过。宋高宗下诏将叛徒张安国斩首示众,为耿京报了仇,又下诏封辛弃疾等大小义军将领为朝廷官员。辛弃疾从此在南宋朝廷为将。

点评:

"兵非益多"强调的是精兵作战的思想,少而精的队伍往往起到事半功倍的效果。

单骑震万敌

背景:

韩世忠是南宋时代与岳飞齐名的抗金英雄,有一次他奉命率所部人马前去征讨叛将李复。时叛军人马有几万,而韩世忠所部才不过一千,面对敌众我寡的形势,韩世忠依然镇定从容,当部队追击至临淄河时,韩世忠把队伍分成四队,并布设铁蒺藜自堵归路,通告全军:进则胜,退则死,逃命者后队剿杀。于是全军将士拼命冲杀,一意向前,义无反顾,终于大破叛军,李复也被杀于乱军之中。韩世忠乘胜率军追至宿迁。这时叛军尚存万人,正在饮酒作乐,韩世忠感到以千敌万,取胜的把握不大,于是决定从心理上震撼敌人,然而要在万人面前使用心理战术却非易事,必须要出奇制胜才行,韩世忠怎样出奇制胜呢?

决断:

韩世忠匹马一人于夜里突然来到叛军营内,呼喊道:"大军已到,你们可速收兵卸甲,我可以保全你们的性命!"叛军大惧,向韩世忠跪进敬酒,韩世忠从容地下马解鞍,吃完酒肉。叛军看到韩世忠从容的气度,全部请求投降。

点评:

这是一种心理战术,利用敌人的松懈,在气势上压住敌人,实在是以少胜多的经典之例。

精减出效率

背景:

台塑关系企业总经理王永庆在一次会议上公开说:"为了提高工作效率,亦因经济不景气的冲击,台塑企业预计使同一生产单位的人数,减少原来的1/3甚至1/2。"台塑总管理处总经理室高级专员刘春长,说明了他们精减修复人员的实际方案。

决断:

为了使人力充分利用,台塑制定了标准工作量。以一天上班8小时,实际工作时间8成来计算,每天6.4小时的工作时间。那么,每人每月便应有160小时的工作时间。修复人员所做的工作,均须填修复单,详细记载修复设备、部位、工时。评估人员将一个月修复单上的工时相加,若超过160小时,即有绩效奖金;若不到160小时,那就要检讨了,是因为工作能力呢?还是修复工作原来就不需那么多人?参谋人员将台塑2300多位修复人员每月的实际工时相加,结果低于标准。台塑决定,一方面要求每人达到标准工时;另一方面大量裁员,预计要裁掉4成,也就是920人。

台塑在1985年4月10日颁布了"内部员工优惠资遣办法"。5月1日,前镇碱厂关闭,资遣了44人;7月,高雄仁武厂资遣80多人;车山电石厂停二炉,也资遣了一些员工。1985年1至9月份,台塑企业届龄退休、提前退休、优惠资遣、依法资遣的人数有620人。

台塑精减人员的目的是推动劳动力的合理配置,精减人员的过程非常谨慎。台塑的主管人员几乎每天都在开会,而开会的主题往往就是工作检讨,至于精减的人数,就在不断的工作检讨中决定下来。

各单位精减出来的人,依其能力试着安排参加新厂扩建工作,至于新的计划无法吸收的人则给他们安排一些劳力性质的工作。各部门精减出来的员工,将一些具有工程技术的人组织起来,成立工务组,把台化(台塑关系企业之一)原有 1500 万元左右的外包工程的 2/3 包给他们做。

适当的精减，提高了工作效率。台化 1985 年初员工有 8 900 人，到 12 月底剩下 7 500 人。换句话说，在一年内，至少有 1 400 人主动或被动地被"精减"了。一年节省薪资就超过了 3 亿元，但台化的营业额却一再增长。以尼龙厂为例，在用人不增加的情况下，尼龙产品增加了 4 成。另外，随着保养人员素质提高，保养流程合理化，一年节省金额也在 3 亿元以上。

精减人员是一项复杂而细致的工作，不能简单从事。要像台塑那样对企业正常生产所需的人员进行科学计算，按优化组合的原则，合理精减人员。减下来的富余人员企业要给予妥善的安置，尽量不推向社会。

点评：

在商战中，降低成本是企业的重要措施，而在各项节约成本的措施中，以"精减人员"最为重要。兵在精而不在多。适度的精减，不但可以节约不必要的支出，同时还可以提高员工的工作气势和工作效率，一举两得。

第四章 令之以文 齐之以武

提要：孙子提出了"令之以文，齐之以武"的原则，即用"文"的手段怀柔和安抚部下，用"武"的手段(军纪军法)管束士兵，恩威并施，刚柔相济，这样就能做到上下一心、步调一致，成为必胜之军。

管仲按贡献发给俸禄

背景：

春秋时期，齐国著名政治家管仲，提出在用人时应"以其所积者食之"。意为应根据办事者的才德和贡献大小发给俸禄。

管仲说："土地不开发耕种，就不能算作是自己的土地；百姓不进行管理，就不能算是自己的臣民。凡是管理老百姓的，要根据他们的才德和贡献大小发给俸禄供养，对这件事是不能不慎重对待的。"

怎样实行"以其所积者食之"呢？

决断：

管仲说："其积多者，其食多；其积寡者，其食寡；无积者，不食。"意为才德高、贡献大的人，俸禄供给应该丰厚；才德平庸、贡献小的人，俸禄供给应该微少；没有贡献的人，就不发给俸禄。

管仲认为：假如对有贡献的人不发给俸禄，那么就会使他与上边离心离德("则民离上")；对贡献大的人发给的俸禄少，那么就会使他不愿意工作("则民不力")；对贡献小的人发给的俸禄多，那么就会使他变得狡猾奸诈("则民多诈")；对毫无贡献的人无故发给俸禄，那么就会使他得过且过、侥幸投机("则民偷幸")。

管仲指出：由于不能"以其所积者食之"而出现了"离上"、"不力"、"多诈"、

"偷幸"的人,是"举事不成、应乱不用"的。意思是:这样的人既不能把事情办成功,更不能用来对付敌人。所以,管仲强调"察能授官,班禄赐予,使民之机也"。意思是考察其能力授以官职,按贡献发给俸禄,是管理民众的关键所在啊!

点评:

管仲的观点按现在的说法就是:按劳取酬,这样既有助于激发人的积极性和主动性,也可以排斥寄生虫。

齐威王用人赏罚分明

背景:

战国初期,齐国的齐威王即位之初,把治国的政事委托给卿大夫。9年时间,国家治理得不够好,诸侯都来侵略。于是齐威王亲揽大权,对大臣亲自考核。

决断:

他召见了即墨的大夫,对他说:"从你上位于即墨后,毁谤你的话天天传来。然而我派人到即墨去视察,看到田野开辟,百姓富足,官吏清闲无事,国家东部因而很安定。可见你是从不贿赂我身边的人来求他们为你帮忙的!"于是,齐威王指定用万家的赋税封赏给他。

齐威王又召见了阿邑的大夫,对他说:"从你主管阿邑后,赞扬你的话天天报来。我派人到阿邑去视察,看到田野不开辟,百姓受穷挨饿,从前赵国攻打鄄邑,你不去援救,卫国攻取薛陵时,你完全不知道。可见你是用了大量的钱财贿赂了我身边的人,求他们为你说了不少好话。"齐威王下令煮死了阿邑大夫,对他身边曾经接受贿赂为阿邑大夫说好话的人,也予以严惩。

点评:

齐威王用人赏罚分明,奖优罚劣,使齐国实现了大治。他出兵打败了来犯的赵、卫、魏等国,称王36年,比周围其他国家都富强。

墨索里尼的铁腕

背景：

1921年10月，墨索里尼率领法西斯党徒进军罗马，取得了意大利政权。

按规定，担任内阁总理的墨索里尼不能再兼任法西斯党内的任何职务。由于群龙无首，使法西斯党和法西斯小分队内部地方主义泛滥，四分五裂，失去控制。于是，墨索里尼下决心进行整肃。

决断：

1922年2月初，墨索里尼召集内阁中的法西斯部长和党的领导成员开会，对法西斯党的最高领导机构进行改组，决定成立法西斯党大议会，成员包括在政府中的法西斯部长和副部长、公共安全局总监察长、法西斯民团总参谋长、政府新闻处主任及法西斯国家党的书纪。大议会是党的最高领导机构，墨索里尼自任议长，而书记处只是执行机构，这样实际上他就剥夺了原来属于书记处的最高领导权，把党权又牢牢掌握在自己的手中。

墨索里尼还利用职权，将一些法西斯元老和有威信的领导调到政府任职，将忠于他的人或资历浅薄的人调到党内任职，并将一些难以控制的人远远调离出去。通过这种"调动"，墨索里尼巧妙地把法西斯党内的各派势力纳入他的控制之下，而他自己则成为凌驾于各派之上的、享有最高威望的斡旋者和仲裁者。

在整肃了法西斯党后，墨索里尼又趁热打铁，着手整顿所有非正规军事组织，尤其是法西斯小分队。1923年1月，在国王的赞同和法西斯大议会的支持下，成立了国家安全志愿民团，把所有非正规军事组织全部纳入其中，绝对服从墨索里尼本人指挥。但是，法西斯小分队很难对付，直到1923年6月仍坚持不进入国家安全志愿民团组织，于是墨索里尼便采取铁腕措施，下令取缔一切非正规军事组织，违抗者一律逮捕，一大批强硬分子锒铛入狱，到年底，法西斯小分队只好纳入了国家安全志愿民团。至此,墨索里尼就把作为其"掌握政府大权重要支柱"的法西斯党和作为其"实现政治目的的军事工具"法西斯小分队完全置于自己的控制之下。

点评:

要处理错综复杂的矛盾时,必须采用强硬手段。在这一点上,显然墨索里尼取得了很大的成功。其实,治理公司也是如此,如果公司内部存在矛盾,管理层要懂得运用此矛盾制约彼矛盾,采取"橡胶裹钢鞭"的策略,恩威并施,整肃公司纪律,才能把公司从"危机"中解救出来。

布莱克从严治军

背景:

17世纪中叶,英国与荷兰发生了争夺海上霸权的第一次战争,海军上将布莱克担任英军舰队总司令。战争初期,双方互有胜负、难分千秋,特别是在1652年12月的邓杰尼斯海战中,英国遭到惨重失败。战斗中反映出英国海军存在纪律松懈、号令不一、贪生怕死、队形混乱和行动失调等一系列问题。布莱克总结了经验教训之后,认为要取得战争胜利,必须通过军事改革严格建设英国海军。

决断:

为了建立严明的纪律,布莱克制定了皇家海军的第一个纪律条令。它共有39条规定,其中25条是关系到处死刑的,而其中有16条是没有选择余地的。条令适用于任何等级的人员,但首先是针对军官、尤其是舰长的。内容包括:舰长和军官应以身作则,同水兵一起英勇作战,不得表现怯懦、临敌逃跑等,违者处死……这个"海军纪律条令"对皇家海军人员产生了深刻的影响。

为了建立统一的战术思想、有序的协同动作和可行的信号系统,布莱克在1653年4月又制定了英海军发展史上的两个历史性文件。

第一个文件命名为"航行中舰队良好队形教范"。它明确规定:舰长在航行和逆风时,不得随意抢占有利的顺风位置,而应保持队形,并遵从上级指挥。它还规定了一套完整的联络信号,用火炮、旗语、灯光等工具,通知各舰航向、航行位置、以及停船、下锚、召集会议等事项。"航行教范"规定综合运用各种信号向战舰传达命令,这在海战史上无疑是一个极其重要的开拓。

第二个文件命名为"战斗中舰队良好队形教范"。教范第一次正式确立了纵队战术的思想。这在海军战术的发展史上,也堪称"是一个巨大的迈进"。

教范制定以后,英荷舰队很快又重新开战,教范经历了血与火的考验。英军在战斗中发挥出色,一次次大败荷兰舰队。到1654年4月,被彻底击垮的荷兰人被迫缔结和约,第一次英荷战争以英国的胜利而告终。

点评:

严肃军纪,可以提高部队的战斗力,英舰队总司令正是深谙此道并最终取得了胜利。

巴顿血战洛林

背景:

乔治·史密斯·巴顿是第二次世界大战中美军的杰出将领、陆军四星上将。

巴顿治军甚严,但他同时又十分体恤和关怀自己的下属。巴顿了解官兵对家属信件的关心,为此,部队专设了一辆邮递专车,总是及时地把邮件送到每一名官兵手中。巴顿对于部队的伙食、换季服装、健康状况总要亲自过问。他曾给全军将士写过一封私信,内容是谈如何预防和治疗一种叫做"堑壕足"的疾病。巴顿总是喜欢在白天上前线视察,他说:"应该让士兵们经常看到指挥官奔赴前线,而不要让他们看见他在撤回后方。"

1944年9月,美军统帅部命令巴顿的第三集团军向法兰克福挺进,但德国人已在他前面布下了63个师,其中有15个装甲师和装甲步兵师,而且利用法国人遗留下来的边境要塞和马奇诺防线作为自己的防御战线。进攻是异常艰难的。巴顿如何扭转不利形势,重创德国军队的呢?

决断:

9月5日,第三集团军的进攻严重受挫。3天后,德军突然发起反攻,激战半天多,德军的进攻才被遏制住。双方的拉锯战打了半个多月。9月30日,希耶河以东的第十二军第三十五师在德军一个军兵力的攻击下,阵地岌岌可危,师长请求将部队撤到希耶河西。巴顿大发雷霆,坐上轻型飞机冒着枪林弹雨飞抵第十二军司令部宣布取消撤退命令:"第三十五师必须与阵地共存亡,不能后退半步!"下完命令,巴顿又急速赶到第六装甲师司令部,亲自组织部队发起反攻。

结果,第三十五师不仅保住了阵地,还向前推进了5英里。

进入 10 月,天气一天比一天冷,由于美军的兵力有限,德军火力猛烈,美军官兵只好在凄风苦雨中坚守阵地。部队中,非战斗性减员大增,厌战、思乡、士气不振如同瘟疫一般在各部队中蔓延。但是,巴顿的第三集团军是个例外——10月下旬,巴顿的外甥因公来到第三集团军,他所遇到的每一个人都保持着一种"标准的军人姿态":胡子刮得溜光,头戴钢盔,系领带,打绑腿,皮靴擦得亮铮铮的。

11 月后,天空连降暴雨,面对美军的进攻,德军利用坚固的工事和暴雨造成的有利形势顽强抵抗,但巴顿仍以不屈不挠的精神指挥第三集团军攻克德军最坚固的要塞——梅斯。在军事史上,1301 年以来,梅斯要塞是首次被人以强攻手段占领的。此后,巴顿战胜了恶劣的气候和复杂的地形,迫使德军从摩泽尔河、尼德河、萨尔河的防御阵地后撤。

11 月 25 日,巴顿将军在梅斯城检阅了攻占梅斯城的英雄部队。一个多月以来,巴顿的第三集团军解放了 1 600 多平方英里土地,其中有 873 座城镇,打死打伤德军 8.8 万人,俘敌 3 万多人,而第三集团军只伤亡 2.3 万人。

点评:

巴顿的治军高明之处不仅在于他善于体恤下属,而且能够严格实行军纪管制,使每一位官兵始终斗志昂扬,这是士气的核心所在。

第十篇

（地形篇）

第一章　地要"六形论"

提要：孙子把地形情况区分为六种，即"六形"，要求将帅认真研究。孙子是从战略的高度考察地形与战争关系的，认为这六种不同的地形关系到军队的胜败存亡，而善于利用这些地形则是主将非常重大的责任。

郭进据险拒辽军

背景：

公元979年，宋太宗赵光义在平定南方之后，又兴兵讨伐北方的北汉。宋太宗命潘美为北路都讨使，进攻太原，自己随军亲征。由于北汉是辽国的属臣，宋太宗又命令将军郭进在石岭关驻守，以堵截辽国的援兵。

决断：

北汉见宋太宗亲自出征，急忙向辽国求援。辽景帝派宰相耶律沙和冀王塔尔火速增援。耶律沙和塔尔走后，辽景帝还不放心，又派南院大王耶律斜轸率其部属前去援救。

耶律沙驰援北汉进至石岭关附近的白马岭，宋军已抢先占据白马岭的高地险隘。这时，刚下过几场暴雨，山洪暴发，原先并不深的山涧已淹至人的腰部，而且宽阔了不少。面对湍急的涧水和守卫在高地隘口的宋军，耶律沙准备安营扎寨，等待后续部队，塔尔则耻笑耶律沙胆小，执意要率先头部队渡涧。

耶律沙劝道："宋军早已占据有利地形，我军贸然渡涧，必定凶多吉少，还是小心为妙！"

塔尔道："北汉危在旦夕，只怕我们去晚了救不得他们。"于是下令渡涧。

守卫在白马岭上的宋军见塔尔率辽军渡涧，一个个摇旗呐喊，击鼓助威，但就是不出击。塔尔以为宋军是在虚张声势，放心大胆地向对岸缓慢前进。郭进等塔尔的先头部队渡过山涧大半之后，令旗一挥，命令守在隘口的士兵放箭。刹时，乱箭如蝗，辽兵纷纷中箭倒下，又被急流卷走。侥幸登上对岸的士卒还来不及立足稳定，宋军的骑兵又疾驰而至，将辽兵砍翻在涧边，塔尔虽然勇猛无比，但人在激流之中，有力用不出来，塔尔和他的儿子以及五名将领都被乱箭射死在山涧之中，连尸体也没有留下来。如果不是南院大王耶律斜轸及时赶到，辽军伤亡还会更大。

辽军被堵截在石岭关，宋太宗从容向太原发起进攻，北汉主刘继元久盼辽军不至，无力对抗宋军，只好开城向宋太宗投降。

点评：

在敌方已占据有利地形的条件下，再贸然进攻，实属不明之举，兵败无疑。

蒙哥殒命钓鱼城

背景：

蒙哥继位做了蒙古可汗后，采用迂回的策略，绕道西南，向南宋发起进攻。蒙哥先派其弟忽必烈攻克了云南，然后亲率西路主力四万人马，经六盘山进入四川，苦战一年，抵达钓鱼城（今四川合川县）下。

决断：

钓鱼城地处嘉陵江、涪江、渠江的汇合之处，山城的四周尽是悬崖绝壁，犹如刀削，真可谓是"一夫当关，万夫莫开"。蒙哥企图越过钓鱼城，进军重庆，与蒙古南路军会师，直取南宋都城临安，钓鱼城因此成为蒙哥的必争之地。

钓鱼城的守将王坚忠于南宋朝廷，抗蒙志坚。早在蒙哥到达之前就已储备了足够的粮食，开拓了水源。山城中有百姓约十万人，守城将士也有一万余人。

蒙哥先派降将晋国宝入钓鱼城劝降。王坚命士卒将晋国宝押至演武场上斩首示众，并对众将士说："今后谁再敢说一个'降'字，晋国宝就是他的榜样！如果我有背叛朝廷的行为，大家就砍下我的头颅！"自此以后，钓鱼城中再无一人敢说"降"。

蒙哥见劝降无效，一面派将军纽璘到涪州的蔺市建造浮桥阻止宋军的增援，一面亲率大军使用种种手段向钓鱼城发起一次又一次的进攻。王坚率全城军民据险而战,一连数月,蒙古军死伤惨重,但钓鱼城则岿然不动。

这期间,南宋理宗皇帝派四川制置副使吕文德率战舰千艘增援钓鱼城,但行至合川附近,战舰遭到蒙古军的拦截,无功而还。

蒙哥击败南宋的援军,派前锋大将汪德臣到钓鱼城下劝降。汪德臣单人匹马来到城下,没喊上几句话,城上飞下一块巨石打中了他的肩膀,当天晚上,汪德臣就在营中吐血而死。

蒙哥久攻钓鱼城不下,又损失一员大将,心中十分焦灼。为了观察钓鱼城内的虚实,蒙哥命

令士兵在钓鱼城前修造起一座高高的瞭望台。王坚发现蒙哥在城下亲自督建,吩咐将士准备炮石轰击瞭望台。蒙哥不知道钓鱼城城上的情况,瞭望台建好后,连忙登上台顶,王坚心中大喜,连忙命令士兵发炮。在大炮的连续轰击下,瞭望台被摧毁,蒙哥本人也被飞石击成重伤,不久即死去。蒙古人只好载着蒙哥的尸体解钓鱼城之围北撤。

点评:

占据有利地形据险而战,一战而胜,便可力定乾坤。

日军官兵葬身沼泽地

背景:

第二次世界大战末期,英军向入侵缅甸盂加拉湾的日军发起一连串的猛烈攻势,日军司令官山本太郎走投无路,只好率领一千多陆军官兵向兰里岛逃去。英军指挥官望着狼狈遁去的日军官兵,发出一阵冷笑:"不必追赶了,那里的沼泽地就是他们的坟墓!"

日军逃入兰里岛,展现在他们面前的是一片漫无边际的沼泽地。如血的夕阳下,沼泽地被染上了一片触目惊心的玫瑰色,东一汪、西一汪的水洼子波光闪烁,不时还冒出一个个气泡,呼呼然在水面作响。侦察队长和夫向山本司令官报告说:"司令官,这片沼泽地有鳄鱼出没,非常危险!"

决断:

山本吼道:"皇军效忠天皇,几条鳄鱼就能挡住我们的去路吗?快走!谁要再说鳄鱼,扰敌军心,枪毙!"

疲惫不堪的队伍深一脚、浅一脚地踏入沼泽地,缓缓向前挪动。沼泽地好像是无边无际,一千多名日军官兵行至半夜,月亮已高高地升上天空,全体官兵仍然望不到沼泽地的边缘。突然,一阵阵"哗哗哗"的水声从沼泽地深处响起,和夫向水响处望了一眼,顿时打了个冷颤,"不好,快跑!"他拉住侦察兵佐佐木向官兵稀少的东南方跑去,幸运的是,他们发现了一处露出水面半尺高的土埂,俩人急忙登上土埂,回头望去,一大片黑乎乎的怪物蓦然浮出水面,怪物的双眼反射着寒目的冷光,沼泽中一片阴森、恐怖。

"哎呀,我的腿,腿啊!"

一个惊恐的惨叫声率先打破沼泽地的沉寂,几乎是在同一时刻,沼泽地中便被震耳欲聋的惊叫声、呼救声、哀嚎声淹没了——这中间,也夹杂着奋力搏击,开枪射击和手榴弹的爆炸声。

佐佐木突然发现了挥刀乱砍的山本太郎。"山本司令官!"佐佐木恐惧地叫了一声,转瞬之间,山本太郎发出了一声哀嚎,抛掉战刀,一头扎倒在水洼中。

太不可思议了,仅仅十多分钟,一千多名活生生的日军官兵全倒在了水洼中,寒森森的月光下,鳄鱼们张着血盆大嘴,得意地喘息着……

侦察队长和夫及佐佐木等二十多名官兵因逃上沼泽地中的高地侥幸逃脱一死。

点评:

英国人未花费一枪一弹,借助恐怖的沼泽地消灭了劲敌,是利用地形之利的精妙之举。

瓜达尔卡纳尔岛之战

背景：

瓜达尔卡纳尔岛(下称瓜岛)位于太平洋所罗门群岛最南端，面积约2500平方英里，与图拉吉岛相邻，是二战期间日军逼近美国——澳大利亚重要生命线的最前沿，也是美军遏制日军南侵和向日本本土发起反攻的起点。

决断：

对于这样一个战略要岛，日本统帅部在战争之初却忽略了，他们认为瓜岛不过是"南太平洋上一个无足轻重的海岛"，当美国人抢先占领了这个海岛之后，日本统帅部立刻如梦方醒，命令清野士木大佐率精锐部队2 000人火速歼灭瓜岛美军，夺取瓜岛。

守卫瓜岛的美军凭借有利的地形，给日军以残酷的杀伤。当日军发起集团攻击时，美军又唤来飞机和大炮，给日军以毁灭性轰击，瓜岛上弥漫着血腥味。战争进入白炽化，日军总司令山本五十六亲自坐镇指挥，而美国海军司令欧内斯特金上将也不甘落后，双方不停地将大量舰只、飞机和部队投入瓜岛之战。

清野士木以残忍成性闻名，他指挥日军以武士道精神，爬过同伴的尸体往上冲；美国人杀红了眼，何况无退路而言，一批批日军士兵卧在他们同伴的尸体上死去。绝望的清野士木在失败的情况下，烧掉团旗后自杀。在一个隐蔽处，一个纵队的日军甚至连逃都来不及，全部被飞来的炮弹、炸弹炸死。

在海上，双方的军舰和飞机也打成一团，日本方面有两艘大型战舰、一艘巡洋舰和三艘驱逐舰被击沉，美国则损失了两艘巡洋舰和五艘驱逐舰。

经过100天铁与血的激战，惨遭失败的日军从瓜岛狼狈撤出，美军赢得了胜利。

瓜岛之战宣告了日本人在南太平洋末日的到来。在这场血腥的战斗中，美军仅死亡1 592人，日军则死亡五万人之多。

点评：

美军利用于己有利的地形，掌握了战斗的主动权，因而最终赢得了胜利。

阿富汗游击队巧用地形胜苏军

背景：

历代兵家都非常重视地形,现代战争由于各种先进技术的采用,对地形如何理解和利用有重大变化,但至今还没有哪次战争是完全不考虑地形这一重要因素的。

阿富汗是个多山的国家,地形十分复杂。当强大的苏军发动战争后,弱小的阿富汗游击队正是充分利用了本国地形的特殊性,使苏军吃尽了苦头。

决断：

1979 年底,苏联发动了侵略阿富汗的战争。一周之内,苏军就控制了阿富汗全国主要城市和交通干线。阿富汗政府军没有进行有组织的抵抗就溃灭了。苏军一战而胜,他们没有想到小小的各派穆斯林武装,竟然在后来的 9 年中将其拖进了一个完全可以和越南战争相比的烂泥潭。

苏军入侵阿富汗后,阿富汗游击队在反侵略的旗帜下迅速壮大起来。至 1983 年,阿富汗游击队已由 1979 年的 4 万多人发展到 10 万人。到 1986 年,达到了 20 多万人。较大的有"圣战者伊斯兰联盟"和"伊斯兰团结阵线"。在长达 9 年的阿富汗战争中,苏军与游击队之间清剿与反清剿的战斗从未间断,规模越来越大。

苏联是世界上最强大的国家之一,在阿富汗战场,苏军投入了大量先进的飞机、坦克等重武器,而阿富汗游击队,除了有少量美制"毒刺"式步兵防空导弹外,只有步枪、机枪、火箭筒和迫击炮等轻武器,双方实力对比悬殊。但是,阿富汗地处帕米尔高原,境内山脉纵横,到处是峻岭险隘,交通极为不便。阿富汗游击队就是靠着这种复杂地形,与现代化装备的苏军进行了 9 年的周旋。

苏军一向惯于在平原地带采用大纵深、宽正面、高速度的大兵团机械化作战,而在阿富汗复杂的山岭地区,苏军的特长就施展不开了。然而,苏军没有及时检讨自己的作战指挥思想,仍旧调集大量的坦克、装甲车和飞机进入复杂地形与游击队展开大兵团作战,结果屡屡吃亏。

1980 年的一天,苏军在 300 辆坦克和装甲车的掩护下,从萨曼甘向达拉苏夫山口进发,企图一举消灭这里的阿富汗游击队。阿游击队得到情报后,进行详细分析,认为苏军要去达拉苏夫山口,必经狭窄的查著勒山口,这个山口形势险峻,谷深坡陡,公路两边陡峭的石壁耸入云端,是伏击的好地方,决心在此狠狠地回击苏军的进剿。

苏军坦克质量很好,数量也很多,使用坦克的经验也很丰富。但达拉苏夫地区,层峦叠嶂,沟壑纵横,坦克、装甲车遇陡坡、烂泥地和流沙寸步难行,但苏军却动用300余辆坦克、装甲车,一字长蛇沿一条山路进山,看起来威风凛凛,杀气腾腾。可是,苏军没有料到,在他们从萨曼甘出发后,阿游击队迅速在狭谷装上大量炸药,山顶设下很多伏兵。当300余辆坦克、装甲车和苏军步兵进入山口以后,游击队点燃了炸药,顷刻间山崩地裂,犹如地坠天倾,大量的巨石滚入狭谷,当即就有40辆苏军坦克和装甲车被巨石压成一堆堆"铁饼",这突然的打击把苏军阵势全搞乱了,士兵们像无头苍蝇,四处乱撞,胡乱放枪,坦克和装甲车如受惊的野兽,狂吼乱窜,但到处是石壁、陷阱,"英雄"无用武之地。接着,埋伏在山顶的游击队,用步枪、手榴弹、土制炸药包等武器,狠打苏军,苏军指挥官明白继续打下去将会全军覆没,于是丢下了大批的武器装备,夺路而逃。阿富汗游击队在追击中又消灭了部分苏军。这一战,苏军损失坦克和装甲车近百辆,伤亡500余人,另有40余人被俘。阿富汗游击队仅伤亡10余人。

强大的苏军万万没有想到,对付弱小的阿富汗游击队竟然无可奈何。在陷入泥潭9年损失数万人及大量装备之后,不得不撤出阿富汗了事。

点评:

弱小者若能借助地利优势,掌握作战主动权,往往能战胜强敌。

美国首富——沃尔顿的生意经

背景:

按照美国《幸福》杂志的估计,美国最富有的家族,既不是洛克菲勒,也不是杜邦和福特,而是南部阿肯色州一小镇上的萨姆·沃尔顿。

说来令人难以置信,萨姆·沃尔顿原来是一个百货店的见习生,他从一个以自己名字命名的五分之一角杂货店起家,先是增加到了九家分店,1962年开设了第一家沃尔玛市场。

沃尔玛市场是面向小镇的一家廉价商店。和蔼可亲的态度,价廉质优的商品使它大受人们的欢迎。因为它经营上有独到之处,到20世纪60年代末沃尔玛市场在阿肯色等州已发展到33家。20世纪80年代以来,沃尔玛市场每年增加一百多家新店,以惊人的速度扩散到全美各州。

沃尔顿如何经营他的杂货店呢?

决断:

他面对如林的大商场,采取了回避原则。他的分店都设在各州2万人口以下的小镇上,以避开同大零售商的直接竞争。

他针对百货店的特点,强调经营品种的齐全,价格的低廉。沃尔玛市场比一般的超级市场略大,其品种之全,号称"家庭一次购物",即凡一个家庭所需之物这里都经营,而且沃尔玛市场的物品摆放十分有秩序,标志很清楚,使人在眼花缭乱的各类商品中能很快找到自己所需之物。

每一家沃尔玛市场网点都有宣传廉价的大幅标语。因为经营的是日用百货,所以顾客都讲究实惠,只要质量没有太大差异他们当然愿意少花钱,何况沃尔玛市场的商品质量有保证。其他廉价商店,往往充斥质次价廉的进口货,而沃尔玛市场是清一色的美国制产品。并且在门口张贴一条"买美国货"的横幅,既激发美国人的爱国精神,又象征着出售高质量的产品。

沃尔玛市场还注意服务的高质量,不仅使顾客购物时享受到礼貌的接待,而且若购回物品后发现有不满意之处,还可在一个月内退货并退还全部货款。

正因为如此,沃尔玛市场广受人们欢迎,尤其是受占美国大多数人口的中产阶级与低收入阶层人士的欢迎。1988年,沃尔玛市场在美国零售业中名列第三。

点评:

"围地则谋"是指当被敌人围住,处于不利形势时,应有勇有谋,争取冲破敌人的包围圈。沃尔玛市场面对众多零售商而一枝独秀的原因,首先在于它将自己的市场设在人们忽视的城郊小镇上。其次在于它针对百货店的特点采取正确的营销策略。萨姆·沃尔顿的成功是他战略战术运用巧妙的结果。

第二章　真险"六败"论

提要:由于将帅指挥失当而导致战争失败的六种情况,简称"六败"。

斯巴达克遗恨布林的西港

背景:

公元前73年,罗马爆发了斯巴达克奴隶大起义。奴隶主、独裁者克拉苏把在国外作战的两支主力部队调回国,发誓要消灭斯巴达克。

面对严峻的形势,斯巴达克决定率起义军离开罗马另寻自由之地。斯巴达克的计划是:从布鲁丁向北,攻占卢尔卡,再由卢尔卡向东,夺取船只来往频繁的布林的西海港,乘船渡海,向希腊进军。

决断:

克拉苏是个久经沙场的老手,很快识破了斯巴达克的意图。他毫不迟疑地集中优势兵力,对斯巴达克实施围、追、堵、截。

生死关头,起义军发生了分裂,延误了起义军的进军速度——以康尼格斯为首的一部分奴隶起义战士不愿跟随斯巴达克去希腊,斯巴达克百般劝说无效,只好任由康尼格斯把部队带走。

克拉苏抓住这一千载难逢的时机,日夜兼程,抢先一步占领了布林的西海港,挡住了斯巴达克的去路。与此同时,他又分兵将康尼格斯及其一万余名战士包围在鲁干湖畔,康尼格斯全军覆没。

斯巴达克见克拉苏已抢先占据了布林的西海港,东渡亚得里亚海去希腊的希望已经破灭,毅然回师直捣罗马,准备与罗马元老院的贵族们决一死战。但是,克拉苏在军事力量对比上占有绝对优势,他把斯巴达克截堵在半途中,与斯巴达克展开了最后的决战。

克拉苏以残忍的"十一抽杀令"威逼士兵们为他卖命。"十一抽杀令"规定：凡临阵逃脱被抓回来的士兵,以十人为一组,抽出一个人来处死。士兵们害怕被处死,只好与奴隶战士决一死战。

斯巴达克知道最后的时刻即将到来,他决心在临死前杀掉克拉苏,但克拉苏躲得远远的,并悬出高赏："谁杀死斯巴达克,赏他一座别墅,十顷葡萄园！"

一名百夫长刺伤了斯巴达克的大腿,斯巴达克从战马上摔了下来。斯巴达克一手举起盾牌,一手挥动短剑。但是,罗马士兵潮水般地涌了上来……

斯巴达克终于倒下了。倒下前,他向布林的西海港方向看了一眼。

点评：

由于斯巴达克的起义军中途发生了分裂,导致领导上的不统一,从而给敌以战机,奴隶起义难逃失利。

山本五十六亡命布干维尔

背景：

山本五十六海军大将是日本联合舰队司令官,为日本国在太平洋战争中立下赫赫战功。1943年4月,山本五十六为巩固日军在所罗门群岛和新几内亚的战略地位,阻止盟军进攻,计划于4月中旬飞往所罗门群岛北部去视察。

今村将军对山本五十六之行表示担忧,他向山本五十六讲述了自己在布干维尔与一架美国战斗机遭遇险些丧命的经过,劝山本五十六取消行动计划。山本五十六计划在布干维尔南小岛巴拉尔作短暂停留,他对今村的劝告只是付之一笑。

决断：

为山本五十六拟定日程安排的人是渡边中佐。渡边亲自来到第八舰队司令部,要求司令部派专使将日程表送走,但司令部有关人员却回答说,必须用无线电报发出。渡边担心美国人截收电报后会破译电文,对方坚决地保证："不可能破译！因为这部密码4月1日才启用。"渡边未能说服对方,只好违心地同意。

渡边的担心不是多余的——电波升空后,美军情报人员立即将其截获,并用了一个通宵的时间将其破译:山本将于4月18日早晨6时乘坐一架中型轰炸机离开腊包尔,于8时抵达巴拉尔岛,有6架战斗机护航。

美军上将尼米兹立即电告在该领域内的司令官哈尔西将军,授权他草拟伏击山本五十六的作战计划,美国总统罗斯福亲自批准了这项计划。

4月18日,山本准时登机。山本的秘书、航空参谋、舰队军医长与山本同机,宇垣参谋长乘坐另一架轰炸机。与此同时,美国的16架P-38"闪电式"战斗机在公海上空飞行了600英里后,准时抵达布干维尔岛的上空,准备迎击山本五十六。

美机的指挥官是约翰·米切尔少校。

9时34分。

米切尔少校听到了一个低沉的声音打破了无线电的沉寂:"发现国籍不明飞机……"少校仰头望去:8架日机,其中两架是轰炸机,6架是零式战斗机。少校果断发出命令:"甩掉副油箱!攻击!"

日本战斗机被这突然的袭击打晕了头,待到他们拼命地想去保护自己的司令官时,蜂拥而上的美机已依仗自己的数量优势将日机分割包围起来。山本座机的驾驶员经验丰富,他曾一度甩脱了美机的纠缠,逃出重围,但另一架P-38战斗机闪电般地从斜刺里扑了上来,"嗵嗵嗵嗵!"一阵猛烈的炮火击中了座机,座机挣扎着,摇摇晃晃地坠入布因城北的莽莽丛林之中。

点评:

日本海军联合舰队司令部及山本五十六本人的盲目自信,终于导致了山本五十六的亡命。

化工研究所盲目研究一无所获

背景:

1983年,某化工研究所在制订本所科研规划时,根据我国化学工业发展状况和国内市场需求,做出了一项重大决策,即研制生产一种高级机械洗涤剂,以填补我国在这方面的空白。

决断:

当所领导向全所科技人员宣布时,人们无不欢呼雀跃,纷纷请战。于是,所里成立了以两个研究员、三个副研究员为主的专家攻关课题小组,并采取"保大头"的倾斜政策,拨给整个研究所科研经费的 52%,并让其他工作为攻关让道,在行政等各方面都为之创造了良好的条件。所领导的重视极大鼓舞了课题组的成员。在攻关期间,攻关小组抱定不拿下这个项目誓不为人的决心,一头扎进试验室里,一位因操劳过度,胃大出血住院;一位得了急性肝炎。实验员为获得一组准确的实验数据,连续在实验室里奋战几昼夜,最后昏倒在实验桌上。终于,在他们的努力下,仅用 8 个多月的时间研制出了该项产品。研究所立即申请专利权,谁知正当全所喜气洋洋,便接到国家专利局一封信,称研究所申请的这个专利早在 1939 年英国就有了。就在这时,南方某城市一大学化工教授也向研究所寄来这方面资料,介绍了 1940 年在美国一家化工杂志上刊登的一个英国专家有关这个课题的研究情况。资料还指出该项成果在当时因为受到生产设备和技术水平条件的限制而不能大批量生产,所以最终没有打入市场,以后逐步被其他产品取代。一盆凉水向全所人员泼下来。此事使全所陷入十分难堪的境地。舆论界的宣传也马上偃旗息鼓,课题组领导后悔:"当初我们如果先看一看以前的资料,现在也不至于落得个辛勤耕耘,却颗粒无收。"

杨振宁博士曾指出,我国科研项目有 40% 是和国外重复的。一些专家评论,我国的科研项目中的 80% 的课题是互相重复的。由于重复劳动,白白耗掉了科学家和工程师 85% 的时间。这是一个多么惊人的浪费。

点评:

在充满激烈竞争的现代社会里,每一个决策者都日益意识到充分了解竞争对手,是最终战胜对手的可靠保证之一。一些决策者失误,问题往往出在盲目地进行拼杀。

【国学精粹珍藏版】

◎尽览中国古典文化的博大精深 ◎读传世典籍，赢智慧人生——受益终生的传世经典

孙子兵法

李志敏⊙编著

卷四

民主与建设出版社
·北京·

第三章 料敌制胜 计险厄远近

提要:孙子认为,"上将之道"(主帅的责任)在于"料敌制胜,计险厄远近"(根据不同的地形条件和敌情制定取胜之法)。因此,他强调将帅要认识到自己在战争过程中的重大责任,一切必须以争取战争胜利为目的,只要是符合国家和君主利益的,就要"进不求名,退不避罪",临机决断,果敢行动。

王翦量敌用兵

背景:

王翦是战国后期秦国智勇双全的名将,屡建战功,深得秦王政的重用。秦王政二十一年(公元前226年),秦王准备并吞楚国,问年轻将军李信:"攻打楚国需多少兵马?"李信说:"20万就差不多了。"秦王又问老将王翦。王翦却说:"20万人攻楚必败。欲胜必60万不可。"秦王暗叹:"王翦老啦!"秦王遂命李信为大将军,蒙恬为副将,率兵20万伐楚。王翦则托病归乡养老。秦王政二十二年(公元前225年),李信攻下平舆(今河南平舆北)直指寿春(今安徽寿县,楚国新都)。楚王拜项燕为大将,率兵20万,水陆并进,于城父(今河南宝丰县)迎战李信。酣战之际,项燕埋下的七路伏兵俱起,李信四

面受敌,大败而逃。项燕紧追3日3夜,秦军败还,死伤无数。秦王悔未听王翦之言。秦王亲自去见王翦,说:"寡人不用将军计,李信果辱秦军,今闻楚军西来,将军虽病,难道你忍心不助寡人吗!"王翦说:"大王若真用臣,非60万人不可。"秦王问王翦何以用这许多部队,王翦分析道:"用兵多寡,须根据敌国情况。今楚国幅员辽阔,兵力强盛,非60万军不能破。"秦王说:"寡人听将军计!"当即拜王翦为大将军,统率60万兵伐楚。秦王亲自为王翦送行到灞上,临别,王翦自袖中取出一简,请秦王多多赏赐良田美宅。秦王笑道:"将军功成而归,寡人与将军共富贵,何用担心?"王翦说:"多谢大王厚爱,子孙永远不忘大王的恩泽。"部下笑他贪心,王翦道:"秦王多疑。现将全国部队交我指挥,我多请田宅,以示忠于秦王,要他放心啊!"部下叹服。

决断:

秦王政二十三年(公元前224年),王翦率60万大军,一路势如破竹,攻下陈(今河南睢阳)至平舆之间的大片楚地,然后深沟坚垒,不与楚战。楚王动员全国兵马反攻,项燕每日使人挑战,王翦始终不出兵,项燕久攻不克,逐渐放松了攻击。王翦让士卒休息,改善伙食,养精蓄锐。同时加紧操练,武艺大增,几月后,楚军早已麻痹,以为秦军怯战,王翦下令攻楚,以2万勇士猛冲,楚军没有准备,仓皇应战,一触即溃,大败而逃,秦军追至蕲南(今安徽宿县南),项燕自杀。不久攻入寿春,擒楚王负刍。

点评:

老将军知用军之多寡,真寡人之良将也!

厂长被职工"炒鱿鱼"

背景:

王某从市轻工局党委办公室主任调去当自行车厂厂长,主要考虑他为人老实听话、工作勤勤恳恳,叫他干啥就干啥。而他的前任正是因为谋求私利而下台的。当王某到任时,这个厂已被前任厂长搞得一塌糊涂。全厂一千多号人的眼光都注视着他,希望他能带着全厂重奔光明。一开始,他还真博得了职工们的喜欢。到厂后,他一头扎到车间班组里,虚心向职工们学习,而且待人极真诚、和蔼,十分关心职工的疾苦,工作任劳任怨,与职工同甘共苦,真可谓"工人身上流多少汗,他身上也流多少汗"。在他的影响之下,厂里的干部职工队伍的精神面貌有了明显的改变。上级领导当然也十分高兴,庆幸没有看错人。

可是,一年过去后,他还是原来的他,而职工却不喜欢他了。甚至一些职工向上级领导写信,要求更换厂长,他们尖锐地说:"我们需要的是一个能干的厂长,而不是一个能干的工人。"

决断:

王某到任时,厂里最大的问题是产品严重积压,市场无销路,经营管理混乱。而这个时候,正是国内自行车市场处在从几十年一贯制的陈旧产品结构,转向适应市场新的消费需求,进行产品更新的重要时期。这时谁要敢于创新,突破旧的传统消费观念,谁就将在市场上获得广阔的阵地。可是他当厂长后,人们只看到他与工人一同流汗大干,却久久不见拿出一个扭转企业困境的决策方案。大家为此十分着急。销售科长为了将厂里严重积压的产品推销出去,向厂长提出了一次性将全厂积压产品降价销出的销售计划,按照这个计划,虽然会亏一些本,但厂里却能及时获得大量资金投入新的生产,使死物变活钱。从当时的市场行情上看,旧型号的自行车价格有降无升,赶早降可避免更大的损失。对这个大胆的方案,厂长断然拒绝,理由是上级主管部门和物价部门没有这方面的有关指示,随意变动价格,必会遭致非议。一项有作为的方案就这样被扼杀了。不久,眼见着厂里的生产越来越困难,厂技术科长又向王厂长提出试制新产品,以挽回市场颓势的方案。根据市场信息反馈,在相当一段时间里,各种特型车,如农用新型载重车、健身运动车、儿童自行车等将在市场走俏,而厂里的科研开发能力和生产能力完全有可能在很短时间里生产出新品种打入市场。没想到,这一具有创新意识的方案再次被厂长拒绝。理由是新产品研制需大笔经费,厂里无法解决。新产品进入市场,没把握畅销,风险大。结果,技术科长的方案又被否决。此后,厂长又碰上一个机会,一外商通过外贸部门向厂长提出合资生产外销车的意向,此事令全厂的干部职工欢欣鼓舞。因为通过合资,引进外国先进技术,可以调整原来的产品结构,推动厂里的技术改造,扩展市场,赚取外汇。然而,这个好事又被厂长坚定地拒绝了。他的理由是,合资后容易被外商卡住脖子,没有自由权,何况按轻工部下达的指标和任务,工厂的主攻方向还是国内市场。事不过三,群众无法忍耐了。他到厂一年,把有可能使厂发生重大转变的好机会一次次地丢掉了。虽然他在岗位上埋头苦干,但厂里的根本问题没有解决,困难依旧,形势更糟。到年底,银行干脆停止向该厂贷款,各地的债主也纷纷上门逼债。跟着这样的厂长还有什么奔头。于是,群众纷纷要求"炒"厂长的"鱿鱼"。

点评：

一个为党勤奋工作的好人，竟被群众"炒鱿鱼"，真是耐人寻味。这位好人缺乏的是作为领导者必须具备的创新素质。死抱着产品"老样子"，管理"老路子"，技术"老方子"。所以，当企业进入充满竞争的经济生活中，人们也就无法容忍那种墨守成规、平安度日、无所作为的领导人了。

崤山伏击战

背景：

春秋战国时期，秦军中了商人弦高设的"犒师计"后，绕路返回。

先轸为晋国中军元帅，他认为秦国力量日趋强大，是晋国称霸的绊脚石，于是在秦军撤退途中设下埋伏。

秦军撤到渑池大约要在四个月之后，这是先轸早已预测好的。渑池是秦、晋之交界，有东西两座崤山，相距35里，这是秦军回国的必由之路。那里地势险峻，树木丛生，道路崎岖，是组织伏击的好地方。

决断：

先轸经周密思索，在此布下天罗地网：先且居引兵五千伏于崤山之左；胥婴引兵五千伏于崤山之后；狐射姑引兵五千伏于西崤山；梁弘和莱驹引兵五千伏于东崤山。

公元前627年，不出先轸所料，秦军进入了伏击圈。晋军的战术为卡头、断尾、斩腰，秦军队伍被截成数段，分别围困在上天梯、堕马崖、绝命岩、落魄涧、鬼愁窟、断云峪等险要地带。当秦军发现被困入埋伏圈时，已是欲进不能，欲退无路。正如晋襄公所料，如此天罗地网，秦军插翅难飞。就这样，万名秦军在此断送了性命。

点评：

遇险设防，逢林莫入，一直就是兵家很讲究的关于战场上地势的描述，在冷兵器时代，战争受地势的制约更大，在战场上对这一因素的考虑也应更充分。

第四章　厚而能使
爱而能令　乱而能治

提要：孙子认为将领对部下既要爱护关心，又要严格要求，这才是
"真爱"。主张赏罚并重、宽严结合，是对上篇"令之以文，齐之以
武"的补充和发展。

巧树样板

背景：

宋朝薛简肃，在成都时，有一天，在大东门外设宴。城中有一名卫兵作乱，不久被擒，成都主管报告薛简肃，问如何处置。

决断：

薛简肃下令，就在逮捕他的地方处斩。

民间认为这是英明的处置，否则一旦追究起来，随便牵扯，时间一拖久，又不知会连累多少人。

类似的例子还有很多。

明镐，宋仁宗时被提拔为龙图阁直学士，主管并州，巡视边境以防备盗贼。当时担任边境事务的人，多半是纨绔子弟。明镐就找出最不称职的人，加以杖罚，一些较软弱的人，就自动辞职离开了，于是明镐就上奏，挑选有经验的人来防守边境的堡寨。

当时的部队行动时，娼妓多半会随着行动，明镐想驱逐她们，又怕伤了士兵的心。刚好有士兵因为争风吃醋，杀了一个娼妓，被官吏抓来向明镐报告。

明镐说："那些人来军中做什么？"

当场释放士兵，不加惩治，那些娼妓知道后，都走了。

陈恕,字仲言,宋太宗时,迁调为工部郎中,掌理大名府。

当时契丹侵略中原,陈恕受命朝廷,要增建城墙,挖深壕沟,许多物资和人力,须由民间征集,但民众却不按时集合。陈恕立刻逮捕大名府中的一名大户恶霸,召集将士,将予处斩。这名大户的宗族哭号上诉,府中幕僚出争着营救,而他本人更是叩头流血请求饶恕,自愿在第二天完成集合的任务,如果逾期,甘愿被斩。

陈恕就下令,让他带着镣铐集合,以警示民众,民众都很恐慌,不敢再延迟。不多久,工事就完成了。

点评:

杀一儆百,可以说是树威立规百用不废的法宝,其杀伤力极大,因而也常常为人所用。样板树起来了,自然会有人知难而退。

"卡尔森"式领导术

背景:

美国联合航空公司总裁卡尔森,是一位极有才华的管理者。在他刚上任时,公司出现了创建几十年来最大的一次亏损,全年大约亏损4 600万美元,为此职员情绪很低,驾驶员、地勤人员、为旅客服务的代理商和空姐也毫不掩饰他们的低落情绪。卡尔森一上任,便实行一整套行之有效的管理方法。在短短的几年里,就使公司的总收入达2亿美元,扭转了公司亏损局面。如今,这家公司已有6.5万名雇员,经营多种业务。

从某种意义上说,一个好的企业家,就是经济"军事家",他必须实行"军事式"管理,这就是"卡尔森"式领导术的核心。卡尔森的领导决窍在哪呢?

决断:

首先,以人为中心。卡尔森以前是西方旅馆业国际公司总裁,对经营航空公司没有经验,但他却看到两个企业的共同点:在任何企业中,总裁虽然左右着下属,但他必须把他们看成是受尊敬、可信赖的人,即上面权力是由下面授予的。用卡尔森的话说:"一家公司的总裁同一位政治家差不多,都有选民,公司的选民——全体雇员也许不会真的到投票处去投票,但是每个雇员确实以兢兢业业或消级怠工的方式来参加选举。一个企业的各级工作人员都必须了解上属纲领,要是他们不了解,上属就无法得到他们全心全意的合作。"

其次,看得见的管理。卡尔森的第二个原则是"看得见的管理",他认为这是他的管理方法的基础。他说:"我的信念是公司的雇员应该看得见第一把手,他们应该知道我的样子,知道我在听取他们的意见,我刚到公司的头一个星期就到下面去巡视工作,后来一直这样做。我在下面的时间占65%。"

他上任一年走了18.6万英里,尽力消除过去的隔阂,当面向职员宣传他的目标,让最了解情况的人解决问题。另一方面,制定联系计划,交流上下情况。公司的一位高级主管说:"卡尔森不仅真正实行看得见的管理,而且把它作为对公司管理人员的一项要求,许多高级主管很少是坐在办公室里的,他们经常跑来跑去,听取大家的意见。"

最后,基层接触。不拘礼节地面对面同下级人员协商是卡尔森管理作风的另一特色,这种对话不仅可以作为了解情况的一条渠道,而且可以是实施新计划之前征求意见的一种手段。公司的一位主管说:"全公司到处强调基层接触,这是卡尔森工作方法的一部分,卡尔森强调要做大量的基础工作。我们不仅向某一级人员征求意见,而且向好几级的人员征求意见。"

基层接触成了联合航空公司作出大多数决定的先决条件。一位高级主管针对这一点说:"管理的窍门是向公司人员宣传计划的优点以及实施计划的必然结果。它的目标不是用发号施令的办法来做他们的工作。但是,如果放松了中央的控制,公司会变得不好管理,这才是真正的代价。但是,如果不搞基层接触,你就只能命令公司人员服从你,却不能命令他们全心全意支持你。服从和全心全意支持之间有天壤之别。"

点评:

卡尔森的这些管理术虽然是诀窍,但如果仿效式地应用起来,还需要有一种协调一致的制度。"令之以文,齐之以武",否则,只能是东施效颦了。

日立公司巧使激将法

背景：

1974 年资本主义世界在石油危机的冲击下，普遍处于经济萧条的状况。日立公司和其他公司一样，在经济上都遭到很大的损失。在这种情况下，日立公司采用了"激将法"。

决断：

首先，他们施用"精神刺激法"，让工人们"暂时回家待命"。这种回家待命区别于一般的失业。按规定：工人离厂回家待命，保证发给绝大部分工资，这样不会影响工人的生活水平，对公司来说，这样也不会有多大的节约。但日立公司认为：在生产任务不足的情况下，让全体工人在工厂里拖拖拉拉地只干 70% ~ 80% 的活，还不如让大部分工人回家待命，这样更有利于保持工人饱满的劳动热情。同时，离厂回家待命能使职工有一定的危机感，有利于刺激职工产生紧迫感。其次，按"救灾式管理法"调整管理干部的工资。1975 年 1 月，日立公司对 4 000 名管理干部实行了削减工资的措施，其中董事长、总经理、副总经理减薪 15%；高级干部、理事减薪 10%；参赞、参事、参事助理减薪 7%，副参事减薪 5%。这是该公司创立以来所采取的最严厉的一次措施，从而加深了管理干部的危机感。

1975 年 4 月，日立公司又将新录用的工人上班日期推迟了 20 天，促使新职工从一开始就产生紧迫感，并让其他老职工产生危机感。

由于采取了这些措施，有力地促使了职工奋发努力，使该公司的"恢复情况比其他公司快"。日立公司在 1975 年 3 月决算时的经常利润从 1974 年 9 月决算时的 281 亿日元，一下减少到了 1/3，即 89 亿日元，东芝公司从 120 亿元，减少到 54 亿元，拿减少的幅度来说，数日立公司最大。到 1975 年 9 月中期决算时，日立公司的经常利润翻了一番，达到了 175 亿日元，但是东芝公司却反而减少了 49%，即减到了 28 亿日元。在 1975 年下半年，日立公司的经常利润达到 240 亿日元，迅速地恢复到 1973 年下半年水平的 73%，而东芝公司虽然也有所恢复，但也只是恢复到 1973 年下半年的 40%。

在日本，许多经营管理者非常重视尊重员工。有人总结日立公司从 20 世纪

60 年代名列世界 100 家大公司的第 46 位,到 1974 年上升到第 16 位的重要原因之一,就在于他们举行会议的桌子。日立的会议桌是圆形的,这样参加会议的人员无论坐在哪儿都可以,没有职位高低之分。如果桌子是四角形的,那么列席会议的人员就会有职位的意识,会介意自己的职位。地位低的人自然会有被压抑的感觉,不能随心所欲地发表意见。四角形的桌子产生的差别,使参加会议的人员不能融融洽洽,同心协力成一体为公司出力。经营管理者注意从小小的桌子着手,礼贤下士,平等以待,这种做法收到了很好的效果。

点评:

在经营管理中能使各个方面人才充分展现才能为本企业效力,是经营管理者的重要职责,也是能使企业迅速发展的重要保证。现代国外的许多经营管理者非常重视尊重和关心职工,因为他们充分认识到,人才潜在智力的开发对企业发展的重要作用。人的潜在能量十分丰富,往往受外在条件的束缚只能部分释放。而在正常条件下能得到正常释放,受到适当激励时则能超常释放。经营者应根据职工的不同需要,采取相应的激励措施,使职工潜在能量最大限度地释放出来。

第十一篇

（九地篇）

第一章　合于利而动　不合于利而止

提要:善于用兵的将领,能够人为地造成敌人的被动,及时发现敌人的弱点,然后战而胜之。用兵打仗必须以利益为原则。调动敌人最有效的办法就是攻击它最心疼的战略要地,夺取它最心爱的东西。

英国人摧毁西班牙"无敌舰队"

背景:

16 世纪下半叶,英国在向海外推行殖民扩张政策时遇到了海上殖民强国西班牙的挑战,西班牙拥有一支强大的"无敌舰队"。

"无敌舰队"拥有各类型战舰 128 艘、火炮 2430 门、水兵 2 万多名。

英国女王发布命令:"必须打败'无敌舰队'!"为此,英国花费了大量资财,用了几年的时间,组建了一支专门针对"无敌舰队"的大舰队。英国舰队拥有各类型战舰和运动舰 197 艘,拥有火炮 6500 门,仅此两项就远远超过"无敌舰队"。但是,这只是两个数字——为战胜西班牙人,英国人把原来的小口径石弹大炮改成了大口径前膛铁弹火炮;英国人还把重炮安置在主甲板上,在战舰的两舷开辟了炮孔进行射击,而西班牙人还是一切照旧。

决断:

1588 年 7 月 20 日,英国舰队在海军总司令霍华德海军上将亲自指挥下,在艾地斯东和孚威之间的海面上发现了"无敌舰队",并悄悄地向"无敌舰队"逼近。7 月 22 日黎明,"无敌舰队"统帅梅迪纳突然发现大批英国舰船出现在自己的前面,连忙发出准备战斗的讯号,但是,英国舰队顺风而行,未开战就已掌握了战争的主动权。英国舰队一阵猛冲,打乱了"无敌舰队"的阵脚,又用重炮将一艘敌舰打着了火。西班牙企图以传统的、战无不胜的"接舷战术"打垮英国人，但英国舰队的水手们灵巧地操纵自己的战舰躲过妄图"接近"己方的"无敌战舰"。战斗从黎明打到夜幕降临，没有一名西班牙人能登上英国战舰。此后一个星期，"无敌舰队"边打边撤，英国舰队边追边打，"无敌舰队"完全处于被动挨打的局面中。

8月8日，英国舰队在格拉夫林子午线上又追上了"无敌舰队"。英国舰队充分利用己方火炮性能优越、射程远的特点，保持一定的距离向"无敌舰队"轰击不止；"无敌舰队"火炮射程近，只能靠打"接舷战"取胜，但英国舰队的火炮又不给他们打"接舷战"的机会，"无敌舰队"终于大败而逃。仅此一战，西班牙的"无敌舰队"就被击沉16艘战舰，而英方没有一艘沉没。

梅迪纳在损失了60多艘战舰后，率领残余的舰船从北面绕过不列颠群岛，退回大本营西班牙。"无敌舰队"从此不复存在，英国人一跃成为海上"殖民霸王"。

点评：

为了保证其在海上的军事优势，英女王不惜以巨大代价消灭西班牙舰队，终于成为海上霸主。

美国化敌为友结盟日本

背景：

第一次世界大战结束以后，帝国主义列强在远东和太平洋地区的矛盾有了新的发展。20世纪20年代至30年代，美国和日本逐渐成为争夺这一地区的主要对手。日本的目的是要称霸远东和西南太平洋，美国的目的是要保持欧美各国在这一地区的基本阵地。双方矛盾无法调和，终于以日本偷袭珍珠港为开端，爆发了太平洋战争，展开了一场大规模的直接厮杀。

1945年，日本战败。日本投降后不久，美国军队以"盟军"的名义占领了日本全国。美国太平洋陆军总司令麦克阿瑟被任命为"盟军最高司令官"。美国国务院、陆军部和海军部共同制定了占领日本的基本政策，把对日占领的基本目的说成是：保证"日本不再成为美国的威胁"，并要把日本政府建成"一个以支持美国为目的而负责的政府"。为此目的，麦克阿瑟相继颁布了一些后来统称为

"民主改革"的法令。其中包括解除和复员日本武装力量,摧毁日本战力和废弃军备,审判战犯,整肃军国主义,农地改革,解散财阀,修改宪法等等。在占领日本的初期,美国对改革抱有很大的积极性和主动性。美国曾吃过日本军国主义的苦头,很想煞一煞这个曾经长期与自己争霸的对手的威风。美国总统杜鲁门在1945年9月2日胜利日演说中就直言不讳地讲,美国"将不会忘记珍珠港",美国也决不会忘记"日本军阀所造成的祸害"。珍珠港的耻辱使美国人对日本军国主义开刀有很大的劲头。

1947年底至1948年初,中国共产党领导的人民解放军在反对美蒋反动派的解放战争中接连取得胜利,蒋家王朝必然覆亡的局面已经形成。美国原来企图变中国为它的殖民地,并想在战后扶植和利用国民党政府充当它在亚洲称霸的工具。现在,希望变成了泡影。

决断:

鉴于亚洲形势的巨变,美国重新研究了日本在其远东战略中的地位,迅速调整了它的对日政策。

首先,美国和苏联由战时盟友变成了敌人,双方之间的冷战不断加剧,在欧洲和远东等地区都形成了对峙的局面。中国革命的胜利,使日本对美国的战略重要性倍增。调整后的美国远东战略,以日本代替即将垮台的蒋介石政府,把日本作为美国在亚洲的前哨基地和反共堡垒,企图变日本为美国的西太平洋"岛屿防线"中的最有价值的地区。为此,美国要极力修改盟国在波茨坦公告中为改造日本所明确规定的非军事化和民主化的主要目标。1948年1月6日,美国陆军部长罗亚尔发表演说时宣布:"最初企图使日本广泛地非军事化的旧方针与要把日本建设成为自立国家的新方针之间产生了矛盾。"因此,新的"对日占领政策是扶植强有力的日本政府。我们不仅要使日本能够自立,还必须把它培养成为坚强而安定的民主主义国家,以便起到可以防御今后在远东方面发生新的共产主义威胁的堡垒作用"。

其次,美国积极在经济上加强日本的复兴,以防止所谓的"共产主义渗透"。美国一改战后初期对日本经济的恢复与发展不承担责任的态度。1948年1月,美国代表在远东委员会上提出要使日本尽快实行"经济自立"。美国为扶植和支持日本的经济,大力加强援助,还以"盟总"名义对日本恢复经济进行干预。美国想复兴日本经济,以加强日本在美国远东战略格局中的重要地位。

另外,美国通过战后改革实现了对日本的控制后,就积极着手把统治大权尽快交给日本的保守政权。从1947年起,美国就开始搞单独媾和活动,以便把美日特殊关系尽快用条约肯定下来。美国总统特使说:"我们已经不想缔结战胜国对战败国的和约,而是在考虑缔结友邦之间的条约。"

从上述战略目标出发,美国明显地改变了对日占领政策。占领当局对民主改革消极怠工,其中凡有与调整后的美国政策不符之处,不是中途刹车,就是事后纠正。如:解散财阀半途而废;被捕战犯被大批释放;全面解除对军国主义分子的整肃;完全中止战争赔款;停止拆迁作为赔偿的大量工业设备;等等。

1950 年,朝鲜战争爆发后,麦克阿瑟命令日本政府新建一支拥有 75 000 人的称为警察预备队的军队,海上保安厅增加 8 000 人。到 1950 年底,日本新增加了相当于美军 4 个师的警察预备队。美国还加强扶植日本的军火工业,增加在日本采购军需物资的数量,使日本变成了美国的战略基地。

1951 年 9 月,在美国旧金山召开了对日媾和会议,通过了一个由美国起草的对日和约。与此同时,日美双方又签订了《日美安全保障条约》及其行政协定。协定规定:日本向美国无限制地提供陆海空军基地。双方实际上结成了军事同盟。

点评:

就这样,这两个几十年来在远东和太平洋地区激烈争夺的对手,为了反对共产主义,结成了新的同盟。美国为了实现自己的全球战略目标,在对日政策上来了个180度大转弯,化敌为友,以期把日本变成它称霸世界的工具。

多国部队大战伊拉克

背景:

1990 年 8 月 2 日,伊拉克总统萨达姆·侯赛因,指挥他的 10 万大军,突然入侵弱小的科威特,不到 10 个小时便吞并了这个富裕的邻国。于是遭到了全世界的反对,成为人人喊打的过街老鼠。

决断:

在海湾危机爆发后的几天里,美军参谋长联席会议主席鲍威尔上将根据美国的利益,迅速地向布什总统提交了一份在沙特阿拉伯大规模快速部署军队的计划,这个计划,后来经过修改,成为震撼全世界的"沙漠盾牌"计划。

到 1991 年 1 月 15 日,参加反伊的国家已经达到 23 个,并迅速组成了以美国为首的多国部队。多国部队总兵力已超过 70 万人,其中美国 50 万人、英国 3 万人、法国 1.5 万人、沙特 7.5 万人、埃及 3.5 万人、叙利亚 2 万人、摩洛哥 1.1 万人、巴基斯坦 1 万人、海湾 6 国联合部队 1 万人,科威特 6 000 人。坦克总数 3 500 辆,作战飞机 1 400 架,各类舰艇 245 艘。

11 月 29 日,联合国安理会通过了 678 号决议,将伊撤军最后期限定于 1991 年 1 月 15 日。这个决议向伊拉克发出了最后通牒。

从 1990 年 8 月下旬开始,美军为适应沙漠地区的地理和气候条件进行了 "恐怖之夜"、"正义铁拳"、"海湾风暴"、"迅雷"等大规模演习,几乎所有美军飞机、舰只和 80% 的部队都经受了强化训练。美军还将许多还没有在实践中使用过的高技术武器,如"爱国者"式防空导弹、"阿帕奇"式武装直升机和"战斧"式巡航导弹等等都一齐搬出来了。可以毫不夸张地说,这次海湾战争,是人类历史上第一次高技术战争的奇观。

尽管如此,美军对发动战争仍表现出了特别的慎重。因为伊拉克是一个拥有大量现代武器和 8 年两伊战争经验的可怕的敌手。没有胜利的把握,他们是不会轻易动手的。

1 月 16 日午夜,霹雳一声,以美国为首的多国部队开始了对伊拉克的全面大规模空袭,海湾大战爆发了!

多国部队的大规模空袭,一浪高过一浪,空袭目标不断被摧毁,伊拉克几乎没有还手的余地。空袭连续进行了多日,伊拉克境内已是满目疮痍。

多国部队无休止的空袭进行到第四个星期,无论是五角大楼、白宫,还是前线部队都已认识到,单纯靠空袭是无法"解放科威特"的,地面决战一定要打。可是战争避免不了伤亡。人命关天,布什总统不得不权衡,要以最少的伤亡换取最快的、决定性的胜利。

美军虽然拥有强大的空中优势,但在地面上与伊拉克没有过大规模的交战。故而不能轻举妄动。特别是经过 1 月 29 日~1 月 31 日的海夫吉小规模地面战斗,暴露出多国部队的许多弱点,显示了伊军有相当的战斗力。所以,多国部队决定延长空袭时间,用空中火力消耗伊军实力,等待地面战斗的时机成熟。

对多国部队的地面进攻能构成较大威胁的,是伊拉克的那支由数千辆苏制坦克装备的占世界第四位的装甲力量,地面战斗一旦打响,大规模的坦克战势在难免。

伊军将主力部署在科威特东北部海岸线和伊拉克西部与科威特交界地区,在多国部队的连续空袭中深藏不出。其目的是准备一旦美军从这两个方向穿插包围过来,伊军将实施反包围。如果战场形势明显不利,萨达姆还有最后一招,即同多国部队打化学战。

多国部队迟迟不发动地面进攻,是因为他们认为时机尚未成熟。至 2 月 9 日,美军发言人说,多国部队空军只摧毁了伊拉克 4 000 辆坦克中的 750 辆,3 200 门火炮中的 650 门,4 000 辆装甲运兵车中的 600 辆。伊拉克军主力部队——"共和国卫队"的战斗力仅丧失了 25%。如果发动地面进攻势必增加多国部队的人员伤亡,延长战争进程。而这正是多国部队方面想尽力避免的。

持续的空袭,使得伊拉克军队的战斗力受到越来越大的削弱。武器装备的损失倒在其次,最重要的是通讯系统受到了极大的破坏,指挥机构无法保持与作战部队的联络,部队难以统一行动,运输线被切断,前线的供应无法保证,士气开始低落。这一切不利因素的来临速度之快,出乎萨达姆的意料之外。

1991 年 2 月 24 日凌晨 1 时,多国部队在大规模空袭持续了 37 天之后,以雷霆万钧之力,从若干个方向同时向伊拉克、科威特境内发起了地面总攻,大决战开始了!

饱受空袭之苦的伊拉克军队,战斗力迅速下降。地面战斗一开始,伊军很快就被迫全线溃退。2 月 25 日,多国部队全面突破伊军地面防线,进逼科威特城。美军第 7 军及英法各 1 个装甲师组成的突击纵队深入伊拉克境内西北部约 200 公里,切断伊科边境的伊军主力——"共和国卫队"的退路,此时的伊军,已无法进行有组织的抵抗。为避免部队被分割包围,当日晚,萨达姆下令全面从科威特撤退。当天,前线伊军 26 个师被击溃,有的在撤退中成建制地当了俘虏。27 日下午,科威特宣告解放。伊军坦克在美军 A – 10 型攻击机和"阿帕奇"式武装直升机的打击下已毁伤过半,共和国卫队大部分已失去抵抗能力。

格林威治时间 2 月 28 日凌晨 2 时,美国总统布什发表讲话,宣布科威特已回到科威特人手中,海湾战争基本结束,多国部队将停止进攻性军事行动。几小时后,巴格达电台播放军方公报,宣布萨达姆命令伊拉克军队在前线停火。世人关注的海湾战争的地面战斗,竟在不到 100 小时的时间内就结束了。

2 月 28 日,多国部队总司令、美军的施瓦茨科普夫将军声称:在这次地面战斗中,多国部队仅阵亡 126 人,其中美军 79 人。伊拉克军队伤亡约 10 万人,被俘 17.5 万人。以美国为首的多国部队在这次战争中,对于开战时间的选择以及进行地面战斗的准备可谓是慎之又慎了。在大规模空袭未达到预期效果之前,迟迟不开始地面进攻。一旦空袭达到目的,则以迅雷不及掩耳之势发动进攻,势如破竹,不到 100 小时就结束了一场大规模的地面战斗,取得了令人难以相信的战果,创造了战争史上的奇迹。

点评:

美国为维护自己的利益,借维和招牌组建多国部队痛击伊拉克,不仅给全世界一个说法,也巧妙地捍卫了自己的利益。

当铺老板假戏真做

背景:

明朝时,绍兴一家当铺,管事收下一件价值1000两银子的古玉器。经老板仔细辨认是件赝品。

骗取银子的典当者,肯定不会来赎,怎么办?他去请教谋士徐文长,徐文长教给了他一条妙计。

决断:

几天后,当铺老板备下丰盛酒席,宴请当地名流和同行。酒过三巡,老板声言要向客人展示一件稀世珍宝——古玉器。不料,当管事急急忙忙取到时,不小心跌倒地下,将玉器摔得粉碎。老板顿时大怒,一面严厉斥责管事,一面心痛地将玉器碎片收起来。

宴会后,绍兴大街小巷,都传遍了这件事,都为当铺老板摔碎价值千两白银的古玉器而惋惜。

行骗的典当者得知假玉器已经摔碎,高兴万分。他想,这下好了,趁机还可以敲当铺一笔银子。

当期到了,典当者拿着1000两银子来到当铺,领取典当的玉器。管事看过当票,收点好1000两银子之后,从铺内取出那件假玉器,原物归还给他。典当者一看,果然是自己的那件赝品,顿时惊呆了。这时,他恍然大悟,自己钻进了当铺老板的圈套,只好抱着那件

假玉器走了。

点评：

宴会上打碎另外仿造的一件玉器，故意弄得满城风雨，引骗子上钩，从而挽回了巨大的经济损失。

特朗普生财有道

背景：

唐纳德·特朗普是当代美国最大的房地产投机商，纽约市曼哈顿区的建筑业巨子，年仅 41 岁就成了拥有 8.5 亿美元的富翁。

特朗普能把生意人的精明用到极处。他的第一个绝招是："只要你能以低价买进一块好位置的地皮，就该你发财啦。"

决断：

20 世纪 70 年代中期，特朗普听说泛美铁路公司打算把纽约中央车站附近的一幢破旧旅馆卖掉，凭他的嗅觉，他知道那地皮所在位置实在不错。于是他就对那旅馆经理人宣称说，那赔钱货不会有人问津，即使他特朗普顶多也只出 25 万美元买一个按 1 000 万美元成交的订约权，于是把旅馆先抓到手。

那时纽约市财政拮据，特朗普对市里说，只要市里在 40 年内免收这座建筑物的房地产税，就可以从这笔交易收回 600 万美元的税款，而且由于他接办旅馆，会给市里提供上千人的就业机会。

他又去找银行，说市里正在跟他做一笔免税的交易，倘若银行不贷款投资，就会白白失掉一个发财机会。

为了增加信誉，他请来了一名建筑师，要他在那地皮上设计出一座超级豪华大旅馆。

等到市政当局要开会讨论此事之前，他叫那旅馆经理向记者宣布旅馆快要关门，这一招可真灵，市里同意了这笔交易，特朗普就得到了一笔纽约市有史以来最大的房地产税豁免，又从银行得到 8 000 万美元贷款。

旅馆重建了，挂出了他的招牌，其实他分文未出。按这笔交易，他每年付市里 25 万美元，由此累进，到第四十个年头他应交纳 275 万美元。可是按税法规定这座翻修一新的大楼应交的房地产税每年达 900 万美元。这就是说，在整个合同期内,仅免税一项就给他省下了 3.5 亿美元,而到新旅馆开张之后,房费猛增,到 1987 年每间已高达 200 美元,旅馆每年净赚 3 000 万美元。

点评:

在现代经营中,利益的驱动常使人们不顾一切地进行投机活动,其中胜败皆有,而特朗普巧妙投机房产而获利实在高妙!

720 万美元买下阿拉斯加州

背景:

阿拉斯加州是美国的第 49 州,它是美国政府用 720 万美元从俄国人手中买来的。

阿拉斯加州位于北美洲的西北角,东临加拿大,西连白令海峡,南面和北面是浩瀚无垠的北冰洋、太平洋。

最早发现阿拉斯加的人是丹麦航海家白令。1728 年,白令奉俄国彼得大帝之令来到阿拉斯加,由于天气的原因,白令没能够登上这片陆地。白令的任务是探察亚洲大陆与美洲大陆是否相连,在完成这一任务后,他返航了。1741 年,白令再次来到阿拉斯加,从南面登上了这块被冰雪覆盖的土地,不幸的是,在返航时,白令因船触礁而遇难。俄国人对白令的离去感到难过,他们紧步白令后尘登上阿拉斯加。从此,阿拉斯加沦为俄国人的殖民地。

决断:

19 世纪 20 年代,美国人大肆鼓吹"美洲是美洲人的美洲",俄国人成了美洲人的"眼中钉"。此后,俄国人又在"克里米亚"战争中败北,在这种背景下,俄国人决心卖掉这块"毫无价值"的冰雪之地。经过多次秘密接触后,1867 年 3 月 29 日,俄国驻华盛顿使节多依克尔禀奉沙皇亚历山大二世旨意,拜会了美国国务卿威廉·西沃德,要求就出卖阿拉斯加土地一事与美国政府举行正式谈判。

谈判持续了一个夜晚。西沃德开口给价 500 万美元。多依克尔耸耸肩膀,道:"太少了! 阁下简直是在开玩笑。"西沃德问:"沙皇陛下想要多少?"多依克尔道:"700 万美元! 绝对不能低于这个数目!"西沃德皱着眉头说:"太多了! 关于购买这块一毛不拔的土地,我已受到了不少的责难,我想,参议院是不会批准的。"多依克尔丝毫不妥协,他说:"就这样了,700 万美元! 外加 20 万美元的手续费——720 万美元!"

西沃德哭丧着脸同意了。

西沃德的沮丧是伪装的,但他所说的"责难"则是真实的。当时,美国刚刚结束内战,百废待兴,到处都需要钱,而政府则几乎是"一贫如洗"。因此,许多议员对购买这样一块"贫瘠"的土地大放厥词,纷纷指责西沃德"愚蠢之至"。西沃德说:"先生们,我们应该把目光放远一些,不要错过上帝赐予我们的这一良机,如果让俄国人把它卖给其他国家,我们会后悔莫及的。为了美国的长远利益,我再重复一遍,为了美国的长远利益,我们不要吵了!"最后,参议院终于拍板同意了。

点评:

西沃德的远见卓识不仅为美国增加了一个冰雪之州,更为美国创造了数不尽的财富。美国接手阿拉斯加后不久,在阿拉斯加就发现了金矿,随即掀起了"淘金"的浪潮。到了 20 世纪,在阿拉斯加又发现了北美最大的油田,其产量在今天仍占美国全国石油总产量的七分之一。

李嘉诚多方投资

背景:

在弹丸之地的"东方明珠"香港,地产商数以百计,其中排名榜首的是长江实业集团董事会主席李嘉诚先生。

李嘉诚出生于广东潮州的一个书香门第,抗日战争爆发后,随父母流浪到香港。不久,父亲在饥寒交迫中病逝了。年仅 14 岁的李嘉诚,为了担起照顾母亲、抚养弟妹的重担,开始在茫茫人海中挣扎,苦斗。

决断:

李嘉诚从推销员做起,由于勤劳能干,20 岁时,他被任命为工厂经理。在这期间,他为推销业务四处奔波,几乎每天要工作 16 个小时,下班后还要坚持学习,以弥补未完的学业。

23 岁那年,李嘉诚辞去经理职务,自己投资开设了一个专门生产玩具及家庭用品的小塑料厂,取名为"长江塑胶厂"。

20 世纪 50 年代后半期,李嘉诚在与外商做生意中,发现欧美市场兴起了塑料花热,几乎家家户户和每个办公室,都用塑料制成的花朵、水果、草木和其他植物作为装饰品。他抓住这一机遇,争取大量塑料花海外订单后,便及时将产品由生产玩具迅速变为塑料花。结果,财源滚滚而来,他的资产一举突破百万元,这为他以后事业的发展奠定了坚实的基础。

几年之后,李嘉诚觉察到塑料花将要滞销,于是又转回投资生产玩具。在塑料花业由盛转衰时,许多厂家纷纷倒闭,而李嘉诚的玩具厂正每年给他带来1 000多万美元的收入。

李嘉诚凭着他敏锐的商业意识,料定随着经济发展和人口剧增,香港的地产业前景无量,必定是赚大钱的行业。于是他果断地把原来的生产迅速地转到投资地产事业上来。

1957年,李嘉诚在他工厂所在的北角地区买下一块工业用地。

1976年,他收购了拥有两家旅馆的温可公司,然后又卖掉其中的一家旅馆,这一转手,实际上便剩下了那家旅馆,只用了相当于其资产净值的2/3的价钱就买到了手。

他争得了在香港岛上建造地铁火车站的两块土地的合同。事后不久,地价大幅度上升,两块土地又为长江实业公司赚得了一笔高额利润。

1978年,李嘉诚买下九龙和红磡地区的大片土地,大量收购九龙仓公司的股票,然后又转卖给船王包玉刚,既获取了高额利润,又为包玉刚赢得与英资怡和洋行争夺九龙仓的胜利提供了有力支持。

1979年9月25日,李嘉诚郑重宣布:长江集团从汇丰银行手上购得英资"和记黄埔公司"22.4%的股权。这表明,长江集团已成为香港历史上第一家能控制英资财团的华资集团。1981年初,李嘉诚又担任了和记黄埔公司董事会主席,这也是香港历史上第一位出任英资洋行总裁的华人。此时,长江集团所拥有的楼宇楼面面积已超过1 500万平方米,已成为香港地产界屈指可数的几大集团之一。

背景:

长江集团的发展壮大,得感佩于李嘉诚非凡的投资胆略和才智,他善于捕捉时机,果断做出投资抉择,才使长江集团在起伏不定的香港地产业中扶摇直上,成为香港地产界屈指可数的几个大集团之一。

第二章　兵贵神速

提要：兵贵神速、突然袭击，这在发动战略进攻时至关重要，是千古不易的真理。

捷共抢先下手　苏联计划成泡影

背景：

1968 年，捷克斯洛伐克共产党第一书记杜布切克发起了"布拉格之春"运动。苏联害怕这场运动危害到自己的利益，使捷克斯洛伐克脱离自己的控制，经过反复考虑和严密部署，于 8 月 20 日晚，以华沙条约组织的名义，开动 50 万大军，在苏联陆军司令巴甫洛夫斯基的指挥下，从北面、东西、南面分 18 路越过边界，入侵了捷克斯洛伐克。同时，华约空降部队也在布拉格和布拉迪斯拉发机场降落，攻占了各处重要建筑。

决断：

苏联的如意算盘是利用捷克斯洛伐克党和政府里的亲苏力量，组成一个听命于苏联的傀儡党中央和政府，让他们以新的捷克党中央和政府的名义，通过广播电台向全捷克斯洛伐克宣布《告捷克人民书》，让捷克斯洛伐克全体居民在 8 月 21 日早晨一醒来就能听到"应捷克斯洛伐克新政府的请求，华约组织兄弟国家的军队开进捷境"，以欺骗全体捷克人民，使苏联的入侵合法化。

捷克斯洛伐克党中央的成员们，得知苏联这一公然违反国际准则和社会主义国家间关系准则的野蛮行径后，异常气愤。他们立即连夜赶到捷共党中央大厦商议对策。杜布切克下令起草一份告全国人民书，向全国人民公布事态真相。捷共中央了解到亲苏分子计划在 8 月 21 日早晨向全国播出伪造真情的《告捷克人民书》后，立刻紧急磋商，决定争分夺秒，抢时间赶在 21 日清晨之前，率先公布捷共中央的《告人民书》。党中央作出这一决定后，当机立断，立即起草、讨论并通过了《告人民书》，然后迅速送到布拉格广播大楼。经过与广播电台里亲苏分子阻挠、破坏行动的激烈斗争，捷共中央终于赶在 8 月 21 日凌晨一点，通过布拉格电台向全体捷克人民播出了《告人民书》。文告宣布："中央主席团认为，这一入侵行动违反了社会主义国家之间关系的准则，破坏了国际法的基本准则。"捷克人民由这一文告，清楚地了解了事态的真相和捷共中央、捷政府的态度，一场反对苏联占领军的斗争迅即广泛展开。

点评：

捷共中央由于当机立断，抢先下手，从而使苏联精心策划的计划落了空，再也无法为自己的蛮横行动找到合法的借口。

当机立断，抢先下手，是打乱敌人战略部署，力争主动的好办法。在我方已陷于不利之境的时候尤其如此。这样我方才可能变被动为主动，挽回一部分损失。否则，一误再误，将完全陷入绝境。

李靖速战平伏允

背景：

公元 634 年，吐谷浑可汗伏允侵入河西走廊，截断"丝绸之路"。唐太宗李世民派老将李靖率重兵剿除伏允。

决断：

进军大西北是一场斗智斗勇的硬战。伏允依仗大西北地区的险恶地形和恶劣气候，对唐军采取"你进我退，你退我进"的策略，致使唐军的几次围剿都没有成功。李靖总结了唐军多次作战失利的教训，制定了"长途奔袭，速战速决"的策略，在库山（青海天峻县）追上伏允后，立刻派千余骑精兵越过库山，对企图凭借险峻的地形死守的伏允实施前后夹击。伏允没有料到唐军会这么快追上他，更没有料到唐军会越过库山向他发起进攻，惶乱之中，丢弃大批作战物资，狼狈而逃。

为了阻止李靖的追击，伏允一边逃，一边焚烧长满牧草的草原。唐军的战马无野草可食，又饥又瘦，众将见状，建议李靖暂时退回鄯州，待野草长出后再追剿伏允。李靖说："伏允锐气已失，正可乘胜追剿，如果让他恢复元气，就不好对付了。"在尚书侯君集的支持下,李靖分兵两路,穷追不舍,伏允走投无路,逃人沙漠。李靖身先士卒,顶着烈日和沙漠中的酷热,渴了就以刀刺马,用马血来解渴,终于在突伦川附近再次追上了刚刚安下营寨准备过夜的伏允大军。唐军从天而降,势如破竹,伏允的儿子慕容顺被迫率众投降,伏允只带亲信几十人逃人沙漠深处,四顾茫然,自杀身亡。

吐谷浑伏允之乱从此平定,从长安通往西域的"丝绸之路"再次畅通。

点评:

乘胜追敌,使敌无力恢复元气,迅速击之则必胜无疑。

夜袭塔兰托

背景:

1940 年 6 月 10 日,意大利对英法宣战,揭开了地中海海战的序幕。随着 6 月 22 日法国投降,英国地中海舰队开始单独面临意大利海军的威胁了。此时,意大利海军拥有 6 艘战列舰、7 艘重巡洋舰、12 艘轻巡洋舰、59 艘驱逐舰、67 艘鱼雷艇、116 艘潜艇以及 134 艘其他船只。这是一支虽有很大不足但仍不容忽视的力量,它同英国海军的比例约为 2:5,但是英国海军分散在世界各地,在地中海只有 4 艘战列舰、1 艘航空母舰、8 艘轻巡洋舰、20 艘驱逐舰、12 艘潜艇。优势显然在意大利一边。英国要想守住非洲,必须不断增援守军,也就必须夺取地中海的制海权以保证从直布罗陀到马耳他再到亚历山大全长 3200 公里的航线的安全。在这种情况下,由于水面舰艇处于劣势,很难或者不可能通过海上决战夺取制海权。那么怎么才能在地中海战胜意军,争得海上优势呢?

决断:

英军认为唯一可行的方案便是擒贼擒王——用夜袭方式摧毁港内的意大利舰队主力。于是英军开始策划袭击意大利海军的主要驻泊港塔兰托。

塔兰托是位于意大利南部塔兰托湾内的一座深水良港,是意大利舰队最重要的基地,拥有支援各种舰艇所必需的一切设施。所以,塔兰托就是意大利舰队的心脏。

为了保证空袭成功,英军还对塔兰托进行了不间断的侦察以弄清意大利军舰的在港情况和港口的防御虚实。在 10 月的几次空中侦察中,英军发现塔兰托港的防空设施中配备有拦阻气球,又发现意大利人正在铺设防雷网。对此,英军对攻击计划进行了修改并为鱼雷装上了磁性引信,对鱼雷定深也进行了调整。这样,意大利人的防雷网便变得毫无作用了。

11月6日下午,"卓越"号航空母舰在4艘战列舰、2艘巡洋舰及大批驱逐舰伴随下,从亚历山大港启航西行。8日中午,舰队被意大利发现,9日,意大利侦察机发现了距塔兰托556公里的英国舰队,由于英国照常保持马耳他到亚历山大间的航行,所以意军误认为英军是在执行常规护航任务,并未在意。11日一整天,意大利没有发现英舰正在向爱奥尼亚海中部前进。晚6时,"卓越"号及护航舰只驶抵距塔兰托315公里的海域。19时45分,"卓越"号转向迎风向行驶,担负首批攻击任务的12架"剑鱼"式飞机依次起飞,消失在夜色中。

19时55分,塔兰托接到了警报,但未受重视,因为这里虽常被侦察却从未遭袭炸。20时05分和50分,塔兰托两次发出了空袭警报,但很快解除了。22时25分,第三次空袭警报响了,莫明其妙的士兵第三次进入了阵地。空袭真的开始了。

英机投下了照明弹,携带炸弹的飞机开始攻击机库、油罐、码头设施及驱逐舰和巡洋舰。其余飞机直扑战列舰。冒着雨点般的高射炮火,英军的"剑鱼"式飞机高度降到了10米以下,分别在1190~365米的距离上投下了鱼雷,3枚命中了目标。这时,塔兰托港如同一个捅翻了的马蜂窝,鱼雷、炸弹、高炮的轰鸣响成了一片。

23时10分,第二批英机又飞抵塔兰托,其中5架带有鱼雷。英军故伎重演,超低空接近目标投雷,又有两枚命中。投完炸弹和鱼雷后,英机返航。身后,塔兰托的高射炮仍在起劲地射击着!12日凌晨,完成任务的英机飞返母舰,在全部21架飞机之中只有两架被击落。

当12日的太阳升起来时,余烟未尽、人声嘈杂的塔兰托港失去了往日的风采。6艘战列舰有3艘被击中,"利托里奥"号被3枚鱼雷击中,受重创;"卡伊奥·杜里奥"号被1枚鱼雷击中,被迫抢滩坐沉海底;"加富尔"号被1枚鱼雷击中,进水后沉没。另外,重巡洋舰"塔兰托"号被击伤,还有2艘驱逐舰也受到了损坏。意大利海军仅死亡40人,但失去了一半战列舰!空袭中,高炮部队一共发射了12 163枚炮弹,但仅击落了1架英机(另一架是机枪击落的),相反,他们却击落了3个拦阻气球并误伤了港内舰只。

点评:

在现代战争中,发挥空军优势,利用速度来打击敌人已经越来越成为主流,尤其是在局部的战场上,集中强大的空袭力量奋力一击,就能有效地战胜敌人,收奇袭之效。

日军夜袭萨沃岛

背景：

　　1942 年 6 月的中途岛海战，美军获得了胜利后又于 8 月在瓜岛登陆，并且十分顺利地占领了瓜岛。得知美军发动进攻的消息后，日军大本营立即采取了行动。8 月 7 日，日军刚组建的第 8 舰队司令官三川军一海军中将下令舰队从拉包尔启航，直驶瓜岛，准备趁黑夜袭击盟军的运输船只，挫败其登陆行动。第 8 舰队由 5 艘重巡洋舰、2 艘轻巡洋舰和 1 艘驱逐舰组成，是日本海军的精锐。

　　日军派出这支精锐舰队势在必胜，所以在一天两夜的行程中日军都是直奔萨沃岛而去，但是美军在萨沃岛也有严密的部署和强大的火力，日军要想援救瓜岛就必须重创美军才行，怎么样才能达到这一目的呢？

决断：

　　由于美军出现了一系列的失误，认为日军即使来袭也是从空中过来，因此没有太在意，加上日方更换了密码本，美军对这次行动没有戒备，给了日军夜袭萨沃岛的良机。

　　午夜刚过，从巡洋舰上起飞的日军水上侦察机飞临瓜岛、萨沃岛间的盟军舰只上空，"拉尔夫·塔尔博特"号驱逐舰总算发现了情况，立即用无线电报警，然而大多数友舰质量低劣的无线电接收设备未能收到这一信号。"卢布"号驱逐舰收到信号后却又无法同旗舰取得联系，而它自己的雷达由于暴风雨及海岸杂波的影响，愣没发现离自己不到 457 米的日本军舰。唯一发现日舰正以 25 节航速逼近的"贾那斯"号驱逐舰由于前一天已被击伤，设备失灵，无法报警。这一系列的巧合注定了美军的灾难。

　　日本海军一向重视夜战，士兵长年苦练夜战本领，完全能在暗夜中测距、瞄准和射击。观测兵凭借优良的素质及高性能的光学望远镜弥补了没有雷达的缺陷。此外，由于配备了新式 610 毫米"长矛"鱼雷，三川对这场战斗信心十足。战前，他传令各舰：帝国海军此次夜袭定能获胜，每人要全力以赴，沉着奋战。此时，美军就在眼前了，三川的舰队排成纵队，旗舰"鸟海"号重巡洋舰一马当先，以 25 节航速向美军直扑过去。日军观测兵在漆黑的雨夜中发现了目标，这是盟军在萨沃岛南部的警戒船只。8 月 9 日凌晨 1 时 43 分，美军的"帕特森"号驱逐舰发出警报：不明身份的军舰正在靠近！但这一发现太晚了。日本的水上侦察机投下了伞降照明弹，盟军的舰只在雨夜中被照得一清二楚。澳大利亚海军重巡洋舰"堪培拉"号还没反应过来，随着三川中将一声"开火"的命令，三艘日军重巡洋舰203毫米穿甲弹便像冰雹一样打来，几秒钟内"堪培拉"号就被击中了24枚炮弹，甲板上的士兵顿时血肉横飞，死伤遍地。紧接着2枚"长矛"鱼雷击穿了该舰的右舷，"堪培拉"号立即燃起冲天大火，严重倾斜，彻底丧失了战斗力。与此同时，美军重巡洋舰"芝加哥"号也被一枚鱼雷击中，随之而来的炮击把它打晕了，"芝加哥"号转舵西行，冒着弹雨逃离了战场。然而最糟糕的是，它未向友军通知日舰来袭。在击溃了萨沃岛南部的盟军后，日舰转向了北部。由于尚未接到警报，萨沃岛北部的盟军舰只已降为"二级战备"，因为他们已在战斗岗位上坚持了36个小时，实在太累了。此时，一半舰员已上床就寝了。对南方发出的火光和炮声，美军误认为是在对空射击，根本未加注意。这时，三川的旗舰"鸟海"号又发现了美舰，日军立即分成两组，夹击美舰。日舰首先发射了鱼雷，不久，惊天动地的爆炸声将美军从睡梦中惊醒，日舰探照灯的光柱迅速集中在"昆西"号重巡洋舰上，一枚炮弹命中了舰上的飞机库，立即引燃了航空汽油。日舰随即关掉了探照灯，因为美舰此刻就像圣诞节的蜡烛一样，成了一个显眼的靶子。"昆西"号拼死还击，并击中了日舰"鸟海"号，但由于对日军突袭毫无准备，舰长怀疑还击是在自相残杀，于是下令停火。结果不久"昆西"号便被击毁。当"昆西"号陷入一片火海之后，日舰的火力立即转向了另外两艘重巡洋舰："阿斯托里亚"号和"文森斯"号。这时，美军还是没有反应过来，"文森斯"号的舰长认定这是一次误会，气急败坏地发出了信号：马上把探照灯关掉！话音未落，日军的炮弹和鱼雷便劈头盖脸地打了过来。不久，两舰相继被打成了一堆废铁。激战中，美军有2艘驱逐舰发射了鱼雷，但无一命中，其余舰只除打了几发127毫米炮弹外无所作为。

当8月9日的朝阳从东方升起时，日本海军舰只早已离去，萨沃岛海面只留下了那些仍在燃烧的美国海军战舰的残骸。"堪培拉"号、"昆西"号、"文森斯"号、"阿斯托里亚"号相继沉没或被迫击沉。萨沃岛海战对盟军来说简直是一场灾难。4艘极为珍贵的重巡洋舰沉没，另有1艘重巡洋舰和2艘驱逐舰受重创，1 270人死亡，千余人受伤。日军依靠奇袭打赢一场海战。

点评：

在对敌人袭击成功的战例中，我们能发现这么一个问题：被袭者都是觉得莫明其妙就受到了打击，还没有反应过来已经被对方打得晕头转向，这也说明袭击确实是战场上很有效的手段。

"沙漠之狐"以速取胜

背景：

1941 年初，意大利在北非战场节节败退，两个月之内被英军歼灭 10 个师。1941 年 2 月 6 日，德国决定派军队援救意军，隆美尔被任命为援救意军的德国非洲军军长。

决断：

从 2 月 11 日起，隆美尔开始到非洲了解情况，不久他了解到敌方一个新的变动：英军王牌第七装甲师撤回埃及进行休整和补充，该战区由刚从英国调来并且都是新兵的第二装甲师的一半兵力来接管；澳军第六师也调换成了第九师，而该师有一部分兵力因补给上的困难还未到前线。英军之所以敢这样做，是因为他们认为德国前来支援的兵力很少，不敢贸然行动。与英军的想法恰恰相反，隆美尔没有等待德军全部到齐，便利用英军调防、轻敌的有利时机和条件，采取了大胆的进攻行动。此时，德军第五战车团和意军的一个师已经开到前线。3 月 15 日，隆美尔把德国和意大利的军队组成混合纵队，从塞尔提向穆尔祖赫发起进攻，迅速向南挺进了 450 英里。这次行动，给了英军以意想不到的打击，同时还获得了在非洲条件下作战怎样进行装备和如何长途行军的经验，为以后的进攻打下了基础。

3 月 24 日清晨，隆美尔又指挥德军攻占了艾阿格海拉地区的要塞、水源地和飞机场，英军被迫撤到阿吉打比亚地区，并立即占领了可以控制这一带高地的梅尔沙隘道以及比尔盐水沼地以南的高地，在那里构筑工事，准备固守。这时，隆美尔面临的问题，是等待兵力在 5 月底到齐之后再进攻，还是马上就行动。如果等待后续部队到齐再行动，那么，就急需解决水源问题，因占领地区的水源已经枯竭，同时还会使英军利用这段时间构筑起坚固的工事，其结果将使德军付出更大的代价。另一个办法就是使用现有兵力继续向梅尔沙隘道进攻，以求一鼓作气击败敌人。隆美尔决定不给英军喘息机会，以最快的速度去打击敌军，变被动为主动。

3 月 31 日晨，在英军立足未稳的时候，德军开始向梅尔沙隘道发起攻击。双方经过一天的激战，德军于傍晚占领了该隘道。第二天，德军又向阿吉打比亚发起攻击，也是用了一天的时间便占领了阿吉打比亚四周的地方。在这次战斗中，隆美尔为了不让敌军知道自己的实力，他用汽车改装成许多假战车，迷惑敌军,收到了良好的效果。

点评:

由于隆美尔灵活使用机械化部队,不给敌军喘息机会,所以,不到一个星期,英军就从昔兰尼加的东界后退400英里,只剩下了一支被围困在托卜鲁克的部队。英军因为隆美尔指挥作战灵活,能够根据沙漠地形、气候与特点用兵,常常以少胜多,从被动变为主动,因而称他为"沙漠之狐"。

"快译通"快速出击得天下

背景:

"快译通"指的是香港谭伟豪、谭传棠兄弟"权智有限公司"所推出的"快译通"电子翻译辞典。

1988年6月,谭氏兄弟以几年打工赚下的20万港元为资本创办了权智有限公司。谭伟豪从美国市场流行的一种体积小、蓄存词汇多、便于携带的英文辞典受到启发,决心研制一种体积小而薄、词汇多而全的电子汉英辞典以适应中国人及世界华人地区学习英语的要求。

决断:

经过9个月的努力,香港第一部汉英电子翻译辞典——"快译通"EC1000问世,半年时间就销售出10万部。初战的成功给了谭氏兄弟以信心,他们独资在深圳建立生产基地,聘用了800多名员工,迅速将"快译通"推向世界。

谭氏兄弟的成功引起了电子商的关注,他们纷纷把自己的同类产品拿到香港,竞争十分激烈。谭氏兄弟认识到:只有不断更新产品,抢先一步开拓市场,才能占领市场,否则,只能被人挤出市场。为此,谭氏兄弟及其研究人员对外国新的研究成果格外关注,他们经常参加各种学术研讨会,与香港的各大学保持良好的关系,设法取得转让技术或与对方合作开发新技术——权智公司的产品因此总是能够领先一步。1989年至今,其产品一年甚至几个月就会推陈出新,令许多参与竞争的对手不得不偃旗息鼓,甘拜下风。

点评:

谭氏兄弟的"快译通"电子辞典只能作单词或一般性常用词组的翻译,兄弟俩为开发能全句翻译的新产品绞尽了脑汁。1991年12月,谭伟豪在一个电脑软件展览会了解到中科院计算机所的研究人员已研制出"人工智能机译系统",立刻找到中科院有关人员,商讨共同开发这个新产品,不到一年,运用人工智能进行逻辑推理的全句翻译发声电子辞典"快译通"863A 面世,再次领先一步开拓了新的市场。

抢先一步 以快取胜

背景:

130 多年前,当路透社创办时,它只是一个"新闻夫妻店",和当前的兴旺景况不可同日而语。路透社的创始者虽不是英国人,但其发迹却是从英国开始的。

1850 年,路透夫妇来到伦敦,于 10 月 14 日在两间租来的房间里宣布正式创办路透社。工作人员除了他们夫妇两人外,只有一名 12 岁的办事员。可见,其规模小得可怜,其影响也是微乎其微。如何打开局面、扩大影响并最终获得公众对自己这家新闻社的承认呢?

决断:

当时正处在资本主义上升时期,资本活动、商业经营和金融事业正日益活跃并复杂化,各种各样的商业和金融信息日趋重要。路透夫妇看准了这一行情,利用英法海底电缆正式起用的有利时机,广泛收集和汇编各种商业、金融消息,以《路透社快讯》的形式发售给交易所、银行,股票商、投资公司、贸易公司等等金融机构,由于它提供的消息及时、准确,因此颇受欢迎。到 1852 年,它的《快讯》已在欧洲声名远扬。在此过程中,路透社逐渐形成了自己传播新闻的特征:快、新、准。1853 年,俄土战争爆发,第二年扩大为克里米亚战争,路透社把它作为最重大的新闻加以发布并作了尽可能详尽的报道,使英国社会及时地了解到战争的情况。这既使人们加深了路透社"快、新、准"的印象,也大大提高了它的地位。1865 年 4 月,美国总统林肯被刺,路透社抢先报道了这一重大消息。经过这一系列不懈的努力,路透社终于奠定了它在国际新闻报道中的重要地位。从此,它的影响不断扩大,终于成为当今世界上几家最主要的新闻通讯社之一。

点评:

抢先一步的目的是为了最大限度地争取市场。一个高明的经营领导者,必须学会适应日新月异的变化。路透夫妇经营新闻事业的成功,正是由于他们看准了"快"的重要性,从而走上了成功之路,赢得了信誉。

第三章　深入敌后

提要:孙子认为,对敌发动战略进攻时必须大胆坚决地深入重地,以坚决果敢的行动迅速插入敌国腹地。为达到此目的,孙子主张大胆地进行无后方作战,在敌国土地上就地解决给养问题,以确保进攻速度。而对于统率三军的将领来说,既要大胆坚决,又要深思熟虑,必须巧妙灵活地变换战术,以雷霆之威统驭部属,以铁血之剑荡平敌国。此外,孙子还以大量的篇幅阐述了"投之亡地然后存,陷之死地然后生"的战略指导思想,强调"聚三军之众,投之于险",破釜沉舟,背水一战,激发全军必死的决心,才能取得战争的胜利。这个观点有其一定的合理性,而且孙子在论证时采用了简洁明快、颇具气势的文字,读来令人振奋。但其中的局限性也是显而易见的,如"愚士卒之耳目,使之无知"、驾驭士卒"若驱群羊"、"犯之以事,勿告以言;犯之以利,勿告以害"等等,都不无愚兵之嫌。

英国人强夺直布罗陀要塞

背景:

18世纪初年,英国为争夺霸权地位与法国展开了西班牙王位战争。1704年,马尔博罗指挥英、荷、德联军在欧洲大陆上多次打败法军及其仆从国的军队;与此同时,英国在海上也采取了行动。为了控制地中海,从海上威胁法国,英国早就有意染指地中海事务。

决断：

1704 年 5 月，英国趁着陆战中连连获胜的有利形势，派鲁克司令指挥一支强大的英荷舰队进入地中海。鲁克同克劳德斯利·肖维尔爵士率领的增援舰队会合以后，于 7 月把目光转向直布罗陀要塞。这个要塞当时只是过往船只的落脚点，法国和西班牙在此还没有建立严密的防御系统，但是，它扼守着地中海的门户，夺取它对控制地中海有巨大意义。8 月 4 日，在一阵炮击之后，黑森·达姆施塔特侯爵指挥的联军在陆上攻陷了直布罗陀要塞。这次胜利与布伦海姆战斗发生在同一个月里。法国和西班牙两国政府对于一个新的敌手进入地中海感到惴惴不安，因此，法国海军倾巢出动，寻找战机。在马拉加附近，双方进行了长期激烈的战斗，但未能取得优势。法国人决心攻下直布罗陀要塞。1704 年冬和1705 年初，英荷守军在达姆施塔特的指挥下，再次击退了法军的猛攻。之后，法国和西班牙在战略问题上发生了激烈的争吵。直布罗陀于是便为英国所占，成了它夺取海上优势的根本保证。

点评：

对于敌人防备空虚或力量薄弱的环节，趁机而攻取之，这是"乘虚而攻"的谋略。兵法上说"如入无人之境，敌人还来不及抵抗就把它攻占了"，指的就是这种情况。英国人利用法、西两国对直布罗陀要塞战略地位的轻视以及在该要塞防备的松弛，果断加以夺取，不能不说是"乘虚而攻"这一谋略的成功运用。

希特勒的阿登反击战

背景：

1944 年秋，第二次世界大战已接近尾声。盟军对德国展开全面反攻，但由于战线过长，兵力不足，尚需重新调整部署。希特勒抓住这个机会，集中优势兵力，孤注一掷地向盟军最薄弱的阵线——阿登地区展开了最后反击。

决断：

希特勒看到当时形势对自己很不利，只守不攻，无异于坐以待毙。他冥思苦想，费尽心机，最后终于制订出一个大胆的作战计划：集中优势兵力，出其不意发动反攻，突破盟军的防线，直捣缪斯河；再分兵两路，直插安特卫普和布鲁塞尔，夺取艾森豪威尔的主要供应基地,将欧洲盟军切成两半,消灭美军第一、九集团军、英国第二集团军和加拿大第一集团军。用这个办法一举夺回战略主动权,彻底解除德国西部边境的威胁。

为了组织兵力,希特勒下令全国实行"总体战"体制,凡年满16岁到60岁的男子,不准一人逃避兵役。到12月初,居然强行组织了28个师(其中有9个装甲师)的兵力,近2 500辆坦克和重炮,戈林还答应凑足3 000架飞机。这是一支相当可观的力量!经过仔细考虑,希特勒选定位于卢森堡、比利时和德国交界处的阿登地区作为反扑的突破口。这是一片茂密的森林地带,全长85英里,是盟军长达450英里的战线上防御最薄弱的一段。

12月15日晚,天特别黑,浓雾笼罩阿登森林地区,大雪覆盖着群山。在接连几天的恶劣气候掩护下,28个师的德军悄悄进入了进攻阵地。美军第一集团军的两个军防守着阿登战线,他们共有6个师(仅有一个坦克师)约8万人。正在酣睡中的美军官兵做梦也没有想到,德军的绝对优势兵力正虎视眈眈地待命出击。就是在盟军最高统帅部中,也没有任何人想到,穷途末路的德军竟会突然发起凶狠的反扑。

1944年12月16日晨,当时针指向5时30分整,密集的德军大炮突然喷出凶恶的火舌,几乎所有的美军阵地都遭到了猛烈轰击。惊恐的美军官兵慌乱地钻出睡袋,爬进掩体。电话线早被炸断,美军呆在掩体里,根本不知道是怎么一回事。炮击刚一停止,数百架德军探照灯"唰"地放光,美军还没反应过来,德军的坦克履带已经碾碎了残存的美军工事。阿登前线的美军被打得措手不及,几乎全线崩溃。

在中线进攻的德军进展神速。因为在这里防守的是正在休整补充的美军和从美国国内刚调来的新兵。12月17日晚,美军第106师约9 000人被德军包围,最后被迫全体投降。这是美军在欧洲战场上一次最惨痛的失败。

在南线,德军成功地建立起了一道壁垒,保护着中线德军的进攻。还在战斗刚打响之时,希特勒就命令党卫队分子奥托·斯科尔兹内指挥一个有2 000人的会讲英语的德军特种旅,身穿美军制服,乘坐缴获的美军坦克和吉普车,伪装成美军潜入盟军后方。他们切断交通线,杀死盟军传令兵,在交通要冲胡乱指挥美军运输;他们还散布美军司令艾森豪威尔已遭暗杀,德军已获大胜的谣言;一些小股部队越过前线,控制了缪斯河上的桥梁,使德军装甲部队主力顺利通过。由于这些特种兵的破坏,美军前线情报乱成一团。到12月18日晚,盟军最高统帅部才搞清敌情,确定这是德军的一次大规模反攻。

到这时为止,在阿登战役中,德军占尽了主动,盟军付出了惨重代价。但当盟军稳住阵角,组织力量反攻时,希特勒犯了一个致命的错误,把初步取得的战果化为泡影。当时面对强大的盟军,德军只有迅速撤退才能免遭围歼。但希特勒听不进任何有关撤退的建议,继续下令向前推进,直到1945年1月德军付出高昂的代价后,希特勒才不得不下令撤退。

点评:

单纯从军事角度来分析,德军的反击战略是成功的,它抓住了对方的弱点,集中优势兵力,出其不意发起反攻,夺取了战场上的主动权。反击战贵在出其不意,同时要审时度势,知进知退。

第四章　为兵之事　在于顺详敌意

提要:孙子指出,用兵之道在于顺知敌情,在出敌意外的时机选择出敌意外的主攻方向,以出敌意外的速度和突然性发动迅猛的进攻,千里征战,战无不胜。

陈平巧助田子春

背景:

陈平是汉高祖刘邦的开国谋臣,曾七出奇计助刘邦夺得天下。刘邦临死时对列侯群臣说:"我死之后,不是姓刘的不可以封王,未建树大功的不可以封侯,如违此约,你们可以共同讨伐他!"

刘邦死后,吕后掌权。吕后想变刘家天下为吕家天下,把刘邦的儿子杀的杀、关的关,未遭杀戮的也都被剥夺了兵权。齐王刘泽原来拥有20万大兵,刘邦一死,吕后就把20万军队收归己有,刘泽为此又恨又怕。

刘泽有一名忠心不二的谋士叫作田子春。田子春看出了刘泽的心思,对刘泽说:"主公整日闷闷不乐,不就是想要索回那20万兵马吗?只要给我黑白两匹骏马和一笔经费,我就能把兵权要回来。"

刘泽喜出望外,立刻派人给田子春送去黑白两匹骏马和一大笔金银。

决断:

田子春索取骏马是为了打六宫大使张石庆的主意,因为吕后最宠幸张石庆,而张石庆又最喜欢良马。田子春领着儿子,带着骏马进入京城长安,故意把马拴在张石庆上朝的必经之路上,引得张石庆垂涎三尺。张石庆派人把田子春唤到府中,问田子春的马卖不卖。田子春说:"我这一对马是两匹宝驹,我带着儿子赶着马从山东到京城来无非是想卖掉马找个差事做,大使喜欢,送给大使即是,哪敢说卖不卖。"

　　张石庆眉开眼笑，又得知田子春与自己妻子同姓，便认田子春做自己的舅子，让田子春搬回自己府中。这正中田子春下怀，立刻让儿子过来叩见"姑夫"、"姑母"。从此，田子春跟在张石庆身后，俨然成了张石庆的家人。

　　一天，张石庆跟田子春谈起吕后，田子春乘机说："太后一心想封吕家的人为王，只是没人说破，太后不好意思开口，姐夫如果奏请太后封吕氏三人为王，太后一定很高兴，说不定还会封姐夫为上大夫呢!"张石庆照着田子春的话做了，吕后果然非常高兴，将吕超、吕禄、吕产分别封为东平王、西平王、中平王，又封张石庆为末厅丞相。张石庆乐得合不拢嘴，回到府中立刻把这一喜讯告诉了田子春。

　　田子春听后，故作吃惊地说："哎呀! 我是酒后失言，姐夫却当真了。这一下，恐怕坏了吕家的大事!"张石庆不解地问："这话怎讲?"田子春道："吕家一天之内封了三个'王'，刘氏还有三个王在京城外，无兵无权，他们能高兴吗? 万一造起反来，怎么办?"张石庆连忙向田子春讨对策。田子春不慌不忙地说："这也好办，刘氏三王，有权势的给他们些赏赐，无兵无权的给他们些兵权，大家都有甜头，谁也不会起外心了。"

　　张石庆把田子春的话学给吕后听，吕后也觉得有理，但她还拿不定主意，便把陈平召入宫中，商议如何是好。陈平早就对吕后专权不满，但孤掌难鸣，只好静待时机，听吕后如此如此一说，便知道是有人在为刘泽谋取兵权，于是顺水推舟，连连说"好"。吕后得到陈平的赞同，一道圣旨下到山东，把刘泽召入宫中。

　　吕后命人把兵符交给刘泽，但对给多少兵马却又拿不定主意，转头问陈平："应该给多少兵马?"陈平道："太后自己拿主意吧。"吕后看了跪在阶下的刘泽一眼，又问陈平："3万?"陈平不答，同时向刘泽眨眨眼，示意刘泽不语。刘泽聪明过人，立刻明白了陈平的意思，跪在阶下，一言不发。

　　吕后见陈平不说话，又问："7万?"

　　刘泽愣怔怔地望着吕后，还是一言不发。

　　吕后来气了，连连摇手，道："算了! 算了!"

　　陈平见状，大喝一声，道："刘泽! 太后已答允给你五五二十五万人马，还不赶快叩谢!"

　　刘泽连连叩谢。

　　吕后瞪了陈平一眼，只好给了刘泽25万人马。

　　刘泽拿着兵符，到后部领出25万人马。田子春早已知道消息，带着儿子跑入刘泽帐中，道："兵马到手，还不快走? 太后随时都会把兵马收回去的啊!"

　　刘泽一声令下，25万大军马不停蹄地向山东奔去。

　　后来，刘泽就是凭着这25万大军树起了造反大旗。

点评:

在用直接的方法达不到目的情况下,先佯装顺从敌手的意图,常可一举成功。

形退实进　趁火打劫

背景:

众所周知,巴拿马运河是美国控制的一条内河航线,美国每年要从这条运河上赚一大笔钱,而且这条河的战略地位非常重要。前巴拿马总统诺列加就是因为不听美国指挥,表示要按时收回巴拿马运河主权而得罪了美国,被美国"宪兵"抓到美国受审判刑的。可巴拿马运河最早却并非由美国开凿的。19世纪末,有一家法国公司和哥伦比亚签订了一项合同,打算在哥伦比亚的巴拿马省内(注:当时巴拿马尚未独立)开凿一条连通大西洋和太平洋的运河。

主持这项工程的总工程师就是因开凿苏伊士运河而闻名世界的法国人雷赛布。凭着过去的成功经验,他认为完成这项任务不在话下。但工程一开工就遇到了麻烦。原来,巴拿马的环境和苏伊士有很大的不同,工程进度相当缓慢,而且公司的资金也开始短缺,公司陷入了困境。

美国总统罗斯福听到这个消息,心里十分高兴。决定购买运河公司,由美国开凿巴拿马运河。因为,美国对开凿这条运河也早有打算,只因法国下手太早,抢先与哥伦比亚签订了合同,使美国被动一步,懊悔不已。这下机会终于来了。

法国也知道美国早有此意,就先下手抢到了这块肥肉。可是法国运河公司目前又面临困境无法经营,不得已,法国公司代理人布里略访问了美国,提出要出卖运河公司,开价是1亿美元。法国认为,美国一定会很高兴地买下。

决断:

尽管美国早就对运河公司垂涎三尺,得悉法国公司要出售更是欣喜若狂。但表面上显得并不怎么热情。罗斯福故作姿态,指使美国海峡运河委员会提出一个调查报告,以证明在尼加拉瓜开运河省钱。报告煞有其事地称:"在尼加拉瓜开运河的全部费用不到2亿美元。虽然在巴拿马开运河直接费用只有1亿多,但并不合算,因为需要另外付出一笔收购法国公司的费用。这样加起来,开巴拿马运河全部费用就将达到2.5亿多美元。"这个报告自然要让法国公司代理人布里略先生"过目"。

一看报告布里略吓了一跳。心想,如果美国不在巴拿马开运河,法国不是一分钱也收不回来了吗?于是他马上游说,声称法国愿意降价出售运河公司,只要4 000万就行了。罗斯福一听,立即指示用4 000万买下了运河公司。仅此一项美国就少花了6 000万美元。法国人还以为挺幸运,总算收回了4 000万。殊不料却上了罗斯福的当。

买下公司后,罗斯福又对哥伦比亚政府故伎重演。他指使国会通过一项法案,规定如果美国能在适当的时机内和哥伦比亚政府达成协议,美国将考虑开凿巴拿马运河,不然的话,美国还将选择开凿尼加拉瓜运河。

这么一来,该轮到哥伦比亚政府坐不住了,马上指使驻美国大使找到美国国务卿海约翰协商,签订了一项美国条约,同意以1 000万美元的代价长期租给美国一条两岸各宽3英里的运河区。美国每年另外付给哥伦比亚10万美元。这个协议给美国带来的却远非几千万的利益,无怪乎后来诺列加稍有反叛就受到了美国"制裁"。

点评:

罗斯福不愧是老谋深算,他欲擒故纵,形退实进,既网开一面叫法国人、哥伦比亚人有"甜头"可吃,又趁火打劫,捞了大便宜。

体制转换　脱胎换骨

背景:

曹操虽不冒天下之大不韪,但在他临终前的几年,还是采取了移花接木的办法,一步步为儿子取代汉天下做好了所有准备。

决断:

在"移花接木"建立国中国的过程,曹操利用体制转换,营造了一个新的实体政权。

自建安元年(公元196年)开始,曹操一直"录尚书事"。但他忙于打仗,遂以心腹荀彧为代尚书令。

建安九年(公元204年)九月,曹操以邺城为大本营,荀彧负责的尚书台也迁到了邺城。于是,尚书台完全脱离了少府,而在许都的少府只管皇室的生活起居了。尚书台官员不再隶属于少府,实际上从建安元年即已开始,曹操以录尚书事的身份通过尚书台来控制在许都的中央政府,荀彧只对其顶头上司曹操负责。

但是，曹操逐渐发现荀彧在政治上与自己离心离德，遂于攻占邺城之后下令将尚书台也迁至邺城，置于司空府的控制之下。

为了加强司空府的权力，曹操在太尉和司徒的人选方面也早就采取了措施，"必择老病不任事、依违不侵权者居之"，使二公形同虚设，后来选中了杨彪和赵温。但杨彪是袁术和袁绍的姐夫，曹操对他很不放心，一边拉拢利用，一边严密监视。

赵温看出苗头不好，为了保住官位，向曹操献媚，延聘曹丕为司徒府属官。殊料曹操并不领情，而是借机上书献帝，指控赵温"辟臣子弟，选举故不以实"，罢免了他的司徒之职。这次，一向自诩精于官场门道的老官僚赵温拍马屁看错了地方，结果弄巧成拙。曹操一不做二不休，又随便找到了一个借口罢免了杨彪的太尉之职。

地位平行的三公制是曹操走向权力顶峰的障碍。为了从法制上求得独揽朝政的保障，曹操于建安十三年（公元208年）六月毅然改革中央政府的体制，对重要的职官人事进行调整和改组。通过调整，曹操便名正言顺地由丞相府通过尚书台来控制许都政权了。换句话说，曹操将自己的意图由丞相府主簿司马朗传给代尚书令荀彧，再由荀彧传给献帝，最后由献帝以诏书的形式颁发全国。

如果说曹操迎献帝都许是他走上雄霸天下的关键一步，那么，他改组中央政府，用邺城的丞相府取代许都的中央政府，是完成代汉的组织准备。

两年以后，即建安十六年（公元211后）正月，出于曹操的安排，献帝诏命曹丕为五官中郎将、副丞相，授权设置官署。这是一个重要的步骤。按汉制，五官中郎将统带五官郎护卫皇宫，隶属于光禄勋，不置官署。曹丕置官署当然是特许，又任副丞相，丞相府在邺城，故他供职于邺城。其官属主要有：长史凉茂、邴原、吴质，文学徐干、苏林、夏侯尚，司马赵戬。这当然是曹操的安排，之所以如此，是让曹丕经受从政的锻炼，将大本营交给儿子，自己可以放心地带兵出征。

形式上的一些重要变化也同时开始。建安十七年（公元212年）正月，曹操得到"赞拜不名、入朝不趋、剑履上殿"的殊荣。按规定，大臣上朝之时不准身带任何武器，要脱去鞋子，进殿之前要先接受检查，由司仪官唱导大臣的官职和姓名；大臣进殿要一溜小跑，不能踱方步，否则将以"大不敬"治罪。现在曹操上殿可以佩剑、穿鞋，从容列班，司仪官不再直呼其姓名，而是口称"丞相"。礼仪的特许简化，表示曹操是汉天子最亲近最可信赖的臣子。

曹操从"复出"的体制转换中，用他的一套人马取代了汉献帝所在的中央政府，从此"政出曹门"。接下去是实际的脱胎换骨，即建立魏国，用恢复九州制的旗号使自己辖地日大、从而最后"吞并"汉家天下。

是年，曹操变更行政区划，从与魏郡接壤的各郡、王国中分出15个侯国和县,以增广魏郡。即割河内的荡阴、朝歌、林虑三县,东郡的卫国和顿丘、东武阳、发干三县,巨鹿郡的瘿陶、曲周、南和、广平、任城五县,赵王国的襄国和邯郸、易阳二县,作为魏郡新的属县。董昭看出曹操此举的真实意图,与同僚计议,认为曹丞相"宜进爵国公,九锡备物,以彰殊勋",终因荀彧暗中反对而未获成功。

早在建安九年曹操攻占冀州之后就曾拟议"复古置九州",也因荀彧反对而作罢。建安十七年(公元 212 年)冬荀彧死去,曹操遂于建安十八年(公元 213 年)正月以献帝名义下诏、合并全国 14 个州为 9 个州。

经过两次调整后的行政区划的突出特点是,冀州由原来的 10 个郡国增加到 32 个,成了地域和人口在全国都占首位的大州,魏郡也是最大的郡。古代崇尚"九"字,"九"与"久"谐音,取"长治久安"之意。曹操在"复古"的旗号下省并州郡,扩大冀州和魏郡的辖区,其目的只有一个,即增加冀州牧的实力和为建立魏王国而未雨绸缪。

建安十八年(公元 213 年)五月,献帝命御史大夫郗虑持节,带着诏书至邺城,晋封曹操为魏公,始建魏国。

至此,曹操大体上完成了"脱胎换骨"的过程,汉朝已剩下一个空壳,以魏代汉只是时间而已。

点评:

步步蚕食,金蝉脱壳,通过体制上的变动,将对方渐渐架空,使对方名存实亡,确实是不露行迹地转移权力的极佳方式。

福尔摩斯制服悍犯

背景：

海伦·斯托纳和朱莉娅是一对孪生姐妹，他们的母亲是一位年轻遗孀，后来改嫁给一个叫罗伊洛特的医生。这位母亲有笔相当可观的财产，改嫁时带到了第二个丈夫的家里。但是不久她在一次事故中丧生，临终前立下遗嘱，把财产全部赠给丈夫，不过附有一条件，那就是在两位女儿结婚后，其继父每年要拨给她们一定数目的金钱。这以后，海伦姐妹俩随其继父回到斯托克莫兰罗伊洛特家族的古老邸宅里居住，过了一段相对宁静的生活。

几年以后，姐妹俩渐渐成人，姐姐朱莉娅有一次认识了一位青年军官，并和他缔结了婚约，她继父对此并未表示反对。但是，在预定举行婚礼之前不到两周的时候，发生了可怕的事情。一个暴风雨之夜，海伦突然听到她姐姐的狂叫，她立即从床上跳起来，冲了出去。只见她姐姐出现在房门口，脸色由于恐惧而雪白如纸，整个身体像醉汉一样摇摇晃晃。朱莉娅看到海伦后，凄厉地叫喊着："唉，海伦！天啊！是那条带子！那条带斑点的带子！"然后四肢可怕地抽搐，话也说不出来，等到她们继父从房间里赶出来时，她已奄奄一息，不久便咽了气。事后，当地验尸官进行了认真检查，但没找出任何能令人信服的致死原因，朱莉娅身上没有暴力迹象，房门、窗户及其它一切可能进入房间的通道都锁得很牢，连地板和墙壁也经过检查，都很坚固。因而，此事就这样不了了之。

这以后，海伦在古老的邸宅里又过了两年平静而孤单的日子。直到有一天，一位她认识多年的朋友向她求婚，她欣然接受，两人商定在春天的时候结婚。婚期日近，海伦的继父提出修缮一下房间，让海伦搬到她姐姐原来住的房间里。但是，海伦在这个房间只住了一个晚上，便发现了一些奇怪的事情，她感到恐惧和危险，因此，焦急地前往贝克街，请求大侦探福尔摩斯帮助。福尔摩斯如何破解这一奇怪的现象呢？

决断：

海伦在叙述中提到，她和朱莉娅都听到过奇怪的口哨声，她、她继父和朱莉娅的卧房是依次相挨的，当朱莉娅出事的那天晚上，海伦证明自己听到了一声口哨和金属撞击的声音，似乎是从隔壁罗伊洛特医生的房里发出来。福尔摩斯听了叙述，趁罗伊洛特医生外出的机会，立即同华生一起赶到那座邸宅进行了实地调查。他在朱莉娅的房间里发现了两个疑点:一是在床上头垂挂着一条铃绳,直拖到床上,据海伦说,她们从不拉铃叫仆人,福尔摩斯试拉了一下,却发现是死的,原来这只是一根装样子的铃绳;二是在系铃绳的地方旁边,开着一个通气孔,这个通气孔不是开向外面,而是开向隔壁房间,实际上不起什么通气作用。福尔摩斯经过推理,意识到这是一桩非常阴险的毒辣计划,他认为凶手就是海伦的继父罗伊洛特医生,其目的是不想让她们姐妹与人结婚,这样他便可以永远控制妻子赠送的所有遗产。福尔摩斯进一步潜到医生的房间中察看,发现在靠隔壁墙的旁边立着一只锁住的铁柜,据海伦说,他继父爱好热带动物,正养着从印度带来的一只豹和一只狒狒。于是,福尔摩斯从朱莉娅临终所说的"一条带斑点的带子",联想到热带毒蛇。他知道海伦已处于极其危险之中,必须马上揭穿罗伊洛特医生的阴谋,使其束手就擒,受到惩罚。福尔摩斯思索再三,决定顺水推舟,明松暗紧,诱使凶手自己暴露出来。

当天晚上,福尔摩斯吩咐海伦继续留在她姐姐的房间里,他与华生在庄园外守候。当夜深人静,庄园里的人都就寝后,他们潜进来,由海伦打开百叶窗,从窗户进入朱莉娅的房间,然后,海伦躲到她自己的原来房间去,由福尔摩斯手执鞭子同握着手枪的华生悄悄坐在这里,等待揭穿凶手的阴谋。果然,到了凌晨的时候,一条剧毒的沼地蝰蛇从通气孔处发着"丝丝"的响声冒出来,并沿着铃绳迅速爬下来,福尔摩斯虽早有防范,也惊恐不已,他用鞭子猛烈地抽打毒蛇,只听一声低沉、清晰的口哨声,毒蛇往回爬去,紧接着在隔壁房间突然传来一声惨叫,福尔摩斯同华生迅速赶过去,发现那条毒蛇正盘在罗伊洛特医生头顶,医生被咬后毒性发作已经死去。原来,福尔摩斯的几鞭子激发了毒蛇的本性,它被呼回去后,对第一个见到的人狠狠地咬了一口,因此,罗伊洛特医生恶有恶报,受到了应有的惩罚。

点评:

假装什么也不知道,以诱敌出洞,这是对付狡猾对手的最好办法。

打鬼借钟馗　挟天子以令诸侯

背景:

曹操刚崛起时,天下各主要势力各有优势,如孙策凭借长天险而固守,刘备则凭借"光复汉室"的招牌而感召天下。

决断：

在群雄并起的形势下，欲想谋求霸业，必须营造一种自己的优势来号令天下，曹操经过比较权衡，决定以"奉戴天子"——即所谓"挟天子以令诸侯"作为自己的政治优势。

中国古代有一句成语，叫做"要想打鬼，借助钟馗"。打鬼借助钟馗，确实是一个十分高明的做法或谋略。因为一方面鬼是怕钟馗的；另一方面，谁有了钟馗，谁就掌握了打鬼的优势与主动权。

打鬼借助钟馗。这种做法的原理不过是做事情尤其是做大事情要借助一种招牌，或者说打着一种旗号（借一面义旗），而这种招牌和旗号的名声必须是响亮的，表面的威信必须是公认的。这样才能感召众生，竭智效力。

古往今来，许多成大事者都颇得"借一种旗号"令天下的真传与实惠。众人皆知的春秋首霸霸主齐桓公就是通过"尊王攘夷"的做法而获得其政治上、军事上的主动权。曹操的"挟天子以令诸侯"可以说又是运用这一谋略的经典范例。

在曹操之前，先是董卓控制着汉献帝这面"义旗"。

但可惜他是一专横跋扈、滥施淫威的暴徒，没有能很好地利用这一优势，很快便落得个"暴尸于市"、"焚尸于路"的下场，此后，汉献帝在杨奉、董承等扶持下离开关中，要不要借机迎奉献帝，就成了摆在曹操面前的一大问题。经过一场热烈的争论，此后，又经过一番艰苦曲折的奋争，曹操终于于建安六年（公元201年）八月将当时处于困窘中的汉献帝迎至许都。

将窘困流徙中的献帝迁到许都，由自己来充当献帝的保护人，是曹操政治生涯中的得意之作。曹操这样做，不仅使自己获取了高于所有文臣武将的地位，而且把献帝变成了自己进行统一战争的工具。从此无论是征伐异己还是任命人事，都可利用献帝名义，名正言顺置对手于被动地位，而给自己创造了极大的政治优势。另一方面，这样做在客观上对国家、对人民也有好处。当时群雄割据，谁都想灭对方独霸天下。曹操迎帝入都，将献帝置于自己有力的保护之下，虽然使献帝变成了一个傀儡，但也使献帝在局势极为混乱的时期免除了被废黜、被杀害的危险，保留了这样一个国家最高权力的象征，使得各地割据者的野心、行为受到遏制，从而在一定程度上维护了中央集权，对控制割据、分裂局面的恶性发展，加速国家统一的进程发挥了一定作用。

东汉末年的军阀割据和混战，给社会造成了严重的破坏，给人民带来了深重的灾难。但是，乘乱起兵的大多数领导者，只有军事家的头脑，而很少有政治家的眼光。而只有曹操独具慧眼，清楚地认识到政治决策的正确与否，民心的向背，是决定胜负的首要因素。因此他毅然接受了僚属们"挟天子以令诸侯"的建议，把献帝迎接到自己的根据地许都。

点评：

借助钟馗前来打鬼,必能大见功效,只有借助好的招牌来行己之事,方能收揽人心,感召众生,使他人为自己效力,从而更顺利地实现自己的事业要做到这一点,首先要深谋远虑,有长远的政治眼光。其次还要抓紧时间,当机立断,才能优先掌握主动权。

香港维他奶的时代步伐

背景：

豆浆、油条,这是多少中国人习惯的早餐。豆浆以大豆为原料,是豆腐作坊的产品。在以喝可乐、牛奶为时髦的今天,喝豆浆的人很可能被追求时髦的年轻人称为"土老帽"。

但事实是,现在的豆浆不仅在香港大行其道,且还挤进了国际市场,受到美国和西欧各国人的欢迎。在这些国家的超级市场上它和可乐、牛奶并排摆在货架上,而且价格还很高,并一直畅销不衰。

决断：

这种豆浆是由香港豆品公司制作的,至今已有50年的历史了。不过它现在的名字叫维他奶。这是一个附合时代潮流的名字,"维他"来自拉丁文 Vita 和英文 Vitauin 是生命、营养、有活力的意思,用奶取代浆则来自英语 SovamilK(豆奶)的概念,也就是向人们提供一种既便宜又有营养的牛奶代用品,一种穷人的牛奶。从 20 世纪 40 年代维他奶第一次上市到 20 世纪 60 年代的 20 年间,香港豆品公司不断改进产品质量,完善销售手段,大力宣传维他奶的营养价值,突出它的"穷人牛奶"的物美价廉,使维它奶的销售量由每年 500 万瓶增加到 3 000 万瓶,占到当时香港饮料市场的 25%。1964 年,联合国儿童基金会还以维他奶为例将豆浆含有丰富蛋白质及维他命的概念介绍给很多发展中国家。

到了 20 世纪 70 年代,香港人的生活水平大大提高,营养已不是人们日常关心的问题了。如果这时再以"穷人的牛奶"来吸引顾客已不合时宜了。豆品公司适应时代潮流,改变了经营策略,先引进一套保鲜软包装饮料生产设备,推出以保鲜包装的纸包装维他奶和麦精维他奶,这样既美观、卫生,又携带方便。同时在广告宣传中,把它塑造成为适合于年轻人消费品形象。广告词中一反人们熟悉的"解渴、充饥或令你更美、更强、更健美"等词句,代之以"点之汽水甘简单"等,意思是维他奶并不像汽水那么简单,这句广东话琅琅上口,一时成为香港人的口头禅。广告画面配之以翩翩起舞,手拿维他奶的年轻人,使维他奶成为一种"消闲饮品"的形象。这一策略使其销量在1975年创最高销售纪录,超过了400万箱。

可到了20世纪80年代,香港年轻人喝维他奶怎么也喝不出"派"来了,豆品公司经过苦心思索,决定还是在广告上下功夫。从1988年始,维他奶的广告就笔锋一转,重点突出他那亲切、温馨的一面,在电视广告上,画面轮流出现不同年龄层次的人的面孔,背景响起配有乐曲的歌词"童年的你,一定天真可爱"美妙的歌词勾起了人们对童年的回忆,维他奶伴随着人们成长,已成为香港本土文化的一个组成部分,就如同可口可乐对美国人一样。由此,维他奶又开始树立了"经典饮料"形象。在香港的销量仍保持饮料市场的30%,并进入国际大市场。这一时期太多的脂肪成了发达国家民众的一大苦恼。维他奶见缝插针,进入国际市场时首先宣称它是"天然饮品",既没有掺入人工的成分如色素和附加剂等,又可以使消费者不会吸收太多的脂肪,特别是动物脂肪。这种宣传果然奏效,受到欧、美、澳等国人的欢迎。目前维他奶销往20多个国家,已成为国际性的一种低脂肪饮品的名牌。

点评:

回顾一下维他奶的发展,创始之初,宣传它是穷人的牛奶,虽和牛奶有相同之处,但价格比牛奶低。20世纪80年代国际市场上,维他奶强调的是与牛奶不同的地方,它既含有牛奶所有的营养成分,又没有牛奶那么多的动物脂肪,而且价格比牛奶高,维他奶真是不同的时代,有不同的推销方式。

迪巴诺的面包推销术

背景:

纽约有一家面包公司,公司经理是亨利·D·迪巴诺。

迪巴诺的面包公司远近驰名,十分畅销,然而,离它最近的一家纽约大饭店却一直对它不理不睬。迪巴诺十分纳闷,他决心敲开这家大饭店的门。他每星期必去拜访大饭店的经理一次,甚至以客人的身份住进大饭店,还常把迪巴诺面包送给公司的职员。然而,不论他怎么做,这家大饭店仍是对他的面包熟视无睹。

决断：

迪巴诺是一位意志十分坚强的人，面对这种冷遇，他发誓不达目的决不罢休。失败多次之后，迪巴诺总结了教训，决定改变策略，开始调查饭店经理所感兴趣的事。他在饭店里安插了情报人员，知道饭店经理是美国饭店协会的会员，而且热心协会的事，还担任了国家饭店协会的会长；凡协会召开的会议，不管在何地举行，他都一定乘飞机前往。

了解到这些情况后，迪巴诺便到图书馆查阅了协会的资料。第二天，便去拜访了饭店经理，自然以协会为话题。双方谈得十分投机，尤其饭店经理，两眼放光，认为遇到了知音。在谈话中，迪巴诺丝毫不提面包。

几天以后，饭店的采购部门先给迪巴诺打了一个电话，要他把面包样品和价格表送去。迪巴诺赶到饭店后，采购组长第一句话就是："你用了什么绝招，使我们老板这么赏识你。"

迪巴诺公司是驰名远近的，然而，长期的正面攻势在纽约一家大饭店并未收效，一粒面包渣也没售出；而仅仅与饭店经理谈了一下对方关注的事，形势却大为改观。因此，若想达到自己的目的，首先要让对方认同，使自己被人喜爱，而要做到这一点，必须以对方所关心的事为话题。

点评：

从对方最感兴趣的事情下手，悦敌之情致，常可事半功倍。

"我太太今天要做蛋糕"

背景：

约瑟夫·S·韦普先生是美国菲德尔费电气公司的一位出色的推销员。

一天，韦普先生到宾夕法尼亚州的一家农庄去推销用电。韦普来到一家整洁而富有的农户门前，有礼貌地敲了好久的门，门才打开一道小缝。"您找谁？"说话的是一个老太太，"有什么事？"韦普刚说了一句："我是菲德尔费电气公司的……"不料，门"砰！"地一声就关上了。

决断：

韦普悻悻地直起腰，四周看了看，"噢！这家的主人是养鸡的，而且，养得不错。"韦普顿时有了主意，于是，再一次敲门。

好半天，门才打开，还是只露出一条小缝。"见鬼！我最讨厌电气公司！"老太太嘟哝着说,又要把门关上,但韦普的话使她把手停下了:"很对不起,打扰您了。不过,我不是为电气公司的事而来,我只是想向您买点鸡蛋。"

老太太把门开得大了一点。

"多漂亮的多明尼克鸡啊!我家也养了几只。"韦普继续说,"可就是不如您养的好。"

老太太狐疑地问:"您家养有鸡,为何还来找我买鸡蛋?"

"只会生白蛋啊!"韦普懊丧地说,"老太太,您知道,做蛋糕时,用黄褐色的蛋比白色的好,我太太今天要做蛋糕,所以——"

老太太高兴了,立刻把门打开,把韦普请入房中,韦普一眼瞥见房中有一套奶酪设备,于是推测出老太太的丈夫是养乳牛的。

"老太太,我敢打赌,您养鸡一定比您先生养乳牛赚钱多!"

一句话,说到了老太太的心上——这是老太太最引以为豪的事情。房中的气氛热烈起来,老太太视韦普为知己,无所不谈,甚至主动地向韦普请教用电的知识。

两周后,老太太向韦普的菲德尔费电气公司提出了用电申请。此后,老太太所在的那个村庄都开始使用菲德尔费电气公司所提供的电了。

点评:

出言遭堵,最好立即改换策略,这样才有可能峰回路转。

"迷人"的大面额过期支票

背景:

美国某地有一家糕点厂,质量上乘,价格也合理,产品远销他州,很受欢迎。

具有讽刺意味的是:糕点厂附近有一家大旅店,生意兴旺,但就是不进该糕点厂的货。

原来,旅店经理对该糕点厂有些成见,而糕点厂的推销员去找旅店经理推销糕点时又欠礼貌,令旅店经理不悦。数次接触后,旅店经理干脆给糕点厂的推销员吃了"闭门羹",因此,整整过了十年,糕点厂的糕点仍然没能够打入大旅店的"市场"。

决断:

一天,糕点厂老板招募了一位年轻的推销员。年轻的推销员得知糕点厂与大旅店之间的不和谐关系后,决心要打破这种僵局,把本厂的糕点打入大旅店的市场。推销员很会动脑筋,他深知这件事成败的关键取决于旅店经理,于是把目光盯在了旅店经理身上。没过多久,推销员就打听到旅店经理有一个怪癖——经理有一张大面额的过期支票,但他却引之为荣,视之为宝,经常向人炫耀这张过期支票。推销员找到旅店经理身边的人,向他们吹风说道:"听说经理有一张举世无双的大面额支票,不胜仰慕,真想一睹为快,不知经理能否开恩接见我?"旅店经理身边的人把推销员的话转告给经理,经理听了十分高兴,立即指示手下人:"可以把他带来!"推销员被引荐到旅店经理那里,宾主落座,彼此都很高兴。经理详细地向推销员介绍了与大面额支票有关的情况,推销员对此表示了十二分的敬意。正如推销员所期望的那样,他刚回到工厂,经理就把电话打了过来:"请你把你们厂糕点样品送过来吧!"推销员喜滋滋地立即把糕点样品送了过去。第二天,糕点厂正式接到旅店经理的通知:旅店乐意购买贵厂的糕点食品。

点评:

一个十余年没有解决的大难题就这样轻松地被年轻的推销员在一个小时之内解决了,正是由于他善于迎合对方,博其欢心,从而启开方便之门。

约翰逊跻身于杂志出版界

背景:

资产雄厚的约翰逊热衷于兼并其他企业,他已经搞到了一批不同类型的企业——旅馆、实验机构、自动洗衣店、电影院等。出于一些原因,他决心还要跻身于杂志出版界。通过别人的介绍,他认识了一位名叫罗宾逊的杂志发行人。

决断:

罗宾逊多年来一直在发行和编辑一份挺不错的杂志,内容涉及某个日趋发展的领域。这份杂志从未能够畅销。由于罗宾逊自己承担了大部分工作,成本低廉,所以他的日子过得还算小康。在他那个专业出版界里,罗宾逊是公认的最优秀的人物之一。一些大的出版商都主动争取他和他那份杂志,由于种种原因,他们都一无所获。而在最初的两次接触中,约翰逊也碰了钉子。

约翰逊决意要获得那份杂志,更确切地说,他要以罗宾逊为核心发展起一套专业丛刊。但是怎样才能达到这个目的呢?

约翰逊通过认真的调查和观察,对罗宾逊有了详细的了解。罗宾逊恃才傲物，一向不喜欢那些大出版社——他管它们叫"工厂"。此外罗宾逊已经有了妻室，并开始添丁增口，做一个独立经营者所具有的那种高度冒险的乐趣，对他已渐渐失去吸引力。在办公室里开夜车，特别是把时间花在毫无创造性的事务性工作上，已使他感到厌倦。而且，罗宾逊不相信局外人——那些与他的创造性领域不相干的人。他尤其不相信那些"生意人"，特别是那些毫无创造性目的的出版商。

掌握了这些情况后，约翰逊第三次找上了罗宾逊。谈判一开始，约翰逊就坦率承认，他对杂志出版业务一窍不通，但是他需要一个行家来指挥他即将开辟的新领域——专业出版，而罗宾逊正是这样的杰出人才。接着，约翰逊掏出一张2.5万美元的支票。他说："自然，在股票和长期利益方面，我们还会牵扯到更多的钱。但是我觉得，任何一项协议——就像我希望和你达成的这项协议，都应当有直接的、看得见的好处。"他知道，罗宾逊需要钱。然后，约翰逊停顿了片刻，用期待的目光盯住罗宾逊，以强调的口气向罗宾逊介绍了他的一些同事，特别是他的业务经理，指出这些人将完全听从罗宾逊的差遣，并将承担罗宾逊希望摆脱的一切琐碎杂务。听到此，固执的罗宾逊终于动心并松口了。他们进行了进一步的商谈。罗宾逊坚持做一笔直接的、干净的交易——现款结算，不接受带有附加条件的母公司股票。但约翰逊强调长期保障。他指出，近年来母公司的股票正在不断增值，而且股票的利息将使他们休戚与共。他进一步说，他需要罗宾逊的充沛的创造力，不能让别的工作、对退休的考虑或其他任何事情削弱这种创造力。这不仅是为了他自己公司的需要，更是让罗宾逊充分发挥才华的需要。

罗宾逊最后终于同意了把自己的杂志转让给约翰逊，为期5年，并在此期间内为约翰逊做事。他得到的现款支付为4万美元，其余部分则为5年内不能转让的股票。

这样，罗宾逊满足了自己的主要需要。他将可以摆脱那些较为乏味的工作，同时确保对创造性工作保持完全的控制；他有了发展的后盾；他有了资金保障；他也摆脱了苦恼。约翰逊则得到了一宗值钱的资产，一个难得的有用人才，而且付出的代价还在他本来愿意支付的数额之下。

点评：

是什么因素使约翰逊的这场谈判得以成功？是对谈判对手的充分了解，然后做到在不损害自己利益的前提下，尽量满足对方心理上的和物质上的需要。

第十二篇

（火攻篇）

第一章　火攻五法

提要:孙子把火攻分为五种:火烧敌军有生力量,火烧粮草积蓄,火烧敌军辎重,火烧敌军仓库,火烧敌军粮道。火攻的条件是天气干燥,风向适宜。

利用危机　蛊惑人心

背景:

　　1929年开始的整个资本主义世界爆发的经济危机,使德国工人和资产阶级深感建立在议会制基础上的"软弱政府"的无能,必须抛弃它。在这种形势下,希特勒的纳粹党愈来愈为垄断资产阶级所瞩目。希特勒对这次危机早有预感,但他对事情是怎样产生的并不关心,他把全部精力放在怎样利用这千载难逢的机遇大干一场。因而在他看到他的同胞为了等候分到食物而排长长队伍时,居然能喜悦地写道:"我一生之中从来没有像这些日子这么舒坦,内心感到这么满意过。因为残酷的现实打开了千百万德国人的眼睛。"同情不是元首的事情,冷酷地利用群众的绝望才是政治家的品德。

决断:

　　恐惧出神权,希特勒决心利用危机在各阶级中形成的恐惧心理实现他夺权的梦想。但这次他学乖了,他吸取了啤酒馆政变失败的教训,决定要通过合法的渠道来达到目的。他到处宣传,大讲人民的疾苦、民族的仇恨和政府的无能,并向人们许下林林总总的美妙的诱人的诺言。希特勒四处摇唇鼓舌,终于凭三寸不烂之舌蒙住了一大批中小资产阶级、公务员和失业工人的眼睛。正是饥不择食,倦不择席。绝望的人们心甘情愿地吞下希特勒抛下的诱饵,躺在他为他们铺好的床位上,剩下的事就是依傍这新的神明的保佑去做丰衣足食的美梦。到1930年纳粹党迅猛增到38万人,冲锋队扩充到10多万人,成了比国防军还要庞大的一支武装力量。1930年9月14日的国会选举是希特勒从政的一个契机。纳粹党获得的议席由 12 席猛增到 107 席,一跃而为全国第二大党,希特勒的运动造成几乎不可逆转的燎原之势。不仅普通群众趋之若鹜,一向不喜欢纳粹党煽风点火做法和粗俗下流作风的企业界和陆军中头面人物也开始正视这位怪物,并最终拜倒在他的脚下。

点评:

希特勒的成功在于他能巧妙地利用危机给人们带来的恐惧,作煽动性的言辞引诱群众。

风借火势　谢安助友卖扇

背景:

谢安曾做过东晋宰相,因在淝水以数万之众打败数十万之众的前秦军队而名扬天下。

谢安有一个同乡在广州做官,离职回乡的时候,这位同乡在广州买了 5 万把蒲扇,准备在建康停留时卖掉。谁知到了建康,一连好几天,蒲扇摆到市面上,竟无一人问津。同乡心急如焚,只好去找谢安帮忙。谢安问:"你有多少扇?"同乡答:"5 万把。"谢安沉吟不语。

当时,建康天气转凉,不时还下一场小雨,蒲扇已经成了过时之物,这就是蒲扇无人问津的原因。要在这样的季节里卖掉 5 万把蒲扇谈何容易!

同乡急了:"你是当朝一品宰相,一人之下,万人之上,总不会一点办法也没有啊!"

决断:

谢安送同乡回客店,跟同乡要了一把蒲扇,然后拿着蒲扇,离开客店,谢安没有直接回宰相府,而是摇晃着蒲扇,潇潇洒洒地在闹市中四处游览,故意引起人们的注意。

"当朝一品宰相在逛市场!"

谢安逛市场的消息不胫而走,他摇晃着蒲扇,大摇大摆地在街市中行进的潇洒姿态更令满建康城的人倾心。在朝中当官的争先效仿,社会上的三教九流紧随其后,贫民百姓也紧跟着"过把瘾",建康城内,蒲扇立刻成了"抢手货"。商人们眼看蒲扇有利可图,竞相找到谢安的同乡,高价把蒲扇抢购一空,把谢安的同乡乐得合不拢嘴。

点评：

谢安巧"借"自己的"名人效应"，不费吹灰之力，帮助友人把5万把蒲扇全部推销完。

"杜康"酒在日本

背景：

杜康酒是我国的历史名酒。三国时期的曹操在《短歌行》中早就留下了赞美"杜康"的佳句："慨当以慷，忧思难忘。何以解忧，惟有杜康。"然而，在连绵的战争和朝代更迭中，杜康——这种历史名酒却失传了。

决断：

1971年，河南伊川杜康酒厂经过反复研制，开发了一代新型杜康酒。经专家品评，认为该酒香甜醇美，香味醉鼻，有独特的芝麻馨味，堪称国优产品。为迅速打开国内外市场，杜康酒厂乘1976年冶金部代表团访日契机，托人把杜康酒送给原日本首相田中角荣，并赠诗一首："田中原首相，和好邻家帮，献上杜康酒，因公古义长。"这酒是通过该代表团一位团员的日籍华裔的弟弟转送的。这位转送者也写了首诗赠与田中首相："美酒古业惟杜康，河南一饮三年香，诺言生死无更改，七载做成献寿长。"这首诗用甲骨文刻在了龟板上，一并送去。

诗颂酒文，酒供诗雅。从此，杜康酒与这两首诗很快传遍日本，在日本掀起了一场"杜康酒热"。继而又有效地刺激了国内消费，于是，杜康酒声名远扬，畅销四海。

点评：

利用"名人"制造"轰动效应"，借以提高产品知名度，这正是企业营销工作中常用的一种公关手段。杜康酒厂大胆而富有想像力地把历史名酒和国家元首结合起来，借助名人的声望和影响来带动产品提高知名度和美誉度，这真是棋高一筹的妙招。在中日两国建立友好往来关系的初期，把代表中国人民情谊和中国文化的历史名酒和颂酒诗赠与日本首相，这一方面拉近了日本首相和中国人民之间的距离，另一方面表达了中国人民对日本首相的感情，无疑，这一举动将成为政治宣传和新闻报道的热门话题。而杜康也会随着这一热门话题的传播名扬海内外，知名度和美誉度大大提高。而且，因为"杜康"是受日本首相青睐的名酒，这会使其在中日两国人民心中的地位大大上升，身价提高百倍，这正是杜康酒厂预期的效果。

第二章　里应外合　击败敌手

提要:中心内容是说明通过火攻,里应外合,击败敌军。同时也强
调根据风向的变化,确定攻击的方法。

慈禧垂帘听政

背景:

懿贵妃性格果断,机警聪慧,富于权变,为人残忍,有强烈的权力欲,特别是
替皇上生了独子以后,更是横行后宫。咸丰皇帝对她早已不满。她想要通过皇
上翦除肃顺等人恐怕难以办到,看来只有靠近皇后。皇后毕竟是皇帝的原配,虽
然已经失宠,但皇上仍很敬重她。通过她或许能达到目的。

于是,那拉氏稍微收敛了一下自己的行为。在她的巧言游说下,忠厚老实没
有主见和心机的皇后与她达成了一致协议,共同对付肃顺。

肃顺在宫内布置了不少耳目,近来懿妃与皇后过从甚密,往来频繁的情况早
有人向他通报。肃顺寻思:近日咸丰皇帝对他不像以前那样信任了,皇后沉静纯
厚,不至于对我有何损害,那个懿妃可不好对付。她自恃生了皇子,又代皇帝批
答奏本,时常与我作对,一定是她向皇帝进谗言欲加害于我,必须想办法控制住
局面。

这天,咸丰皇帝正为一件事情生懿妃的气,肃顺抓住时机对皇上说:"懿妃
不轨之心早有所闻,不想今日竟付诸行动。"见皇上还没有回过神来,肃顺补充
说:"皇上该不会忘记懿妃是叶赫那拉氏吧? 陛下还记得太祖时期那蹈火者的
誓言吗?"

此话一说,咸丰立即警觉起来,他怎能忘记这惊心动魄的故事呢?

懿妃的祖先叶赫那拉氏本是蒙古族,起初与爱新觉罗氏和亲联姻,后互有吞

并之心而见诸武力。叶赫布扬古时期与清先祖努尔哈赤展开了激烈的争夺战，最后以努尔哈赤的胜利告终。叶赫男子几乎被杀尽。叶赫布扬古被推向火刑地时，悲愤地呐喊：

"吾子孙虽存一女子，亦必覆满洲。"

顺治入关后，又破获一起叶赫子孙颠覆满洲政权的事件。当为首者处以火刑时，他又喊出了几乎同其祖先同样的誓言。

懿妃正是叶赫那拉的后代，而且是大清继承人——载淳的生母，这实在太危险了。咸丰当即向肃顺表示不能留下这个祸患。

7月，咸丰的病情更加恶化。即将归天的咸丰感到他死后局势会动荡不安，因此作了妥善的安排：任命载垣、端华、肃顺等八人为赞襄政务大臣，尽心辅弼幼主。他又叫来肃顺，说："懿贵妃将来一定要想爬到皇后头上去，你要想办法制止。但是她也该有她一份应得的名分。"咸丰既不愿放任八大臣纵权，更不愿懿妃以母后专擅朝政。于是在这两方政治势力之间玩弄平衡术。临死之前，将象征最高权力的两颗印章"御赏"和"同道堂"分别授给皇后钮祜禄氏和懿妃那拉氏，以期望权臣和后妃两股势力互相牵制，求得政局的稳定。7月16日，咸丰帝终于一命鸣呼，年仅31岁。

决断一：

咸丰驾崩以后，两股势力的争斗由秘密转向了公开。

肃顺高声向群臣宣布："从今天起，皇后称皇太后，皇太子称皇上。"并拟定用"祺祥"作年号。

皇上撒手归天，皇太后更加没有了主心骨。她特别需要有人陪着她，她有许多事情需要同人商量。她想到了很有主见的懿贵妃，但自己已被尊为皇太后，没有听说懿贵妃得到加封，于是叫来肃顺等人，问道："皇帝已经即位，懿贵妃的封号怎么说呢？"肃顺说："按本朝家法，母以子贵，懿贵妃应该尊为太后。不过那得皇帝亲封才行。""这好办。"皇太后接着说，"我让皇帝亲口跟你们说一声好了。"肃顺赶紧回答说："懿贵妃尊为太后，虽是照例办理，可到底是件大事！奴才的意思，最好在明天大行皇帝大殓之前，请皇上当着王公大臣，御口亲封，这才显得郑重。"

表面上看，封懿妃为太后只不过比皇后迟一天，然而这时间的先后却意味着二者地位的高下。肃顺如此安排，正是禀承咸丰遗命限制那拉氏的苦心之举。太后哪里想到，肃顺是有意要把两宫分出先后高下来。

这一举动自然瞒不过精明的懿贵妃：都说肃顺跋扈毒辣，今日才发现他还有更阴狠的一面。肃顺处处抬举皇后,他将来也只会尊敬一位太后,并假手那位忠厚老实的太后去抓住年幼无知的皇帝,挟天子以令"诸侯"。

于是,那拉氏加紧拉拢皇太后,她现在必欲得到皇太后的支持,巩固她们之间的联盟。

第二天,那拉氏果然被尊为"圣母皇太后"。由于住在西宫,故人们称为西太后。钮祜禄的尊号是"母后皇太后",因住在东面,故又称东太后。后来,内阁恭拟出两宫徽号,西太后为"慈禧",东太后为"慈安"。

为了防止皇太后干预朝廷,肃顺等又规定凡是用小皇帝的名义发布的谕旨,由他们写好以后,皇太后于前后钤印即可;官员的章疏不必呈览,而且各级官员有什么奏折,上面只能写"皇上"字样,不准写"皇太后"字样。

慈禧对此深为不满。因为照此办理,两宫听政是有名无实,慈禧拒不钤印。这样辅政大臣首次给内阁和地方官员的咨文,用的都是白片,而无起讫印章,地方官员可以将它视作废纸。最后,肃顺等辅助大臣被迫作了妥协,同意一切章疏送皇太后阅览。这一回合的较量,慈禧取得了胜利,她终于争得了干预朝政的权力。

但慈禧并不以此为满足,她需要进一步夺取权力,以至独断朝纲。

虽然慈禧取得了干预朝政的一定权力,但她仍感孤掌难鸣,无力与八大臣对抗。两宫经常聚在一起,躲在花园里,面对大鱼缸,假装看鱼,实则筹划打倒肃顺的阴谋。他们商量结果,决定拉拢留守北京的恭亲王,利用他与肃顺一党的矛盾来达到自己的目的。

按照祖宗惯例,太后不能召见外臣。加上肃顺防范严密,连王公亲贵亦都被视作外臣,因此要找一条秘密通路把消息传给恭亲王还真不容易。

恰好这时慈禧的心腹太监安德海与慈安心腹侍女双喜发生冲突,慈禧抓住这个机会,以惩办安德海为由将安德海赶回京城,降级使用。

安德海奉主子之命,很快将慈禧的亲笔信交给了恭亲王。

恭亲王自幼与咸丰一块儿长大,曾经是咸丰竞争帝位的强劲对手。就其才能而言,远比咸丰大。咸丰当了皇帝后,一度委以重任,但不久兄弟不和,又受到咸丰的冷落。肃顺掌权以后,兄弟间的裂痕越来越大。咸丰逃奔热河,恭亲王被派留在北京,全权负责议和。又有人传出谣言,说恭亲王挟洋人自重,有谋反的企图。恭亲王有口难辩。于是向咸丰呈上奏本,希望到热河探病,借机作一番解释。但权臣肃顺担心恭亲王到热河于己不利,于是以各种理由阻止恭亲王前往热河。皇帝对他的猜嫌越来越重,最终被排斥在顾命大臣之外。

恭亲王是一个权力欲很强的人,他虽身在京师,但一直密切注视着热河局势的演变。他的亲信,在热河任领班军机章京的曹毓英及章京许庚身等人,通过军机处频繁寄出密札,随时将肃顺等人以及两宫的情况辗转递回京师。对于肃顺等人的揽权横行,他气愤不已,尤其是肃顺以各种理由阻止他前往热河,更是愤恨至极。为了将来不受制于肃顺,他在北京积极发展势力,并争取洋人作为靠山,形成了能与肃顺抗衡的第三股势力。咸丰病逝后,恭亲王想亲自到热河以叩谒梓宫为名摸摸情况,以决定自己的对策,于是他手写一份奏折,请求赴热河叩谒梓宫。

因此,恭亲王收到慈禧密诏之前就早有准备,在收到慈禧与他联合除肃顺的密信后,大喜过望,更急不可耐地要前往热河。

对恭亲王的请求,八大臣内部意见很不一致。许多人主张仍像以前那样把奏章驳回,免生后患。但肃顺想,生前两兄弟没能见面,死后又不让其叩梓,于情于理说不过去,自己已经控制了朝廷大权,谅他也翻不起大浪。于是他拍板定议:"让老六来好了,不值得大惊小怪的。"

恭亲王得到八大臣的答复,立即从北京匆匆出发,昼夜兼程,8月1日到达热河。

恭亲王刚到热河,直接奔向咸丰灵房,跪倒在梓宫前呼天抢地,好一阵痛哭。但他不会哭昏头脑,他时刻记着此次来热河的使命,他必须谨慎又小心,严格按事先设计好的方案行事。

哭灵回来,恭亲王立即前去拜见八大臣。本来恭亲王贵为亲王,原犯不着如此屈尊。但他考虑到自己并未在赞襄政务之列,肃顺等人趾高气扬,不可一世。在这些人面前摆架子,尤其在他们的势力范围内,绝非明智之举。因此,恭亲王心甘情愿,屈尊拜谒八大臣,见面以后而且非常谦逊。这一招确实迷惑了傲气十足的肃顺。肃顺下来竟狂言说:"彼何能为?不足畏也。"

恭亲王到了热河,早有太监报告两宫太后。她们决定立即召见恭亲王。

正当恭亲王与八大臣谈得热烈之时,东太后的总管太监前来宣告:"两宫皇太后召见恭亲王。"

恭亲王听旨,心里一阵紧张,他担心八大臣从中阻拦。

果然不出所料。两宫的召见立即引起了八大臣的警觉。站在一旁的杜翰说:"太后不宜召见外臣,这是祖宗之法。何况皇太后居丧,尤不宜召见亲王。"还想说点什么的恭亲王被这几句话堵得哑口无言。肃顺等人心里为之叫好。

正当恭亲王左右为难,进退不得之际,又有太监前来宣旨:

"两宫皇太后召见恭亲王,想向亲王打听一下北京宫里和老家的情况。"

这是西太后的妙计。她清楚肃顺等防范很严,但绝不至于不让太后打听北京宫廷和娘家的情况。肃顺见无法再行阻拦,于是向恭亲王拱拱手说道:

"老六!既然太后如此频频召见,那就请吧。"

狡猾的恭亲王知道八大臣对他不放心,因而拱拱手,主动对八大臣说:

"还请各位辛苦一趟,陪我一同进见为好。"恭亲王以守为攻,狠狠地将了八大臣一军。八大臣怎能与他一同进见太后,只得让恭亲王进宫回话。

恭亲王急促赶往内殿,跪倒在两宫前请安:"臣恭亲王叩见母后皇太后、圣母皇太后!"然后静静地站在帘前等待两宫垂询。西太后给东太后递了一个眼色,东太后首先发话问了一下京里的情况,接着西太后又问了一下娘家的情形和一路行走的情况。

琐事问过,话入正题。西太后向四周的太监、侍女看了一眼,他们便退出门外,负责警戒,内殿只剩下叔嫂三人。

只听殿内一阵悲泣声,原来东西太后相继抽泣起来。"自皇上巡幸热河,那肃顺、载垣、端华三奸导以声色之欲,揽权跋扈,实不堪言。"西太后哭诉着。东太后接着说:"三奸狂妄之极,皇帝驾崩后更是一手遮天,竟不把我们孤儿寡母放在眼里。"

恭亲王早就对肃顺等的专横恨之入骨,听东西太后一哭,心里又是一阵冲动,但脸上却表现得异常平静,他不愿过早表明自己的态度。从各方面的情况分析看来,西太后是要推翻咸丰遗训,改大臣辅政为垂帘听政,这无论如何是违背祖宗家法的。自己虽被排斥于顾命大臣之外,但不到适当的时候决不敢贸然不顾家法。恭亲王一直在寻思,始终未表示自己的态度。

决断二:

慈禧见六爷不作言语,很感意外,但稍假思索,便明白了恭亲王的心思。如此重大的事情,在没有实际利益表示之前,任何人也不至于贸然表态。于是把话锋一转说:

"大行皇上跟六爷同胞手足,本没有什么成见。但在热河受三奸欺蒙,六爷竟被排斥在赞襄政务大臣之外。六爷才见可嘉,在京与英法等周旋,办好了和协之事,要不是三奸排挤,六爷执掌朝政是众望所归。"

恭亲王何等聪明,他听出了西太后弦外之音,去肃党,政归六爷,这何尝不是自己日思夜念的。恭亲王不含糊,立即表示自己的态度。打倒肃党,同意太后垂帘听政。

彼此说得已经非常明白,大家的目标一致,余下的是筹划如何行动了。

"要办这事也只有回京,还望皇太后再忍耐一些时间。"热河是肃顺等的势力范围,自然不便采取行动。只有回京,恭亲王早就作了一些准备,又有洋人撑腰,自然办事容易得多。

"那,咱们就商量个回京的日子吧!"

"钦天监挑了3个日子。"西太后说,"昨天问肃顺,他说回京之路要走'大杠',有几座桥,非修好不可,最快也得50天以后。看来只有定在9月23了。我看咱们两头准备,北京方面的安排全仗六爷了,热河这边我和姐姐会尽力去办。不过六爷还是早些回京为妥。"

"是的,奴才主意已定,为防不测,明日即可动身。"恭亲王说完正想离开,西太后突然又说道:

"只怕回城以后,洋人又来无理取闹,那可就麻烦了。"

"绝无此事。"恭王拍着胸说:"臣敢担保,若有此事,请两位太后惟臣是问。"

西太后这下安心了,于是再补了一句:

"路上多加小心,以防万一。"

恭亲王出了后宫,又到肃顺那里走了一遭,谈了谈叩见太后的情况。肃顺心里非常高兴。皇帝的亲兄弟亦不过如此,在自己的权威下也只得俯首贴耳。他自然不知道,他的命运已经被眼前这位表面顺从的亲王控制了。

恭亲王星夜兼程回到北京。第一步召集那些曾经吃过肃顺亏的旗人官僚,大造皇太后应当垂帘听政的舆论。第二步,恭亲王又拉拢手握重兵的胜保和蒙古亲王僧格林沁,以其两支武力作后盾。又将在北京的准备情况不断通过内线——军机章京曹毓英转达两宫。

两宫太后极力催促八大臣早日护送梓宫回京。八大臣不能不顾及舆论,因此同意于9月23日护梓回京。

时间过得很快,一切都按部就班地进行,表面上双方相安无事。

两宫太后暗中不断与恭亲王传递消息,明里也不放过任何一个削弱肃党的机会。进入9月以来,办理回京事务也太忙了,肃顺等白天黑夜忙个不停。于是向皇太后请求减差,本来他们是想借此显示自己的劳累,表示朝廷非他们不可,不曾想慈禧不给他们客套,立即同意了他们的请求。肃顺等暗暗叫苦,咸丰帝给他们的权力竟让两宫给削去了。

离回京的日子越来越近了,大家都很匆忙地为回京准备着。西太后照例留心着臣下的章奏。这天收到山东道督察御史董元醇的奏折,主要谈了三方面的内容:一是两宫皇太后应当垂帘听政;二是赞襄政务大臣应增加一二亲王充任;三是为皇上增派师傅。慈禧读后,瞿然动容,心想:火候不到,夹生饭端上桌来,可真难吃。这垂帘之议,发之太早,反而难以处置。跟东太后一商量,决定暂时把它留住,等时机成熟再拿主意。

不想肃顺等前来催看董元醇的奏折。西太后无奈,只好硬着头皮叫军机处按董奏折拟旨呈阅。

肃顺等人当然不肯买账,于是拟定一个章旨对董元醇奏本逐条进行痛驳。

西太后接章一看,气得脸色发青,嘴唇发白。她找到东太后商量,决定立即召见八大臣。

肃顺把载垣、端华找来,匆匆商量了一番,然后一起进见。

朝堂上一阵唇枪舌战,双方都没有让步的意思。

"尔等八人太专横跋扈了!不但把持朝政,还想一手遮尽天下耳目。你们眼里还有皇帝和太后吗?"西太后怒不可遏,一拍桌子,厉声训斥。

肃顺毫不相让,用极大的声音说:"顾命之臣,辅弼幼主,不能听命于太后,这是先帝的遗训,我们不能违背。请太后看折子,实在是多余的事!"在肃顺看来,先帝授命我等辅政,原本没有太后说话的份,前次同意她们看折子,已经是大大让步了,今天绝对不能再让她得逞。

小皇帝见像打架似的,尤其看见肃顺那张大白脸,听见他如雷般的声音,不禁发起抖来。偏偏肃顺越争越起劲,不自觉一步一步走近御案。小皇帝怕到了极点,"哇"的一声大哭起来,尿也撒了起来。把东太后的身上都尿湿了。

一场争执不欢而散。西太后越发不愿在圣旨上盖印,肃顺等人也绝不示弱,决定停止办公。

肃顺的这一招确实很狠。诏旨不经军机,便出不了宫门,这就像掐住一个人的脖子那样,简直是要致人于死地,但这也是极端危险的一着,因为这已构成叛逆之罪。只要肃顺等控制不了局势,后果则显而易见。

决断三:

双方僵持到第二天,慈禧看到在热河确实力量太弱,何况自己的政变计划还没有最后布置好,于是强压下这口恶气,拿出那方印章,边盖印边骂道:"回北京再找你们算总账!"

顾命八大臣至此大获全胜,喜不可言。殊不知,他们的末日即将到来。

还有5天就离开热河了。恭亲王的亲信军机章京曹毓英按预先设计好的步骤秘密拟好诛杀肃顺等人的诏书,交给了皇太后。

一切准备就绪。22日，两宫太后特地为返京之事召见八大臣。慈禧提出由肃顺亲自护送梓宫从大路回京，载垣、端华与两宫共同护送小皇帝从小路先行一步，以便在北京作迎接准备。肃顺自恃手中握有禁军，没有提出异议。退朝后立即找来载、端二王爷说："我不害人，人将害我。途中如好下手，便除掉那拉氏，以免后患。"

启程前一天，西太后密召侍卫荣禄，再三叮嘱，面授机宜。次日天明，两宫太后拥着幼主，并六宫妃嫔等，以及扈从文武各大员，出丽卫门，跪送梓官启程。然后由载垣、端华两王护送，从间道出发。中途遇着大雨，道路泥泞难行。西太后下旨，让随从不辞辛劳，早日到京必有重赏。于是冒雨登程，除夜间驻扎外，片刻不停。到了古北口，四面空旷，猿啼鹤啸，异常凄寂。二王爷正想动手，猛见侍卫荣禄带兵从后赶来，载垣觉得有异，急忙追问。荣禄说奉两宫太后密旨，特来保护。二王爷还想阻拦，不想荣禄不再理睬，直到西太后辇旁请安，从此朝夕不离，就是途中的供奉，也必须由荣禄严密检查。载、端二王没了机会，只好眼睁睁让他去。

9月30日，慈禧一行终于比咸丰棺材早4天到达北京，她一路上悬着的心终于放下了。但她并没有松一口气，未曾休息片刻，立即召见恭亲王，双方一致决定以迅雷不及掩耳之势打倒八大臣。

第二天，两太后召见留京诸王公大臣，哭诉肃顺等对他们孤儿寡母欺侮之状。大学士周祖培在恭亲王授意下面奏太后，要求对八大臣重治其罪。于是，早已准备好的上谕公诸于众，宣布解除载垣、端华、肃顺等人的职务，并就地逮捕了载垣和端华。

此时肃顺护送咸丰灵枢到达京郊密云，奉命捉拿肃顺的人马将其包围在卧室之中，肃顺来不及反抗，束手就擒。

10月6日，慈禧又发布上谕，否认咸丰的遗诏，下令将肃顺斩首，令载垣、端华自尽，其他5人分别被革职和充军。两宫从即日起垂帘听政。

两宫当然没有忘记恭亲王的大功，几乎在宣布垂帘同时，又命恭亲王为议政王，入掌军机处。

素来骄矜自负的肃顺，虽然早就对慈禧持有戒心，但终于还是栽在她的手里。

这场政变，进行得如此迅速和干净利落，在中外历史上实属一绝。

点评：

权力之争历来是中国古代皇室斗争的焦点，慈禧内结同盟，外拉援军，最终垂帘听政，不愧为女中枭雄。

分化政敌

背景：

意大利有一位名叫马基雅维里的政治家兼历史学家曾经提出这样一个政治公式：一个君主要兼有狐狸与狮子的特点。据他说，"狮子不能使自己免于落进陷阱之中，而狐狸又无力使自己免受狼群之攻击"。因此，就必须既是狐狸以识别陷阱，又是雄狮以慑服群狼。那些只想当狮子的人就不懂得这个奥妙。他进一步发挥道："一个精明的统治者，当保持信用与他的利益相违时，就没有必要去保持它。如果大家都是坏人，他们就不会对你讲信用，因此你也就不必对他们讲什么信用了。"用这个公式来比喻罗斯福的政治手腕最恰当不过。他就是用狐狸的计谋为狮子的目的服务的。为了达到自己的政治目的，他可以不择手段。这一点在他参加总统竞选时已经十分引人注目。

决断：

罗斯福首次参加总统竞选时，美国已受到孤立主义浪潮的冲击。而罗斯福从前是主张成立国际联盟的新自由派人物。他在1920年以民主党副总统候选人身份参加竞选时，曾明确主张美国应该参加国际联盟。十二年后，当他以民主党总统候选人身份参加竞选时，采取了迥然相异的立场。他在竞选演说中声明，他不赞成美国参加国际联盟。难道他真的放弃了自己以前的信念吗？其实不然，这只不过是他的一种竞选手段而已。他曾经说过："理想是不变的，但是方法随着每一代人和世界环境在改变。我是在寻找达到目的最现代化的车辆。"他要争取当选，就必须考虑选民情绪。国会内的孤立不仅有共和党人，还有他所在的党的人，他不赞成美国参加国际联盟，实际上是迎合了大多数人的意见，为他当选总统排除了巨大阻力。

罗斯福处理退伍军人问题更能说明他的政治手腕。胡佛下台前夕发生的退伍军人的"补偿金进军"运动被麦克阿瑟用武力镇压下去后,1933年春,华盛顿又出现退伍军人新的请愿队伍。罗斯福让其亲密的助手路易斯·豪陪同罗斯福夫人去访问退伍军人的临时营地。汽车开到营地后,罗斯福夫人单独一人下车,在齐脚踝深的灰土地上向退伍军人走去。退伍军人看到罗斯福夫人只身来到他们中间,顿时对她表示热烈欢迎。罗斯福夫人倾听他们的要求,同他们一起唱昔日歌曲。事后,退伍军人中流传着这样一句话:"胡佛派来军队,罗斯福派来他的妻子。"通过这种方式,使本来会成为对抗的局势通过协商解决了。

罗斯福是民主党人,但他并没有把自己局限于一个政党的领袖的地位,实际上,他是尽可能使自己具有全面领袖的形象,他尽量地化敌为友,尽可能不同反对他的人对立,不无谓地刺激孤立派争取共和党内的重要人物为他的政策服务。譬如,1940年共和党召开全国代表大会前夕,罗斯福任命著名共和党人,以"强硬派"著称的诺克斯和史汀生分别担任海军部长和陆军部长的要职。这一任命是"一石数鸟",除了它的国际作用外,在国内也有多方面的作用。它既向全国表明应摒弃党派成见,共济时艰,同时也是向共和党全国代表大会施加影响,分化共和党内反罗斯福的力量。

总体来说,罗斯福是精于政治策略的,他在用权术与计谋来达到自己的政治目的方面可谓技艺高超。所以马基雅弗里关于狮子与狐狸的比喻用在罗斯福头上颇为贴切。除此之外,罗斯福还以有胆有识著称。他在首次就职演说中提出了"无所畏惧"的战斗口号:"我们唯一值得恐惧的就是恐惧本身。"他不怕失败,勇于尝试,勇于创新,有魄力,有远见,把美国引上了一条新的发展道路。罗斯福作为一位杰出的领导人,集权术、胆识和实用主义于一身,他与丘吉尔、斯大林并称"二次大战三巨头",与华盛顿、林肯齐名,一同流传青史是当之无愧的。

点评:

政坛如战场,政治家就需要学会一套功夫才能周旋于政客之间;独立于权术之外,罗斯福就深谙此道。

羽翼既丰,清理门户

背景:

汉桓帝刘志是汉章帝的曾孙,顺帝阳嘉元年(公元132年)生于蠡吾(今河北博野西南)侯国，祖父是河间孝王刘开，父亲蠡吾侯刘翼，母亲系刘翼妾。因父亲去世，刘志年龄不大即袭爵为侯。15岁即位皇帝位，是为桓帝。

按规制，在外为王侯者不能继承大统。但东汉屡有破此规制者，原因是当权的外戚或宦官希望找一个年幼无知的小皇帝，以便继续控制朝政。桓帝的帝位就是因此侥幸得来。

质帝本初元年(公元146年)，顺烈皇后以皇太后身份征桓帝到洛阳城北的夏门亭，准备把她的妹妹嫁给桓帝。但婚礼尚未举行，太后的哥哥、身为大将军的梁冀，因新立才8岁的质帝聪明，指责他是"跋扈将军"，竟将质帝毒死了。因此，朝中又要议立新帝。

当时梁冀考虑到刘志年方15，容易操纵，提出要策立桓帝；而太尉李固、司徒胡广、司空赵戒为了削弱梁氏，则主张迎立比较年长的清河王刘蒜。

特别是李固，为人刚直不阿，早在冲帝死后，就主张迎立刘蒜。他当时对梁冀说："我们策立皇帝，应选择年龄大、聪明仁厚又能够亲理政务的人。希望将军能细致考虑国家大计，借鉴周勃、霍光策立文帝、宣帝的长处，吸取邓氏、阎氏立殇帝、北乡侯的教训。"

但梁冀不听，还是坚持立了质帝。现在李固等人又重议立清河王，于是梁冀召集三公、中二千石、列侯一起来讨论此事。结果李固、胡广、赵戒及大鸿胪杜乔都认为清河王"明德著称"，且血缘与质帝最近(为质帝兄)，应立为嗣；梁冀苦于找不到别的理由反对，只好宣布暂停讨论。

到了晚上，梁冀还在恨恨不平。这时，宦官中常侍曹腾等人闻讯前来为梁冀献策。他们对梁冀说："大将军几代和皇帝有婚姻之亲，虽掌握朝政，但宾客纵横，也多有过错。如果真要策立清河王，此人很严明，大将军不久就要大祸临头。"梁冀非常赞成他们的意见。

第二天重新召集公卿讨论，梁冀严厉逼迫群臣策立桓帝。那些公卿在梁冀的淫威下只好顺从，只有李固坚持己见。为了消除阻力，梁冀就让梁太后下诏罢免了李固。这样，在闰月庚寅(公元146年)，梁冀终于持节，以诸侯王青盖车，迎刘志入南宫即皇帝位。

刘志就这样在外戚梁氏的一手操纵下做了皇帝。桓帝在位21年，前13年基本是一个傀儡皇帝。当时，梁太后临朝听制，梁冀把持朝政，他几乎难以置喙，尽管梁太后在和平元年(公元150年)曾下诏归政，但梁冀专横跋扈，桓帝还不得不仰其鼻息。

梁冀在策立桓帝后，权力达到顶点。他先是以"灾异"让梁太后撤免太尉杜乔,继而又罗织罪名杀了李固和杜乔。加之桓帝对他极尽尊崇,委以朝中大权,甚至规定他可"入朝不趋,剑履上殿,谒赞不名,礼仪比萧何";又增封其食邑为四县,赏赐金钱、奴婢、彩帛、车马、衣服、甲第,还封其弟梁不疑为颖阳侯,梁蒙为西平侯,其子梁胤为襄邑侯,其妻孙寿为襄城君,并加赐赤绂。

这样一来,梁冀更加专横暴虐,朝中大小政事,无不由他决定;百官的升迁任免,都要先到他家里谢恩,才能到尚书台办理手续;地方郡县每年进献的贡品,要先把上等的送给梁冀,然后才把次等的献给桓帝。结果他"威行内外、百僚侧目、莫敢违命,天子恭己而不得有所亲与"。此外,梁冀和妻子孙寿都穷奢极欲,搜刮财富,修建豪宅,残忍贪暴,民愤极大。

桓帝对于梁冀的横暴也早有怨恨,只是由于他的两个妹妹都在自己身边,不敢发作。

决断:

延熹二年(公元159年),梁冀二妹梁皇后死,桓帝开始策划诛灭梁氏。他去上厕所的时候,单独叫宦官唐衡,问他宦官中有谁和梁冀不和。唐衡回答有单超、徐璜和具瑗。桓帝于是与他们5人密谋,决定诛除梁冀,并用牙齿咬单超手臂出血为盟。

八月丁丑,桓帝来到前殿,即召尚书入殿,宣告要惩办梁冀。他命尚书令尹勋持节率丞郎以下守宫廷,收符节送省中;命黄门令具瑗将御林军1000余人,和司隶校尉张彪共同包围梁冀住宅;命光禄勋袁盱持节收梁冀大将军印绶,徙封为比景都乡侯。梁冀、孙寿即日自杀,梁、孙家族全部弃市。其他公卿大臣因牵连而死的数十人,故吏宾客被罢免的有300多人,一时"朝廷为空",百姓莫不称快。

桓帝诛灭梁冀以后,宦官单超、具瑗、唐衡5人因谋诛梁冀有功,被同日封侯,世称"五侯"。单超任车骑将军,位同三公。大权从此又落入宦官手中。他们挟持桓帝,滥行淫威,使得"中外服从,上下屏气",乃至顺我者昌,逆我者亡。

宦官五侯及其亲属的专横,不仅朝中正直官员反对,也引起了桓帝的担忧,他们势力的强大威胁到了皇权,所以桓帝对五侯又慢慢开始限制。

桓帝先是重用宦官侯览等,分夺他们的权力;继而借他们残害人民,对他们进行打击。

延熹八年(公元165年),司隶校尉韩演奏言罪恶,及其兄太仆南乡侯左称"请托州郡,聚敛为奸,宾客放纵,侵犯吏民",桓帝立刻准奏,结果左氏兄弟都被迫自杀。

韩演又奏具瑗兄具恭贪污罪,桓帝也下令征诣廷尉。具瑗只好上还东武侯印缓,自己来到监狱向桓帝谢罪。桓帝下诏贬他为都乡侯,后来死在家中。

接着,桓帝又下诏单超、徐璜和唐衡的袭封者,都降为乡侯;其子弟分封者,一律免爵。这就是所谓的"一除内嬖"。

桓帝对于宦官五侯的抑制,只是为了强化皇权,并不想清除,故而对他们略为抑制后,大权还是交给了他们。而新被重用的宦官在上台后,也同样残暴专横。鱼肉人民。中常侍侯览贪侈奢纵,前后竟强夺民田 118 顷,住宅 318 所,并模仿皇宫修建大规模住宅 16 区,都有楼阁、池塘、苑园。另一方面,由于宦官专权,他们的爪牙被安插到中央和地方的各级机构,选举不实的情况也更为严重。

点评:

要想强化自己的权力,而不为他人所觊,在时机成熟之机,必须当机立断,剪除异己,不能有丝毫手软。

抛"银弹"斗军阀

背景:

利用金钱、高官厚禄分化、瓦解、利诱敌军,是蒋介石打击各军阀的惯用手段。原国民革命军将领刘骥曾在1961 年撰文回忆道:

"每当反蒋声浪弥漫全国,而蒋在军事方面又打了败仗,与曾有密切关系的某人曾担心地问他:'今天消灭甲,明天消灭乙,闹得人人自危,这样发展下去,将来何以善其后呢?'蒋忿然作色而又十分自信地说:'只要人们要官要钱,我就有办法。'"

韩复榘正是经不起官与钱的诱惑,进而叛冯玉祥投降的。

蒋为什么要选择韩复榘作为拉拢的对象?这就得以韩冯关系及韩复榘的秉性说起。

决断:

韩复榘是冯玉祥当第十六混成旅旅长时的营长,因其骁勇善战,深得冯的赏识,与刘汝明、孙连仲、孙良诚、闻承烈、过之纲、石友三等并称"十三太保",冯亦视韩为心腹爱将之一。随着冯的势力的逐渐壮大,韩的职务越来越高,到 1926 年冯由北京撤退到察哈尔、绥远一带,与张作霖、吴佩孚在南口相持时,韩复榘已当上师长。当时,阎锡山估计冯玉祥在北京已站不住脚,遂在大同、天镇一带抄袭冯军后路。冯军因后路被断有全军覆没的危险,乃倾力猛攻大同。结果晋军被压迫在大同城内,冯军已无后路被断之虞。在攻打大同战役中,韩复榘身先士卒,勇猛异常,深得冯之欢心。未几,南口失守,冯军乃沿京绥线向西溃退。其时冯已离开部队前往苏联,冯军由张之江、鹿钟麟统率。张、鹿秉承冯之旨意,令全军以包头、五原撤往甘肃(甘肃为冯军大后方)。在西撤途中,韩复榘因恐甘肃荒凉贫困,所部无给养,无法维持,乃与晋军将领商震接洽,投降山西。1926 年 9 月,冯玉祥自莫斯科经库伦返甘,收拾残部,冯玉祥对韩复榘降晋一事,把责任推到张之江身上,声称此事既发生在张、鹿负责时期,自系张、鹿治军无方之过,与韩无涉,并驰书韩复榘,表示可以既往不咎。由于冯玉祥一再催促,加上韩降晋后颇受晋军钳制,故韩乃率部西开,重新加入冯军。

韩复榘既有降晋"案底",自然担心冯玉祥会耿耿于怀,担心冯玉祥所标榜的"既往不咎"只是一时权宜之计,担心早晚会秋后算账。自此后,遂有畏冯防冯之心。

其后,冯玉祥在五原誓师响应北伐,韩复榘率部转战鲁豫。战争期间,戎马倥偬,大家都要集中精力,同舟共济,一致对敌,韩之畏冯、防冯心理得以淡化。到了北伐战争结束,冯玉祥处理善后时,韩复榘埋藏心底的心虚,恐惧心理较前更甚,他密切注视着冯的每一举动、每一次命令,终日惶恐自危,心怀惴惴。

冯玉祥的西北军是由一个混成旅发展起来的庞大的军事集团,冯在军内实行家长式的封建统治,所有高级将领,如孙良诚、门致中、韩复榘、鹿钟麟等人,都是由冯玉祥从士兵提拔上来的,冯把他们视为子侄。无论他们的官升到多大,冯都把他们当士兵看待,见面直呼其名,动不动就罚站罚跪。宋哲元当旅长时,驻军北京南苑,某次因上课迟到,冯竟当着宋的部下的面责打几十军棍。北伐以后,冯军已发展到几十万之众,许多高级将领如门致中、孙连仲、韩复榘等已经爬上省政府主席的位子,但冯玉祥仍拿家长式的统治办法管束他们。

冯素以从严治军闻名,军内严禁嫖赌玩乐。韩复榘纳纪甘青为妾之事传到冯的耳朵后,冯大为震怒,专程赶到开封召集军政人员训话,指桑骂槐地说:"现在许多军政高级人员,生活很腐化,吸烟、喝酒、打牌还不算,有的人打了几个胜仗,自己以为了不起,你弄个唱戏的,他弄个说书的……"韩复榘当时也在场,脸色极为难看,事后,韩曾对副官长张俊声说:"在冯先生眼里,我们始终是长不大的小孩,我要开小差了,跟着他真没有前途!"由上述不难看出,韩复榘早已产生离冯之心。这正是蒋介石选择韩复榘为拉拢对象的原因。

蒋介石是如何拉拢韩复榘的？据知情者回忆：

"1929 年春，蒋桂战争爆发，冯玉祥认为可以投机取巧，就采取了卞庄刺虎的办法，令韩复榘部坐镇京汉路南段，坐山观虎斗。不料李明瑞倒戈，没几天功夫，李宗仁的部队全部溃退战事迅速结束。事出意料，冯的计划完全失败，只好通电讨李，命韩迅速向武汉进兵，蒋介石获得全胜，很快到了武汉，电韩复榘停止进兵，并召他来见，于是蒋韩就在武汉见面了。"

"见面的时候，蒋和宋美龄亲自招待韩复榘夫妇（韩带纪甘青同去），对韩嘉奖备至，口口声声称向方兄（韩复榘的号叫向方）的战功卓著，并说，现在北伐成功，不应再有内战，应该从事和平建设。云云。"

"临别之时，蒋送韩 10 万元，并用各种方法笼络韩复榘，准备对付冯玉祥。"

"韩向来见冯，冯总是连名带姓地叫他，不但毫不客气，而且还给他碰钉子。这次受到蒋的礼遇，受宠若惊，又高兴、又感激。"

"这次蒋韩会见，对韩的影响极大，此后，蒋韩之间，关系日益密切了。"

可见，早在蒋冯战争爆发之前，韩复榘已中了蒋介石的"银弹"。战争爆发不久，韩复榘果然叛冯投蒋，蒋介石的"银弹战术"取得了成功，10 万雪花银没有白花，达到了"不战而屈人之兵"的预期目的。

一年以后，蒋冯阎中原大战爆发。战前初期，冯阎联军势如破竹，一举占领河南、山东。京沪震动，南京国民政府草木皆兵，风声鹤唳。为挽回败势，蒋介石故伎重演，又向冯军抛出了"银弹"——命张钫携款收买冯军将领，策动吉鸿昌、梁冠英倒戈。

张钫是冯玉祥任河南省政府主席时的建设厅长，素与冯有旧。1929 年，蒋冯战争爆发时，张曾对冯收缩战线的防御战略提出修改建议，但未为冯采纳。1930 年，因"西北军劫粮一案"，张冯反目，几乎为冯活埋，后侥幸逃脱。自此以后，张钫恨冯入骨。蒋介石选定此人执行"银弹战略"，真是慧眼识人。1960 年，张钫曾对当年策动吉鸿昌、梁冠英倒戈的前因后果，作精彩的描述。"在战况最激烈、蒋军节节后退之时，蒋委托邵力子等几个友人对我说：'战事胶着不能解决，实为国家之患，地方人民都受其害，你纵然不放一枪，冯也不会对你原谅，公谊私恨你都应该尽力，希望你本着辛亥革命的精神，为国效劳。'我那时并无中心思想，又因本是不甘寂寞的军人，就不免见猎心喜，便答应了他对我的希望。他的希望是什么呢？就是让我收容杂牌部队，并分化冯的内部。我当时向他提出了要求和意见：一准备大宗款项、子弹，由我自由分配；二变更战略，由豫南、豫西入手。蒋都答应了。我对蒋谈，冯性多猜忌，手段毒辣，他对苏联，对国民党，对友人,对部下,都有翻手为云、覆手为雨的事实,使人对他只有恐惧,没有信仰。所以,自韩、石倒戈以后,他们团体已经破裂。阎为人柔奸欺诈,乃多年为人所共认的大滑头,冯对他本怀嫉恨,只因去年受了种种挫折,才陷入阎的圈套和他合作,但是,他们二人各怀鬼胎,势孤则暂时相顾,力充则互争雄长,他们这种貌合神离各怀异心的结合也决不能持久。现在如果把冯的外围杂牌军队收编,冯的主力也自然分化。这个策划必须动作迅速,才能成功。冯多疑,纵有所闻,一二星期内尚想不出对策,我军部置既定,冯对此颓势即难挽救。蒋采纳了这建议,让我担任第二十路总指挥,所需饷弹,电要即发,决不迟误,并且说:'明天就派飞机送你到漯河布置一切,部队按照计划随时调拨,两星期内都会到达目的地。这个计划的执行,必须秘密而且迅速,使敌人措手不及,才能奏效。'"

"我只带了一个人乘战斗机飞往漯河,声言是到漯河设立的河南省府办事去,暗中派人到对方各部中作分化收买工作。当时,万选才部宋天才等号称四军,樊钟秀阵亡,其部下约有2师之众,由李万林带领收编。王殿阁、李万如、范龙章、赵冠英等约4师人,归张治公统辖,驻临汝以西伊、嵩、宜、洛间,均先后收编,并发给重金,着开放安全地带。这样,冯军外围已完全崩裂,纷纷投降矣。"

"阎冯外围正在动摇的时候,冯的中坚部队吉鸿昌、梁冠英等倒戈的事也发动了。"

"战争将要结束的前一周,吉鸿昌派他亲信副官王慈博见蒋说,他所尊重的河南人只有两人,一个是李鸣钟,已经出洋去了,一个便是张伯英(即张钫),如果张能来一趟,他便一切惟命是从。蒋电何成浚约我同到石镇陈诚的防地和他见面。当时蒋当着吉所派的王慈博问我肯去否? 我说:'如果前去,恐怕又要蹈去年的覆辙。'蒋说:'洧川是吉的防地,洧川一下,可直捣开封,吉与兄没有仇恨,想无意外。'我只得答应,并说:'如果不放我回来,请重价回赎。'遂即刻和王慈博同乘汽车向北30里许,通过中央军的防线和中间真空地带约5里路,到达洧川县城南所约定的地点,进入吉的防地,见外壕深约一丈有余,宽也相等,当时士兵放下一块宽约一尺多、长约二丈的木板,让我从壕上度过。王慈博先走过去,对连长、营长说:'那位(指我)郭海峰先生是吉总指挥的同乡,他是个文人,你们要照料他过壕'。我从木板上走过,像是上了浪桥一样,很快地走了过去。听见他们的官兵说:'这位可不像是文人。'我听了他们的话,就提高了警觉,装作文人的样子,摇摇摆摆地说:'学校里也有浪桥,我曾经练过。'由团部到了旅部,来了一位参谋长让我同他乘汽车到了洧川县东5里许路旁的一座破庙里,吉鸿昌在门外迎接,举手敬礼并向前扶我。我们携手进入庙院,3间北殿一无所有，搬砖当凳，曲膝围坐。吉和我班荆道故，说了离别后(1929 年在开封分手)思念的话，以后便谈到了本题。吉很坦白地说：'内战祸国，外人获利，国家统一，便可集中力量一致对外，现在我甘冒不韪，宁负私人，不负国家，请公特来一谈，为我决策。'我说，兄大计已定，我当从旁赞助，兄必须当机立断，不可迟疑。吉说：'我已决心归附中央，义无反顾。但是张维玺、梁冠英等和我有约，必取一致行动，须要通知他们联名通电，非有两三天的时间不可。'我允他 3 天为限，一临近即取联络。我就照这样办法回去复命。吉携带两个提盒，内装饭菜，同食后各饮暖瓶开水，约 2 小时即分手。吉说：'仿鲁(即孙连仲)在司令部问候，不能在此久延，恐怕他见疑。'他即派旅长一人、参谋长一人送我西行。在车上参谋长说：'适才过午，饭没吃饱，何不到城里休息一会再走?'于是，同到城内彭师长的司令部又进餐茶。哪料城内有认识我的人，便用电话报告冯玉祥。冯便打电话给吉鸿昌，由城内总转拨。管电话人来告诉参谋长说：'冯总司令正在电话上骂吉司令，叫他跪下听电话。'吉司令说：'跪下了，说吧。'冯总司令问：'张伯英到你那里干啥。'吉说来了一趟。冯总司令大骂，吉司令把电话挂了。'参谋长叫他不要乱说，并伏在我的耳旁把这些话告诉我，并叫我即刻离开洧川。我匆匆渡过战壕，走了几里路，找到中央军李韫珩的司令部，到了昏黑才回到石象镇。蒋正在村头野地散步，见我回来，非常高兴地：'这次倒去得快来得快。'那时，陈诚、何成浚、夏斗寅、徐源泉都来询问接洽情形。我把经过述说了一遍。夏斗寅说：'收了款(我去时曾带 47 万元给吉)无降表，岂不是空跑一趟?'蒋说：'伯英兄去走一趟回来就得了，况且冯已经知道，这就很好，不要什么手续，请休息吧。'"

吉鸿昌接受蒋介石 47 万元后，旋即通电主和，归顺"中央"。蒋介石的"银弹战术"又一次取得了成功。

被蒋介石的"银弹"击倒的当然不止韩复榘、吉鸿昌二人。李明瑞、陶钧、李品仙(桂系)、梁冠英、王修身、石友三、张维玺、张印湘、焦文典(冯系)、李生达(阎系)、马延福(张学良部)等均因蒋之贿赂而背弃"故主"投身蒋的怀抱。可见，"银弹战术"是蒋介石行之有效、屡试不爽的惯用伎俩。蒋在晚年，曾得意洋洋地说，"要赢得战争的最终胜利，必须瓦解、瘫痪敌人于前，军事打击、扩张于后。"

点评：

如何"瓦解、瘫痪敌人于前"，使其不战而屈人之兵，施展银弹战术是也。

第三章 以火佐攻者明 以火佐攻者强

提要: 本段讲火攻的效用。孙子认为,火攻胜过水攻。水攻只能起到阻隔敌军的作用,而火攻不但可以配合主力攻击敌人,而且能够杀伤敌军有生力量、焚毁敌方战略物资,其效用是显而易见的。

官渡之战

背景:

官渡之战发生在东汉末年三国鼎立局势形成之前。当时,东汉王朝已经名存实亡,各地、州豪强官吏以镇压黄巾起义为名占据地盘,扩大、发展势力范围,形成了许多大大小小的割据势力。这些割据势力之间连年争战,互相兼并,全国上下出现了军阀混战局面。

当时割据武装集团主要有:河北的袁绍,兖豫的曹操,徐州的吕布,扬州的袁术,江东的孙策,荆州的刘表,幽州的公孙瓒,南阳的张绣等等。在这些割据武装势力中,袁绍与曹操的势力较强。袁绍出身于世代官僚地主家庭,人称"袁氏四世三公"(三公:是指当时掌握最高军政大权的三个官——太尉、司徒、司空,袁氏四代都做这三个官,故称四世三公)。他是东末年官僚大地主的代表人物,在公元195年,袁绍经过几番征战,已经占有冀州、青州、并州、幽州,是一支地广兵多、势力较强的割据力量。

曹操出身于官僚地主家庭。公元184年,他参加了镇压黄巾军起义,后升为西园新军的典军校尉。他曾经参加反对董卓之战,并投靠于袁绍。在镇压黄巾起义的战斗中,曹操组成并发展了自己的武装力量,与袁绍势力分离。至公元196年,曹操已占有了兖州、豫州地区,成为黄河以南的一支较强的割据势力。

曹操与袁绍两大割据集团,到公元199年夏,大致形成了沿黄河下游南北对立的局面。袁绍在击败了河北的公孙瓒后,就已将整个河北地区都控制在自己的手中,为了进一步称霸中原,袁绍准备南下与曹操决战。当时,袁绍拥军 10 万,具有较强的实力;曹操不仅兵力不如袁绍众多,且南面有荆州刘表、江东的孙策与他为敌,处于不利的地位。但是曹操客观地分析了袁绍兵多但内部不团结,而且袁绍性格疑忌,骄傲轻敌,常常贻误有利战机的情况,决定以自己所能集中的近万兵力抗击袁绍的进攻。公元 200 年,袁、曹两军在官渡作战。在这场战斗中,曹操善于捕捉战机,能够根据战场势态的发展灵活地变换战术,以正兵抵挡袁军的进攻,以奇兵袭击袁军的屯粮库,烧毁了袁军的全部粮草,使袁军军心动摇,内部分裂,最后击败了袁军,创造了中国历史上以弱胜强的著名战例。

决断:

公元 199 年,袁绍谋划南下进攻曹操的统治中心许昌。袁绍手下的谋士沮授、田丰以为袁军与公孙瓒作战了三年,军队已相当疲劳,应先"务农逸民",休养生息,以增强经济与军事力量。他们主张暂时不急于攻打曹操。但是,袁绍的另外两个谋士审配、郭图则力主马上出兵攻曹。袁绍采纳了审配、郭图的意见,挑选精兵 10 万,战马万匹,陈兵黄河北岸,准备伺机渡河,同曹操决战。

袁绍举兵南下的消息传到许昌,曹操手下的一些部将为袁绍表面的优势所吓倒,认为袁军强不可敌。但曹操很不屑袁绍,他对将士们说,袁绍野心虽大,但缺少智谋,表面上气势汹汹,而实际上胆略不足;他疑心重且忌人之能,兵虽多但组织指挥不明而且将帅骄傲、政令不一。因此,战胜他是有把握的。曹操的谋士荀彧也分析了袁绍军队的情况,认为袁军内部不团结,将帅、谋士之间矛盾重重,并非坚不可摧。曹操与荀彧的分析,增强了曹军战胜袁军的信心。曹操经过对敌我双方兵势情况的分析,决定采取以逸待劳,后发制人的战略方针。他将主力调到黄河南岸的官渡(官渡是夺取许昌的必经之地),以阻挡袁军的正面进攻,同时派卫凯镇抚关中地区,以魏种守河内,防止袁绍从西路进犯;又派藏霸等率兵从徐州入青州,从东方钳制袁绍军队;派于禁屯守黄河南岸的重要渡口延津(今河南延津北),协助扼守白马(今河南滑县东)的东郡太守刘延,阻滞袁绍军渡河和长驱南下进攻。

公元 199 年 12 月,正当曹操布置对袁绍的作战计划的时候,刘备起兵,占领了曹操征服吕布后占驻的徐州及下邳等地,并派关羽驻守。东海及附近郡县亦多归附刘备。刘军增至数万人,并与袁绍联系打算合力进攻曹操。

曹操为了避免两面作战,打算首先击破刘备。公元 200 年正月,曹操亲率精兵东击刘备,将刘备击败。当刘、曹作战时,袁绍的谋士田丰建议袁绍袭击曹军的后方,袁绍犹豫不决,没有采纳田丰的建议。因此,曹操顺利地击败了刘备,使刘备只身逃往河北投靠了袁绍,然后及时返回官渡继续抵御袁绍的进攻。

公元200年正月,袁绍发布声讨曹操的檄文。2月,袁绍大军开进黎阳(今河南浚县东北),把这里做为指挥部,企图渡河寻求曹军主力决战。袁绍首先派大将颜良进攻白马的东郡太守刘延,夺取黄河南岸要点,以保障主力渡河。颜良率军渡过黄河,直扑白马与刘延交战,刘延在白马坚守城池,土兵伤亡严重。这时,曹操的谋士荀彧向曹操献计说:我军兵少,集结在官渡的主力也只有三四万人,要对付袁绍众多的兵力,正面交锋恐怕不易得手,应设法分散袁绍的兵力。他提议曹操引兵先到延津,佯装要渡河攻击袁绍后方,这样,袁绍必然分兵向西;然后我军再派轻装部队迅速袭击进攻白马的袁军,攻其不备,一定可以击败颜良。曹操采用了荀彧这一声东击西之计,袁绍果然分兵增援延津。曹操见袁绍中计,立即调头率领轻骑,派张辽、关羽为前锋,急趋白马。曹军在距白马十余里路时,颜良才发现他们。关羽迅速地追近颜良军,乘其措手不及,刺颜良于万军之中。袁军大乱,纷纷溃散。

袁绍围攻白马失败,并丧失了一员大将,十分恼怒。曹操解了白马之围后,便沿黄河向西撤退。袁绍率军渡河追击曹操,这时沮授又谏阻袁绍说:"军事上的胜负变化应仔细观察。现在最好的办法还是驻黄河北岸,分兵进攻官渡,若能攻下,大军再过河也不为晚;如果贸然南下,万一失败就有全军覆没的危险。"袁绍骄傲自负,根本不听他的劝告。沮授见袁绍如此固执,便推说有病向袁绍要求辞职,袁绍不准,还把他统领的军队交给了郭图指挥。

于是,袁绍领军进至延津以南,派大将文丑与刘备率兵追击曹军。曹操命令士卒解鞍放马,又故意将辎重丢弃道旁,引诱袁军。待袁军逼近争抢辎重时,曹操才命令上马,突然发起攻击,打败了袁军,杀了文丑,顺利地退回官渡。

白马、延津两次战斗是官渡大战的前哨战。袁军虽初战失利,但兵力仍占优势。7月,袁绍进军阳武(今河南中牟北),准备南下进攻许昌。这时沮授又劝袁绍说:"我方士兵虽多,但不及曹军勇猛。曹操的粮食、物资不如我们多,速战对曹军有利而对我们不利,我们应用旷日持久的办法消耗曹军的实力。"但是袁绍仍然不听。袁军于8月逼近官渡,双方在官渡相对峙。

曹军在官渡设防,想寻找时机打击袁军。9月间,曹操向袁绍军发起了一次进攻,但未能取胜。此后,曹操便深沟高垒,固守阵地。袁绍见曹军坚壁不出,便命令士兵在曹军营外堆起土山,砌起高楼,用箭射击曹军。曹营士兵来往行走都得用盾牌遮蔽身体或匍匐前进。曹操发明了一种抛发石块的车子,发射石块将袁军的壁楼击毁。袁军又挖掘地道以攻曹军,曹操则命令士兵在营内挖掘长沟来截断袁军地道。这样双方之间你来我挡地相持了大约三个月。在相持的过程中,曹操产生了动摇,他觉得自己兵力、粮食也不足,士卒极为疲劳;后方也因袁绍派刘备攻击于汝南、颍川之间而不太稳定,这样长期与袁绍周旋相当危险。因此曹便想退还许昌。他写信给留守许昌的荀彧,征求他的意见。荀彧回信建议曹操坚持下去,他指出:曹军目前处境困难,同样,袁军的力量也几乎用尽,这个时候正是战势即将发生转折的时刻,也是用奇之时,不能失去即将出现的战机,这是谁先退却谁便会陷入被动。曹操听取了他的意见,一方面决心坚持危局,加强防守,命负责供给粮秣的官员想法解决粮草补给问题;另一方面则积极寻求和捕捉战机,想给袁军以有力的打击。

曹操决定以截烧袁军粮食的办法争取主动。他先派人把袁绍将领韩猛督运的数千辆粮车截获烧掉了。不久,袁绍又把一万多车粮食集中在乌巢,派淳于琼等率军保护。沮授鉴于前次粮草被烧,便建议袁绍另一派一支部队驻扎在淳于琼的外侧,两军互为犄角,防止曹军抄袭。袁绍觉得此举多余,没有采纳。

袁绍的另一谋士许攸向他献策说:"曹操兵少,集中力量与我军相持,许昌一定空虚,我们可以派一支轻骑日夜兼程袭击许都。这样可以一举拔取;即使许都拿不下来,也会造成曹操首尾不相顾,来回奔命的局面,也可以进而打败他。"袁绍却傲慢地说:"不必,我一定在此擒住曹操。"他拒绝这一出奇制胜的建议,继续与曹操相持。

恰巧在此时,许攸的家属在邺城犯了法,被留守邺城的审配关押起来了。许攸一怒之下,星夜离开袁营,投降了曹操。曹操热情地迎接他。许攸见曹操重视自己,就向他介绍袁军的情况并献计说:"袁绍的辎重粮草有一万多车在故氏、乌巢,屯军防备不严。如果以精兵袭击,出其不意烧掉他的粮草,不出三天,袁绍必定失败。"这时,粮食是关系对双方胜败的关键,曹操当时只有一个月的军粮,许攸的建议,正符合曹操寻找战机出奇制胜的作战意图。因此,曹操把奇袭乌巢当着是关系全局胜败的重要一着,毫不迟疑地立即实行,他留曹洪、荀攸等守大营,自己亲率步骑五千前往攻打乌巢。曹军一行一律改穿袁军的服装,用袁军的旗,夜间从偏僻小道向乌巢进发。途中,他们遇到袁军的盘问,曹军诡称是袁绍为巩固后路调派的援军,骗过了袁军的盘问。到达后,他们立即放火烧粮。袁军大乱,淳于琼等仓促应战。黎明时,淳于琼见曹军人少,就冲出营垒迎战曹军。曹军挥军冲杀,淳于琼又退回营垒坚守。袁绍得知这一情况后,又作出了错误的决策。他不派重兵增援淳于琼,反而认为这是攻下官渡的好机会。他命令高览、张郃等大将领兵去攻打曹军大营。张郃指出这样做会很危险，曹操领精兵攻打乌巢，如果乌巢有失，事情就不好办了。张郃主张先救乌巢。但袁军手下的谋士郭图迎合袁绍的竭力意图，坚决主张攻打曹营，他认为攻打曹营，曹操必定引兵回救，这样，乌巢之围就会自解。于是袁绍只派少量军队救援乌巢，而以主力攻官渡的曹营，曹营十分坚固，一时攻打不下。

曹操得知袁军进攻自己大本营的消息后，并没有马上回救，而是奋力击溃淳于琼的军队，决心将袁绍在乌巢积存的粮食全部烧掉。这时，袁绍增援的骑兵迫近乌巢，曹操左右的人请求他分兵去阻挡。曹操没有分兵，说："等敌人到了背后再报告！"这样，曹军士卒都与敌军殊死决战，最后大破淳于琼军，杀淳于琼并将其全部粮草烧毁。

乌巢粮草被烧光的消息传到袁军前线，袁军军心动摇。原来反对张郃用重兵救援乌巢主张的郭图等害怕袁绍追究自己的责任，就在袁绍面前说张郃为袁军失败而高兴。张郃遭到了中伤，既气愤又害怕，便与高览一起焚毁了攻战器具，投降了曹操。这使得袁军军心更加惶惑，军队不战自乱。这时，曹操趁机率军全面发起攻击，迅速消灭了袁兵 7 万多人，袁绍仓皇退回了河北。官渡之战以曹胜袁败而告结束。

点评：

曹操在敌强我弱的形势下，出其不意以火助我，烧掉袁绍的粮草，乱其后方，大获全胜。

火烧赤壁退曹兵

背景：

曹操在官渡之战中击败袁绍后，分别于公元 204 年、207 年取得了攻取邺城、北征乌桓的胜利，一举消灭了袁绍集团的残余势力，占领了司隶、兖、豫、绿、青、翼、幽、并等州，统一了北方。接连而来的胜利，增强了曹操早日统一天下的雄心，他开始积极准备南下消灭南方的割据势力，统一全国。曹操咄咄逼人的攻势，促成了南方两个主要割据势力——东吴孙权与荆州刘备的联合。孙、刘联军精确地分析了曹军的兵力、作战特点及长、短、战场条件等客观情况，找出了曹军不善水战的致命弱点，决定采取以长击短、以火助攻的作战方针，出其不意地以火攻击败曹军，促成了三国鼎立形势的形成,同时也创造了一个以火攻战胜强敌的典型战例。

公元208年春,曹操在邺城修建玄武池训练水军,准备向南方进军。同时派了人到凉州拉拢马腾及其子马超,分别授以他们卫尉和偏将军之职,以避免南下进军时他们父子作乱,使其侧后受到威胁。

曹操南下进攻的目标是荆州的刘表和东吴的孙权。荆州牧刘表年老多病,无所作为,只求偏安一方。其子刘琦、刘琮为争夺继承权而相互斗争,内部不稳。在官渡之战时投奔袁绍的刘备这时投奔了刘表,刘表让他屯兵新野、樊城,为自己据守阻止曹军南下的门户。这时的刘备虽寄人篱下,但仍是雄心勃勃。他乘此机会积极扩充军队,访求人材,争取荆州地主集团的支持。当时他已经拥有了诸葛亮、关羽、张飞、赵云等谋士猛将,想在时机成熟时取代刘表,占据荆州,夺取全国统治权。曹操南下进攻的另一重要目标是东吴的孙权,孙权当时占有扬州的吴郡、会稽、丹阳、庐江、豫章、九江等六郡,国力较强。孙权拥有精兵10万,在周瑜、鲁肃、张昭、程普、黄盖等人的支持辅助下,其统治基础牢固,内部也比较团结,加上他们拥有长江天险,因此成为曹操统一天下的主要障碍。

当曹操还在忙于消灭袁氏残余势力时,孙权的手下鲁肃便提出应乘曹操忙于北方战争的时机去消灭江夏(郡治今湖北新洲)太守黄祖,占领荆州,以控制长江流域。公元203年,孙权按照鲁肃的建议,开始讨伐黄祖。黄祖退守夏口(今湖北武汉),孙权围攻不克。至公元208年,孙权突破黄祖军防线,打败了黄祖,占领了江夏。这时,曹操怕荆州被孙权抢先占领,遂出兵荆州。这年7月,曹操率步骑十数万大举南下。曹军一部分兵力向宛、叶(今河南叶县西南)进行佯动,吸引刘表军队,另一部向新野方向出其不意直下荆、襄。8月,刘表病死,其子刘琮继位。当曹军逼境时,刘琮不战而降。

决断:

这时,刘备正在与襄阳仅一水之隔的樊城训练军队,准备应战。他听到刘琮投降的消息时,曹操的军队已到达宛城,离樊城很近了。刘备自知自己的力量抵挡不了声势浩大的曹军,便率领随行人员向江陵退却。曹操怕江陵被刘备占领,便亲率轻骑5000日夜兼程猛追,一昼夜行300余里,在当阳长坂坡追上刘备。刘备猝不及防,被曹操打败,仅同诸葛亮、张飞、赵云等几十骑向夏口方向退却,与刘表长子刘琦会合。这时,他们总共仅有1万水兵,1万步兵,退守在长江南岸的樊口(今湖北鄂城西北)。

曹操顺利地占领了江陵,除获得刘表的降兵8万外,还获得了大量的军事物资。曹操意欲顺流而下,占领整个长江以东地区。这时他的谋士贾诩建议利用

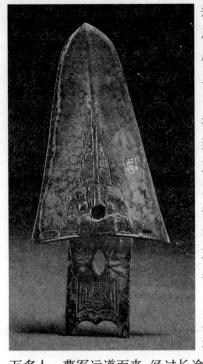

荆州的丰富资源,休养军民,巩固新占地区,然后再以强大优势迫降孙权。曹操由于一路进展顺利,滋长了轻敌情绪,没有听取贾诩的意见,坚持继续向江东进军。

曹操占领江陵后,不仅刘备感到了即将被吞没的危险,东吴的孙权也感到了战火即将烧到他的身边。局势的发展,迫使刘备、孙权都产生了联合抗曹的意向。这时,东吴派鲁肃以为刘表吊丧为名,急切地前往荆州探听虚实。鲁肃到达夏口时,听到刘琮投降、刘备南撤的消息。鲁肃在当阳遇见刘备,建议刘备与孙权联合抗击曹操,刘备欣然同意,并派诸葛亮同鲁肃一起去拜见孙权。

诸葛亮见到孙权后,看出孙权对刘备的实力有所怀疑,便说服孙权说,刘备虽然在长坂坡战败,但是还有关羽、刘琦率领的水陆精锐2万多人。曹军远道而来,经过长途跋涉,已经很疲乏了,几战之后,已经是强弩之末,没有多大劲头了,而且北方人不习惯水上作战;荆州民众也不是真心归附曹操,如果孙、刘两家能同心协力,联合抗曹,一定能击败曹军,造就三足鼎立的形势。孙权听了诸葛亮的分析增强了联合抗曹的信心,决心与刘备合作,携手抗曹。

但是东吴内部在如何对付操的问题上,存在着两种不同的态度。以张昭为代表的东吴官员主张不抵抗曹军,而鲁肃等人则坚决反对投降。鲁肃劝孙权将周瑜从鄱阳召回商讨对策。周瑜赶回来后,和鲁肃一起力劝孙权坚定抗曹决心。他认为,曹操虽然统一了北方,但是他的后方局势并不稳定。现在曹操舍弃北方军队善于骑战的长处,登上战船与我们作水上争斗,是以其短击我之长;况且现在适值隆冬,曹军必然会出现给养不足;北方士兵远涉江湖之间,水土不服,必生疾病。这些都是用兵的大忌。曹操不顾忌这些不利因素,必然会导致失败。针对曹操的兵力情况,周瑜也作了分析。周瑜说:曹操号称拥有水陆兵力80万,据我分析,曹操能从北方带来的军队不过十五六万,而且已经疲备不堪;所得刘表的军队,最多七八万,他们心存疑惧,没有斗志。这样的军队,人数虽然多但并不可怕。周瑜请求孙权给他精兵5万,便足以打败曹操。孙权听完周瑜对曹军兵力、作战特点、战场条件的分析,决定与对备联合抗击曹操。孙权拨精兵 3 万,任命周瑜、程善为左右都督,鲁肃为赞军校尉,率领军队逆江而上,和刘备军队会合,共同抗击曹操。

这时在夏口的刘备面对日益逼近的曹军,心中非常焦急,每天派人探听孙权军队的消息。公元 208 年 10 月的一天,他得到了孙权水军到来的报告,就急忙派人慰劳,并且亲自乘船迎接周瑜。刘、孙联军会合后,继续沿长江西上,到赤壁(今湖北嘉鱼东北)与曹军的先头部队遭遇。联军击败了曹军的先头部队,曹军退回江北的乌林与主力会合,双方在赤壁一带隔江对峙。

曹军的情况正如周瑜、诸葛亮所预料的那样,正流行着疾病,同时曹军多半不习水性,受不了江上风浪的颠簸。曹操针对这一情况,命令手下将战船用铁索连结在一起,在船上铺上木板,以减少船身的摇晃。这样做,船上确实平稳多了,但却彼此牵制,行动不便。曹军铁索连船的弱点,被周瑜部将黄盖发现了,他向周瑜建议说:我军兵力少,不宜与曹军长期相持,必须设法破敌。现在曹军把战船首尾相接,我们可以采用火攻的方法将他们击败。黄盖的建议使周瑜受到启发,他制订了以黄盖假降接近曹营,然后放火奇袭曹军战船以乱曹军的作战计划。他要黄盖写了封降书,派人送到江北曹营。曹操接到降书后深信不疑,还与送信人约定了投降的时间与信号。建安十三年公元 208 年 11 月的一天,黄盖带领 10 艘大船,向北岸急驶而去,船上装满干柴草,里面浸上油液,外面用布裹上伪装,插上约定的旗号。同时预备好快船系在大船之后,以便放火后换乘。快接近曹军水寨时,黄盖命士兵举火,并齐声呼喊:"黄盖来投降了!"曹军以为真的是黄盖来投降了,纷纷走出船仓瞭望。这时,黄盖的船只已经靠近了水寨,10 首大船的士兵同时放火,冲向曹军水寨,然后跳上小艇退出。这时的天空正刮着猛烈的东南风,顷刻间,曹军的战船都燃烧起来。火势一直蔓延到了岸上,曹营的官兵被这突如击来的大火烧得惊慌失措,在一片慌乱之中,曹军士兵被烧死、溺死、互相踩死的不计其数。孙刘联军乘势猛杀过来,将曹军杀得人仰船翻。曹操被迫率领残兵败将从陆路经华容向江陵方向撤退。在泥泞的道路上,曹军战马陷入泥潭之中,曹操派人到处寻找枯枝杂草垫路,才使骑兵勉强通过。孙刘联军水陆并进实行追击,一直追到南郡(今湖北江陵境内)。曹操留曹仁、徐晃驻守江陵,乐进驻守襄阳,自率残余部队退回北方。赤壁之战以孙权、刘备联军的胜利和曹操的失败而告结束。

点评:

刘备力量最弱,但不以此为怜、卑,而以大的胸怀求孙权与之联合,终形成自己的三分之一天下局面。

诱敌深入　放火断路

背景：

刘备三顾茅庐之后，终于将诸葛亮请出山，拜为军师，待之以老师之礼，经常说："我得孔明，就像鱼得到水一样。"关羽和张飞见刘备重用一介书生，不明白其中的原因，心中有些不服。

正巧曹操派夏侯惇领兵10万人，杀奔新野而来，当时刘备军队只有几千人，可以说与曹军作战胜利的可能性很小。但诸葛亮却胸有成竹。虽然他自从受聘以来，这是第一次与敌人对阵，而且众将不服，但刘备很信任他，赐与尚方宝剑，命他指挥战斗。

决断：

这天，诸葛亮有了尚方宝剑在手，召集众将前来听令。他说："博望坡左边有山，名叫豫山；右边有林，名叫安林，可以埋伏兵马。关羽领兵1 000人埋伏于豫山，敌人到时，不可与敌，放过来便是。敌人的粮草辎重必在后面，只要看到南边起了火，就出兵进攻，放火烧他们的粮草。张飞领1 000人去安林后面山谷中埋伏，看到火起，便去博望坡放火烧敌屯粮之所。关平、刘封带领500人，预备引火物，到博望坡两边守候，等到敌人兵到，便可放火。赵云领兵为先锋前去迎敌，不许赢，只许输。主公您领兵1 000人为赵云后援。大家要依计而行，不许违令。"众将只见孔明一人清闲无事，心中不平，但尚方宝剑在，又不能说什么，只好依计而行。

孔明又命人准备庆功喜筵，准备记功簿，专等诸将得胜回朝。

却说夏侯惇与于禁等人领兵到了博望坡，留一半人保护粮草在后慢行，自领一半精兵向前赶来，赵云领兵1 000人前来应战。战不多时，赵云诈败回走，夏侯惇率军追赶。赵云且战且退，赶到博望坡，忽听一声炮响，刘备引军冲杀而来，夏侯惇大笑说："这便是敌人的埋伏了，不过千人而已。"引军上前，刘备、赵云战不多时，败回便逃，夏侯惇穷追不舍。这时天色已晚，浓云密布，风越来越大，道路越来越窄。于禁急劝道："小心敌人火攻。"一语未完，只听背后喊声大起，关平、刘封所率士兵四处放火，烈焰滚滚，曹军人马大惊。赵云回军掩杀，曹军争相逃命，自相践踏，死伤不计其数。曹军粮草被张飞放火烧净，博望坡被关羽抢占。

这一仗直杀到天明,杀得曹军尸横遍野,血流成河。夏侯惇收拾残军,惊魂未定,回许昌去了。关、张、赵、刘等人率军得胜回师。

点评:

博望坡火烧曹军,诸葛亮小试牛刀,巧妙地运用了自然的力量,而且胸有成竹,运筹帷幄之间。在以后的赤壁之战中,更是借东风烧连船,所以说,高明的指挥官还要善于利用天时的威力,这样可以收到兵不血刃的功效。

俄海军施火攻术

背景:

18世纪中叶,叶卡德琳娜即沙皇位后,继承了历代沙皇对外扩张的政策。叶卡德琳娜竭尽全力想进入黑海,由于当时实力强大的土耳其横梗其间,她的野心受到阻碍。于是,叶卡德琳娜决定对土耳其开战。

1769年8月,波罗的海舰队的一部分俄舰在斯皮里多夫将军和埃尔芬斯通将军的率领下,通过地中海进入爱琴海。这是一次异常危险和艰难的海上远征,1770年5月,俄国远征舰队终于克服千难万险,到达爱琴海,与土耳其海军对峙。

土耳其在爱琴海的军事力量,远远超过了远来的俄国舰队。俄国舰只在数量上处于绝对劣势,而且在供应和补充上的组织也十分薄弱,随船而来的海军登陆部队更是为数不多。但是,土耳其人一直认为,叶卡德琳娜派遣一支舰队环绕欧洲驶入地中海是不可思议的事,因此他们根本就没有做多少应战准备。从心理上到军事上,土耳其人都处于一种涣散无备状态。

决断:

面对骤然而至的俄国远征舰队,具有优势的土耳其海军犹豫不决,举棋不定,毫无决一胜负的勇气和热情。而力量相对弱小的俄国舰队却果断非常,他们一遇到土耳其舰队就决定立刻进攻。强大的土耳其舰队没有经过激烈战斗就后撤到自己的炮兵阵地前,甘居守势。

俄国海军却趁这一极为宝贵的时机,迅捷而从容地布置兵力,调整阵容,做好所有战斗准备。而土耳其舰队阵容的部署却极为死板。他们的情报工作又很缺乏,弄不清俄国海军部署状况,因而也无法根据俄军的情况重新部署兵力。土耳其的海军将领大部分对本身职务一无所知,士兵的素质也不高。有几个舰长在战斗没打响之前就上了岸。

1770年7月5日上午11点多,切斯马战役开始。俄国舰队独立地分别进入阵地,排成一条长而不规则的阵式。战斗打响后,土耳其人仓皇失措,砍断锚链逃入切斯马湾。俄海军以较小的代价赢得了第一场战斗的胜利。

这次战斗后,土耳其舰队退入切斯马港内,躲藏起来再不应战,它们靠海岸炮兵的掩护,想使俄海军不敢进攻。

俄国远征舰队统帅详细周密分析了战场的情况:自己的部队远道而来,给养不多,难以持久作战,不宜与敌人长期周旋消耗;土耳其人也非常清楚这一点,因此他们现在的策略是据险防守,避而不战,和俄军拖下去,把俄军拖垮。俄军统帅认为,土耳其人的策略一方面给俄军带来不利,另一方面却也给俄军带来益处,因为强大的土耳其军队只守不攻,无所作为,实际上是自己束缚了手脚,处于一种被动挨打的境地,这样就使较弱的俄军能够不断按计划对土军实施打击。最后俄军司令决定:主动向隐蔽在港口内的土海军进攻,速战速决,一举摧毁土耳其舰队。

7月5日晚,俄国舰队首先封锁了切斯马港口,然后用舰上重炮连续两夜轰击了港内的土耳其部队。

对于一支隐蔽在有海岸炮兵掩护的港口内的庞大舰队,一般是不敢贸然进攻的。但俄国军队经过周密计划,在7月6日夜向土耳其舰队发起了攻击。一批俄国水兵在俄舰密集炮火的掩护下,用十桨船将4条纵火艇拖到4艘土耳其军舰旁边,然后点燃纵火艇,火焰迅速使敌船燃烧,俄国水兵跳上十桨船逃去。土耳其的军舰燃起了熊熊大火,顿时使切斯马港内陷入一片混乱。这时,俄军全面进攻开始。"欧罗巴"号等3艘军舰突入切斯马港,执行主战;"娜杰日达"号、"阿非利加"号分别攻打港口北面和南面的炮兵阵地,使土炮兵无法发挥作用;其余俄舰则部署在港口前面,封锁港口,以防土耳其舰只逃走。处于混乱、惊恐状况下的土耳其船只处处挨打,很快三四艘军舰起火爆炸。俄军继续派纵火艇焚烧土舰。当夜狂风大作,火势急速蔓延,土军舰船一艘艘燃起了大火,弹药的爆炸声,惊天动地,一直持续了好几个小时。土耳其人完全丧失了斗志。

7月8日上午8时,俄军以11人死亡的代价赢得了切斯马战役的全胜。土耳其舰队被彻底消灭,这是土耳其从1571年以来200年间最大的一次惨败。

点评:

面对强敌,俄军因势利导施以火攻,使土耳其舰队受重创,从而打通了入侵黑海的道路。

第十三篇

（用间篇）

第一章　必取于人　知敌之情

提要：孙子认为，间谍情报工作事关战争胜败的全局。因此，他要求统治者不惜金钱爵禄，厚赏间谍，使之为我所用。用间谍的花费比起整个战争的消耗来说，只不过是九牛之一毛，所以绝不能因小失大、舍本求末。

孙子还将间谍分成五类，即因间、内间、反间、死间和生间。这五间中，最重要的是反间。因为反间掌握着敌方大量的情报，如果被我收买则我军受用无穷。

珍珠港的谍影

背景：

1941 年 3 月 28 日，驻在夏威夷中心——瓦胡岛檀香山的日本领事馆新来了一位姓森村的书记生。在总领事喜多的办公室里，新来的书记生前来报到。喜多总领事上下端详着这位相貌潇洒英俊的年轻人。总领事还注意到，这个年轻人左手食指少了一个关节，这是一个很容易让人记住的特征。看到这里，喜多开始怀疑这个年轻人是否是合适的人选，他能够担当起如此重大的使命吗？在整个领事馆，只有总领事知道，这个年轻人并不是什么森村书记生，而是由海军军令部派来搜集美国太平洋舰队基地军事情报的间谍——海军少尉吉川猛夫。总领事微笑着对他低声说："吉川少尉，我知道你的使命，军令部已经关照过了，我一定尽力帮助，你就放手干吧。""谢谢您的关照，并请多多指教。"吉川很满意喜多总领事的配合，对完成任务更有信心了。日本海军军令部在这个时候派吉川猛夫来到夏威夷并不是偶然的，也不是一般的间谍派遣工作，而是和日本下一个重大军事行动有关。他的任务是收集美军在珍珠港的情报,以便日军发动太平洋战争,袭击美国太平洋舰队。

决断:

吉川一到任,立刻就开始了搜集情报的活动。他每天都要从头到尾地阅读檀香山出版的报纸,从字里行间捕捉有价值的船舶信息和美国海军人员的社会新闻。而他每天的主要活动就是出去观光。有时步行,更多的时候是乘出租汽车,而且经常换车。这是喜多总领事的主意,他不赞成吉川使用专车,因为汽车牌号太引人注意,而且经常会引发一些小事和警察打交道。很快,吉川出外观光时,身旁多了一个年轻美貌的日本女人,这是吉川不久前结识的一位艺妓,现在已经是他的"女朋友"了。他感到和一个女人一起行动轻松、安全多了。每当汽车从珍珠港旁边经过时,吉川就会停止和女友的谈笑,花上几分钟时间观察港内的情况。每周总有那么三、五次,他要带上女友到位于珍珠港半岛末端的一家日侨开的小饭店去吃快餐。这里是靠珍珠港最近的地方。凭着自己的经历和临行前突击学习的美国海军舰船知识,他在几分钟内就能看清港内军舰的情况。还有的时候,他爱去那些美国水兵常常光顾的酒吧,从那些喝得醉醺醺的美国兵的谈话中捕捉一些有用的军务信息。每到夜晚,他就把一天的所得用只有他自己能看懂的符号,记在一个黑色笔记本中。为了隐藏这个本子,他费尽了心思。虽然可以放在领事馆的保险柜里,但那样晚上就无法使用。为此,他只好在他的住所里设法隐藏。或放在地毯下,或放在花瓶里,也有时放在厨房的垃圾堆里。为防止美国人的窃听,他都是在夜深人静人们睡熟之后才向总领事汇报。他们都是采用写纸条的方式交流绝密的信息,之后马上把字条烧掉。

一天,喜多总领事带他到一个叫"春潮楼"的日侨酒馆去喝酒。吉川惊喜地发现,从酒馆的二楼上可以俯瞰整个珍珠港和希根机场。他故意喝得酩酊大醉,晚上走不了了,喜多领事让老板留他住下,自己走了。清晨,吉川醒来(实际他并没醉)拉开窗帘,军港内一幅壮观的画面展现在他面前:几十艘美军舰艇正在启航!他很激动。全神贯注地观察着舰队布阵的方式,每一艘舰船的位置,并核对了舰队出港的时间。这些都是东京要求搜集的情报,有重要价值。根据这些情报,一旦袭击开始,美国舰队企图出港反击,日方就可以调整他们的时间表了。自此以后,吉川常来"春潮楼"喝酒,每次都大"醉"而睡。

随着大本营偷袭日期的确定,到1941年10月加强了与珍珠港领事馆的联系。10月23日,一艘日本客轮开进檀香山港。喜多领事到客轮上与大本营派来的人接头(他不让吉川出面,以防备美国间谍的注意),他给吉川带回一个精心捻成的纸捻。吉川展开一看,上面写满密密麻麻的铅笔小字,列出了要他回答的 97 个问题。97 个问题之后,还要求附上一张详细的珍珠港地图,标明瓦胡岛上每个美军军事设施的位置、规模和力量。要求吉川尽快准备好,待下次来船时交上。吉川不敢怠慢,立即根据自己 7 个月来绞尽脑汁所得到的情报,夜以继日地整理这些问题。他力求自己的情报准确无误,有些是他经过多次侦查,反复核实的。比如:"你推断停泊舰艇最多的是星期几?"吉川告之"星期日",后来偷袭果真定在 12 月 7 日——星期日。

12 月 6 日,是一个平静的星期六。港内军舰特别多,太平洋舰队全部战列舰都进港了。整齐地排列在蔚蓝的海面上,在黄昏的阳光下熠熠发光。吉川在傍晚又到"春潮楼"上去做每天必做的观察。看着看着,吉川不敢相信自己的眼睛了,因为他发现两艘航空母舰和 10 艘重巡洋舰不见了,而他上午观察时还清楚地看见它们停泊在港内。他急忙回到领事馆,向东京发出急电:"六日珍珠港停泊船舰如下:战列舰 9、轻巡 3、潜水母舰 3、驱逐舰 17,此外,轻巡 4、驱逐舰 2 已入坞。航空母舰和重型巡洋舰已全部出港,不在港内停泊。舰队航空队没有进行航空侦察的征兆。"发完这份电报已是晚上 9 点多了。吉川不知道,这是他在夏威夷发出的最后一封电报。而此时,日本特遣舰队距离珍珠港只有 300 多英里,并且已开始加速前进了。

点评:

美国人在珍珠港的一败涂地与日本人的趾高气扬成为鲜明的对比,吉川的间谍活动的成功,已经埋下了这场战争的祸根,而美国人也才开始正视起这个"二流国家"来。

女间谍智窃拨盘号码

背景:

玛塔·哈莉是第一次世界大战中最成功的间谍之一,她受雇于德国,其间谍代号为 H·21。第一次世界大战爆发后,哈莉奉命打入法国刺探军情。起初,法国对入境签证审查很严,哈莉无法入境。哈莉稍稍动了一下脑筋,以其媚丽的容貌、极富性感的表演,摄走了荷兰驻法国领事的魂魄,领事先生轻松地为哈莉弄到签证,把哈莉送入法国。

哈莉曾是红极一时的舞蹈明星。进入巴黎后,她施展开自己的全部伎俩,令昔日曾拜倒在她石榴裙下的法国军政要人再次为她倾倒。当时,已退役的莫尔根将军因战争需要回到陆军部担任要职,时逢老伴刚刚去世,见到哈莉后,顿时神魂颠倒,迫不及待地邀请哈莉住到他那里去。此举正中哈莉下怀,欣然搬入莫尔根家中,睡到了将军的身边。

哈莉很快就搞清楚了莫尔根将军把机密文件藏到了什么地方——书房的秘密金库。秘密金库的锁使用的是拨号盘,号码拨不对,金库是不会打开的,而知道秘密号码的人只有莫尔根将军一个人。哈莉好几次想试一试运气,但都无法打开,于是只好寻找开锁的号码。哈莉该怎么办呢?

决断:

哈莉不可能去询问莫尔根将军——再愚蠢的间谍也不会这样做的,她认为莫尔根年纪大了,不可能把号码记在脑子里,很可能是记录在什么地方。趁将军熟睡之机,哈莉搜遍了一切可能记录号码的地方——抽屉里、写字台上、笔记本中、手帕上……均一无所获。哈莉是个不会轻易认输的女人,何况,这时候,德国间谍机关向她发出指令:莫尔根将军处藏有新式武器的绝密文件,迅速窃取。

一天晚上,哈莉用放有安眠药的酒灌醉了莫尔根,悄悄地进入书房,来到金库门边。哈莉看了看手表,"已是下半夜二点钟了,得抓紧!"她双手握住拨号盘,按照从 1 到 9 的数字逐一通过组合来转动拨号盘。

时间一分钟、一分钟地过去。哈莉累得直不起腰来,十个手指又痛又酸,还是一无所获。眼看天就要亮了,哈莉懊丧地抬起头——忽然,她神差鬼使般地被墙上的挂钟吸引住了——住进将军的寓所已有一段时间了,在她的印象里,那个挂钟好像一直未走动过。她似乎还建议过将军把钟修理一下,将军也曾随口答应过,但是……

哈莉的目光凝聚在静止的钟面上,9 时 35 分 15 秒——"93515","不对!"哈莉叹了口气,"这是个五位数,而拨号盘是六位数。"

哈莉失望地垂下头。忽然,一道灵光闪过她的脑海——"为什么要是'9'点呢?难道就不能是'21'点吗?对! 就是 213515!"

哈莉兴奋地转动拨号盘——"213515","咔!"清脆、悦耳,哈莉从来没有听到过如此动人的声响。

金库的门终于被打开了,金库中藏有英国建造的一型最新坦克设计图和其他绝密文件。哈莉迅速取出了微型照相机……

战后,权威人士透露,玛塔·哈莉的这一次行动至少使协约国的军队损失10万人!

点评:

掉以轻心,迷恋女色,往往给女间谍以可钻的空子,最终成为间谍的俘虏。

智窃"图－104"飞机发动机

背景:

自从苏法通航后,法国一直觊觎着在巴黎——莫斯科之间飞行的苏联"图－104"飞机,因为它的制造技术遥遥领先于各国,特别是它上面的发动机,是当时世界上第一流的喷气式飞机发动机。这种发动机结构新颖,设计先进,具有性能稳定、功率大等特点,在当时世界飞机发动机械中独占鳌头。法国航空科研机关曾几次和国外情报和反谍局"第七处"的情报专家马尔赛勒罗瓦·芬维尔中校密商,如何能得到这种发动机,芬维尔总是一筹莫展。因为前苏联对这种新型飞机的安全防范十分严密,别说弄到这种发动机,就连看一眼也办不到。再说,一台发动机有几吨重,要搞到它谈何容易。

一天,一架"图－104"由于发动机出了故障,在法国的布尔热机场停飞了,领班机长电告苏联国内,要求派人维修。这真是天赐良机,芬维尔乘隙开始了预谋已久的计划。

决断:

为了使"图－104"重新启航,苏联用重型运输机把一台新发动机和几名机械师运到布尔热机场,进行检查和维修。对这个近在咫尺的庞然大物,芬维尔本想立即动手,无奈苏联人早存戒心,严密地监视着现场,不让法国人靠近一步。

尽管这样,芬维尔还是耐心地窥视着现场上那些忙忙碌碌的苏联人。他发现,那几名苏联机械师把新发动机装好后,就乘那架重型运输机飞走了,而那台坏发动机却留在机场上。随后他看到,几名苏联人把坏发动机运到自己机场的仓库里,并将仓库的钥匙谨慎地揣进内衣口袋,芬维尔不禁暗暗叫苦:"只好等夜里去撬仓库的门锁了!"就在这时,芬维尔又获悉,苏联人打算用重型汽车把这台坏发动机运到圣·德尼调车场,然后再用火车专用车皮把它运回国内,并且正想招雇一家可靠而又便宜的运输商把发动机运到调车场。

真是"山重水复疑无路,柳暗花明又一村"!芬维尔立即谋划。于是转瞬间,一个"国际运输公司"宣告开张了。它设在巴黎的一条僻静的巷子里,"经理"、"职员"、"秘书"、"打字员"、"业务员"、"司机"、"搬运工"等一整套人员,十分齐全,拖挂运输卡车、吊车等运输设备应有尽有,就连公章和印着"国际运输公司"红字的便函也有了。苏维尔印发营业广告,招揽生意,机场上的"好心人"也向苏联人推荐。最后,该公司终于以"价格便宜,服务周全,运输能力强"等优点压倒其他投标公司,被苏联人优先选中。双方都十分满意地迅速签订了合同,搬运期定在两天之后,天黑启程。那天晚上,芬维尔扮成装卸工,同他的助手,"司机"科伊东,穿着蓝色的工作服,开着一辆10吨大卡车来到了机场。在两名苏联人的监视下,他们把那台坏发动机装上了大型载重卡车,向圣·尼德火车站的方向驶去。法情报部门事先安排的一辆装有无线电的雷诺汽车悄悄地抢在卡车前面,另一辆装有无线电的"DS"牌汽车紧跟在卡车的后面。芬维尔在卡车里通过报话机和这两辆汽车直接联系。他得到"DS"

牌汽车报告,说苏联人也乘一辆雷诺牌卡车,紧跟在情报局车队后面进行监视。

"必须甩掉苏联人!"芬维尔用报话机向接应的特工人员发出了命令。开卡车的科伊东是个老手,他知道如何完成上司的命令。当科伊东快要行驶到一个十字路口时便放慢了车速,计算着时间,使车开到十字路口时正好是"黄灯"的最后一瞬。科伊东便在红灯闪亮之前的一刹那开着卡车冲了过去。紧跟大卡车的"DS"车一见红灯亮了,就来了个急刹车,正好挡住了后面苏联人的雷诺牌卡车。两个苏联人火冒三丈,他俩重任在身,跟踪心切,便像疯子一样绕过"DS",去闯红灯。就在这时,一辆事先安排好的旧卡车从十字路口左侧冒了出来。苏联人的车子来不及躲闪,一头撞在旧卡车上。一场由芬维尔导演的而苏联人却蒙在鼓里的"车祸"就这样发生了。待苏联人惊魂稍定,发现自己的车子损伤程度不太大,只是外壳和玻璃坏了,发动机还好时,就立即启动车子,准备去追赶大卡车。可是旧卡车司机却满脸怒气地立在苏联人的车子前边,拦住去路,大喊大叫着:"撞坏了我的车,砸了我的饭碗,还想溜吗?"苏联人心急如焚,掏出一大叠钞票摔给司机,司机仍然不依不饶,非拉着两个苏联人去警察局评个是非曲直不可。

科伊东甩掉苏联人之后,就掉过头来,一路绿灯,直奔特里贡的法国空军基地,于晚上10时30分在基地的一个库房前停了下来。

30多个法国航空技术专家、技师,早已焦急地等在那里。车一到,他们立即拥到这个神秘的发动机周围,打开木箱,把发动机分解开来。各种零件摆满了整个库房。画图的画图,拍照的拍照,测数的测数。技术熟练,手脚麻利。

当那两个苏联人处理完"车祸",得到可以离开警察局的通知时,已是清晨6点了。他俩火速赶到调车场,发现发动机已被装上火车。于是他俩又一阵风似地扑向专用车皮。这时"国际运输公司"的"公务员"早已毕恭毕敬地站在车皮前边,十分礼貌地说:"请先生们检查!"苏联人迫不及待地查看了那些打在发动机包装箱上的铅封印记,觉得和原来样子"分毫不差",这才松了口气,带着对"国际运输公司"的几分感激之情,离开了圣·德尼火车站。

这个没有注册的"国际运输公司"在承办完这次"运输"发动机的业务后,也就关门收摊了。

法国人总共给这台神秘的发动机照了几千张照片,画了几百张草图,采集了大量的数据,终于揭开了苏联"图-104"喷气式飞机发动机之谜。他们在此基础上很快研制出自己的喷气式发动机,打入国际市场同苏联抗衡。据法国情报专家透露,法国国外情报和反间谍局这次智窃发动机的成功,使法国航空工业的发展足足加快了10年。

点评：

在航空工业中,电子设备等领域一直就是各国竞争的焦点,法国人在这场盗窃中成功地获取了先进的技术,毫不费力地赶上了苏联的技术,科技竞赛就是这样,有时甚至是卑鄙地进行着。

大使巧探制镜机密

背景：

300 多年前,威尼斯是世界上唯一能够制造玻璃镜子的城市。在当年的威尼斯,玻璃工匠的称号就跟贵族称号一样显赫。为了严守玻璃镜子的秘密,威尼斯法律规定:谁要是胆敢把制造镜子的秘密泄露给外国人,就要处以死刑。然而他们最终也没有能够保守住他们的秘密。

导致威尼斯人泄露玻璃镜子秘密的是法国驻威尼斯大使。有一天,他接到法国大臣柯尔柏写来的秘信,信中命令他必须迅速为新创办的法国皇家镜子工厂寻找威尼斯工匠。

决断：

法国大使经过一番煞费苦心的筹划,收买了姆拉诺岛上一家杂货铺的老板,尔后,又通过杂货铺老板收买了4位玻璃工匠。在法国大使的精心安排下,这4位玻璃工匠登上了一只全副武装的小船,逃到法国,等到威尼斯政府获知消息后,他们已经在巴黎忙着制造镜子了。

威尼斯大使受命打听他们的住址,但由于他们躲藏得十分隐蔽而无法找到他们。为此,这位大使丢了官,威尼斯政府任命一位新大使基斯丁尼亚亚,继续寻找这几个玻璃工匠。

基斯丁尼亚亚很快找到了那些逃亡者,并且说服了这几个玻璃工匠回国去,然而法国大臣柯尔柏也没有睡大觉,他给那几个玻璃工匠每人一大笔金钱,满足他们所有的欲望,使他们把那条要处死他们的法律忘得干干净净,他还帮助他们受到威胁的家属也逃出了威尼斯。

在这些玻璃工匠逃到法国一年半以后,基斯丁尼亚亚派人对这些人下毒,很快地,一个最好的工匠被毒死了。3个星期后,另一个特别擅长吹镜玻璃的工匠也被毒死了。与此同时,威尼斯有两个试图逃往法国的玻璃工匠也被处死了,恐怖每天都笼罩在那些继续留在巴黎皇家制造厂的工匠头上,他们乞求基斯丁尼亚亚让他们回国,柯尔柏此时也不再挽留他们了,因为法国人已经掌握了制造玻璃镜子的全部机密。

不久,在枫丹白露宫、凡尔赛宫、卢浮宫这些著名的宫殿里,开始出现了法国制造的镜子。从此,制造玻璃镜子的方法大白于天下,开始在世界流行。

点评:

法国大使利用收买威尼斯玻璃技工为突破口,成功窃取制镜机密,这是商战间谍惯用的方法。

IBM 的圈套

背景:

日本在电脑工业方面起步较晚,在软件方面,日本的技术大约落后于美国5年左右,在大型电脑方面,美国更是遥遥领先。历来奉行"拿来主义"的日本公司,决定私下出高价购买美国先进电脑的有关技术资料,或干脆设法窃取。

1980年11月20日,IBM公司发生了一次意外事件,一件有关电脑设计秘密的技术文件竟从保险箱中不翼而飞。公司老板极为恼火,勒令保安人员尽快破案。负责公司保安工作的法律顾问理查德·卡拉汉是一个诡计多端的反间谍老手。1981年10月的一天,卡拉汉的老朋友——刚刚从日本访问归来的美国某顾问公司经理佩里登门拜访。交谈中,佩里透露了IBM公司被盗文件的下落,并把该文件的影印件送给了卡拉汉。

原来,佩里访问日本期间,受到与他的公司有长期业务往来的日立公司的盛情接待。席间,日立公司的主任工程师林建治有意向他透露了他们得到一份IBM最新电脑"IBM3081K"的设计手册,并表示想进一步获得这一机型的全部资料,并希望"多多关照",却不料佩里回国伊始便一五一十地告诉了卡拉汉。

怒火中烧的卡拉汉决心要对日本人进行一次大报复,他径直找到联邦调查局的好朋友——特别侦探阿兰·贾特兰逊。二人进行了一番密谋,他们将采取什么措施呢?

决断：

密谋的结果是 IBM 公司没有起诉，而是由贾特兰逊装扮成 IBM 公司的专家——格莱曼公司的经理哈里逊去同林建治打交道。老谋深算的贾特兰逊虚虚实实，步步设饵引诱林建治。终使日立公司在这场"日美电脑战中"败北。

在这场工业间谍战中，日立公司在美国执行窃密任务的主要角色全部落入联邦调查局的圈套，而且先后付出 62.2 万美元酬金。与此同时，三菱公司的木村工程师和电脑设计主任万田，也都已被联邦调查局的金钩牢牢拴住，他们付出的代价为 2.6 万美元，密探们见到有这么多的日本间谍入网，一个个高兴得手舞足蹈，决定兵分几路，一网打尽。

1982 年 6 月 22 日上午 9 点 30 分，携带尖端技术资料准备回国的日本三菱电机公司的工程师木村富藏在旧金山国际机场被捕，与此同时，日立公司主任工程师林建治在格莱曼公司门前被捕，与此案有关的日立和三菱公司的另外十几名驻美人员也被联邦调查局一网打尽。

美国的这一举动，立即轰动了整个世界，造成东京股票市场一片混乱，日立与三菱两家公司的股票一落千丈，日本舆论吵作一团，大骂美国人太不仗义，拿朋友开刀。在美国报界更是一片哗然，认为这一事件是"历史上最大的工业间谍案"、"是(20 世纪)70 年代中期发生洛克希德贿赂案以来最大的丑闻之一"。

点评：

IBM 公司和联邦调查局的这一策略，既保持了本行业务的机密和领先地位，又沉重地打击了竞争对手，无疑是成功的。

"演员"社交　巧以施间

背景：

1945 年 7 月的一天深夜，莫斯科克里姆林宫斯大林的办公室。一位美丽的少妇正在接受斯大林、莫洛托夫和贝利亚等人的审查。

"好啊，我们怎样处置这位太太？"斯大林问了一句，随后他又补充了一句："她帮了我们很大的忙，应该奖励她。"前苏联克格勃负责人谢罗夫将军十分肯定地说："对。"

这位美丽的女人是谁？她为什么会受到斯大林的嘉奖？

决断：

她的名字叫奥莉嘉，是一位曾活跃在希特勒身边的前苏联间谍。

战争爆发前，奥莉嘉是前苏联的一名优秀演员，在随高尔基模范艺术学院赴德国巡回演出时，同丈夫米哈伊尔·契诃夫滞留在德国。数年后，夫妇两人分道扬镳，奥莉嘉来到法国巴黎，一个"偶然"的机会她结识了一位来自莫斯科的英俊男子鲍里斯，两人在一起度过了一段令人愉快的日子，在分手时，鲍里斯告诉她，他是前苏联使馆的工作人员。

——那你能帮我回家吗？奥莉嘉问道。

——关于这一点，我想你只有一个选择：为我们的情报部门工作。不过你应该明白，这是相当危险的，你自己决定吧。

奥莉嘉考虑了一下后表示同意。

随后，奥莉嘉奉命返回德国工作，克格勃为她做了精心的安排。她以一位艺术家的身份开始活跃于柏林的上流社会。

一天，德国党卫军领袖鲍尔曼结识一个女演员奥莉嘉·契诃娃。希特勒不无惊诧地问道，有必要结识一位斯拉夫女人吗？况且还是位俄罗斯女人。

但是当他一看见身材完美、面貌姣好的奥莉嘉，立即指着鲍尔曼喊道："你骗我。我知道一些，俄国女人身材又胖，颧骨又高，而她显然是一位纯雅利安女人。"这次会面后，希特勒就开始关心起这位漂亮的女士，经常打听奥莉嘉的行踪。

不久，奥莉嘉在拉脱维来首府里加同克格勃的一位领导人克里维茨基秘密地见了面。她接受的任务是：进一步与希特勒和纳粹高级领导人接近……

受到第三帝国领袖们垂爱的奥莉嘉在与戈林元帅夫人、戈培尔夫人和其他法西斯高级官员接触时变得更方便、更从容。那些饶舌妇和喜欢出入社交场的高级官员们为她提供了大量宝贵的情报和信息。

每次从招待会上回来，她都要认真仔细地将听到的情报记述下来，然后送到一家高档时装店去。但她从不与她联系的时装店"老板"玛尔塔会面，以免招致不必要的麻烦。

1945年3月的一个晚上，发生了一件任何人都想不到的事情，盟军飞机在对柏林实施轰炸时，时装店老板玛尔塔被炸成重伤，临终前，她向牧师忏悔说，她是一位前苏联女情报人员的联络人。"她是谁？"牧师让人给她注射了一针强心剂,向她大嚷。玛尔塔喃喃答道:"女演员奥莉嘉。"

牧师马上向希姆莱做了报告,后者当即决定逮捕奥莉嘉。第二天早上,8辆小汽车来到奥莉嘉的私人住宅。巧的是,希姆莱正撞见奥莉嘉与希特勒和爱娃·布劳恩在一起。他不敢贸然行事,只得先溜之大吉。

送走希特勒,又碰巧赶上盟军飞机大轰炸。奥莉嘉趁着混乱驾车逃到马格德堡附近的一个小村庄。夜里,她在柏林的房子、剧院全被炸毁。这反而救了她,希姆莱的手下确信她已被炸死,便放弃了追查。

1945年7月,三位苏联军官救出了奥莉嘉并把她送回了莫斯科,之后便发生了篇首的那件事。

后来,奥莉嘉获准返回西德生活,她换了几个剧院,改头换面工作了15年。战后的西德几乎无人知道她的真实经历,只有东柏林的几个上层人物才知道她的底细。

点评:

奥莉嘉的演技得奥斯卡金像奖绝对没问题!能够在希特勒的周围盘旋,进入德国最高领袖们的圈子,难怪斯大林要给她颁奖。

第二章 用间之道

提要:间谍在战争中有着特殊的作用,因此要特殊对待,在感情上要特别亲近,在奖励上要特别照顾,在工作上要特别信任。当然,如果间谍泄露情报,也必须给予特别严厉的制裁。正确地驾驭和使用间谍,是一门高超的艺术,用间者必须具有超人的智慧和仁义的胸怀。

另外在攻城击敌前,必须详尽地察知敌方的情况,而这些都是谍报人员要干的事情。孙子认为,只有策反敌间,为我所用,才能使其他各类情报人员顺利地完成各自的任务。

宋太祖利用画像离君臣

背景:

宋太祖陈桥兵变夺取政权以后,又以杯酒释兵权稳固了中央集权,在无后顾之忧的情况下开始了消灭封建割据势力的统一战争。在灭掉南汉以后,他把目标转向南唐。南唐后主李煜昏庸无能,他的才智都用于诗词歌舞,整天沉溺酒色,不理朝政。听说宋灭了南汉,他非常恐慌,连忙派人上表宋朝廷,表示愿意去掉国号称江南国主。宋太祖虽然有心灭南唐,可是又无计可施。原来,南唐有一位深得民心,勇猛无敌的武将,就是江都留守林仁肇,这使宋太祖不敢轻举妄动,他就把林仁肇视为灭南唐的一大障碍。可巧开宝四年,李煜派其弟李从善前来朝贡,宋太祖忽然心生一计。宋太祖用什么计来除去林仁肇呢?

决断：

宋太祖在李从善来了之后当即热情款待，并把他留下任泰宁军节度使。李从善不敢违命，只得报告李煜。李煜也不知宋太祖葫芦里卖得什么药，正好可以通过李从善探听情况。李从善经常派人去江南联系。宋太祖派一名使者到林仁肇那里办事，使者用钱财贿赂了林的手下，请求他搞一张林的画像，仆人窃取了一张林仁肇的画像交给了使者。使者拿着画像回来复命，宋太祖把像挂在侧室，并找机会让李从善前来。一天，李从善听诏令来见太祖，廷臣把他领到侧室，他一眼就看到林仁肇的画像，就问侍臣："这是我朝留守林仁肇的画像，怎么会挂在这里？"侍臣支支吾吾，欲言又止，半天才说："你已经是宋朝的人，告诉你也没什么，皇上爱惜林仁肇的才干，下诏书让他来京城，他已经答应投降，先送来画像做承诺。"说完指着附近一座华美富丽的房屋说："听说皇上准备把这所房子赏赐给他。等他到京城，还要封他为节度使呢！"李从善听后，立刻派人回江南报告给李煜。李煜也不认真思考思考，就马上派人召来林仁肇，问他是不是已经投降宋朝了。林仁肇说没有。李煜不信，怀疑林仁肇心怀二心，在设宴招待林仁肇时，让人在酒里下了毒药。林仁肇不知道，喝了下去，回到家中，毒性发作，七窍流血而死。宋太祖听到林仁肇的死讯，非常高兴。后来终于灭掉南唐，统一了中国。

点评：

对那些刚愎自用、生性多疑的人只须以计相激，便能收到离间人心的效果。李煜毒杀林仁肇就是很好的例证。

秦王通了敌情灭六国

背景：

公元前4世纪中叶，秦孝公重用商鞅，变法图强，经过一个世纪的发展，至秦王嬴政即位（公元前246年）时，秦国已成为沃野千里，战车万乘，实力雄厚的大国。秦王政九年（公元前238年），22岁的秦王嬴政一举铲除了专权的丞相吕不韦和长信侯嫪毐集团势力后，开始亲政。

决断：

秦王政很想一举统一各国。嬴政采用长史李斯、国尉尉缭之计，针对当时六国豪臣不顾国家兴亡,贪图私利的特点,采取以重金贿赂各国豪臣为秦所用的策略。秦王嬴政派遣谋士携带金银玉器奔赴列国。凡愿为秦国效力的豪臣,都送厚礼结交。这些派出的谋士,在列国活动了一年多,既收买了各国豪臣,又取得了不少政治军事机密。李斯又献计先攻赵、韩,稳住楚、魏,拉拢齐、燕的战略。秦王政深以为然。秦王政十一年(公元前236年),赵、燕两国发生战争,嬴政乘赵国内部空虚之机,以救燕为名,分兵两路攻赵。赵悼襄王得悉秦军两路来攻,想重新起用老将廉颇,派内侍唐玖送犵猊名甲1副、良马4匹给廉颇,并吩咐说:"如见他身强力壮,则请他出来带兵。"此时,秦国潜伏在赵国的谋士王敖悄悄会见了赵王的宠臣郭开,对郭开说:"廉颇与大夫有仇,他如再次出来,对大夫不利。"于是,郭开送了几件贵重礼物给唐玖,要他回来报告赵王时说廉颇已衰老,不堪领兵出战。

唐玖见过廉颇后,果然向赵王谎报说:"廉颇大便失禁,跟我坐了不长时间就进厕所3次。"赵王于是不再召用。这时候,由秦国老将王翦率领的北路军已攻占了赵国的阏与(今山西和顺)、橑阳(今山西左权)等地;由大将桓齮率领的东路军已攻占了赵国邺(今河北临漳)、安阳(今河南安阳西南)等地。赵悼襄王忧惊而死。秦王政十三年(公元前234年)嬴政命桓齮继续攻赵。桓齮军在平阳(今河北临漳西南)大败赵军,歼敌10万人,赵王迁急忙任李牧为大将率军抵抗秦军。肥下(今河北藁城西南)一战,击败秦军。鉴于李牧善战,暂时还不能迅速灭亡赵国,嬴政决定掉转矛头进攻韩国。秦王政十六年(公元前231年),韩国在秦军步步进逼的形势下,被迫献出南阳(今河南省西南部)以求和。秦国派内史腾率军前往接收韩地。第二年(公元前230年),秦内史腾从南阳出兵,一举攻破韩都阳翟(今河南禹县),俘韩王安。韩国灭亡。此时,赵国正发生严重旱灾,经济困难,饥民甚多,形势危急。嬴政乘机命王翦和端和分兵两路攻赵。王翦率军攻陷赵地井陉(今河北井陉西),端和率军包围赵国都城邯郸。赵王命武安君李牧、将军司马尚分别阻击秦军,相持一年之久。这时,秦国的谋士王敖来到王翦大营,对王翦说:"秦王的意思,请老将军给赵国大将李牧写信议和。这样,我就有办法使他失败了。"王翦领会了秦王的意图,即派使者持书到李牧大营提议讲和。李牧也派人回书同意谈判。就此互派使者往来,不战不和地拖着。在赵国都城郭开的府邸,王敖今日送黄金,明天赠珠玉,成为郭开的知己。这天,他神秘地告诉郭开:"李牧与王翦讲和,约定在破赵之后,封李牧为代王……"郭开急忙向赵王报告,赵王表示怀疑,郭开建议赵王派人去李牧大营察看。赵王派人去李牧大营,果然见李牧与王翦有书信来往。赵王想:"李牧是赵国名将,长期守卫北方,歼灭过十几万犯边的敌人,怎能打不垮王翦几万人马呢?"于是,就派使者到李牧大营传令:升赵葱为大将,接替李牧的兵权。李牧深知赵葱不是王翦的对手,赵国必败,拒不交权,并说要面见赵王。使者是郭开的人,就和赵葱一起杀死了李牧。秦王政十九年(公元前228年),王翦继续攻赵,赵军大败,赵葱被杀。秦军乘胜追击,秦王嬴政亲临邯郸城下。赵王迁在城上见到秦王大旗,更为恐慌。郭开乘机劝赵王将和氏璧和邯郸地图献给秦王,秦王必不加害赵王。赵王无奈,亲自携璧负图,开城投降。于是赵国灭亡,秦军在灭赵时,王翦已调集了一部分秦军集结于中山(今河北正定东北)兵临燕境。燕太子丹看到难以抵挡秦军,打算结交勇士,暗杀秦王嬴政,以挽救危局。秦王政十二年(公元前227年),太子丹派荆轲和秦舞阳带着燕国地图出使秦国,伪装献图,企图乘机刺杀嬴政。荆轲来到秦城咸阳,向嬴政献地图时"图穷匕首见",荆轲当即用匕首刺向秦王,未刺中,荆轲被杀。嬴政便以此为由派王翦率军伐燕。燕军联合代军(赵太子嘉的军队)进行抵抗,与王翦军战于易水以西(今河北雄县西北),被秦军击败。王翦军不久就攻占燕国都城蓟(今北京城西南)。燕王喜与燕太子丹退到辽东。嬴政定要捉住暗杀的主使人太子丹,就命将军李信率军追击,在衍水(今辽宁浑河)击败燕军。燕王喜走投无路,杀死太子丹,向秦王谢罪求和。嬴政鉴于燕代残部不足为患,遂命秦军南下,指向孤立无援的魏国。秦王政二十二年(公元前225年),王翦之子王贲率军攻魏,魏王急忙下令修缮城墙,挖深护城河。同时派使者向齐国求救。可是齐国的实权掌握在后胜手里,他早已得到秦国的许多黄金珍宝,遂对齐王说:"如果援助魏国,后果不堪设想。"齐于是不出兵救魏。王贲率领的秦军连战连胜,很快就包围了魏都大梁(今河南开封市)。大梁城坚池深,魏军拼死坚守,王贲军无法攻破。这时连降大雨,河水上涨。王贲遂引黄河水淹城,大梁城浸水三日,城墙各处倒塌。秦军冲入,魏王被俘,魏国灭亡。嬴政在灭掉韩、赵、燕、魏之后,立即部署伐楚。李信为大将,蒙恬为副将率军攻楚。开始打了几个小胜仗,接着被楚国大将项燕伏兵击败。嬴政再发兵六十万,以王翦为大将伐楚,击败项燕军。俘楚王负刍。楚国灭亡。灭楚以后,王翦告老回家。王贲顶替父亲为大将,远征辽东、俘虏燕王;又灭了赵国公子嘉军队。至此,六国只剩下齐国了。这时,齐国慌忙把军队集结在齐国西部,准备进行抵抗。秦王政二十六年(公元前221年),王贲率秦军避开齐国西部的主力,直插齐国国都临淄。同时,秦国又派使者与齐王建谈判,允许给以封地。齐王建投降,齐国灭亡。秦王嬴政在咸阳称帝,改秦王政二十六年为秦始皇二十六年。自此,结束了诸侯割据纷争混战的局面,建立了我国历史上第一个封建的中央集权的统一国家。

点评：

秦王嬴政凭借有利条件，并制订了正确的战略，灵活应变，一直掌握了战争的主动权，实现了宏大的抱负。

秦女间君臣

背景：

春秋时，楚平王手下有个叫费无忌的，被平王任命为太子建的少傅。费无忌是个阴险狡诈的小人。当时太子建的太傅伍奢很受平王和太子的信任宠爱，费无忌便想离间伍奢与平王的关系。费无忌如何用计来离间伍奢与平王的君臣关系呢？

决断：

却说费无忌成日想着离间伍奢与平王的关系。终于找到了机会。一次，费无忌对平王说："太子年龄不小，应该给他娶个妻子。"平王就为太子从秦娶妻，并派费无忌前去迎亲。费无忌回来便对平王说："秦女绝色美人，王应该自娶，另外为太子聘一个就是了。"平王是个贪色的人，就听从了费无忌的意见，自娶了秦女。

过了不久，费无忌又进言道："城父是北方重镇，如派太子镇守，既可与北交通，又可收南方之利。"平王以为对，就派太子到北方去了。

一年后，费无忌认为时机成熟，便向平王诬陷说："听说太子因大王娶亲的事十分不满，再加上伍奢的唆使，打算领方城外的人反叛，占据方城，在齐、晋两国的辅佐下危害大王呢！"平王信以为真，便把伍奢召来质问。伍奢便说："大王因为娶妾犯了一次错误，难道还要听信诬陷之辞吗？"平王大怒，就命人把伍奢囚禁起来，并派方城司马奋扬去杀太子建。太子建听到风声，只得逃奔到宋国去了。后来，在费无忌的谗言下，平王杀害了伍奢和他的儿子伍尚。

点评：

所谓兼听则明、偏信则暗，为人所利用的人，一般都是偏听偏信，没有头脑的人，而且又有不良嗜好，因此才会为人所用。

范雎重金离赵将

背景：

自古道：三军易得，一将难求。由此可见将帅在驾驭战争中的重大作用。因此，历来对将帅打主意的不乏其例。战国时期秦赵相争中秦胜赵败，原因之一就出在"将"字上。

公元前260年，秦和赵是我国七雄中的两大国。秦昭王一直想吃掉六国，独霸天下。当时赵国是他要打倒的一个强敌。他找臣下商量对策。丞相范雎说："赵将廉颇是我们的心腹之患。这个老头筑垒坚守，任凭我们怎么挑战，就是不理睬。要是把他从将位上撤下来，换个无能之辈，就好对付了。"另一位大臣说："听说老将赵奢的儿子赵括本领不大却自视甚高，雄心勃勃。要是让他取代廉颇那就好办了。"怎么才能搞掉廉颇，让赵括去作赵将呢？

决断：

范雎说："那就使用离间计，搞掉廉颇。"秦昭王听了大喜，下令派人带着重金到赵国去实施离间计，散布廉颇胆小无能，不敢应战，妄图投降；散布惟有赵括年轻有为，青出于蓝，可委以重任。野心大但见识浅的赵孝成王果然中计，派赵括取代了廉颇。

缺乏实践经验，又惯于纸上谈兵的赵括一上任，就轻率地改变廉颇坚守待机的战略，挥师出击，一下子落入秦军的圈套，不但自己性命丢了，还使赵军全军大败。

点评：

三军易得，一将难求，离间了敌军的主帅，就胜利了一半，所以说不能轻易地听信谣言；要有事实根据，在商场上也一样，偏听偏信，就会折戟沉沙，落入圈套。

曹操一书间马韩

背景：

东汉末年，曹操与袁绍在官渡相持不下，曹军粮草告急，袁绍的粮草却源源不断，曹操十分焦虑，请教贾诩胜敌之计，贾诩说："您的明察、勇敢、用人和临机决断要远远胜过袁绍，现在您与袁绍相持半年而未定胜负的原因在于您过分谨慎，为求万无一失，而将战线拉得过长。如果您能看准机会采取行动，可以很快定大局。"不久，曹操采纳贾诩的建议，派兵袭击乌巢守军，放火烧掉那里屯集的军粮，一战平定了冀州，使战争局势发生了根本变化。曹操也由此战以后，逐渐统一黄河以北。

赤壁之战以后，三国鼎立形成。曹操开始平定关中地区，以稳固自己在北方的势力。关中诸将恐危及自己的安全，于是马超与韩遂、杨秋、李堪、成宜等联合反叛曹操。曹操亲自率兵征讨马超，夺取了潼关，在渭南安下营寨，不久又向北渡过渭水。马超几次与曹营挑战不成，只好请求割地、送子做人质以求和。曹操见马超与韩遂结盟，势力非同小可，想拆散这一同盟，正苦于无计可施，这一次曹操终于等到了机会。曹怎么离间马、韩呢？

决断：

贾诩为曹操出谋划策说："可以先答应他的请求，再设法离间马超与韩遂的关系，以便各个击破。"曹操接受了他的建议。正巧韩遂求见曹操以叙旧情，曹操同意和他单独会面。于是两人各自离开本营，交马会谈一个多时辰，十分投机，不时拊掌欢笑，显得很亲密。叙谈完毕之后，韩遂回营，马超问他："刚才曹操同你说了些什么？"韩遂说："不过是谈谈往日的旧交情，与今天的战事丝毫无关。"马超顿生疑心。几天后，曹操又派人送给韩遂一封书信，字里行间似乎有被人改动的痕迹。马超见信，更怀疑韩遂与曹操之间有鬼。于是两人之间产生隔阂。曹操知道时机已到，便下书与马、韩交战，关陇诸将大败，成宜、李堪被斩，马超、韩遂等人落荒而逃。曹操采用贾诩离间之计，轻而易举地平定了关中地区。

点评：

如何让同盟的一方起疑心，这是离间计的关键，故意与一方交好而冷落另一方便可能会使其怀疑，离间的目的也就达到了。

犁钼美女离君臣

背景：

孔子是我国古代著名的思想家、教育家。孔子的一生，流离奔波。公元前500年，孔子在鲁国当上了"中都宰"，由于政绩显著，鲁定公任命孔子为大司寇（司法部长），后来又以大司寇的职务代理鲁国宰相一职。孔子任职期间，曾协助鲁定公与齐景公会盟于夹谷，力挫齐景公，使齐景公不得不归还侵占鲁国的土地。此后，孔子把鲁国治理得井井有条，鲁国渐渐强盛起来。

齐国是鲁国的近邻，对鲁国的一举一动都格外关注。孔子把鲁国治理好了，对齐国就是最大的威胁。于是齐景公向文武大臣请教对策。

决断：

大臣犁钼献计道："想要阻止鲁国也不难，只要疏远鲁定公与孔子的关系，使孔子知难而退，不就大功告成了吗？"

齐景公问："怎样才能疏远他们的关系？"犁钼回答："鲁定公贪欢好色，大王只要给我几十名美女，我就能够完成使命。"齐王答应了。

犁钼在齐国各地挑选了80名美女，教她们习舞唱歌，待美女们一个个能歌能舞之后，给她们穿上最华丽的衣服，然后把80名美女献给了鲁定公。果然，鲁定公被美人们的娇媚容颜、婉转歌喉、奇绝舞姿给迷住了，一连数天，连朝也不上了。孔子连连上奏劝谏，鲁定

公不予答理,孔子还是劝说不止,鲁定公恨孔子扫了他的雅兴,传令卫士,不许孔子再来晋见。孔子碰了一鼻子灰,还希望鲁定公能回心转意,不料,鲁定公沉湎在醉生梦死之中,连祭祀这样的大事都忘了。孔子摇摇头,仰天长叹,只好弃官离开鲁国,带领弟子们再一次周游列国去了。齐国君臣得知孔子离开鲁国,一个个拍手称快。

点评:

抓住对方的弱点,再施以离间之计,往往能给其致命的打击。

拿破仑利用矛盾分化敌人营垒

背景:

拿破仑在漫长的战争中,最主要的敌人是控制海上霸权的英国,因而他总把争取东方的农奴制沙俄帝国作为他外交政策的一项重要内容。

拿破仑上台不久,就利用俄国同英、奥的矛盾,寻求同俄国接近的途径。

决断:

他在意大利战场上同奥地利进行军事较量的同时,密切注视着俄、英两国为争夺马耳他而造成的严重对立,决计利用他们之间的利害冲突进行分化瓦解。1800年7月,拿破仑采取了一项重大的外交步骤。他通过外交部长塔列朗给沙俄政府一封信,表示法国可以立即无条件地将6 000名俄国战俘连同他们的所有军旗送回俄国,并宣布为每个战俘配备新武器和发给新军服。接着,拿破仑又给沙皇保罗写第二封信,重申法国抗击英国保卫马耳他的决心。

在拿破仑的不断拉拢下,沙皇保罗一世态度迅速改变。保罗一世在登基谕告中曾经声称,要用一切手段推翻“狂暴的法兰西共和国”,是欧洲封建干涉主义的主要鼓吹者与积极参加者。现在,他咒骂的拿破仑如此“友好”地对待俄国战俘并表示要保卫马耳他不受英国侵犯,而自己的盟友英国却“背信弃义”,把原由沙俄控制的马耳他据为己有。于是,保罗一世决定与法国建立友好关系,放弃干涉法国内政的政策,表示法俄两大强国协调起来,就能对其他地区发生有益影响,建议法国在英国沿岸采取措施。保罗一世宣布对英国所有船舶的封港令,驱逐路易十八,派使者到巴黎签订和约和商讨成立法俄联盟事宜。沙皇甚至计划与法国联合,把英国人赶出印度。

点评：

　　拿破仑面对强大的反法联盟，仅仅依靠军事手段来解除困境自然是不行的。还要通过政治或外交手段分化瓦解敌人营垒，化敌人营垒中的主要成员为自己的盟友，这就能达到"不战而屈人之兵"。拿破仑抓住俄英矛盾的要害——马耳他问题作文章，拉拢俄国同法国接近，借以孤立和打击英国，确属上策。

英国人巧用心理战离间德意同盟

背景：

　　1943年，第二次世界大战到了关键年头。德国法西斯为了阻止英美联军从意大利登陆，制订了一项地中海作战计划。为了争得盟友意大利对该计划的支持，德国与意大利之间进行了秘密谈判，希望意大利海军能与德国部队协同作战。意大利海军弱点很多，在战争初期就连连受挫，士气低落，毫无斗志，并对德军的合作要求抱有抵触态度。

决断：

　　英国海军上将肯尼汉了解到这一情报后，决定用心理战来阻挠德、意的合作。为此，英美海军的有关部门专门开会，研究制订了一个周密的计划。依照这个计划，英美盟国通过对外广播，向意大利发动了长达一年零五个月的宣传攻势。宣传的主要内容是：德国人把意大利人当炮灰，意大利商船将被征用来撤退德国在北非的隆美尔军队，同时把意大利军队抛在北非沙漠，任由盟军宰割等等。这场出色的政治宣传产生了极大的离间效果。本来就与德国同床异梦的意大利人于是对德国的合作要求抱怀疑和拖延的态度，它也不愿全力阻拦英美海军占领直布罗陀的军事行动。结果，英美联军顺利地控制了地中海，并进行了西西里岛登陆作战。

点评：

　　"亲而离之"是离间术的一种具体运用。这一谋略，主要是采取一切手段离间敌方阵营，使己方赢得对抗中的优势，其方法是分化瓦解，积极争取。善于抓住敌人阵营中各派力量在利益上的矛盾，展开心理战，破坏敌方联盟，正是"亲而离之"谋略的运用。

向纳粹罗格尔讨还血债

背景：

第二次世界大战期间，纳粹分子罗格尔博士以犹太人做实验，研制最新式的生化武器。在他的实验室和各地的集中营中，无数无辜的人惨遭他的杀害。

决断：

波兰的抵抗组织查明了罗格尔实验室的所在地后，决心除掉罗格尔为死难者报仇。但是，罗格尔的实验室有重兵防护，即使是德国人，没有特别通行证，也无法接近实验室。抵抗组织几经周折，终于得到了一个令人鼓舞的情报：罗格尔的助手是一个有正义感的青年人乌勒，当乌勒知道自己帮助罗格尔研制出的"药品"是被用来杀人后，十分内疚。抵抗组织找到乌勒，给乌勒做了大量工作，终于使乌勒同意协助抵抗组织除掉罗格尔，为世界和平做贡献。

罗格尔的实验室有严密的保安措施，进出实验室，连身上穿的衣服都必须更换，因此，想要带入任何武器都是不现实的。一连好几个星期过去，乌勒都一筹莫展。

天气渐渐地冷了。一天，乌勒回到家中，妻子向他抱怨说："外面的水管被冻裂了。"乌勒茅塞顿开："实验室里有的是'炸弹'！为什么自己没有想到呢？"

这一天，乌勒提前来到实验室，为罗格尔准备实验仪器。乌勒做好了该做的准备工作后，取来一个大玻璃瓶，在瓶中装满了水，并且密封好，将装满水的玻璃瓶放入一个做实验用的玻璃大口瓶中，又在密封玻璃瓶的四周放满了干冰和酒精。最后，乌勒把大口瓶的盖子盖上，压上一块铁板，用铁丝把铁板系紧在瓶盖上，把大口瓶挪到罗格尔工作台边的一个架子上。

乌勒做完了这一切，罗格尔来了。罗格尔是个"工作狂"，换好衣服就趴在工作台上忙开了。时间在一分一秒地过去，乌勒的心情越来越紧张。突然，"呼"的一声闷响，实验室里发生了爆炸，乌勒跟在保安人员和在外面工作的工作人员身后跑入实验室，室内一片混乱，遍地都是碎玻璃，罗格尔博士已血肉模糊地倒在地上死去了。

实验室的所有工作人员都被做为可疑分子遭到盖世太保的逮捕和审察，乌勒是重点审察对象。盖世太保还请来专家对爆炸现场进行了检查，但实验室内没有任何炸药爆炸留下的痕迹,最后,盖世太保们只好把这一事件当做一次实验事故来处理——乌勒被释放了。

乌勒"制造"的"炸弹"就是那些干冰、酒精、玻璃瓶、水以及压在大口瓶上的铁板:干冰与酒精掺在一起,温度会急剧下降到零下80℃,瓶内的水就会迅速结冰,水结冰后体积膨胀,从而产生巨大的张力——以致"爆炸"。

点评:

从敌人内部寻找突破口并借此分化敌人力量,这是使间中的上策。

总裁设计挖高工

背景:

木村是日本东京一家化学公司的高级工程师。他工作勤奋,钻研刻苦,富有创造性,设计出的几种化学合成剂都成为公司的"拳头产品",成功地打入美国与西欧市场。公司由此获得可观的收益。

这家公司的竞争对手,横滨市的一家新开的化学制品公司却苦于产品设计人员不得力,尽管它拥有当时世界一流的设备和一批精明强干的推销人员。

为了能够觅到得力精干的设计师,公司总裁佐佐木思之再三,决定聘请"人事间谍"出马"挖墙角",虽然这不太光彩。

决断:

佐佐木来到东京一家"人才信息公司",请求援助。"挖墙角"专家田中会见了他。佐佐木坦率说明来意后,田中面露难色。但在佐佐木开出的高额活动费并允诺在事成后支付的巨额金钱的引诱下,田中答应试试。

田中很快通过木村的同事,了解到木村曾经几次同公司主管设计的上司铃木发生意见冲突,使铃木很失面子。而且田中还得知,目前在公司中比较赏识木村的总裁,年事已高,即将退休。

至此,一个说服木村"跳槽"的方案已经形成,不过,老于世故的田中知道,要成功引诱木村跳槽,没有过硬的第一手材料是不行的。于是,田中使出绝招,他想方设法买通这家公司的一名打扫董事会会议室的清洁工,要他把一微型窃听器安放在室内的一个保温瓶底部。然后,田中耐心地一次次窃听开会的内容。好几个星期过去了,由于电池用完,窃听器也换了几次,可是偷听到的内容同

"挖木村"都毫无关系。可田中并不气馁。终于有一次田中听到了董事会讨论"老总裁"退休后的下届总裁的人选。董事们一致推选铃木,因为他年富力强,勇于开拓。

至此,木村的跳槽已是一说即成了。

点评:

千方百计找空子,"无中生有"借机行事,这是在用"间"条件不成熟的情况下能用的最好的方法。

精细的日商

背景:

一些专门研究日本成功企业家的专家深有感触地说:日本企业家在通过各种渠道掌握市场情报方面,真正达到了精细无比。

决断:

日产汽车公司的一名雇员,在加利福尼亚州租了一个房间。后来,当地的一些报纸报道,该雇员在利用他的便利条件,对美国住户进行市场调查研究。他给这个家庭的房子拍了照,并对其生活方式做了记录,历时长达一个半月。据说,这样做是为了收集数据,以帮助日产公司制造出更适合美国人口味的汽车。

设在东京的国际商业情报公司的一位合伙人说:"日本人在收集情报方面像梭子鱼一样,极其厉害,他们什么都不放过,甚至把饭店的菜单也翻译出来。他们的工作哲理显然是:'谁知道日后什么是最重要的?'"

如果一位日本经理同一位美国人共进午餐,他大概会留意对方的兴趣爱好和家庭:他的办公室里有没有高尔夫球奖品?他提到小孩子了吗?他喜欢哪种食品?有关这些问题的答案,往往被送回国内总部归卷入档。而在一个美国人看来,这样的情报不是太琐碎就是太局限于个人了。

美国大学的实验室正在迅速成为日本搜集情报的战场,因为在那里,人们正在探索明天的商业性技术。仅在斯坦福大学,日本公司就出钱开办了六个长期讲座和一个客座教授基金,而且都是工程学或商业方面的。这样一个教授职务的平均资助费为 120 万美元。

点评：

"精细无遗"地收集各个方面的情报信息已经成为当今日本企业家的一个重要的成功秘诀。

环球公司巧布"迷魂阵"

背景：

近年来,美国环球航空公司不断改进质量,开展优质服务,电话订票,为行动不便人员免费40%使用最舒服的客机。因此,该公司的声誉日隆,深受顾客的欢迎。

这引起了竞争对手太平洋航空公司的关注和嫉妒。于是,太平洋公司派出间谍帕克前往环球公司刺探情报。

决断：

帕克经常乔装成乘客,前往环球公司进行情报搜集活动。环球公司每周都公布周内旅客搭乘人员数字,并显示在候机楼的大厅里。这当然是帕克感兴趣的情报数据。

经过一段时间的侦察,帕克并未发现有什么异常问题。因为,近两年来环球公司的生意较为平稳,以最近一月为例,第一周乘客量为1万人,第二周为1.1万人,第三周为0.9万人,第四周为1.2万人。

帕克的情报,令太平洋公司吃了一颗定心丸。它觉得这个后起的竞争对手在近期内不会构成威胁,那些所谓的"优质服务"不过是一些好看而不实用的噱头而已。

两年后,环球公司突然显示每周乘客人数达3万左右。太平洋公司得到帕克的报告后,大为吃惊,立即召开董事会,紧急商讨对策。

经过激烈的争论,董事会终于作出决定,该公司所有机票降价10%。谁知,决定宣布后的第二天,环球公司宣布减价15%。

太平洋公司气得七窍生烟,这明明是要抢自己的乘客嘛,于是又宣布降价25%。对方也毫不示弱,立即宣布降价35%,并宣称任何旅客订环球公司机票的电话费一律由该公司支付。

几经折腾,太平洋公司在这场价格战中大伤元气,可在这种优胜劣汰的竞争中已没有第二条路可选择。它只好硬着头皮与对手血战到底，于是也宣布了同样的决定。

一年后，太平洋公司终因飞机陈旧、安全系数小，服务质量不如对手，加上经济实力较弱等原因，无力再支撑下去，宣布破产倒闭。

其实，环球公司两年中提供的情报数据全是假的，明明每周乘客人数达2万多人，却显示为1万人左右。在两年中，环球公司避免了竞争对手的注意，悄悄地积蓄实力。两年后，环球公司羽毛丰满、实力雄强，已有能力与对手正面硬拼，并可将其拖垮，于是突然显示乘客人数已达3万人，以此来引蛇出洞，果不出所料，太平洋公司见到情报后，被迫"应战"，其实，此时的环球公司每周乘客数仅2万人左右，此时的虚假和原先的隐瞒一样，都是为了迷惑对方。

点评：

环球公司巧布情报迷魂阵，用假情报诱使对手上当受骗，从而从容地将对手打垮。

第三章　以上智为间　必成大功

提要: 明君贤将如果能任用智慧超群的人做间谍,就一定能成就大的功业。这与孙子"知彼知己"的一贯思想是完全吻合的。但文中以伊尹、吕尚作为间谍的典范,并不确切。

张仪六里土地绝齐楚

背景:

公元前313年,秦国企图攻打齐国,但是楚国和齐国合纵亲善。秦惠王决定首先破坏楚齐合盟,然后再攻打齐国。但是谁能担当这一重任呢? 于是,秦惠王想到了谋略家张仪。他先免去张仪的宰相之职,然后派他到楚国游说楚怀王。

楚怀王,即芈槐,战国时楚国国君。公元前328～前299年在位。他在位期间,多次受骗,但齐、楚绝盟的代价是最惨重的一次。张仪是怎么游说他,使他与齐国断交的呢?

决断:

张仪来到楚国后了解到楚怀王是个喜好奉承的人。于是张仪便尽量拣好听的说。

他说:"我们秦王最喜欢的人莫过于你楚怀王,而我心甘情愿为其效劳的人,也没有超过你楚怀王的。我们秦王最憎恶的人莫过于齐王,而我讨厌的人也莫过于齐王。但遗憾的是大王你却和齐国友善,因此,我们秦王不能够支持你楚王,我也不能为你效劳了。如果你能听我话,跟齐国断绝同盟,你就可以派使者跟我到秦国去,收回秦王过去从楚国兼并的六百里商于之地。这样,齐国就变弱了。你这样做的结果是削弱了北面的齐国,施恩德于西面的秦国,自己又得了六百里的商于之地,这是一举两得三利的事啊!"

楚怀王是个头脑简单的人,听了张仪的一席话,心里很高兴。他不假思索地把宰相的印信交给了张仪,每天请他欢饮作乐,好像六百里土地已经到手了。

楚怀王的大臣们都向他祝贺,只有陈轸感到忧虑不已。楚怀王问其缘故,陈轸向楚怀王说出了张仪离间楚齐合盟的真实目的。

但楚怀王利令智昏,根本听不进陈轸的忠告,当即派一将领同张仪一道到秦国去接受土地。

张仪回到秦,马上改变了态度。他假装生病,三个月不见人,把转让土地之事束之高阁。楚怀王觉得张仪迟迟不提土地的事,一定是嫌楚国与齐国断交不坚决,于是派人去侮辱齐王,齐王大怒,把象征着友好的楚国兵符也折断了,同时与秦国修好。

张仪见齐、楚同盟被拆散了,于是开始上朝。他对跟随他入秦的楚将说:"你为什么不接受土地?从某地至某地,宽广一共六里。"楚将说:"我奉命接受的是六百里,不是六里。"于是,回国报告楚怀王。

楚怀王一听,方知中了张仪的计谋。楚怀王在大怒之中,准备发兵伐秦。陈轸劝他不要去攻打秦国,而应联秦伐齐,从齐地找回失去的土地。

楚王一心想复仇,不听陈轸的规劝,于是大举攻秦。秦、楚会战于汉中的丹阳,楚军大败。楚怀王怒不可遏,动员全国的军队再度攻打秦国,蓝田一战,又遭惨败。韩、魏两国见状乘机南袭楚国,直捣邓地。楚王听到韩、魏入侵,不得不回兵自救。

点评:

投其所好,是亲近一个人的最好途径,人的欲望很多,有爱金钱者、有喜权力者、有贪美色者、有迷奉承者,找准这些欲望,有针对性地亲近他便是离间者的重点所在。

陈平离间项羽君臣

背景:

汉高帝三年(公元前204年),刘邦被项羽包围在荥阳城中已达一年之久,断绝了汉军的外援和粮草通道。刘邦内外交困,计无所出,便去请教陈平。

决断：

陈平献计道："项羽为人猜忌信谗，他所依靠依赖的不过是亚父范增、钟离昧、龙且等人。而且，每到赏赐功臣时，他又吝啬爵位和封邑，因此士人不愿意为他卖命。大王如能舍得几万金，可用反间计，离间其君臣关系，使之上下疑心，引起内讧，到那时我军乘机反攻，定能击败楚军。"

刘邦慨然交给陈平四万金。陈平用重金收买楚军中的将士，让他们散布流言："钟离昧、龙且、周殷等将领功绩卓著，却不能封王，他们将要与汉王联合……"

谣言传到钟离昧等人耳中，众人哭笑不得。谣言传到项羽耳中，项羽果然起了疑心，不再与钟离昧等人商议军机大事，甚至对亚父范增也怀疑起来。适逢刘邦派使者与项羽讲和，项羽便派使者回访，企图探察谣言的真伪。

陈平听说项羽的使者到了，正中下怀，立刻指使侍从摆起上等的餐具和十分丰盛的食品；待一见楚使之后，又佯装惊讶，低声议论道："原以为是亚父范增的使者，却是项王使者！"于是匆忙把原物送回，又换上劣等食物及餐具。楚使受此大辱，回去后一五一十地报告给了项羽，项羽的疑心越发加大。

亚父范增不知道项羽对他不再信任，几次三番地劝项羽速取荥阳，否则会夜长梦多，又生它变。项羽故意冷落范增，不理睬范增。范增对项羽忠心耿耿，见项羽竟然疑心自己，气愤地说："天下事成败已定，请君王好自为之，臣乞还这把老骨头，退归乡里！"不料，项羽顺水推舟，居然答应他。范增又气又恨，归乡途中，背生痈疽，未等回到故乡彭城，一病死去。

这是陈平"六出奇计"中的第一计。

范增是项羽的主要谋士。范增离去，项羽对钟离昧等人又不信任，于是陈平又施乔装诱敌之计，让将军纪信冒充刘邦开东城门出降，吸引楚军到东门外围看，而刘邦和陈平等人在众将的掩护下乘西门楚兵空虚之计，大开西门，匆匆逃离荥阳。

一年后，刘邦击败项羽，建立了汉王朝。

点评：

对于生性多疑的人施以离间之计，出手必成，故为将为王者切忌多疑。

石勒用间胜王浚

背景:

东汉以来,我国大西北一带的各少数民族便逐渐向长城以内迁徙,开始在辽西、幽州、并州以及关陇等地生活。到了西晋时期,这些少数民族贵族已与汉族人民犬牙交错地生活在一起,许多少数民族贵族深受汉族文化的影响,不同程地度走上了封建化道路。西晋统治集团建立在剥削与压榨人民基础上的腐朽统治,激化了当时的阶级矛盾与民族矛盾。随后不久暴发的"八王之乱",使得汉族与少数民族人民的生活更加处于水深火热之中,人民纷纷起来反抗西晋政权的统治。这一时期,四川爆发了流民爆动,流民起义的队伍在晋惠帝永兴元年(公元304年)占领了成都;北方一些少数民族的首领这时也趁着西晋政权的摇摇欲坠而起兵反晋。匈奴贵族刘渊便是在流民占领成都的同年起兵的。当时他已自立为汉王,集结军队,立志要创立如冒顿单于一般的事业。与他几乎同时起兵的还有汉人王弥、羯人石勒。他们共同推奉刘渊为主,给西晋统治者以有力的打击。同时,他们也拥有自己的割据势力,想在打败晋军的同时,发展自己的势力,以便有朝一日取代西晋王朝的统治。

决断:

当成都王司马颖挟持晋惠帝失败被废后,他的部将公师藩等起兵赵、魏,要为司马颖报仇。石勒和汲桑就率牧人乘马场马匹数百骑前往响应。公师藩攻打邺城失败被杀,石勒与汲桑逃回马牧。他们在马牧劫掠郡县,释放囚犯,集山泽亡命之徒,其势力得到扩充。石勒、汲桑在一次战斗中失败,汲桑被晋军杀死,于是石勒带领自己的队伍投奔已在左国城称汉王的刘渊。

石勒投奔刘渊后,在三四年时间内东征西讨,攻城夺地,为汉国立下汗马功劳,成为维护汉国统治的一支劲旅。石勒的势力也在征战中不断发展、扩大。永嘉五年(公元311年),投奔刘渊的王弥在其势力得到扩大后,密谋要杀掉石勒,想吞并他的势力。石勒知道后,设计杀掉王弥,合并了他的全部人马。随着实力的不断增加,石勒称王的野心渐起。但是他表面上仍然遵从汉主,同时在他的统治范围中实行优待汉族地主及汉族知识分子的政策,把一批富有统治经验的汉族地主阶级知识分子吸收到自己麾下。他的军师张宾就是其中之一,张宾为石

勒建立"后赵"政权起了极重要的作用。

石勒火并王弥后,将攻击目标转向了西晋幽州刺史王浚。王浚在与石勒交战失败后,曾求助于鲜卑、乌桓人的支持,但鲜卑、乌桓人没有响应。这时,军师张宾分析了王浚兵势衰弱的境况,指出如果石勒现在表示归顺王浚,那么他一定会喜出望外。因此,张宾建议石勒智取王浚,而不要硬拼。张宾要石勒写一封词语谦恭的信,表示与他们和好的诚意,并愿意隶属他,扶助他当皇帝。等到王浚对石勒疏于防备时,再乘其麻痹一举消灭他的势力。石勒同意了他的建议,并且马上开始依计行事。

石勒派他的门客王子春、董肇等人带书信和许多珍宝,去见王浚。石勒在信中推崇王浚为天子,而自己只是一无名小胡,"我所以投身于兴义兵除暴乱的事业,正是要为您扫除障碍。所以诚心希望您顺应天意民心,登基称帝。我石勒崇敬拥戴您就像对自己的父母一样,您也应明察我的诚意苦心,将我像儿子一样看待。"在给王浚上书献宝的同时,石勒还要王子春以重金笼络了王浚的心腹枣高。王浚见石勒归顺于他十分高兴,把王子春等人封为列侯,并派使者以地方特产答谢他。王浚的司马游统阴谋叛变王浚,派使者骑马向石勒请降,石勒杀了使者,并送给王浚,以此表示自己的诚实无欺。王浚此时便更加信任石勒,不再存有什么疑心。

不久,王子春等人与王浚的使者一同回来,石勒下令隐藏起强壮的精兵和武器,显示出仓库空虚而军队软弱的样子,面向北拜见王浚的使者,接受王浚的书信。王浚送给石勒拂尘,石勒装做不敢拿,把它挂在墙上,每天早、晚都要敬拜这拂尘。石勒还派董肇向王浚上书,约定日期亲自到幽州去奉上皇帝的尊号。王浚的使者回到幽州,就其所见陈述了石勒将寡兵弱和对王浚诚心不二的情况。王浚大喜,认为他确是可信任的。

石勒见王浚已相信了自己,便开始准备袭击王浚。他先叫王子春,打听幽州的情况。子春说:"幽州自从去年遭了大水灾后,人民吃不到一粒粮食,而王浚却把百万粮食屯聚在仓里,不用来救济百姓。他的刑罚政治又极为苛刻残酷,对百姓征设纳赋十分频繁,残害贤臣良将,诛杀排斥进谏的谋士,下属因不能忍受,逃亡叛变的很多。鲜卑、乌桓在外与他离心离德,枣高、田矫在内贪婪横暴,人心忧惧而动摇,军队虚弱而疲敝,而王浚却还是高筑台阁,排列百官,大言不惭地说汉高祖、魏武帝都不足与他并论。"石勒听王子春谈的幽州饥荒贫困,王浚众叛亲离情况,决定发兵袭击幽州。但他又怕并州刺史刘琨从背后袭击他。于是他与张宾商量如何应付刘琨。张宾建议利用刘琨与王浚的矛盾,写信与刘琨讲和,请求刘琨允许他以讨伐王浚来将功补过。石勒按张宾所说,办妥了这件事,稳定了刘琨,解除了后患。

西晋建兴三年(公元 314 年),石勒发兵袭击幽州。石勒率领轻骑兵日夜兼程向幽州进发。石勒军到达易水时,王浚的督护孙纬立即派人给王浚送消息,请示准备抵抗,王浚对他们说:"石公到这儿来,正是要拥戴我当皇帝的,谁再说抗击的话,立刻杀头!"于是,王浚设筵等待石勒的到来。石勒在早晨赶到蓟县,喝叱守城的人开门。石勒因怀疑城内有埋伏,就先驱赶几千头牛羊,声称是献给王浚的礼品,实际上是堵塞街巷,使王浚的军队不能出战。王浚这时才意识到大势不好,开始坐卧不宁了。石勒派手下抓住了王浚,将他送回襄国(石勒的都城,在河北省邢台市西南)杀死。石勒占据了幽州,吞并了王浚的军队,为不久以后自立为赵奠定了基础。

点评:

石勒吞并王浚的过程,实际上也就是连续用间的过程。石勒的门客王子春作为生间,被石勒派往王浚营中,一方面投书结好王浚,一方面侦察王浚在幽州的政治、军事情况;石勒还以重金笼络、收买了王浚的心腹枣高,枣高作为石勒的内间,巩固了王浚对石勒的信任,使王浚对石勒的归顺更加深信不疑;石勒在王浚使者来访时,制造了一些假象让使者回去报告王浚。由于石勒较成功地连续用间,使得王浚完全陷入了错误的认识与判断之中。石勒则因用间而比较全面地掌握了敌军的情况,把握了战机,为他最后的出奇制胜奠定了基础。从石勒战胜王浚的史实中可见,孙子所说的用间的重要性、要领以及方法,石勒都能熟练掌握并灵活运用于战争的实践之中,正因为如此,石勒才取得了幽州之战的胜利。

蔡智堪智取"田中奏折"

背景：

臭名昭著的《田中奏折》，属于日本最高国策，十分机密。裕仁天皇阅后，由于国内决策阶层意见不一致，故未批给内阁执行，密藏于日本皇宫内皇室书库中。日本皇宫有大门24道，偏门36道，每道门有多名警卫看守。警卫手执长刀，戒备森严。各门前设有长桥，俗称"断足桥"，凡潜渡者，警卫先断其足，再处死刑。《田中奏折》密藏于内，敌人欲要看到，比登天还难。

1928年6月1日，日本华侨巨商蔡智堪收到了从中国沈阳寄来的一件邮包。拆开一看，是一盒月饼。他立即切开月饼，找到一张纸条，用毛笔写有："英美方面传说《田中奏折》，对我国颇有利害，宜速图谋入手，用费不计多少。树人"蔡智堪能完成使命吗？

决断：

蔡智堪看完信，知是张学良政府外事秘书主任王家桢写来的秘密指示。"树人"是王家桢别号。蔡智堪是位爱国华侨，身在异邦，心系中华，早在清末就参加了孙中山的同盟会，以财力物力支持孙中山革命活动。他深知这份奏折事关大局，深感责任重大，反复思索谋取方法。

蔡智堪查明，1927年8月16日，田中义一首相在日本占领的中国大连召开的内阁会议，研究确定侵华政策及有关重大问题，最后制订出《对华政策纲领》，形成了侵略我国东北计划。会后，田中写成奏折呈裕仁天皇。

蔡智堪是有名的日本通，对日本了如指掌，决定采取外交手段获取这份奏折。他找到民政党床次竹二郎，知其与田中派的政友会有矛盾，反对《田中奏折》的侵略计划，认为日本当时发动侵华战争，必引起国际舆论谴责，引起国内政局动荡。蔡向其建议，设法公开《田中奏折》，借以推翻田中内阁，使民政党重新上台。床次听了大喜，要蔡智堪设盛宴，用中国高级酒菜，宴请反对田中的元老派牧野等人。宴会上，床次与蔡智堪先后讲话，指出《田中奏折》可能引起的危害。

一星期后，床次对蔡智堪说："牧野说，中国政府如果敢于将《田中奏折》公布于世，元老派可利用英美舆论阻止田中武力侵华。"并说："只要中国政府承诺这一点,牧野即可以让你去皇宫秘密抄写奏折。"蔡智堪请求王家桢同意后,牧野令其妻弟山下勇(正担任皇家书库管理员)为蔡弄到一张"临时通行牌"第72号。

1928年6月26日,深夜11时50分,蔡智堪手持金质"皇帝临时通行牌",扮成一名裱糊匠,由山下勇领路,引入皇宫内。进入书库,已是零时50分了。

蔡智堪进入书库后,库员西尾宽取出《田中奏折》(共60余页,长达3万余字),蔡智堪即用携带的薄质碳酸纸铺在原件上,用铅笔描出。当夜未抄完,次日夜再进宫抄写完毕。

蔡智堪得手后,将抄本藏在手提皮箱夹层内,亲自送回沈阳,交王家桢。王家桢立即交张学良过目,第二天送赴南京。

1931年,"九一八"事件前夕,日本侵华气焰日益嚣张之时,国民党政府以白皮书形式向全世界公布了《田中奏折》,使日本侵略中国的野心与计划步骤暴露于光天化日之下,中外为之震惊,受到全世界的谴责,日本当局狼狈不堪。

点评:

利用日本两政党之间的内部矛盾进行离间,假以虚有实无的政治手段,这是蔡智堪得手的高明之处。

贾那吉耶使罗刹归顺

背景:

摩揭陀国难陀王在宰相罗刹的辅佐下,国势强盛。可是,有一次,难陀王当众侮辱了大臣贾那吉耶,贾那吉耶发誓摧毁难陀王朝。终于,他买通山区国王波婆多迦,围攻摩揭陀国首都,杀死了难陀王和他几个亲生儿子,立其私生子月护为王,建立了孔雀王朝。而罗刹忠于旧王朝,力图复辟。他先与波婆多迦交友,为复辟作准备。但贾那吉耶施计毒死波婆多迦,灭掉了罗刹的希望。于是罗刹逃亡国外,与波婆多迦的儿子摩勒耶盖杜结盟,图谋推翻新王朝。

贾那吉耶认为,只有智勇双全的忠臣罗刹才是新王朝宰相的理想人选。恰好这时贾那吉耶的密探前来报告,说发现罗刹的妻儿藏在珠宝商家中,并捡到了罗刹的指环印。贾那吉耶见此指环印,马上想出了一个让罗刹归顺的妙计,这一计策到底是什么呢?

决断：

贾那吉耶口授一封假信，派心腹西达尔特格去让罗刹的原秘书夏格德陀娑笔录。然后，他把盖上罗刹指环印的假信和指环印一同交给西达尔特格，并且面授机宜。同时，他下令逮捕夏格德陀娑和珠宝商。西达尔特格执行贾那吉耶的秘密计划，假装从法场上救出夏格德陀娑，一同投奔罗刹。罗刹信以为真，西达尔特格又将罗刹的指环印交还罗刹。罗刹吩咐夏格德陀娑保管。

接着，贾那吉耶又假装与月护王发生争吵而辞职，以迷惑敌方。同时，贾那吉耶安插在敌方的间谍，在摩勒耶盖杜面前挑拨离间说，罗刹恨的是贾那吉耶而不是月护王，一旦月护王摒弃贾那吉耶，罗刹就会与月护王言归于好。这样，摩勒耶盖杜对罗刹产生了怀疑。接着，贾那吉耶又进一步在摩勒耶盖杜面前造谣说，毒死他父亲的不是贾那吉耶，而是罗刹，以煽动他对罗刹的仇恨。接着，西达尔特格假装企图非法逃回摩揭陀国，替罗刹送信。他被卫兵抓获后，交出那封盖有罗刹指环印的假信。信中捏造的内容是罗刹与其他几位盟王密谋反对摩勒耶盖杜。罗刹面对好友夏格德陀娑的笔迹和自己的指环印戳，辩解不清。摩勒耶盖杜中了反间计，下令处死与罗刹"勾结"的五位盟王，并驱逐罗刹出境。

罗刹无可奈何，又回到了摩揭陀国。贾那吉耶乘机消灭了摩勒耶盖杜，同时，他假装下令将要处死珠宝商。罗刹在绝望之余，决定牺牲自己，赎出朋友，这正合贾那吉耶的心意。罗刹来到法场，贾那吉耶亲自迎接，向他解释这一切都是为了让他归顺。并对他说如果他同意担任新王朝的宰相，为新王朝出力，那他就放了珠宝商。罗刹为了拯救忠诚的朋友珠宝商，只得同意归顺新王朝，接受宰相职位。

点评：

有时候为了达到某种目的，不能光靠武力和强硬，小施计策化不利为有利，则自然水到渠成。

黄浚内间祸国殃民

背景：

1937年"七·七"卢沟桥事变后，蒋介石在南京行政院召开绝密的最高国防会议，签署绝密令：立即封锁江阴至汉口段长江水域，先行歼灭在上海的日本海军陆战队，拦截和猎取泊于江阴以上长江各口岸的全部日军军舰和商船。但是，一夜之间，日军在上述水域内的七十余艘战舰和三千多名官兵全部撤走。

蒋介石气急败坏：泄密！有日本间谍潜伏在高级军政长官身边。

几乎与此同时，蒋介石准备出席南京中央军校的一次会议，日特企图潜入会场，幸被门卫发现，仓皇逃走。又过了几天，蒋介石准备乘英国大使冠尔专车前往上海视察，因故未能成行，但冠尔开车离开南京即遭日本飞机轰炸扫射，身负重伤。

蒋介石暴跳如雷。

决断：

戴笠日夜不停地行动起来，他发现汪精卫的主任秘书黄浚经常出入国民党军政要员光临的汤山招待所，与一个叫廖雅权的女招待勾勾搭搭。再一查廖雅权——她的真实姓名叫做南造云子，是潜伏南京多年的日本间谍。

戴笠很快查清了黄浚与日本间谍传递情报的方法：

（1）黄浚每天到玄武湖公园散步，把情报放入公园内的一个树洞内；

（2）紧急重大情报送到新街口一家外国人开的咖啡店中。

戴笠火速把黄浚及其儿子逮捕归案，铁案如山。黄浚父子供认不讳，两人即刻被处以极刑。

黄浚出卖的情报给中国人民造成的损失是无可估量的。淞沪大战——

日本因窃取到吴淞口要塞的炮位分布图，用大口径火炮将我军几十门远程大炮一一摧毁，我方全体官兵无一生还；

日方逃生的七十余艘战舰和三千多官兵卷土重来，给中国的地面部队以重创，中方的旅团长级军官伤亡达一半，官兵伤亡约有十万余人。

戴笠在捕捉黄浚父子时，先行将南造云子捉获，但南造云子竟用巨金买通一名狱卒逃出了戒备森严的南京老虎桥监狱。南造云子狂妄至极，只潜藏了一年就又出现在上海;一天,南造云子驱车行驶到百乐门咖啡厅附近,她停下车,推开车门——一连三颗子弹射入她的身体——地狱的门为她敞开了。

点评:

黄浚不顾民族大义,出卖祖国军事情报,是间谍之中最危险的内间,因此在对敌施以用间之术时也要时刻严防内间的泄密。

第一个破译密码的人

背景:

公元前6～前4世纪,雅典和斯巴达之间爆发了一场旷日持久的战争,斯巴达统帅莱桑德得到波斯帝国允诺的支持后,望眼欲穿地等候波斯的援兵,但时间一天天过去,波斯的援兵杳无音信。莱桑德派了一名间谍和一位使节去探察波斯人在搞什么鬼,但间谍和使节也一去不归。莱桑德坐卧不安。

决断:

就在这时候,斯巴达人抓获了一名行迹可疑的行路人,并把他带到了莱桑德面前。莱桑德见可疑人披一件破烂的羊皮袄,系一条羊皮腰带,俨然一个逃亡奴隶,又是哑巴,甚感失望。他扯下哑巴的羊皮腰带狠狠地抽去——突然,莱桑德发现羊皮腰带的背面,乱糟糟地写满了希腊字母。莱桑德冷静下来:"难道这腰带上有什么秘密?"他亲自在哑巴身上摸了个遍,但一无所获;他又下令把哑巴的头发剃光,哑巴的头皮上现出两行烙着的希腊文——这足以证明哑巴是雅典人的间谍。从其行走路线判断,他是前往波斯帝国的。莱桑德笑了:"总算找到些蛛丝马迹。"

莱桑德决心从羊皮腰带上搞个水落石出,但无论怎么察看羊皮腰带,就是看不出个头绪。莱桑德看得两眼发麻,无意识地把羊皮带卷了起来——"嗯?怎么回事?"莱桑德发现羊皮腰带上的字母并非杂乱无章,而似乎是有一定的规律。莱桑德命令士兵拿来一根根圆筒形木棒,尝试着把羊皮腰带一圈、一圈地缠绕在木棒上,最终找到了一根最合适的木棒,羊皮腰带上的字母立即组成一个个单词,汇成了一段意思完整的重要情报。

情报的大意是:雅典人已知道波斯人杀掉了莱桑德派出的间谍和使节,准备与莱桑德决一死战;波斯人将在决战时候,突然袭击莱桑德,置斯巴达人于死地。

莱桑德怒不可遏,立即重新调整部署,率大军渡过大海,向波斯帝国发起突然袭击。波斯猝不及防,一败涂地。莱桑德回师后,借助余威,又打败了雅典。

点评:

莱桑德破译古代雅典人的"天书"纯属偶然,但由此而获得的胜利是具有重大意义的,莱桑德也因此名垂青史。

亚德利破译大盗密码

背景:

抗战期间,蒋介石聘请有"美国密码之父"、"世界破译巨星"之称的破译专家赫伯特·亚德利到重庆主持密码破译工作。亚德利连续破译了日本间谍的密码,但对由驻扎在重庆郊区川军师部发出的密码却束手无策。军统局特务头子戴笠明访暗察,搞清楚了密电是由一名川军高射炮部队军官发出的,该军官原系土匪,有"独臂大盗"之称,而且精通英文。戴笠想要逮捕大盗,但又苦无证据,亚德利能否解开这个谜团呢?

决断:

亚德利在通读了截获的密码后,确认大盗使用的是一种"无限不重复式"密码,密码本是一本常见的英文长篇小说,小说的前100页中的连续3页,每页第一个词分别是 Her、Light、grain 或 groin。

简直是天方夜谭!

戴笠对亚德利的推断大打折扣。亚德利为证实自己的假设只有一个办法:找到那本英文小说。亚德利继续推导:大盗很可能把那本英文小说放在书橱中与其他英文书籍放在一起。因此,潜入书房,找到那本书就可以破译密码。

如何进入书房呢?亚德利想起了自己新结识的一位女友徐贞,徐贞也是那位大盗的朋友。在跟徐贞谈了自己的想法后,徐贞从民族大义出发,一口应允。

在徐贞的周旋下,大盗邀请徐贞和她的美国朋友亚德利去家中作客。大盗不知道亚德利的真实身份,当他将自己的漂亮的白人情妇多萝茜介绍给亚德利时,亚德利故作被多萝茜的美貌所震摄,惊慕不已,大盗则认为亚德利是个无名鼠辈,遂对他不再介意。凑巧的是,丰盛的宴席刚刚摆好,发生了空袭,大盗因公务在身,不得不返回部队去,把两位客人扔给了多萝茜。亚德利巧妙地与多萝茜纠缠在一起,徐贞则利用这个千载难逢的机会溜入书房,在美国著名女作家赛珍珠的长篇小说《大地》的第 17、18、19 页上发现了各页的第一个词正是那三个词。

徐贞在离开书房时被大盗的仆人发觉。

亚德利回到寓舍,立即找来一本《大地》。大盗的密码全被破译出来——大盗是日本间谍,还是汪精卫伪政权派驻重庆的高级代理人,据此,蒋介石挖出了一个超级谍网。其中有蒋介石的德国军事顾问赫尔·韦纳。赫尔·韦纳让大盗将中国高射炮的最高射程发给日本人,日本空军因此在重庆上空肆意飞行,狂轰滥炸。

点评:

间谍利用密码传送情报,手段极其隐蔽,往往很难被识破。

英国人将计就计,故布疑阵

背景:

1940 年的某个时候,英国秘密情报处从驻国外的情报员那里获得一份情报:德国人同西班牙的长枪党分子串通一气,策划把一名"西班牙青年运动"的代表派往英国,表面上是去考察英国的童子军运动,实际上是去刺探有关英国国防和防御德国入侵的情报。果然,1940 年 10 月,佛朗哥政府请求英国准许该长枪党分子进行访问。

决断:

英国秘密情报处经过周密考虑,决定将计就计。他们说服外交部批准了这一请求,随后与军情五处合作,共同拟定了接待这位来客的计划。

这个长枪党分子受到了隆重的接待,他被安排在雅典娜宫廷旅馆下榻。在他的住房里早已设置了暗藏的话筒和电话窃听线路。那时整个伦敦地区只有 3 个防空炮群,有关当局将其中一个调到这家旅馆附近的海德公园内,而且下令只要遇到空袭,不管敌机是否飞临该地上空,都要不停地开炮射击。军情五处还让这个间谍亲眼目睹了这一防空炮群,以便使他相信,伦敦到处都像海德公园一样高炮林立。随后他又被带往温莎宫,就在宫外,当时英伦诸岛上仅剩的一个装备齐全的坦克团突然展现在他的面前。当他对如此壮观的阵势表示诧异时,有人告诉他这只不过是一个皇家仪仗卫队而已。另一次,当他乘飞机前往苏格兰时,他在空中不时可以看到一中队又一中队的"喷火"式战斗机接踵飞过。这也是秘密情报处精心安排的,实际上,一共只有一个中队战斗机,它奉命一次又一次地出现在那架客机的视野内。这样就会使人以为,尽管那时英国十分缺乏战斗机,但是英国从南到北到处都有飞机在领空中不停地巡逻。

当他被带到一个海港参观时,秘密情报处又设法使那个港口内泊满了大大小小、形形色色的军舰。为了制造一个武装到了牙齿、防御及于纵深的坚不可摧的英国形象,英国人真可谓煞费苦心。后来英国当局获悉这个间谍在给柏林的报告中,发出了不要进行任何入侵尝试的警告。他宣称所谓英国缺乏防备的说法纯粹是英国情报机构设下的圈套,其目的是诱使德国发动一场将导致毁灭性灾难的进攻。

点评:

英国人利用这件事大做文章,加上其他迷惑手段的辅助作用,确实起到了很好的效果,最终使德国人下决心取消了入侵英国的计划。

谈判专家巧收渔翁之利

背景:

美国有位谈判专家想在家中建个游泳池,建筑设计的要求非常简单:长30英尺,宽15英尺,有温水过滤设备,并且在6月1日前做好。谈判家对游泳池的造价及建筑质量方面是个外行,但这难不倒他。在极短的时间内,他不仅使自己从外行变成了内行,而且还找到了质量好价钱便宜的建造者。

决断:

谈判专家先在报纸上登了个想要建造游泳池的广告,具体写明了建造要求,结果有 A、B、C 三位承包商来投标,他们都拿给他承包的标单,里面有各项工程的费用及总费用。谈判专家仔细地看了这三张标单,发现所提供的温水设备、过滤网、抽水设备、设计和付钱条件都不一样,总费用也有差距。

接下来的事情是约这三位承包商来他家里商谈,第一个约好早上9点钟,第二个约定9点15分,第三个则约在9点30分。第二天,三位承包商如约而来,他们都没有得到主人的马上接见,只得坐在客厅里彼此交谈着等候。

10点钟的时候,主人出来请第一个承包商 A 先生进到书房去商谈。A 先生一进门就宣称他的游泳池一向是造得最好的,好的游泳池的设计标准和建造要求他都符合,顺便还告诉主人 B 先生通常使用陈旧的过滤网,而 C 先生曾经丢下许多未完的工程,并且他现在正处于破产的边缘。接着又换了 B 先生进行,从他那里又了解到其他人所提供的水管都是塑胶管,他所提供的才是真正的铜管。C 先生告诉主人的是,其他人所使用的过滤网都是品质低劣的,并且往往不能彻底做完,拿到钱之后就不管了,而他则是绝对做到保质保量。

谈判专家通过静静的倾听和旁敲侧击的提问,基本上弄清楚了游泳池的建筑设计要求及三位承包商的基本情况,发现 C 先生的价格最低,而 B 先生的建筑设计质量最好。最后他选中了 B 先生来建造游泳池,而只给 C 先生提供的价钱。经过一番讨价还价之后,谈判终于达成一致。

点评:

竞争者都想尽自己最大的努力来争取这项工程,然而鹬蚌相争,真正得利的还是渔翁!